LAS
PIEDRAS
CLAMAN

RANDALL PRICE

Editorial UNILIT

Publicado por
Editorial **Unilit**
Miami, Fl. 33172
Derechos reservados

Primera edición 2000

Traducido al español por: Andrés Carrodeguas

Producto 492302
ISBN 0-7899-0421-7
Impreso en Colombia
Printed in Colombia

Acerca del autor

El Dr. J. Randall Price recibió su grado de Maestría en Teología con especialidad en Antiguo Testamento y Lenguas Semíticas en el Seminario Teológico de Dallas, y su grado de Doctor en Filosofía con especialidad en Estudios del Oriente Medio y Arqueología en la Universidad de Texas, en la ciudad de Austin. También ha hecho estudios postgraduados en arqueología en la Universidad Hebrea de Jerusalén, y ha participado en excavaciones en Tel Yin'am, en la Galilea, y también en Qumrán, el asentamiento de la comunidad que descubrió los Rollos del mar Muerto. Ha dado clases de Arqueología bíblica en la Universidad de Texas en Austin, y es Profesor adjunto de Teología en la Escuela Internacional de Teología, además de actuar como Presidente de "World of the Bible Ministries, Inc.", una organización que se especializa en investigación bíblica en el Oriente Medio antiguo y moderno. Ha sido certificado como guía turístico para el Estado de Israel, y ha llevado treinta y cuatro grupos a las tierras de la Biblia. Es autor o coautor de nueve libros y tres videos relacionados con temas arqueológicos, entre ellos *In Search of Temple Treasures* ["En busca de los tesoros del Templo"] (Harvest House, 1994) y *Secrets of the Dead Sea Scrolls* ["Secretos de los Rollos del mar Muerto"] (Harvest House, 1996). También actuó como consejero técnico en la serie televisada "Ancient Secrets of the Bible" ["Secretos antiguos de la Biblia"], además de aparecer en varios de sus programas como experto en arqueología y en estudios bíblicos. Está casado; su esposa se llama Beverlee Shaw, y tienen cinco hijos que comparten su entusiasmo por el mundo de la Biblia.

Reconocimientos

Este libro les debe mucho a numerosos amigos cuya profesión o pasión es la arqueología. El primero entre ellos es Clifford Wilson, quien tuvo la amabilidad de contribuir con el Prólogo. Su contribución de toda una vida a la arqueología es valorada por todos los que han estudiado con él o leído sus muchas obras de gran calidad.

Puesto que las primeras y las últimas palabras de este libro fueron escritas en Jerusalén, les debo gratitud a las personas de ese país que compartieron conmigo su tiempo, sus investigaciones y sus recursos fotográficos. Éstos son Amihai Mazar, Avraham Biran, Trude Dothan, Sy Gittin, Gaby Barkay, Amnón Ben-Tor, Dan Bahat, Magen Broshi, Hanán Eshel, Hillel Geva, Ehud Netzer, Ronny Reich, Yitzhak Magen, Rami Arav, Bob Mullins, Steve Pfann y Zev Radován. También debo dar las gracias de una manera especial a las personas de Estados Unidos e Inglaterra que me aconsejaron y compartieron de manera gratuita sus fotografías y materiales personales conmigo. El primero entre ellos es Gordon Franz, cuya ayuda y consejo durante todo este proyecto fueron de un valor incalculable. Los demás son Leen Ritmeyer, Bryant Wood, Keith Schoville, David Merling, Sr., Eugene Merrill, David Livingston, James Strange y Tom McCall.

Una vez más, me siento sumamente agradecido con Jack y Kay Arthur por la generosidad de permitirme usar su apartamento de Jerusalén durante mi investigación inicial, en octubre de 1996. También les estoy agradecido al Dr. Weston Fields y a su esposa por el uso de su hogar, donde terminé este escrito en junio de 1997. Muchos otros me ayudaron con la transcripción (Linda Winn, Debbie Smith), la fotografía (Paul Streber, quien tomó muchas de las fotografías en sus propios lugares de Israel y Jordania), o el apoyo técnico (Wayne House, Jim Fox, Gary Collett y Ken Stanford). También les doy gracias a Richard Short, quien preparó la cronología, y a Steve Ando, que hizo los índices.

También le debo dar gracias de una manera especial al profesor Harold Liebowitz, quien fue el primero en invitarme a excavar con él en Israel y me ofreció la oportunidad de ayudarlo a enseñar un curso de Arqueología Bíblica en la Universidad de Texas, en la ciudad de Austin.

También les estoy agradecido a Terry Glaspey, quien me sugirió la idea de este libro, Bob Hawkins, Jr. y Carolyn McCready, de Harvest House Publishers, quienes me ofrecieron el proyecto, Steve Miller, quien ha demostrado su capacidad como corrector de estilo y Bárbara Sherrill, por manifestar su experiencia en la cubierta del libro.

Vaya mi agradecimiento igualmente a los que apoyan mi ministerio, los cuales comparten estas labores en la tierra, y también su recompensa eterna, y al pastor Steve Sullivan, cuyas fieles oraciones a mi favor han permitido que esta obra sea un éxito. Por último, debo recordar a mi familia, cuyas penurias igualaron a las mías mientras se preparaba el original de este libro. A mi madre, Maurine Price, que me proporcionó un lugar donde trabajar y se habituó a los montones de libros que hubo durante la mayor parte del tiempo que estuve escribiendo; a mi esposa Beverlee, que ayudó inmensamente en la obra dándome ánimo e ideas en cuanto a la presentación correcta de este material; y a mis hijos Elisabeth, Eleisha, Erin, Jonathan y Emilee, quienes oraron por su padre y por lo que estaba escribiendo, y siempre lo recibían con un abrazo cada vez que volvía al hogar.

Contenido

Prólogo

Las piedras claman, por el Dr. J. Randal Price, es un recorrido erudito, muy al día y altamente pertinente de los principales descubrimientos que relacionan a la arqueología con la Biblia. Cada uno de sus dieciocho capítulos contiene joyas que son un deleite para el cristiano que cree en la Biblia, tanto el erudito como el laico.

Puesto que durante muchos años he sido la "voz" de un programa de radio con gran audiencia llamado también "Las piedras claman", me siento encantado de poder recomendar este libro, que reúne de una manera tan competente una vasta cantidad de materiales que apoyan de manera específica diferentes fondos, incidentes y personajes de la Biblia. Además de esto, Randall Price no vacila en enfrentarse a cosas que parecen problemáticas, y las responde de maneras aceptables para la gente que piensa y está dispuesta a reconocer que la Biblia no es sólo un libro de texto teológico, sino también el más grande de los recuentos históricos que el hombre haya conocido jamás.

Por ejemplo, se enfrenta a la controversia relacionada con el nombre "Casa de David", hallado en una inscripción monumental de Tel Dan. Además de presentar argumentos convincentes a favor de su convicción de que la inscripción es genuina y la traducción es correcta, le añade gran valor a la presentación que hace, por medio de sus contactos personales con diversos arqueólogos y expertos en otros campos, que han participados en hallazgos como éstos.

Por supuesto, existen aspectos sujetos a controversia y debate; éste será siempre el caso con las preguntas que suscitan la historia y la arqueología. La contribución que hace esta obra va dirigida a informar a los lectores acerca de los últimos descubrimientos y debates en el frente de la arqueología. Además de esto, como el propio Randall nos recuerda al citar a otro autor, la "verdad absoluta en arqueología dura unos veinte años", por establecida que esté. Nadie puede escribir un libro definitivo sobre la Biblia y la arqueología, y estar seguro de que ninguna de sus interpretaciones y conclusiones va a ser puesta en duda al cabo de veinte años.

Recomiendo muy altamente este libro. Ha sido un deleite leerlo, y es un privilegio escribir este prólogo. La obra del Dr. Price debe ser de inmensa importancia en el proceso de la erudición actual en cuanto a rechazar las críticas tan prevalentes en demasía contra la Biblia como historia. Demuestra que este libro, la Biblia, es la maravillosa revelación de la verdad hecha por Dios, y puesta en unos contextos históricos que son admirablemente dignos de confianza.

— Dr. Clifford Wilson
Presidente
Universidad Internacional del Pacífico

Prefacio

El político y novelista británico Benjamín Disraeli puso una vez el panorama de la arqueología en perspectiva cuando escribió acerca de su primer viaje a las ruinas de la antigua Tebas:

> Imagínese un febril y tumultuoso sueño repleto de portones triunfales, procesiones de pinturas, interminables muros de esculturas heroicas, colosos de granito que representan a dioses y reyes, obeliscos prodigiosos, una avenida de esfinges y salones con un millar de columnas de más de nueve metros de circunferencia y de una altura proporcionada. Mis ojos y mi mente me duelen aún con una grandeza tan poco acorde a nuestra propia pequeñez.[1]

La arqueología, al revelar las grandezas del pasado, nos ayuda a medir nuestros logros actuales en el progreso de los tiempos. Toda civilización que esté aislada del pasado tiende a la proclamación exclusivista de que es más avanzada y ha tenido más logros que sus primitivos ancestros. Sin embargo, es sano despertar para ver la "pequeñez" propia a la luz de las monumentales culturas de la antigüedad. Han surgido imperios, han durado milenios, y después se han derrumbado en el polvo del cual habían surgido. A su tiempo, el nuestro hará lo mismo. Además de esta revelación del pasado, la arqueología bíblica nos da de manera exclusiva una visión de una historia cuya dirección sigue unos planes, y que va acompañada por unas lecciones eternas para la vida. Al revelarnos el mundo de la Biblia, nos lleva también a la palabra de la Biblia, en la cual se explican el surgimiento y la caída de las naciones como parte de un plan determinado que incorpora en sí nuestra "pequeñez" y le da sentido. Este libro fue escrito para tratar de ese sentido mientras presentamos la historia de las Escrituras en el escenario de las piedras.

Retos modernos a la arqueología

Hoy en día, los libros sobre arqueología bíblica se enfrentan a numerosos retos. Como consecuencia, William Dever, una de las principales voces en el campo, les ha advertido a los que quieran publicar uno: "Hay que ser muy osado para atreverse a imprimir algo ahora... se puede estar seguro de que se van a recibir ataques de todas partes".[2] El primero de estos ataques procede de los arqueólogos. Dentro de esta disciplina hay un extendido debate con respecto a lo correcto que sea incluso el utilizar la expresión de "arqueología bíblica". De hecho, en las regiones donde se desarrolló la historia bíblica, la arqueología revela otros pueblos y culturas además de los que tienen que ver con la Biblia. Por esa razón, hay quienes alegan que el uso exclusivista del término "bíblica" socava su importancia. Más aún, en años recientes la tendencia ha sido hacia la especialización arqueológica, alejándose de los estudios bíblicos. La escuela de la "Nueva arqueología", enraizada en la antropología cultural, y privada de la orientación histórica que tiene la arqueología tradicional, considera los estudios bíblicos como la preocupación constante de una generación de más edad, con una orientación religiosa y menos científica. Carente del punto de referencia bíblico que guiaba a sus predecesores, esta nueva generación de arqueólogos ha propuesto revolucionarias teorías sobre los orígenes e interpretaciones revisionistas para reemplazar los modelos tradicionales de la historia de Israel, basados en la Biblia. En especial, esto es lo que ha sucedido dentro de la comunidad arqueológica en Israel. Hoy en día, en "la Tierra del Libro", la Biblia es considerada menos como historia real, y más como historia religiosa, por los mismos arqueólogos que revelan lo registrado en sus piedras.

El segundo reto procede del extremo opuesto en esta cuestión: los que son estudiosos y maestros de Biblia. Para muchos de ellos, la arqueología ha perdido su importancia para la religión. En esta era de relativismo moral, en la cual el centro de interés en el adiestramiento al ministerio ha pasado de "tener unas bases bíblicas" a "ser socialmente significativo", los cursos de arqueología bíblica han desaparecido en su mayor parte de los planes de estudio de los colegios universitarios bíblicos y de los seminarios.[3] Aquellos que aún enseñan arqueología bíblica, muchas veces luchan contra el sistema para hacerlo, y si persisten los modelos progresivos en los estudios, lo más probable es que nadie los reemplace cuando se retiren. Tal vez el descuido actual de la arqueología en los estudios bíblicos sea en parte una reacción ante el hecho de que la arqueología se ha distanciado de los estudios bíblicos. Cualquiera que sea la causa, el divorcio entre estas disciplinas está produciendo una generación de teólogos abstractos y técnicos de la arqueología a los cuales les parece tener muy poco en común. Sin la síntesis necesaria entre las Escrituras y las piedras, podemos estar seguros de que los estudiosos de ambos campos van a salir perdiendo.

Mi participación en la arqueología

Fueron los estudios bíblicos los que me hicieron dar los primeros pasos en la arqueología e interesarme en ella. Mi entusiasmo por hacer que la Biblia fuera algo relevante fue templado por el reconocimiento de que cada texto tenía un contexto. Situado dentro del contexto de los Estados Unidos en el siglo XX (a punto de llegar al XXI), me separaban miles de kilómetros y de años del contexto bíblico. Me pareció lógico que antes de poder aplicar la Biblia a mi propia vida y a mis tiempos, necesitaba comprender primero la vidas y los tiempos a los cuales su mensaje había sido aplicado originalmente. Esto me llevó a trasladarme a Israel para aprender sobre este contexto de manera directa, primero por medio de unos estudios posgraduados en arqueología bíblica, y más tarde a través del trabajo de campo en excavaciones arqueológicas.[4]

Después, durante mi trabajo doctoral en los Estados Unidos, tuve el poco común privilegio de ser profesor de un curso de Arqueología bíblica en una de las mayores universidades seculares de la nación. Allí tuve estudiantes que habían crecido en el sistema público de educación sin acceso alguno a la Biblia, y estaban asombrados ante el hecho de que su instructor se pudiera poner de pie frente a ellos en todas y cada una de las clases con una Biblia en una mano y un texto de arqueología en la otra. En mi opinión, su asombro procedía de que cada vez se daban más cuenta de que la Biblia es historia real, atestiguada por los sólidos datos que apoyan a todos los demás temas históricos. Esto hace destacar una de las contribuciones que ha hecho la arqueología a una era en la cual la Biblia ha sido reducida al nivel de leyenda literaria.

La popularidad de la arqueología bíblica

En fuerte contraste con esto, al mismo tiempo que la arqueología bíblica batalla por sobrevivir en el nivel profesional, en el popular nunca ha tenido un éxito mayor. La persona promedio, cualesquiera que sean sus creencias, siente una gran fascinación por la arqueología, y en especial por la arqueología de la Biblia. La proliferación de programas especiales con orientación arqueológica en la televisión normal y de nuevas series que relacionan la Biblia con la arqueología en los canales del cable, así como las numerosas revistas que presentan artículos sobre arqueología bíblica, han demostrado que existe este enorme mar de fondo de interés. Podemos tener la esperanza de que esta pasión se convierta en la salvación de la arqueología bíblica dentro del campo académico. Si hay suficientes personas que les exigen a sus rabinos, pastores y sacerdotes la misma comprensión de la arqueología que reciben de sus televisores, entonces tal vez las instituciones que preparan a estos líderes piensan de nuevo en adiestrarlos para que enseñen las Escrituras con conocimiento de las piedras.

Por esta razón, he escrito para el auditorio popular el presente libro. Mi perspectiva procede de un alto concepto de la Biblia (lo que llaman los arqueólogos la "posición maximista"), que considera que la corroboración de la historia por medio del registro arqueológico es posible y preferible a la vez. Sin embargo, no tengo el propósito de "demostrar" la Biblia, la cual, como documento arqueológico, es prueba en sí misma. Lo que quiero es demostrar a partir de las piedras que las Escrituras son dignas de confianza y que nos revelan la historia de una forma que sería imposible sin ellas.

No he planificado esto como un viaje al pasado, sino como un viaje bajo la luz del pasado, para que ésta ilumine al presente. Si he tenido éxito en mi esfuerzo, entonces ese viaje le dará un nuevo aprecio y un deseo más profundo por el mundo y la Palabra de la Biblia. Es mi deseo que usted también, como Disraeli, encuentre en este viaje que sus ojos y su mente arden con esa grandeza tan fuera de lo común que nos ayuda a medir nuestros momentos.

— Dr. J. Randall Price
Jerusalén (Shavuot, 1997)

Una invitación a escuchar a las piedras

Las piedras claman,
silenciosas por siglos,
revelando ahora como un rollo escrito
la verdad de Dios en páginas polvorientas.

Las piedras claman,
relatan con poder su historia,
escondida tanto tiempo del ojo humano:
la verdad de Dios para la hora presente.[1]

— Anne Moore

Aún recuerdo la primera vez que subí a la Gran pirámide del faraón Keops, en Egipto. Es una de las siete maravillas del mundo antiguo, y sigue siendo objeto de misterio y controversia. Mientras subía por toda su gigantesca altura, tenía que ir escalando sus piedras una a una. En mi camino hacia arriba, había visto los millones de bloques de piedra caliza utilizados para construirla. ¡Cuántos deben haber trabajado aquí durante toda su vida sin ver otra cosa más que estas piedras! Pero al llegar a la cima, el panorama cambió. Desde aquel nuevo punto elevado, pude ver los restos del pasado de una forma que no había podido ver antes. Desde allí se podía ver el contorno de la antigua calzada que unía a la pirámide con el Templo del valle y las gigantescas tumbas de las barcas del sol faraónicas. Desde allí también se podía tener una visión mejor del presente. Allí, extendiéndose a lo largo del horizonte, estaba la gran metrópoli del Cairo, la cual, como las arenas de los alrededores, rodeaba ahora a la ciudad de pirámides de Giza.

Mientras mis sentidos captaban todo el panorama que tenía ante mí, comencé a reflexionar en el lugar de esta pirámide como punto inmóvil dentro de la incesante marcha del tiempo. Aquellas piedras, que habían visto el florecimiento y la caída del imperio egipcio, ya tenían mil años cuando Abraham pasó junto a ellas para reclamar su herencia en Canaán. Fueron símbolo de refugio en los días de José, cuando trajo a su padre Jacob y a sus hermanos para que se establecieran a su sombra. Las pirámides habían presenciado la opresión de los israelitas y el éxodo bajo el caudillaje de Moisés. Habían observado al profeta hebreo Jeremías mientras lo sacaban de su cautiva tierra e Judá, y contemplado a Jesús niño en su huida del rey Herodes. ¡Si aquellas piedras pudieran hablar, qué historias nos contarían!

En cierta forma, las piedras sí cuentan historias. La Biblia usa el simbolismo de las piedras que hablan para recordarnos que Dios ha dejado un testimonio de sus obras. En el caso de los babilonios, cegados para su propia destrucción, el profeta Habacuc escribía: "Porque la piedra clamará desde el muro, y la tabla del enmaderado le responderá" (Habacuc 2:11). Cuando los dirigentes religiosos intentaron silenciar a los que alababan la entrada mesiánica de Jesús a los muros de piedra de Jerusalén, "Él, respondiendo, les dijo: Os digo que si éstos callaran, las piedras clamarían" (Lucas 19:40). Hoy también, si los hombres no están dispuestos a recibir el testimonio de la Palabra, existe además el testimonio de las piedras. El salmista lo expresó de esta manera: "La verdad brotará de la tierra" (Salmo 85:11).

Mientras me hallaba allí, de pie sobre una de las grandes reliquias arqueológicas del mundo, pude ver más que nunca antes. El pasado adquirió una nueva perspectiva, y vi el presente a la luz más potente de la historia. Desde entonces, esto ha seguido siendo cierto en mi experiencia con las evidencias sin escavar a favor de la Biblia. Pero, cualquiera que haya sido mi experiencia, la arqueología nos ha proporcionado a todos un testimonio mejor a favor de la obra de Dios, tal como la revela su Palabra. ¿Acaso no deberíamos escalar su montículo de tesoros temporales para alcanzar una visión más clara de las cosas eternas?

Porque creo que es una empresa adecuada —incluso una investigación santa—, he intentado que recordemos con este libro la eficacia con la que pueden clamar las piedras. Sin embargo, hay que ponerle límites al clamor; por eso, he tenido que seleccionar mis historias tomadas de las piedras. Además, mi intención ha sido presentar estas historias con la mayor claridad posible, para que las oigan la mayor cantidad posible de personas. Por esta razón, he tratado de dirigir este libro al que no es especialista en la materia. No obstante, también he tratado de darles a los arqueólogos profesionales una voz a través de las numerosas declaraciones obtenidas en entrevistas que he incluido.

Estoy consciente también de que todo libro de arqueología está destinado, por virtud de las excavaciones actuales, a estar anticuado antes de ir a la imprenta. Sin embargo, nuestro centro de atención definitivo no está en las piedras, sino en las Escrituras, cuyas verdades no pueden ser disminuidas por el tiempo.

Fijar este curso ente laico y erudito, y entre desuso y absolutos, no ha sido fácil. Por esta razón, tal vez algunos de los especialistas en este campo tal vez sientan que he exagerado el valor de sus hallazgos. No obstante, los que tenemos nuestro interés puesto en las Escrituras tenemos razones para emocionarnos con las excavaciones. Reconocemos a un Dios que dirige la historia y, tal como creemos los cristianos, ha entrado incluso Él mismo en ella. Ver las piedras que tocan esta historia equivale a acercarse más profundamente a la realidad de Aquél que era, que es y que ha de venir. Si usted comparte esta emoción, o incluso si no la comparte, lo invito a oír hablar una vez más a las piedras junto conmigo. Esto lo llevará a nuevas alturas. Se lo aseguro.

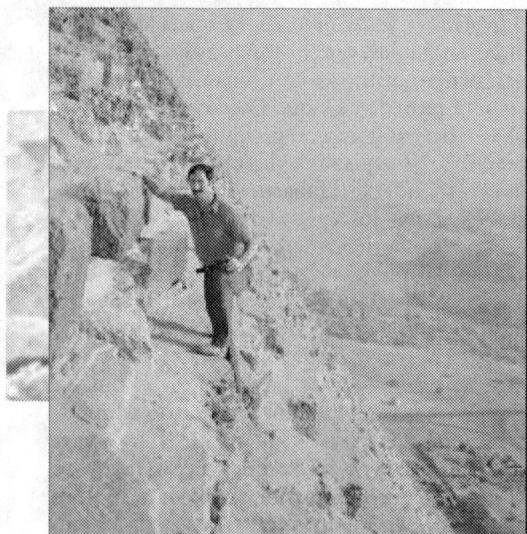

1. *Randall Price subiendo a la Gran Pirámide.*

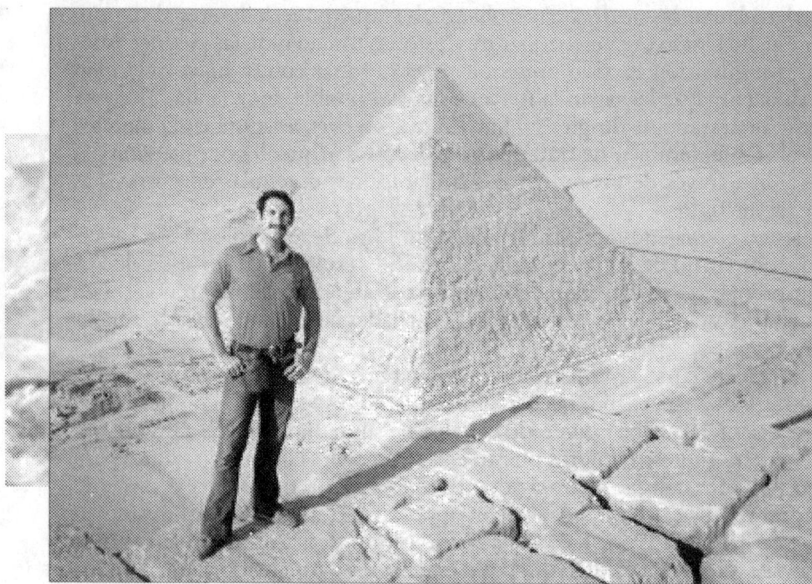

2. *Price en la cima de la Gran Pirámide.*

Primera parte

¿Qué puede demostrar la arqueología?

La aventura de la arqueología

El descubrimiento de los secretos del pasado

Yo creo en la pala. Ha alimentado a las tribus de la humanidad. Les ha proporcionado agua, carbón, hierro y oro. Y ahora les está dando la verdad: la verdad histórica, cuyas minas nunca han sido abiertas hasta nuestros tiempos.[1]

— Oliver Wendell Holmes

Vivimos en unos tiempos emocionantes. En el mundo entero se están excavando nuevos descubrimientos arqueológicos con mayor rapidez de la que tienen nuestros periódicos para informar sobre ellos. Y es una buena noticia para los estudiosos de las Escrituras que una gran cantidad de esos descubrimientos nos están ayudando a comprender la Biblia como nunca antes. Para ilustrar lo mucho y lo rápido que el pasado está invadiendo al presente, he aquí sólo algunos de estos asombrosos descubrimientos relevantes para la Biblia, que fueron hechos alrededor del tiempo en que se escribió este libro, a principios de 1997:

- En el valle de los Reyes (Luxor, Egipto) se halló una sala escondida junto a la tumba del famoso rey Tutankamen. Es posible que se trate de la sepultura de los varones primogénitos del faraón Ramsés II. Si, de acuerdo con una teoría existente, fue éste el faraón del Éxodo, entonces estos hijos fueron los que murieron en la última de las plagas milagrosas ordenadas por Moisés.

- Se han descubierto miles de artefactos procedentes de los años 670 a 630 a.C. debajo de las olas frente a la costa de Alejandría, en Egipto.

Entre ellas se hallaba una de las siete maravillas del mundo antiguo, el gran faro de la isla de Faros, que desapareció de la historia hace más de 2.200 años. Entre los demás descubrimientos se hallan los palacios reales de figuras tan famosas como la reina Cleopatra, Julio César y Marco Antonio. Y los arqueólogos creen que descubrirán por fin en algún lugar de este gran depósito submarino que comprende unas 2,2 hectáreas, el sarcófago de oro de Alejandro Magno, quien fundó la ciudad en el año 323 a.C., y cuya conquista del mundo conocido fue predicha por el profeta hebreo Daniel (vea Daniel 11:3-4).

- Recién descubierta, aunque sin publicar aún, se encuentra una inscripción cuneiforme hecha en un prisma de arcilla. Tiene unos 3.500 años de antigüedad y data del reinado sirio de Tikunani. Los primeros trabajos realizados para traducir el texto han llevado a anunciar que es posible que contenga por fin la tan buscada identidad de los enigmáticos "habiru", un pueblo que algunos consideran relacionado con los hebreos de la Biblia.

- Se ha dado la noticia de que, por medio del uso de una forma de tecnología a base de satélite y rayos infrarrojos, ha quedado revelado el río Pisón, anteriormente perdido. Enterrado durante largo tiempo bajo las arenas del desierto, el satélite pudo seguir su antiguo curso en el lecho de río llamado Farouk El-Baz, que va desde Hijaz, al oeste de la Arabia, hasta Kuwait. Este río, junto con los conocidos Tigris y Éufrates, ayudaba a definir la posición del huerto del Edén en la Biblia (Génesis 2:11).

- Y, hablando del huerto del Edén, acaba de llegar de Israel el informe de que se ha hallado una serpiente fósil con patas posteriores bien desarrolladas en una cantera moderna. Ésta es la primera vez que se encuentra una serpiente con extremidades, y le da un nuevo realce a la historia de una serpiente similar a ésta, descrita en el relato de la tentación que aparece en el Génesis (Génesis 3:1-15).

- ¿Ha oído hablar de los misteriosos esenios? Hay cincuenta tumbas recién descubiertas en Beit Safafa, en el sureste de Jerusalén, que podrían ser nuestra primera evidencia acerca de esta comunidad perdida. Se cree que es posible que un grupo de esenios se haya establecido en Qumrán y haya producido los rollos del mar Muerto. Estas tumbas proceden del mismo período y son idénticas a las de Qumrán. Este hallazgo podría proporcionar el eslabón perdido entre Jerusalén y Qumrán, resolviendo finalmente el enigma sobre los autores de los rollos del mar Muerto.

Si estos informes no despiertan el entusiasmo en usted, tal vez se deba a que este tipo de noticias se han convertido en cosas cada vez más corrientes en nuestros tiempos de redes que dan noticias las veinticuatro horas del día y hay una inmensa variedad de programas educativos en numerosos canales de la televisión. Para valorar realmente las revelaciones arqueológicas que están surgiendo en nuestros tiempos modernos, necesitamos dar un pequeño viaje de vuelta a los días en los que el mundo desconocía toda esta información.

Cómo eran las cosas

A fines del siglo XVIII, nadie habría podido soñar siquiera en las maravillas que la arqueología estaba a punto de revelar. El mundo del pasado era algo mayormente olvidado, con excepción del desfile histórico de nombres antiguos de personas y lugares, pero no había evidencias físicas para demostrar que hubieran existido en la realidad. La observación de Herder es típica de aquellos tiempos:

> En el Oriente Medio, y en Egipto, todo lo que procede de los tiempos antiguos nos da el aspecto de ruinas, o de un sueño que ha desaparecido... Los archivos de Babilonia, Fenicia y Cartago ya no existen; Egipto ya estaba prácticamente marchito antes de que los griegos vieran su interior; de esta forma, todo se reduce a unas cuantas hojas descoloridas que contienen historias sobre historias, fragmentos de la historia, un sueño sobre el mundo que existió antes de nosotros.[9]

Ésa era hace sólo dos siglos la situación de nuestro conocimiento material sobre el pasado de la antigüedad. La Biblia se destacaba como el único testimonio de sí misma que sobrevivía. Por una parte, sus verdades bendecían a sus lectores, mientras que por otra, con frecuencia se quedaba con un interrogante acerca de los lugares y los acontecimientos que recoge. Por supuesto, había muchas fuentes literarias antiguas que ofrecían sus comentarios sobre la historia antigua y la bíblica, como el Talmud, Josefo y los escritos grecorromanos, pero estas fuentes sólo estaban al alcance de los expertos en literatura clásica. Todos los demás tenían que contentarse con su fe e imaginarse el mundo de la Biblia sin más punto de referencia que el mundo en el cual ellos mismos vivían. Y, aun para los que dominaban los clásicos, las imágenes del pasado permanecían borrosas y como si fueran sueños.

Para algunos, el hecho de que el pasado no tenía aparentemente nada que ofrecer lo hacían especialmente útil para ilustrar la mortalidad del hombre y meditar filosóficamente acerca de su transitoriedad. Éste es el estilo en el que Dunsany escribió su soliloquio contemplativo:

> Fue la araña la que habló. "La Obra del Mundo es la construcción de ciudades y palacios. Pero no es para el Hombre. ¿Qué es el Hombre? Él todo lo que hace es prepararme mis ciudades para mí, y añejármelas. Hacen falta entre diez y cien años para edificar una ciudad; envejece durante quinientos o seiscientos años más, y ya queda preparada para mí; entonces, yo habito en ella y escondo todo lo que es feo, y trazo hermosas líneas por

todos lados... Para mí fue construida Babilonia, y Tiro en medio de las rocas, y los hombres siguen aún construyendo mis ciudades. La obra del Mundo es la construcción de ciudades, y yo las heredo todas."

La excavación del pasado

En cambio, la arqueología recupera osadamente esta herencia para devolvérsela al ser humano. Ahuyenta las arañas del tiempo y resucita la descolorida gloria del pasado, para que una generación futura la comprenda y disfrute. En algunos sentidos, también ha puesto en fuga ciertas nociones escépticas acerca de la Biblia que fueron popularizadas por la invasión de la Alta Crítica hace ya más de un siglo. Esto ha sido posible gracias a los emocionantes descubrimientos hechos por la pala, que han traído a la luz y a la vida un conocimiento más profundo del mundo de la Palabra. De hecho, tal como confesó una vez con satisfacción el profesor William Foxwell Albright, decano de la vieja escuela de arqueología bíblica, "los descubrimientos han ido demostrando uno tras otro la exactitud de innumerables detalles, y han producido un reconocimiento creciente del valor que tiene la Biblia como fuente histórica".[10]

Mientras que para muchos arqueólogos modernos la meta de Albrighht de demostrar la exactitud de la Biblia ha cambiado o ha sido desafiada, las evidencias procedentes de la arqueología han seguido en aumento. Hace un par de décadas, el Dr. Donald J. Wiseman podía alardear de que "la geografía de las tierras de la Biblia y los restos visibles de antigüedad han sido gradualmente registrados, hasta que hoy se han localizado ya en su sentido más amplio una cantidad superior a veinticinco mil lugares de la región que se remontan a los tiempos del Antiguo Testamento"[11]. Sin embargo, hoy en día estos hallazgos son centenares de miles. Con tal abundancia de artefactos —y todo el tiempo se van encontrando otros más—, a los estudiosos de las Escrituras nos es difícil, si no imposible, mantenernos al día sobre todos los artículos importantes procedentes del campo que tengan que ver con la Biblia. No obstante, la meta de libros como éste consiste en ayudarnos a intentarlo, llevándonos en un viaje arqueológico por el ámbito de la realidad del cual nacieron las palabras de verdad: las tierras, las lenguas y los escenarios de la vida en el Libro de los libros. Para comenzar juntos nuestro viaje, vamos a iniciarlo con una comprensión básica del tema que nos ocupa.

¿Qué es la arqueología bíblica?

En español, la palabra "arcaico" se refiere a algo antiguo que procede del pasado. La misma palabra griega de la cual procede "arcaico" es la que forma la primera parte del término "arqueo-logía". La segunda parte procede de otra palabra griega, *logos,* que significa "estudio de" (usada para señalar campos de estudio como los de la bio*logía,* la socio*logía,* la antropo*logía* y otros).

Los griegos de la antigüedad utilizaban la palabra "arqueología" para describir su estudio de las leyendas o tradiciones antiguas. A principios del siglo XVII se usaba en Europa para referirse al "conocimiento" del Israel antiguo a partir de fuentes literarias como la Biblia. Después, en el siglo XIX, cuando se comenzaron a excavar artefactos antiguos procedentes de los tiempos bíblicos, se les aplicó a ellos la palabra (para distinguirlos de los documentos escritos).

Es decir que, desde el principio, la idea de "arqueología" iba unida a la Biblia. Hoy en día, la *arqueología* es considerada una rama de la investigación histórica que trata de revelar el pasado por medio de la recuperación sistemática de aquellos restos que lo han sobrevivido. Sin embargo, al desarrollarse la arqueología como ciencia y hacerse excavaciones en otras tierras distintas a las que tienen importancia bíblica, se necesitó idear la expresión más exclusiva de *arqueología bíblica*. Como disciplina separada dentro del campo más amplio de la arqueología, la *arqueología bíblica* ha venido a identificar la ciencia dedicada a excavar, descifrar y evaluar de manera crítica aquellos registros materiales antiguos que se relacionan con la Biblia.

El nacimiento de la arqueología bíblica

La arqueología comenzó cuando los seres humanos sintieron el deseo de recuperar los materiales del pasado. Los primeros "arqueólogos", si es que los podemos llamar así, fueron los ladrones de tumbas, que saqueaban las tumbas de la antigüedad (por lo general poco tiempo después de haber sido selladas) en busca de tesoros enterrados. A los que sabían dónde estaba la entrada de la tumba solían terminar sepultados con sus tesoros, y se les prometía una muerte terrible a los ladrones que eran atrapados, al parecer este oficio floreció. La mayoría de las grandes tumbas del pasado, al ser descubiertas en nuestros tiempos, ya habían sido visitadas por estos "arqueólogos" antiguos.

En tiempos relativamente modernos, hubo aventureros europeos que comenzaron a explorar el pasado y regresaron llevando reliquias y recuerdos para fascinar a sus amigos y aumentar su fama. Pronto comenzaron a abundar los cazadores de fortuna, que navegaban hasta tierras distantes en busca de las riquezas que ellos soñaban esperándoles en inmensos tesoros sin dueño en medio de las ruinas antiguas. La mayoría de las "excavaciones" llevadas a cabo por estos mercenarios de la arqueología, destruyeron tanto como lo que descubrieron. Sin embargo, hubo otros con un espíritu distinto que comenzaron a anotar sus observaciones con tinta y aguafuerte, regresando con noticias de unas tierras largo tiempo olvidadas y de sus culturas materiales, aunque las solieran dar en tonos románticos.[12]

El primer intento "científico" de hacer arqueología fue llevado a cabo bajo el gobierno de Napoleón Bonaparte, en 1798. Es evidente que tenía interés en la arqueología cuando se dirigió a sus tropas después de invadir Egipto, diciéndoles: "¡Cincuenta siglos de historia nos contemplan!" En los Estados Unidos se dice que Thomas Jefferson, quien fuera el tercer presidente de la nación, "exploró científicamente" los túmulos (montículos con

enterramientos) de Virginia. En el siglo siguiente, hubo otros estadounidenses, como Edward Robinson y Eli Smith, que se unieron a una gran cantidad de eruditos procedentes de Inglaterra, Suiza, Francia, Alemania y Aus-
tria en la publicación de estudios topográficos, mapas detallados y
resultados de arduas excavaciones en las tierras de la Biblia.

En su mayor parte, estas primeras aventuras arqueológicas, realizadas
con grandes gastos, fueron financiadas por personas cuyo interés principal
era la Biblia. Es decir, que en la mayoría de los casos, la arqueología bíblica
ha sido el factor que ha impulsado el progreso de la arqueología en general.
Sin embargo, cualesquiera que fueran sus motivos, estos "fundadores de la
frontera arqueológica" abrieron el camino para un desarrollo más científico
de la disciplina, para provecho de todos.

La historia se vuelve palpable

Tal como mencioné anteriormente, antes del nacimiento de la arqueología nadie sabía en realidad cómo había sido el mundo de la Biblia. Todo el
mundo tenía un concepto de ese mundo que había nacido en su propia imaginación. Más en cuanto a resultados que en cuanto a intenciones, los relatos
de la Biblia eran recibidos de una manera casi igual a como se recibían los
cuentos mitológicos de los griegos y los romanos. No se trataba de que la
gente no creyera que la Biblia es veraz; más bien, lo que sucedía era que el
mundo de la Biblia parecía una especie de planeta extraño, con gente
extraña cuyo aspecto externo y estilo de vida eran motivo de sueños, no de
realidad.

Recuerdo la fuerte impresión que recibí la primera vez que visité la Tierra Santa. Desaparecieron mis conceptos de Jesús como un franelograma
hecho con lino prensado y caminando sobre la hierba artificial de una
alfombra. Ante mí, en las excavaciones arqueológicas y en los numerosos
museos de la Tierra, se hallaban restos reales que cambiaron muchas de mis
ideas preconcebidas. Mi propio mundo imaginario de la Biblia se redujo de
tamaño, mientras comenzaban a crecer los hechos relacionados con el
mundo real, y con ellos mi propia fe. Sin embargo, después de pasada esta
perplejidad inicial ante la arqueología, me alcanzó un nuevo despertar. Ya
no me podía seguir excusando por tener una conducta distinta a la que
tuvieron los hombres y mujeres de fe en la Biblia. Ellos también habían sido
gente real, y habían vivido en un mundo real. Habían luchado con las mismas preocupaciones y dudas a las que me enfrento yo hoy. Si ellos habían
vivido por una fe real y en un mundo real, también lo debía hacer yo. La
realidad que se me enfrentó cuando vi por vez primera el "contexto original" de la Biblia ha sido reforzada continuamente a lo largo de los años por
medio de los descubrimientos arqueológicos.

La arqueología ha revelado las ciudades, los palacios, los templos y las
casas de aquellos que vivieron junto a los personajes cuyos nombres aparecen en las Escrituras. Estos descubrimientos han hecho posible para nosotros lo que el apóstol Juan proclamó una vez para señalar la autenticidad de

su mensaje: "Lo que era desde el principio, lo que hemos oído, lo que hemos visto con nuestros ojos, lo que hemos contemplado, y palparon nuestras manos tocante al Verbo de vida... Estas cosas os escribimos" (1 Juan 1:1, 4).

Las cosas palpables pueden ayudar a la fe en su crecimiento hacia Dios. La arqueología saca a la luz los restos palpables de la historia, para que la fe pueda tener un contexto razonable dentro del cual desarrollarse. También permite que los hechos le den apoyo a la fe, confirmando la realidad de los personajes y sucesos de la Biblia, de manera que tanto escépticos como santos puedan percibir con claridad su mensaje espiritual dentro de un contexto histórico. El arqueólogo Bryant Wood, director de la Unión para la Investigación Bíblica ("Associates for Biblical Research"), señala lo siguiente al hablar del descubrimiento del nombre "Casa de David" en una estela monumental de Tel Dan *(vea* el capítulo 9):

> Nosotros sabemos que [David] es una figura histórica, porque la Biblia lo menciona, pero eso no les basta a los eruditos. Necesitan evidencias ajenas a la Biblia. Por eso, la arqueología bíblica puede desempeñar un papel muy importante en cuanto a verificar la verdad de las Escrituras ante las críticas que nos están haciendo hoy en día los eruditos modernos.[13]

Una aventura para todos los tiempos

La arqueología de Hollywood es una aventura sin final. Los arqueólogos de las películas son mitad erudito y mitad superhombre, capaces de saltar sobre abismos en llamas en busca de unos hallazgos siempre fantásticos. Pero la arqueología, en su búsqueda del pasado, no se parece a esto en nada. Es metódica y con frecuencia, bastante monótona. Aun así, sigue siendo una aventura; una aventura que nos transporta al pasado y nos desafía a cambiar nuestra perspectiva sobre el presente. Una aventura que algunas veces nos obliga a reemplazar nuestras opiniones privadas con las fuertes realidades de la historia, y tal vez enfrentarnos por vez primera con la realidad de la Palabra. Y a la luz de las incesantes afirmaciones de los críticos, también hace más adecuadas nuestras respuestas a una era llena de dudas; una era bendecida por la tecnología, pero en bancarrota teológica. Por tanto, lo invito a unírseme con una sensación de aventura en un largo viaje por el tiempo, excavando tanto en la tierra como en las Escrituras, para descubrir las cosas tan asombrosas que dicen las piedras al clamar.

Cavar para hallar respuestas

La historia en piedra

La verdadera ocupación de la arqueología consiste en establecer con los hechos unos puntos de referencia en el mundo de la Biblia para guiar a sus intérpretes.[1]

— Joseph Callaway

Vivimos en una era ansiosa por recibir respuestas. A diferencia de las épocas anteriores, nuestra era tiene un acceso único a unas cantidades incalculables de información que antes no estaban disponibles. Por ejemplo, aun al mismo tiempo en que los arqueólogos cavan en busca de más respuestas, el público en general puede cavar en una multitud de archivos arqueológicos por medio de la red mundial www. Sólo por medio de la Autoridad Israelí de Antigüedades, los arqueólogos de sillón tienen acceso actualmente a más de cien mil reliquias arqueológicas descubiertas en el Estado de Israel desde 1948.

Entre las reliquias más significativas se hallan las que tienen inscripciones, porque éstas nos dan un acceso inmediato al conocimiento del pasado. No se encuentran inscripciones con mucha frecuencia, pero algunas de las que se han descubierto nos han ofrecido un medio importante para comprender los escritos bíblicos.

El poder de la palabra escrita

Así quedará escrito...

La palabra escrita era importante para los antiguos; creían que llevaba en sí de manera simbólica una fuerza que podía realizar la voluntad del que había hablado.[2] Tenemos un ejemplo de esto dramatizado en la producción

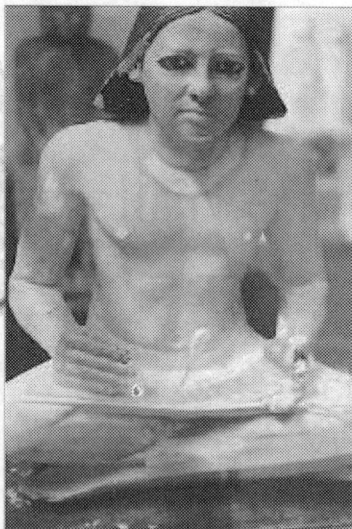

3. Escriba egipcio en la postura usada para escribir (2750 a.C.). Museo egipcio de El Cairo.

Los Diez Mandamientos, de Cecil B. DeMille. En ciertos momentos clave de la película se oía este pronunciamiento: "Así quedará escrito..." El guionista usó con gran fuerza estas palabras para subrayar la competencia entre las palabras de la tierra y las del cielo. El faraón de Egipto usaba estas palabras para sellar el decreto pronunciado contra Moisés (y contra Dios). Sin embargo, no había poder en el uso que el faraón hacía de estas palabras, puesto que Moisés volvía a frustrar el empeño, tanto de aquel rey de Egipto, como de sus dioses. En cambio, y a manera de contraste, Dios usaba estas palabras de una manera poderosa. Mesías las pronunció contra el faraón, y éste descubrió que no podía hacer otra cosa más que aceptar su sino. Por si alguien no había comprendido esto, la escena final de la película insiste de nuevo en el poder de la Palabra de Dios al presentar en una imagen las Tablas de la Ley, sobre las cuales se hallan superpuestas las palabras "Así quedará escrito".

Y así será hallado...

No hay nada más emocionante para un arqueólogo que descubrir una palabra escrita procedente del pasado. Como voces del mundo antiguo, aunque se "escuchen" muy pocas veces, les dicen mucho a los que han aprendido a "escucharlas". Estos expertos reciben el nombre de *epigrafistas* (de la palabra griega que significa "escrito sobre algo"). Los restos escritos reciben el nombre de *inscripciones,* que viene a su vez de una palabra latina con este mismo significado.

De la misma forma que los escritos actuales se conservan en todo tipo de materiales desde los discos compactos hasta las tarjetas postales, también las inscripciones procedentes del mundo de la Biblia nos han llegado en una gran diversidad de materiales. Y al igual que hoy, los escritos pueden ir desde las tareas escolares de un niño hasta la revelación religiosa. Entonces, al igual que ahora, se conservaban los anuncios y documentos importantes en los materiales más permanentes. Algunas veces se escribía sobre diversos tipos de metales; no obstante, con la excepción de las monedas, el uso de los metales era reservado para textos y con propósitos especiales. Por ejemplo, el texto más antiguo de la Biblia descubierto hasta ahora fue hallado inscrito en unos rollos de plata hallados en una tumba del valle de Hinom, y se conserva un registro de valor incalculable sobre un tesoro enterrado en uno de los rollos del mar Muerto, conocido como el *Rollo de cobre*.

En el mundo bíblico, las inscripciones mejor conservadas se encuentran sobre materiales de piedra o arcilla. Las inscripciones en piedra suelen ser monumentales, como las que se encuentran asociadas a los edificios públicos, a la conmemoración de algún suceso especial (por ejemplo, una victoria o una inauguración), o en conexión con un lugar de enterramiento (para conservar un nombre o un memorial). En cuanto al tamaño, pueden variar desde los inmensos obeliscos, estatuas y paneles de pared que hay en los templos egipcios, hasta documentos menores como los cilindros elípticos usados en los registros mesopotámicos. Los Diez Mandamientos caen dentro de esta categoría. Y, a diferencia de la versión de Hollywood, es probable que fueran inscritos en una placa o tabla de piedra de un tamaño aproximado al de la mano de un hombre.

Las inscripciones en arcilla suelen estar asociadas con comunicaciones diplomáticas y archivos reales. Sin embargo, como la arcilla constituía un material de escritura barato y duradero, también se utilizaba para otros fines más generales (como inventarios, o contabilidad). Estas inscripciones en arcilla suelen tener el aspecto de pequeñas tabletas rectangulares. La forma

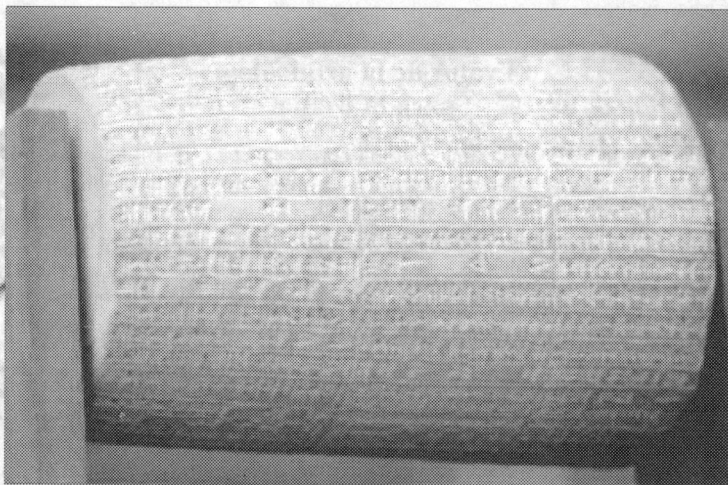

4. *Texto cuneiforme, Museo asmoleo, Oxford, Inglaterra.*

más antigua de escritura grabada en ellas tiene el aspecto de una serie de cuñas conectadas entre sí. El nombre oficial para este tipo de escritura es *cuneiforme*. Hay otro tipo de productos de arcilla utilizados para los escritos comunes y corrientes, que son los pedazos rotos de vasijas de barro, conocidos como *tiestos* (o cascos). El término técnico usado para hablar de estos fragmentos cuando contienen escritos, es *óstraca*. Por ser la forma más abundante de material para escribir, eran de hecho algo así como las tarjetas de los pobres. Las inscripciones de este tipo se suelen encontrar rayadas en los tiestos o escritas con tinta (creada a base de combinar carbón, goma arábiga y agua).

Los escritos sagrados y otras formas de literatura, así como las cartas privadas y comerciales, se escribían con tinta en hojas de unos materiales más o menos equivalentes a nuestro papel actual. Uno de los tipos de materiales usados era la piel de animal (generalmente ovejas o cabras) preparada, material conocido como *pergamino*. También se usaba el *vellum,* hecho de piel de ternero. El otro tipo de material, que era el usado más corrientemente, estaba hecho de un junco que crecía en los pantanos y junto a los ríos. Este delicado material era conocido como *papiro,* que era también el nombre de la planta. Los documentos en papiro sólo sobreviven si se guardan bajo unas condiciones excepcionales. Sólo se los ha encontrado en lugares secos, como en tumbas selladas, enterrados bajo la ardiente arena de un desierto, o almacenados en tinajas dentro de cuevas como las que hay en la región del mar Muerto.

Estas evidencias literarias, junto con la amplia diversidad de restos materiales de otros tipos, han ido edificando a lo largo de más de un siglo de descubrimientos un impresionante arsenal de evidencias a favor de la historicidad y una iluminación cada vez mayor del texto bíblico. Veamos ahora la valiosa contribución que estos artefactos arqueológicos han hecho a los estudios bíblicos.

El valor de la arqueología para la Biblia

El uso correcto de la arqueología con respecto a la Biblia consiste en confirmar, corregir, aclarar y complementar su mensaje teológico. Puesto que la "Palabra" les fue anunciada a seres humanos situados en este mundo en lugares y momentos determinados, es necesario comprender el contexto histórico, cultural y religioso de aquéllos a quienes fue dirigida. Mientras mejor podamos comprender el significado original del mensaje, tal como fue comunicado en el mundo antiguo, mejor podremos aplicar sus verdades eternas a nuestra vida en el mundo moderno.

La arqueología nos puede ayudar a comprender este contexto original de la Biblia, de manera que no interpretemos o apliquemos mal las verdades teológicas. El profesor Amihai Mazar, director del Instituto de Arqueología de la Universidad Hebrea en Jerusalén, establece para nosotros este propósito cuando dice:

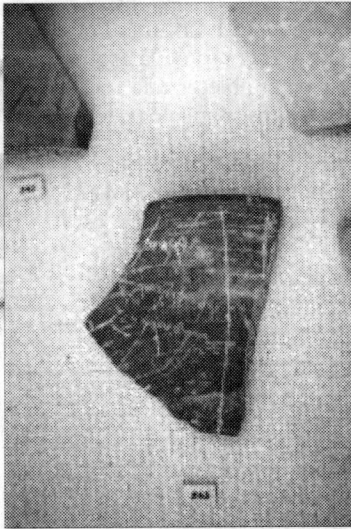

5. *Óstraca: fragmentos de vasijas de barro con escritos (procedentes de Arad).*

> Creo que lo más importante de cuanto tenemos que comprender es que la arqueología es nuestra única fuente de información que procede de manera directa del propio período bíblico... la arqueología nos puede dar una información que procede directamente del período en el cual sucedieron las cosas... una imagen completa de la vida diaria en este período, y sus inscripciones... las cuales son las únicas evidencias escritas que tenemos del período bíblico, con excepción de la propia Biblia.[3]

Puesto que el texto bíblico describe gente, lugares y sucesos que son extraños para la mente del lector moderno, y se hallan a dos milenios o más de distancia con respecto al presente, la información disponible a partir de los registros arqueológicos es vital para mejorar nuestro conocimiento acerca del contexto del texto bíblico. Veamos ahora las cuatro formas en las cuales contribuye la arqueología a una comprensión mayor de la Biblia.

Confirma el mundo de la Biblia

Según el diccionario, uno de los significados que tiene la palabra *confirmar* es el de "dar nueva seguridad acerca de la validez de algo". La arqueología nos proporciona una nueva seguridad acerca de la Biblia a partir de las piedras, para acompañar la seguridad que ya nos ha dado el Espíritu. Este valor es apologético, y desde el principio de la arqueología como ciencia, fue un factor que contribuyó tanto a provocar como a patrocinar que se hicieran excavaciones. A pesar de que en tiempos recientes se ha producido en los círculos arqueológicos un alejamiento creciente del valor confirmatorio de las evidencias excavadas, casi todos los eruditos siguen dando testimonio del notable acuerdo que existe entre las piedras y las Escrituras. Por ejemplo, Amihai Mazar, a pesar de tener aversión por el uso de la arqueología como apologética bíblica, admite que se puede establecer una relación de corroboración entre la Biblia y los descubrimientos arqueológicos:

> En ciertos casos, hasta podemos arrojar luz sobre ciertos sucesos, o incluso ciertos edificios que se mencionan en la Biblia. Podemos enumerar muchos temas como éste, en los cuales es posible establecer una relación entre los hallazgos de la arqueología y la narración bíblica. Mientras más lejos vayamos en el tiempo, más problemas [encontraremos], y las preguntas se hacen más difíciles de responder. Con los períodos posteriores en el tiempo [la época de la monarquía], las cosas se vuelven más seguras y mejor establecidas.[4]

Aunque es cierto que hay más evidencias disponibles para la confirmación de los períodos más recientes de la historia israelita, los hallazgos procedentes de estos períodos pueden reflejarse de manera positiva sobre los tiempos anteriores a ellos. Por ejemplo, Gabriel Barkay descubrió en 1979 unos pequeños rollos de plata en una tumba dentro del valle de Hinom, en Jerusalén. Contenían un texto de las Escrituras tomado del Pentateuco (la bendición aarónica de Números 6:24-26), y eran anteriores al exilio de Judá. Este hallazgo les presentó un problema a los eruditos críticos, quienes sostenían que los sacerdotes habían escrito la mayor parte del Pentateuco después del exilio de Judá. Como consecuencia, estos eruditos críticos necesitan ahora ajustarse, o reformular su teoría con respecto al autor o autores del Pentateuco.

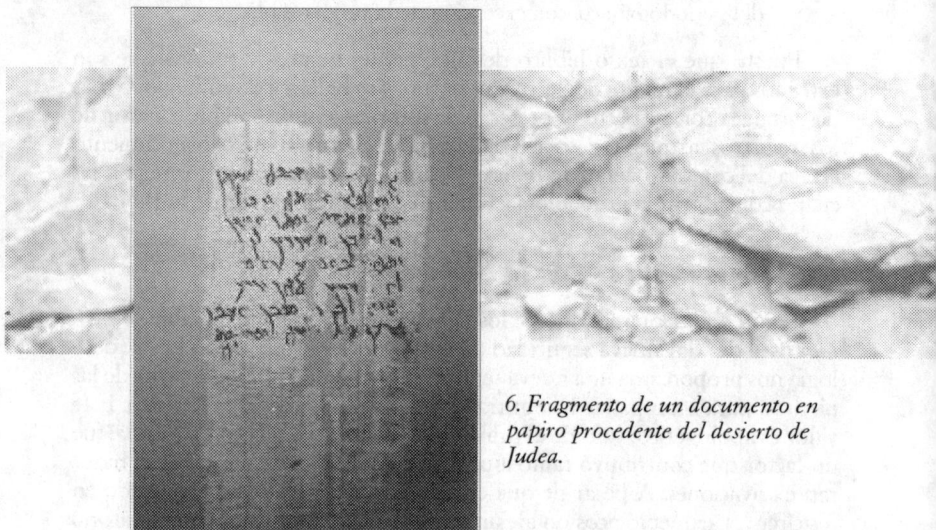

6. Fragmento de un documento en papiro procedente del desierto de Judea.

La arqueología también nos ha dado una nueva seguridad sobre lo digno de fiar que es el relato bíblico, no sólo en cuestiones de historia, sino también de manera tangencial, en su exclusividad cuando se lo compara con otros documentos del Oriente Medio antiguo. Los descubrimientos sobre las literaturas religiosas de los sumerios, egipcios, hititas, asirios, babilonios y cananeos han hecho resaltar todos ellos la originalidad y la elevada moral de la Biblia. Por consiguiente, la arqueología puede ofrecer la confirmación de la revelación bíblica al desacreditar el escepticismo histórico y, al mismo tiempo, demostrar las características teológicas distintivas de las Escrituras.

La corrección de nuestra redacción de la Biblia

Uno de los primeros pasos para comprender las Escrituras consiste en discernir el significado del texto, tal como fue escrito originalmente por sus autores. Aunque es improbable que los arqueólogos vayan a encontrar alguna vez uno de los *autógrafa* (textos originales de la Biblia) en sus excavaciones, las copias que han llegado hasta nosotros han sido conservadas y transmitidas de tal manera, que nos dan la seguridad de que tenemos en nuestras manos la verdadera "Palabra de Dios". Aun así, nuestras numerosas copias manuscritas del texto bíblico contienen en ocasiones ciertas variaciones en cuanto a las palabras utilizadas. Estas versiones antiguas nos presentan el desafío de tener que recuperar la forma, gramática y sintaxis precisas de las palabras hebreas, arameas y griegas, al mismo tiempo que su significado y matices exactos. Por tanto, tal como señala Bryant Wood, "el estudio del lenguaje de la Biblia es una contribución muy importante que hace la arqueología a su estudio".[5]

7. *Excavación de la tumba 25 en Ketef-Hinom, en el valle de Hinom, Jerusalén.*

Se han descubierto numerosos textos antiguos, bibliotecas y colecciones de documentos que nos ayudan a comprender el hebreo y el griego, lo cual a su vez nos ayuda a llegar a una traducción mejor de estos idiomas a los idiomas modernos.[6]

En la mayoría de los casos, el descubrimiento de inscripciones en las lenguas de la Biblia, así como en lenguas afines (lenguas que tienen afinidades con las lenguas bíblicas) ha servido para confirmar la integridad de los textos recibidos (textos autorizados). Además, han ayudado a los expertos a comprender las peculiaridades de las secciones poéticas y a interpretar mejor ciertas palabras que sólo aparecen una vez *(hapax legómena)* sin que se haya tenido un significado seguro que traducir. Como consecuencia, en estos momentos tenemos una seguridad mayor con respecto a la validez de los textos que poseemos en las lenguas originales, y una capacidad mayor para traducir estos textos a nuestras lenguas modernas.

La aclaración del mundo de la Biblia

Antes de la arqueología, la Biblia ocupaba un puesto supremo y en realidad único, como testigo de lo que se llamaba entonces "historia sagrada". Pero también daba la impresión de ser un libro extraño que narraba la historia de un mundo distinto, sin relación alguna con la gente real y los sucesos de su vida. Sin acceso al pasado material, la única forma en que las personas le podía hallar sentido al mundo bíblico era hacerlo semejante al suyo propio. Puesto que gran parte de la población mundial era analfabeta hasta tiempos recientes, el arte y la arquitectura desempeñaban el papel de educar al pueblo con respecto a la vida en los tiempos de la Biblia. El mundo espiritual era elevado, por ejemplo, a través de la arquitectura de las catedrales, que apartaba al hombre común más aún del mundo real conocido por la gente de los tiempos bíblicos. En mosaicos, pinturas y esculturas quedaba ilustrada la vida de los santos y pecadores de las páginas sagradas, pero sólo bajo la limitada luz de los tiempos y los conocimientos del artista.

Comprendí por vez primera este dilema prearqueológico cuando vi una exhibición especial hecha en el Museo de Israel y llamada "Rembrandt y la Biblia". Puesto que soy graduado en arte y en teología, me sentí muy interesado en esta exhibición única que presentaba las obras del maestro holandés relacionadas con temas bíblicos. Una de las primeras escenas que vi fue un esbozo fechado en 1637, donde aparece un hombre obviamente rico de pie sobre una escalinata en la majestuosa entrada de su mansión. Vestido con un turbante, una túnica atada con una faja, unas botas altas y un abrigo de piel, aquel hombre tenía junto a sus talones a un perro obediente. En la escena aparecían también un niño vestido con gruesas ropas de viaje y botas, y una mujer vestida de forma similar, que usaba un pañuelo de seda. En el fondo había grandes edificios de piedra y altos árboles verdes, junto con una mujer que observaba, mientras es evidente que el hombre se despedía de la mujer y el niño, que estaban llorando. El tema de esta obra es el momento en que Abraham despidió a Agar e Ismael. Sin embargo, por estar familiarizado con el mundo de la Biblia, a mí nunca se me habría ocurrido que era ésta la escena que tenía ante mí. Aquellos personajes estaban vestidos para un clima frío, y no para el desierto del Néguev. Donde vivía Abraham no había árboles así, y es probable que tampoco hubiera perros, o de haberlos, no serían animales domésticos. Los patriarcas vivían en tiendas de campaña, y no en mansiones elegantes. El contraste y la ironía me sacudieron realmente cuando salí de la sala de exhibición donde se estaban presentando aquellos conceptos equivocados procedentes del siglo diecisiete. Sólo unos centenares de metros más allá se hallaba la exhibición permanente de la sección arqueológica que tiene el museo. En aquella sala había restos arqueológicos de los tiempos de Abraham: unos restos que pintaban una imagen muy distinta a la que tenía Rembrandt en su mente. Aquellos artefactos correspondían realmente al estilo de vida nómada y el ambiente geográfico de los patriarcas.

Ahora bien, Rembrandt no pudo conocer cómo debía pintar a un Abraham o una Sara mesopotámicos o a una Agar egipcia, en su vida dentro de un escenario cananeo. No tenía punto de referencia para su arte, fuera de su propia era. La arqueología ha cambiado esto para siempre al proporcionarles, tanto al artista como al espectador, una visión exacta de los escenarios originales. Las esculturas en relieve de los palacios mesopotámicos, las vasijas y artefactos cananeos y los murales pintados de las tumbas egipcias que datan del período patriarcal han hecho ahora que estos personajes bíblicos adquieran vida. Si Rembrandt hubiera tenido un registro arqueológico como éste para comprender estas cosas, ¡qué pinturas tan maravillosas habría hecho!

El mundo de la Biblia, iluminado por la arqueología, también ha servido para aclarar la interpretación de la propia Biblia. Gonzalo Báez Camargo ha hecho la siguiente observación: "Ya no vemos dos mundos diferentes: uno, el mundo de la 'historia sagrada' y el otro, el mundo de la 'historia profana'. Toda la historia es una sola historia, y es la historia de Dios, porque Dios es el Dios de toda la historia."

Los hallazgos materiales procedentes de esta historia gobernada por Dios han producido para nosotros un mundo de la Biblia arqueológicamente mejorado a un nivel de detalle nuevo y más realista de cuanto se pensaba posible en el pasado. El profesor Amihai Mazar explica:

> Podemos calcular hasta la cantidad de población en lugares como Jerusalén, o toda la región de Judá, o el reino de Israel. Nos podemos imaginar cuánta gente vivía en esos lugares, en qué tipo de asentamientos vivía, qué tipo de trazado tenían las poblaciones, qué clases de vasijas usaban para la vida diaria, qué tipos de enemigos tenían y qué clases de armas usaban contra esos enemigos: todo lo relacionado al aspecto material de la vida en el período del Antiguo Testamento se puede describir a partir de los hallazgos arqueológicos correspondientes a este período en particular.[8]

Como ejemplo de la forma en que el mundo de la Biblia ha ayudado a aclarar la Palabra de la Biblia por medio de los descubrimientos arqueológicos, pensemos en el llamado "dicho difícil" de Jesús que aparece en Mateo 8:22 y Lucas 9:60: "Deja que los muertos entierren a sus muertos". Estos evangelios presentan estas palabras dentro del contexto de ciertos discípulos que estaban poniendo excusas acerca de la razón por la que no podían dejar de inmediato sus situaciones respectivas para seguir a Jesús. En esta circunstancia concreta, un discípulo le pidió permiso para ir primero a enterrar a su padre. Tal como lo entienden los lectores modernos, la evidente negativa de Jesús parece irracional e innecesariamente dura a un tiempo. Algunos comentaristas intentan suavizar su afirmación interpretando que significa "que los que están *espiritualmente* muertos entierren a los físicamente muertos", pero aun así, esto sería una contradicción con respecto al quinto mandamiento de la Ley de Moisés, en el que se ordena "honrar padre y madre", y a la responsabilidad judía de proporcionar un entierro digno, tal como se ordena en Deuteronomio 21:22-23.

Sin embargo, cuando se interpreta a la luz de la información arqueológica con respecto a las prácticas judías de enterramiento durante el siglo primero, se ven la petición del discípulo y la respuesta de Jesús bajo una luz diferente.[9] En los tiempos de Jesús, el enterramiento judío constaba en realidad de *dos* enterramientos que se producían por lo menos a un año de distancia entre sí. El primero se realizaba en la cueva funeraria de la familia (era conocido como "ser reunido con los padres"), y era seguido por un período de luto. El segundo se hacía en una caja para los huesos (osario), por lo general junto a los restos de otros miembros de la familia, después de haberse descompuesto la carne. Lo que se parece estar teniendo en cuenta en este dicho del Evangelio es el acto del segundo enterramiento (conocido como *ossilegium*). La represión de Jesús a este discípulo que quería estar fuera de servicio durante once meses no sólo se debía a lo prolongada que sería su ausencia, sino sobre todo al aspecto ajeno a la Biblia que tenía el segundo enterramiento.

El acto de enterramiento inmediato ("reunión con los padres) está reflejado en la Biblia (*vea* Génesis 49:29; Jueces 2:10; 16:31; 1 Reyes 11:21, 43), pero en los tiempos del Nuevo Testamento este concepto había adquirido un significado teológico nuevo.[10]

Según las fuentes rabínicas, el acto de descomposición tenía un efecto purificador, produciendo una expiación espiritual por los pecados del difunto. La consumación de este proceso espiritual era el rito del segundo enterramiento. Puesto que Jesús seguía la enseñanza bíblica de que sólo Dios hace expiación (teniendo como base la fe en el sacrificio redentor provisto por Él), su declaración sirvió para corregir esta práctica incorrecta. Por consiguiente, podríamos presentar el dicho de Lucas 9:60 (ampliado) así: "Mira: ya has honrado a tu padre, dándole un entierro digno en la tumba familiar. Ahora, en lugar de esperar a que su carne se descomponga, lo cual no puede expiar sus pecados, ve a predicar el Reino de Dios y habla de la única manera verdadera de hacer expiación. Deja que los huesos de los antepasados de tu padre difunto se reúnan a los suyos, y ponlos en un osario. Tú sígueme.

Completa el testimonio de la Biblia

Los sesenta y seis libros de la Biblia fueron escritos al menos en tres continentes distintos, a lo largo de más de cuatro mil años de historia, por profetas, poetas, campesinos, pastores y gobernantes. Aunque den un amplio y variado testimonio, las Escrituras sólo mencionan a ciertas personas y sucesos concretos que son necesarios para sus propósitos teológicos más amplios. La Biblia se centra en algunos detalles de la historia antigua, sin mencionar los demás. Entonces, uno de los grandes valores que tiene la arqueología es que actúa como testigo complementario; completa el bosquejo trazado por los autores bíblicos. Por ejemplo, aunque históricamente, el rey Omri de Israel (885-874 a.C.; fue el que edificó a Samaria y la convirtió en la capital del Reino del norte) fue uno de los gobernantes más importantes de su período, el texto bíblico sólo le concede una mención de pasada en sólo ocho versículos (1 Reyes 16:21-28). Esto se debe a que fue uno de los reyes más malvados que tuvo Israel hasta sus tiempos. En cambio, la arqueología nos ha proporcionado información de fondo acerca de Omri. En ella se incluyen relatos extrabíblicos sobre sus hazañas, tal como fueron escritos por algunos de sus enemigos extranjeros.

Este testimonio complementario ha sido especialmente útil para la comprensión de la era del Segundo Templo, en la que se incluye el período durante el cual se escribieron los evangelios. Por ejemplo, los fariseos y saduceos, que eran enemigos de Jesús, eran muy conocidos por los relatos de los evangelios, pero no se había conocido testimonio contemporáneo alguno sobre su existencia hasta 1948. Fue entonces cuando salieron a la luz los rollos del mar Muerto con numerosas descripciones y relatos sobre las sectas judías, entre ellas las de los fariseos y saduceos.

Las limitaciones de la arqueología

Aunque la arqueología preste una gran ayuda en la comprensión de la Biblia, los que la utilicen con este propósito en mente, deben evitar el uso de las evidencias materiales para criticar la autenticidad o exactitud del texto bíblico. A. Momigliano ha expresado correctamente esta advertencia:

Tanto si se trata de historiadores bíblicos, como de historiadores clásicos, también hemos aprendido que la arqueología y la epigrafía no pueden tomar el lugar de la tradición viva de una nación, tal como ha sido transmitida en sus textos literarios, al mismo tiempo, nos hemos curado de las ilusiones tempranas sobre la idea de que es fácil demostrar hasta qué punto se puede confiar en las tradiciones históricas utilizando la pala del arqueólogo.[12]

Una de las evidencias de que se le debe dar prioridad al texto bíblico por encima de las evidencias arqueológicas, está en las limitaciones de la arqueología. Una de esas limitaciones consiste en que, por su propia naturaleza, está confinada al ámbito de lo material. El profesor Amihai Mazar, director del Instituto de Arqueología de la Universidad Hebrea en Jerusalén, confirma esto cuando hace notar:

Por supuesto, la arqueología tiene sus límites. Tiene que ver principalmente con la cultura material; no tanto con las ideas, la filosofía, la poesía, la sabiduría y demás, tal como sucede con la Biblia. La Biblia es un mundo rico y lleno de pensamiento intelectual. La arqueología es limitada. Nos da cacharros, edificios, fortificaciones, trazados de ciudades, pautas de asentamiento, cuántos asentamientos hubo en cada período y qué tamaño tenía la población de los lugares.[13]

Sin embargo, la limitación primaria de la arqueología es la naturaleza extremadamente fragmentaria de las evidencias arqueológicas que se han encontrado. Edwin Yamauchi, profesor de historia en la Universidad de Miami, en Oxford, Ohio, ha subrayado esta limitación señalando lo fraccionario que es el grado de evidencia procedente de los trabajos arqueológicos.[14] He puesto al día sus ideas de la siguiente manera:

1. *Sólo sobrevive una fracción de cuanto se hace o escribe.* En el caso de los materiales escritos, los cuales aumentan de manera directa nuestro conocimiento del pasado, aunque se han descubierto varios grandes archivos en el Oriente Medio, son un número infinitamente pequeño en comparación con los que han sido destruidos en el pasado. Por ejemplo, la gran biblioteca de la antigüedad, situada en Alejandría, tenía casi un millón de volúmenes, muchos de ellos ejemplares únicos. Todas estas obras se perdieron cuando la biblioteca fue quemada hasta sus cimientos en el siglo séptimo d.C. La Tierra de Israel aún no ha dado archivo alguno de ningún período, aunque hay testimonio de la correspondencia entre ella y las naciones vecinas, gracias a descubrimientos hechos en estas otras tierras. Tal como ya hemos observado, esto es de esperar si los israelitas usaban materiales de escritura poco duraderos. Si se encuentra algún archivo, lo más probable es que proceda del período cananeo temprano. Ya en estos momentos, las tabletas de arcilla descubiertas en Tel Hazor señalan esta posibilidad; sin embargo, lo que se pudiera encontrar seguiría constituyendo sólo una fracción muy pequeña de lo que ha producido este pueblo.

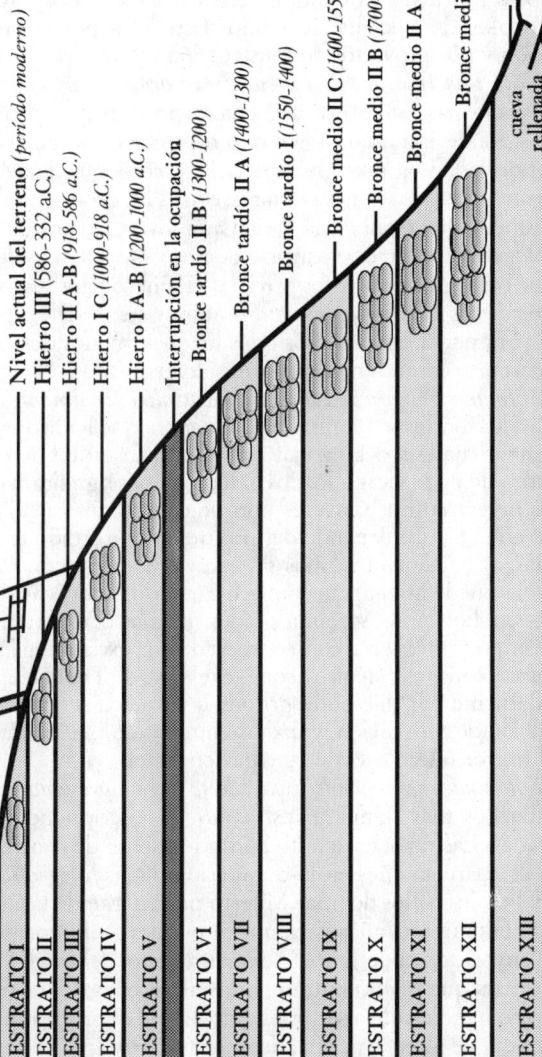

Estratigrafía de un tel

**PERÍODO CORRESPONDIENTE
A CADA ESTRATO**

Nivel actual del terreno (*período moderno*)

Hierro III (*586-332 a.C.*)

Hierro II A-B (*918-586 a.C.*)

Hierro I C (*1000-918 a.C.*)

Hierro I A-B (*1200-1000 a.C.*)

Interrupción en la ocupación

Bronce tardío II B (*1300-1200*)

Bronce tardío II A (*1400-1300*)

Bronce tardío I (*1550-1400*)

Bronce medio II C (*1600-1550*)

Bronce medio II B (*1700-1600*)

Bronce medio II A (*1900-1700*)

Bronce medio I (*2100-1900*)

Bronce temprano IV (*2300-2100*)

cueva
rellenada

cueva
original

nivel original del terreno (*suelo virgen*)

ESTRATO I

ESTRATO II

ESTRATO III

ESTRATO IV

ESTRATO V

ESTRATO VI

ESTRATO VII

ESTRATO VIII

ESTRATO IX

ESTRATO X

ESTRATO XI

ESTRATO XII

ESTRATO XIII

NIVELES DE OCUPACIÓN

2. *Sólo se han explorado una fracción de los sitios arqueológicos disponibles.* En Israel y en todo el Oriente Medio hay aún miles de tels sin excavar. (Un *tel* es un montículo artificial creado por la destrucción y reconstrucción repetida de ciudades y poblados antiguos en el mismo emplazamiento). Los pocos que se han explorado debidamente apenas se mantienen al día con los nuevos sitios que se descubren cada año. Sin embargo, muchos de estos sitios conocidos nunca se llegan a explorar de la manera debida por falta de recursos o por disputas políticas acerca del territorio. Muchos más nunca serán explorados, porque han sido destruidos por el crecimiento de la población y por proyectos de construcción.

3. *Sólo una fracción de los sitios explorados han sido excavados.* Para muchas personas, esto constituirá una sorpresa, pero la arqueología, aun en Israel —donde está unida a la economía turística nacional— no recibe una alta prioridad. Los presupuestos del gobierno de Israel van dedicados mayormente a aplicaciones militares, con el fin de asegurar al país contra el terrorismo, o desarrollar una nación aún joven. Los arqueólogos, la mayoría de los cuales no reciben sueldo de arqueólogos, sino de profesores, tienen que conseguir en fuentes privadas el dinero para sus expediciones. Y la mayoría de sus trabajadores son voluntarios que se deben pagar sus propios gastos para poder excavar. Por estas razones, menos del dos por ciento de los lugares explorados de Israel han sido excavados.

4. *Sólo una fracción de cada sitio excavado es realmente examinada.* Una vez más, los fondos son limitados, de manera que los arqueólogos tratan de determinar cuáles son las zonas prioritarias en un tel determinado, con la esperanza de pode sacar a luz los hallazgos más significativos. Esta priorización es necesaria muchas veces porque en algunos casos, la asignación de fondos en el futuro depende del progreso demostrado en años anteriores. Además, al haber tantos sitios sin excavar y esperando que los exploren, sólo se le puede asignar un número limitado de épocas de trabajo a cada excavación. Por tanto, se van a perder muchos descubrimientos potencialmente importantes como consecuencia de una excavación incompleta. Aunque los sitios más estratégicos, como es el caso de Tel Hazor, sean excavados repetidamente por diferentes grupos, aún queda mucho terreno sin tocar. En función de proporción, y dado su inmenso tamaño, Hazor sigue siendo aún el mayor tel sin excavar que hay en Israel.

5. *Sólo una fracción de lo excavado se llega a presentar y publicar.* Hasta los hallazgos más significativos, como las inscripciones, no siempre son publicados. Las razones de esto han sido fuente de controversias, como el atraso de cuarenta años en la publicación de las *fotografías* solamente del material de los rollos del mar Muerto procedente de la Cueva 4. También hicieron falta treinta años para que se publicara el informe final de Kathleen Kenyon acerca de Jericó. Además de esto, del medio millón de textos cuneiformes que se encuentran en los almacenes de los museos, sólo diez por ciento han llegado a ser publicados. Aquí el problema ha sido sencillamente falta de interés, pericia, tiempo y dinero.

Para complicar el problema de la publicación se halla el continuo desarrollo de la arqueología como ciencia. Al haber más especialistas en este campo, métodos más complicados y más instrumentación tecnológica, la cantidad de trabajo detallado que se lleva a cabo en una excavación ha aumentado vertiginosamente. En el pasado hacían falta años para tener un informe listo para publicarlo; hoy en día puede tomar décadas. Por consiguiente, los profesionales —y mucho menos el público— rara vez llegan a ver las evidencias excavadas en los sitios durante su carrera. También se debe observar que otro de los problemas está en la protección de los sitios excavados contra los robos arqueológicos. En cada época, muchos sitios son saqueados por los beduinos nómadas y otros que se ganan la vida vendiendo antigüedades en el mercado negro. De esta forma, hay algunos descubrimientos que se pierden para siempre aun antes de haber sido documentados.

Estas limitaciones de la arqueología deben poner sobre aviso a los historiadores, expertos en ciencias sociales y teólogos para que no hagan juicios prematuros basados sólo en los restos arqueológicos. También hace injustificables las críticas sobre la precisión histórica del texto bíblico en comparación con el registro arqueológico. Por supuesto, esto va contra las prácticas actuales, cuyos voceros consideran que la arqueología ha crecido más allá de las prioridades bíblicas. Pero en los casos en los que han surgido preguntas o dudas, por lo general el tiempo ha demostrado que el texto estaba en lo cierto, comparado con los problemas presentados desde el campo de la arqueología.

La Biblia, un documento arqueológico

A fin de cuentas, se debe recordar que la propia Biblia es nuestro mejor ejemplo de lo que es un documento arqueológico. Aunque sólo tenemos un número limitado de artefactos arqueológicos procedentes del período bíblico, la Biblia representa el registro literario más completo que poseemos sobre los tiempos de la antigüedad. Ha sobrevivido de una u otra forma desde que Moisés escribió sus primeros libros hace unos 3.400 años, y sigue siendo el recuento más preciso y digno de confianza sobre la antigüedad, de cuantos conoce la arqueología. Por esta razón, es inadecuado elevar otras inscripciones arqueológicas por encima del texto bíblico con el propósito de desafiar la integridad de éste. Ciertamente, hay situaciones en las cuales ni la arqueología ni la Biblia nos dan la información necesaria para resolver un interrogante histórico o cronológico, pero no se justifica que demos por supuesto que una evidencia material tomada del contenido más limitado de las excavaciones arqueológicas se deba elevar por encima del contenido más completo de las Escrituras canónicas, o usado para hacer un juicio crítico sobre ellas.

Al mismo tiempo, aunque la Biblia es una revelación ya terminada, no es una revelación *exhaustiva*. Aunque se puede comprender su mensaje con facilidad en cualquier época, sigue siendo selectiva en sus afirmaciones, y situada dentro de contextos antiguos. Por tanto, y a pesar de sus limitaciones, la arqueología, en su función de ayudante de la Biblia, puede ampliar el campo de sus afirmaciones y hacer más comprensibles sus escenarios. En los capítulos que siguen vamos a explorar algunos ejemplos concretos de las formas en las cuales la arqueología ha servido a las Escrituras para traer al presente unos conocimientos nuevos sobre el pasado.

~3~

Excavaciones que cambiaron las cosas

Escritos del pasado

Todos los lugares que hay sobre la faz de la tierra, aunque parezcan haber estado siempre tan yermos y vacíos, tienen una historia detrás de sí, y algún día, tarde o temprano, habrá alguien con curiosidad suficiente para tratar de conocerla.[1]

— Nelson Glueck

Hoy en día, los museos tienen miles de artefactos arqueológicos asombrosos, procedentes del Oriente Medio antiguo. Sin embargo, no siempre ha sido así. En el siglo dieciocho, el autor inglés Samuel Johnson declaró una vez de manera terminante que "todo lo que se conoce realmente sobre el antiguo estado británico se halla contenido en unas pocas páginas, y no podemos saber nada más que lo que nos han dicho los autores antiguos".[2] Mientras hablaba en el George Inn de la calle Fleet, lo menos que se habría podido imaginar Johnson era que los abundantes restos de la Londres romana se hallaban directamente debajo de sus pies, o que parte de sus muros restantes se hallaban a cinco minutos de su casa, yendo a pie. Al mismo tiempo, en la tierra de Egipto, la gente de Luxor luchaba por la "buena tierra" en medio del desierto, para construir sobre ella sus chozas de barro. Esa "buena tierra" era lo que ellos creían que era el lecho de rocas, que salía de las arenas. Nunca supieron que aquellos excelentes lugares planos en los cuales habían edificado con tanta firmeza eran en realidad las partes superiores de unas gigantescas columnas que formaban el Gran Salón de Columnas de Karnak, una estructura descrita por el historiador griego Herodoto en el año 450 a.C., después de haber caminado junto a las bases de las columnas, ¡cerca de treinta metros por debajo!

O sea que, hasta el siglo dieciocho, la gente aún no había aprendido a leer lo registrado en las rocas. Su conocimiento estaba encerrado en las historias procedentes del pasado. Esto estaba a punto de cambiar.

Cuando ya se acercaba a su final el siglo dieciocho, los hombres comenzaron a cavar, y esas excavaciones fueron las que cambiaron las cosas. Algunos de los descubrimientos les enseñaron por fin a los hombres la forma de leer el pasado, e incluso, la forma de leer obras del presente bajo una luz nueva.

Las excavaciones que nos enseñaron a leer

Los primeros exploradores del mundo bíblico estaban sorprendidos cuando vieron por vez primera las monumentales ruinas de Egipto y de Mesopotamia. Tomaban nota de aquellos sitios con el fin de emocionar a una ansiosa audiencia en sus lugares de origen, y regresaban con esbozos de aquellas maravillas en piedra. Todos los que veían aquellas imágenes de otro mundo se sentían curiosos ante los misteriosos caracteres que cubrían aquellas majestuosas estructuras. Aunque los investigadores sabían que aquellos símbolos tan especiales representaban la historia de unas civilizaciones perdidas, llegaron a la conclusión de que en su mayor parte se consideraba que las pistas necesarias para descifrarlas se habían perdido también. Allí estaban los crípticos lenguajes de Egipto y de Mesopotamia, los dos grandes poderes mundiales del pasado. ¡Cuánto añoraban los historiadores la oportunidad de descubrir sus secretos! Pero nadie tenía las llaves. Lo irónico es que, a medida que se siguieron haciendo descubrimientos arqueológicos, las llaves aparecieron en las mismas piedras. Dos de estos descubrimientos nos enseñaron literalmente a leer aquellas lenguas tanto tiempo perdidas y, como consecuencia, pusieron nuevas maravillas al alcance del mundo. Fueron la piedra de Rosetta y la de Behistún, que se hallan entre los primeros grandes descubrimientos en la historia de la arqueología.

La piedra de Rosetta, clave de los jeroglíficos egipcios

Los artistas europeos que llenaron de romanticismo las ruinas de Gizé y de Tebas rodearon de un aura especial de misterio a la escritura egipcia antigua llamada *jeroglífica* (palabra derivada de dos vocablos griegos: *hierós* = "sagrado" y *glyfo* = "grabar"). Los europeos, que se aficionaron a ellos, los consideraban como motivos decorativos, o como poseedores de algún significado secreto, sólo conocido por los faraones. La mayoría de los eruditos de aquellos tiempos estaban de acuerdo en que aquellos símbolos tenían un

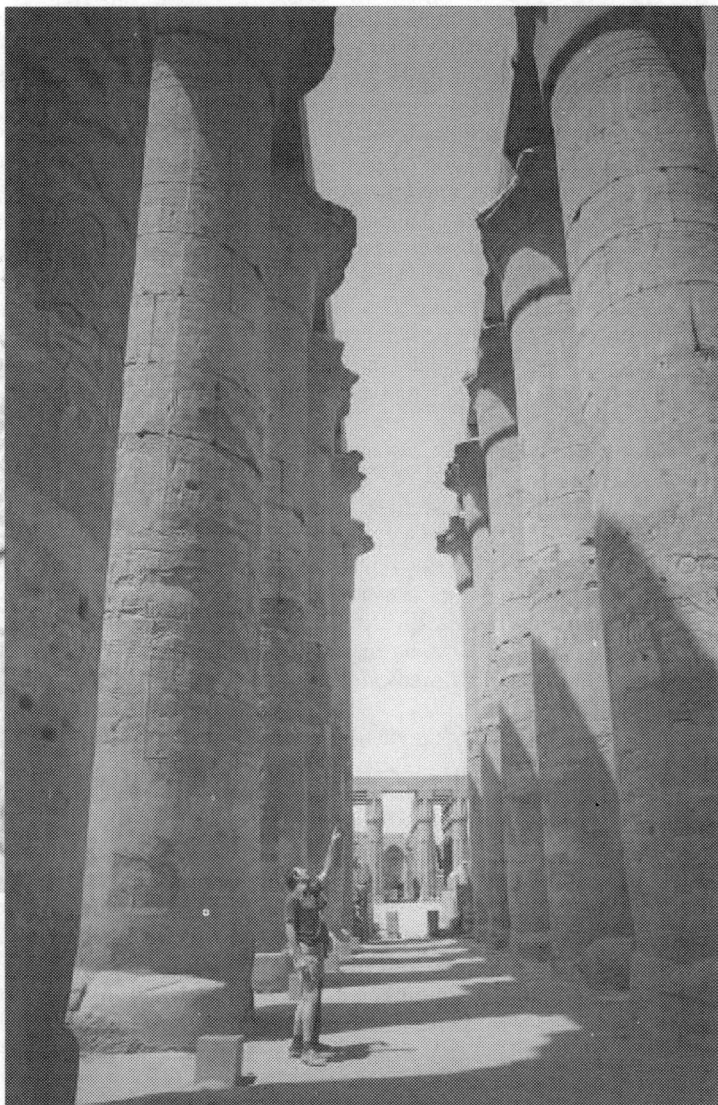

8. *El Gran Salón de las Columnas en Karnak, Egipto. Cuando fue descubierto, los nativos de la región tenían casas sobre la parte superior de las columnas, que se hallaban al nivel del suelo.*

significado místico para los egipcios, pero también se daban cuenta de que, si era posible descifrarlos, entonces se podía recuperar una buena parte de aquella cultura perdida. Sin embargo, el significado de los jeroglíficos seguía siendo tan difícil de captar como una nube de lluvia en aquellas tierras tan desoladas.

Entonces, en 1798, unos soldados al mando del general Napoleón Bonaparte, que había invadido Egipto el año anterior junto con un cuerpo de científicos franceses, comenzaron a reunir gran número de artefactos egipcios recién descubiertos. Tal como se veía después, estaban destinados a recogerlos solamente, y no a guardarlos. Un año más tarde, los tesoros cayeron en manos de los ingleses, quienes pusieron en fuga a la flota francesa y sacaron de Egipto al ejército de Napoleón. Dentro de aquella recién ganada colección de antigüedades que los ingleses mandaron a su museo nacional de Londres, se hallaba una gran losa de basalto negro, inscrita de principio a fin con escritura antigua. La había encontrado el teniente P. F. X. Bouchard, del ejército francés, mientras hacía un reconocimiento cerca de la aldea de Rosetta, en la orilla izquierda del río Nilo. La piedra, de un metro y veinte centímetros de alto, por tres cuartos de metro de ancho y treinta centímetros de ancho, pesaba 760 kilogramos. Se le dio, lógicamente, el nombre de piedra de Rosetta, y muy pronto atrajo el interés de una manera particular, cuando se notó que tenía distintos tipos de escritura. Un estudio más detallado reveló que estas escrituras eran textos paralelos, y que todos relataban la misma historia. El texto superior de la piedra estaba escrito en jeroglíficos, el del medio estaba en lo que parecía una forma cursiva de los jeroglíficos (llamada actualmente *demótico*), y el texto inferior se hallaba en griego koiné.

Puesto que los eruditos podían leer con facilidad este griego (el mismo que fue usado para escribir el Nuevo Testamento), se tenía la esperanza de que alguien se pudiera abrir paso desde lo conocido hasta lo desconocido. Comparando primero las palabras griegas, fáciles de comprender, con el texto demótico (del que se pensaba que era legible), tal vez se podría arrojar alguna luz sobre aquellos crípticos jeroglíficos (de los que se pensaba que sólo eran simbólicos). Al traducirse el texto griego de la piedra de Rosetta, se supo que aquella piedra era una estela conmemorativa que había estado una vez en un templo egipcio. Recogía un decreto proclamado desde Menfis (la antigua capital de Egipto) en el año 196 a.C. para exaltar los triunfos del rey Ptolomeo V Epífanes. La inclusión de este nombre (el único nombre real conservado en la sección jeroglífica de la piedra) resultaría esencial para descifrar por fin el código de los jeroglíficos.

El primer intento por leer el texto egipcio que logró el éxito fue hecho por Thomas Young (más conocido como el autor de la teoría de las ondas de la luz). Éste identificó correctamente con el nombre del rey Ptolomeo un grupo de signos jeroglíficos que aparecía varias veces y que estaban escritos dentro de un óvulo (llamado *cartucho*). Ahora que se sabía que se escribían los nombres extranjeros con estos jeroglíficos únicos, los eruditos tenían que comprender el significado de los propios signos. Irónicamente, fue un joven

9. *La piedra de Rosetta, tal como aparece hoy en el Museo Británico de Londres.*

francés llamado Jean-François Champollion quien entró en este drama del desciframiento de los signos. Champollion, lingüista muy dotado, se aplicó con toda energía a la tarea que tenía delante. Comparó el jeroglífico identificado por Young como el nombre de Ptolomeo en la piedra de Rosetta con un obelisco recién descubierto (1819) en un templo egipcio cercano a Asuán, y en el cual aparecían en griego los nombres de Ptolomeo y de Cleopatra. Así pudo aislar el cartucho con el nombre de Cleopatra y, a partir de él descifrar otros nombres reales. Por último, en 1822, y a la edad de treinta y dos años, anunció triunfante que había resuelto el acertijo de los jeroglíficos. Para sorpresa de muchos eruditos, demostró que los jeroglíficos no eran unos simples símbolos, sino que eran signos con valor fonético y formaban un lenguaje legible. De esta forma, debido al descubrimiento de la piedra de Rosetta, se abrieron al mundo los secretos escondidos de la lengua egipcia y, por medio de ella, la historia, religión y cultura antiguas de Egipto.[4]

La inscripción de Behistún, clave del cuneiforme acadio

Lo que hizo la piedra de Rosetta con los jeroglíficos egipcios, lo hizo una inscripción monumental en Irán (la antigua Persia) con la escritura cuneiforme acadia. El acadio era la lengua semítica hablada en Mesopotamia, y sus dos dialectos principales (el asirio y el babilonio) eran usados para registrar los triunfos militares y los cuentos religiosos de los grandes imperios mundiales de Asiria y Babilonia. Estos dos imperios ocupan lugar prominente en la Biblia como naciones usadas por Dios para castigar a los israelitas por sus infidelidades al Pacto Mosaico.

Durante siglos, los que pasaban por la vieja ruta de caravanas que se halla al pie de el monte iranio de mil doscientos metros de altura llamado "roca de Behistún" se preguntaban con sorpresa y curiosidad qué serían aquellas extrañas figuras talladas en el costado del barranco a cien metros por encima de sus cabezas. Aquellos antiguos viajeros consideraban que aquel gigantesco relieve era obra de Dios. Los registros antiguos de alrededor del año 500 a.C. revelan que la roca recibía el nombre de *Baga-stana* ("el lugar de Dios"), y de aquí surgió Behistún (o también Bisitún), el nombre moderno del lugar. En este gigantesco relieve hay un hombre con una mano levantada. Diez hombres más se hallan de frente a él, y otros dos están de pie detrás de él. Por encima de sus cabezas hay suspendida una imagen semejante a un ave. ¿Quiénes eran aquellos hombres tan extraños, y qué era aquel objeto que se cernía sobre sus cabezas? Antes de los tiempos modernos, la respuesta del guía turístico era: "Cristo, sus discípulos y el Espíritu Santo" (en forma de paloma).

Como una inmensa pared que se levantara detrás de las figuras esculpidas, la superficie de la piedra había sido rebajada hasta dejarla plana, y tenía el aspecto de estar pulida. Esto es, hasta que aquellos que se atrevieron a escalar el barranco informaron que aquellas paredes "pulidas" tenían en realidad grabados miles de pequeñas puntas de flecha. ¿Era algún tipo de

10. *La inscripción de Darío el Grande, rey de Persia, en la roca de Behistún, en Irán.*

decoración antigua? Los eruditos que las estudiaron decidieron que no. Más bien las consideraron un tipo de escritura antiguo a que, debido a su forma, recibió el nombre de *cuneiforme* (del latín, con el significado de "en forma de cuñas").

Basándose en el descubrimiento de una escritura similar en Persépolis, la antigua capital de Persia, otros eruditos sugirieron que aquellas figuras no estaban tomadas del Nuevo Testamento, sino del Antiguo, y que entre ellas podía estar uno de los reyes persas. Esta conjetura era correcta, porque cuando por fin se logró descifrar los caracteres cuneiformes, había una frase que proclamaba atrevidamente: "Yo soy Darío, Gran Rey, Rey de reyes, el Rey de Persia". Una vez leído esto, estuvo claro que aquella figura central era nada menos que Darío el Grande, quien gobernó el imperio persa desde el año 522 hasta el 486 a.C. Al seguir descifrando, se encontró también el nombre de uno de sus hijos, Jerjes, quien lo sucedió en el trono persa. Allí estaba, por vez primera, una evidencia primaria sobre el monarca Darío I Hystapes, quien sirvió como instrumento de Dios para el regreso de los judíos a la Judea, y para ayudarlos a reconstruir el Templo de Jerusalén. Allí también había un testimonio en piedra sobre Jerjes (Asuero), quien se casó con la judía Ester, y desde entonces ha sido venerado en el festival judío tradicional de Purim. No sólo habían dejado sus "tarjetas" reales en Behistún, sino también su "identificación fotográfica", para que todos la vieran. Por fin fueron revelados los secretos de la misteriosa montaña.

El hombre que logró leer la escritura cuneiforme y resolver estos "secretos en piedra" fue el Mayorde la milicia británica Sir Henry Rawlinson. Pasando notables riesgos físicos, Rawlinson escaló repetidamente el pendiente barranco de Behistún para copiar las inscripciones. Su precaria postura normal mientras copiaba el texto cuneiforme consistía en ponerse en el peldaño superior de una escalera, sin más apoyo que un brazo sobre la superficie de la piedra. En una ocasión, la escala de soga que estaba utilizando se rompió y lo dejó colgando de un estrecho reborde hasta que lo rescataron.

Gracias a la penosa labor de Rawlinson y de otros eruditos, hemos llegado a saber que las inscripciones de Behistún no conservaban en su escritura cuneiforme una sola lengua, sino tres: el persa antiguo, el babilonio y el elamita. Con la ayuda de su trabajo en la roca de Behistún, se ha resuelto el acertijo de los escritos cuneiformes. Esta clave ha abierto a su vez para el mundo los abundantes anales de la Asiria y Babilonia antiguas, arrojando nueva luz, no sólo sobre sus historias, sino también sobre la historicidad de la Biblia.[5]

Las excavaciones que contaron de nuevo unos cuentos antiguos

¿Se ha preguntado alguna vez por qué tiene que ser la Biblia la que contenga todas las historias interesantes? Si las grandes historias de la creación y del diluvio fueron historias reales, tal como la Biblia las presenta, ¿acaso no lo habrían debido saber otras culturas antiguas, y contar estas historias también? Esta suposición quedó confirmada cuando se descubrieron una serie de textos cuneiformes antiguos que contenían paralelos mesopotámicos de estos relatos bíblicos.

Desde el punto de vista técnico, estos textos no fueron descubiertos por los arqueólogos en el campo, sino por los eruditos en su estudio. Aunque la arqueología británica en Mesopotamia no era la ciencia exacta que es hoy, sí sacó a luz centenares de toneladas de esculturas monumentales, así como miles y miles de tabletas cuneiformes. La mayoría de estos logros se produjeron por los esfuerzos de Sir Austin Henry Layard, quien excavó en Nínive, la antigua capital de Asiria, en la década de 1850. En el palacio del rey asirio Asurbanipal, encontró miles de tabletas de arcilla que habían formado parte de los archivos reales. Era como si hubieran estado esperando por Layard desde que fueron abandonadas a los elementos, al ser destruido el palacio en el año 612 a.C.

Envió estos tesoros al Museo Británico, y allí fueron debidamente almacenados en los lugares disponibles del sótano del museo. Con el tiempo, los eruditos comenzaron a identificar, catalogar y descifrar muchas de estas tabletas. Aunque aquellos eruditos no hubieran hecho nunca excavación alguna en una tierra extranjera, los escritos que sacaron de un sótano dentro de su propia tierra resultaron ser uno de los descubrimientos arqueológicos más grandes. Hay tres de los textos más antiguos, la Épica de Atrahasis, el Enuma Elih y la Épica de Gilgamés, que tienen una importancia especial cuando se los compara con la Biblia.

La Épica de Atrahasis, el génesis babilónico

El descubrimiento del texto mesopotámico más antiguo con paralelos al Génesis fue hecho en el siglo pasado, y a este texto se le dio el nombre de *Épica de Atrahasis* (Atrahasis es el personaje principal de la narración). Aunque lo publicó por vez primera George Smith, del Museo Británico, en 1956 se descubrió que había ordenado de manera incorrecta los fragmentos dañados del texto, y en 1965, que sólo tenía la quinta parte del texto. Fue entonces cuando Alan Millard, erudito británico que fue por un tiempo asistente del guardián del Departamento de Antigüedades del Oeste del Asia en el Museo Británico, pudo restaurar otras tres quintas partes del texto a partir de fragmentos almacenados en el sótano del museo. Al analizar un texto que había sido descubierto más de un siglo antes, observó que la fraseología sonaba extrañamente semejante al Génesis. Este relato épico fue conservado en una tableta de unas mil doscientas líneas. La tableta en sí, es probable que date del siglo diecisiete a.C., pero la historia que cuenta se remonta al período más temprano de Babilonia, siglos antes. Aunque presentada desde la perspectiva teológica de los babilonios, contiene muchos detalles que son similares a los relatos bíblicos sobre la creación y el diluvio. En el cuento babilónico, los dioses gobiernan los cielos y la tierra (compare

Génesis 1:1). Hacen al hombre de la arcilla de la tierra, mezclada con sangre (compare Génesis 2:7; 3:19; Levítico 17:11) para que se ocupe del oficio de los dioses menores, que es ocuparse de la tierra (compare Génesis 2:15). Cuando los hombres se multiplican en la tierra y hacen demasiado ruido, envían un diluvio (después de una serie de plagas) para que destruya a la humanidad (compare Génesis 6:13). Un hombre llamado Atrahasis recibe un aviso previo acerca del diluvio y se le dice que construya un barco (compare Génesis 6:14). Construye el barco y lo llena de víveres, animales y aves. Por este medio se salva, mientras perece el resto del mundo (compare Génesis 6:17-22). En este punto, gran parte del texto está destruido, de manera que no hay registro escrito de cuando es fondeado el barco. Sin embargo, como en la conclusión del relato bíblico, la historia termina cuando Atrahasis les ofrece un sacrificio a los dioses, y el dios principal acepta que la humanidad siga existiendo (compare Génesis 8:20-22).[6]

El Enuma Elish, el relato mesopotámico sobre la creación

George Smith, quien fue el primero en traducir el relato mesopotámico sobre el diluvio, fue también el primer hombre en revelar al mundo la existencia de un relato mesopotámico sobre la creación, conocido como el *Enuma Elish*. Como en el caso de la Épica de Atrahasis, los fragmentos de este texto procedían también de la biblioteca de Asurbanipal en Nínive, pero más tarde se hallaron otros fragmentos en Asur (la antigua capital de Asiria) y en Uruk. A mediados de la década de 1920, se encontraron también dos tabletas casi completas en Kish. En conjunto, este relato épico está formado por siete tabletas. La sección más interesante de este cuento (para los estudiosos de la Biblia) es un relato de la creación desde una perspectiva babilónica y siria. El extraño nombre del texto procede de las palabras asirias con las que comienza: *enuma elish*, que significa "cuando arriba". En la pequeña porción del texto que menciona la creación se nos habla de que el universo, en las partes que lo componen, comenzó con los dioses principales (que representan las fuerzas de la naturaleza) y fue terminado por Marduk, quien se convirtió en el jefe del panteón (asamblea de dioses) babilónico. No es la creación en sí, sino Marduk, quien se destaca como el tema predominante en este texto épico.

Cuando buscamos paralelos al relato del Génesis, encontramos pocos: se divide el caos de agua en cielo y tierra (compare Génesis 1:1-2, 6-10), la luz existe antes de la creación del sol, la luna y las estrellas (compare Génesis 1:3-5, 14-18) y el número siete ocupa un lugar prominente (compare Génesis 2:2-3). Sin embargo, más allá de esto es el contexto mitológico el que controla el contenido. Los dioses procrean otros dioses, a los cuales a su vez tratan de destruir, debido a sus bulliciosos festines. Tiamat, la madre de estos dioses, crea monstruos para que los devoren, pero Marduk, el más fuerte de ellos, la corta por el medio. Los cielos y la tierra son formados a partir de sus dos mitades. Los seres humanos son creados con la sangre del líder capturado de los dioses rebeldes (una especie de diablo entre los dioses) para que trabajen como esclavos de los perezosos dioses menores y alimenten al panteón babilónico. Este relato mitológico tiene poco en común con los primeros capítulos del Génesis, que nos hablan de que Dios creó al hombre a su propia imagen, le dio el mundo para que lo disfrutara, se interesó en él y buscó tener comunión con él. No obstante, el descubrimiento del Enuma Elish nos proporcionó nuestro primer conocimiento de que otras culturas del Oriente Medio compartían algunos de los aspectos de la cosmogonía (relato sobre la creación) bíblica.

La Épica de Gilgamés: el diluvio mesopotámico

Otro de los descubrimientos de importancia procedentes de las excavaciones de Henry Layard es un relato babilónico antiguo sobre el diluvio, llamado Épica de Gilgamés. Toma su nombre de su principal personaje, el rey Gilgamés, de quien se supone que gobernó la ciudad mesopotámica de Uruk alrededor del año 2.600 a.C., y quien en este relato épico anda en busca de la inmortalidad. Puesto que no se descubrió ninguna copia con el texto entero, los eruditos tuvieron que hacer un texto compuesto basado en fragmentos procedentes de períodos separados entre sí por más de mil años (1750-612 a.C.). Aunque se hagan conjeturas sobre una fecha en el siglo dieciocho a.C. en cuanto a su composición original, si se confirma la presencia de materiales del Gilgamés en las tabletas de Ebla, su composición se podría remontar a una fecha muy anterior. La épica, tal como la tenemos hoy, está escrita en doce tabletas. El relato del diluvio, que aparece en la tableta número 11, parece haber sido tomado directamente de la Épica de Atrahasis (que está incompleta).

Cuando fue publicada la Épica de Gilgamés en Europa por vez primera en el año 1872, causó una sensación que rivalizó con la causada por las teorías de Darwin. Hubo quienes proclamaron que era una prueba histórica a favor del diluvio del Génesis, mientras que otros dijeron que dañaba la reputación de exclusividad y autenticidad sostenida por la Biblia. De toda la literatura mesopotámica, el relato del diluvio presente en la tableta 11 es el que representa la correlación más fuerte con el texto bíblico. En el relato que aparece aquí, Utnapishtim, un hombre que ha adquirido la inmortalidad y que, como el Noé de la Biblia, ha pasado también sin percances por las aguas del diluvio, le habla a Gilgamés sobre lo sucedido. En su relato sobre el diluvio, dice que Ea, el dios creador, lo favoreció advirtiéndole que se acercaba el diluvio y ordenándole que construyera un barco (compare Génesis 6:2, 13-17). A ese barco llevó su familia, sus tesoros y todas las criaturas vivientes (compare Génesis 6:18-22; 7:1-16), escapando así a la tormenta enviada por el cielo que destruyó al resto de la humanidad (compare Génesis 7:17-23). Según su relato, la tormenta terminó al séptimo día, y la tierra seca emergió en el duodécimo (compare Génesis 7:24). Cuando el barco se posó sobre el monte Nisir, en el Kurdistán (y no en el monte

11. La tableta número 11 de la Épica de Gilgamés, en la que aparece un antiguo relato babilónico sobre el diluvio.

Ararat, que está en Turquía), Utnapishtim envió una paloma, una golondrina y por último un cuervo (compare Génesis 8:3-11). Cuando el cuervo no regresó, salió del barco y les ofreció un sacrificio a los dioses (compare Génesis 8:12-22). Aunque estos elementos selectivos del relato mesopotámico tengan un aspecto asombrosamente paralelo al del relato bíblico, la persona que lea entera la traducción de la historia, va a encontrar que tiene un carácter extremadamente legendario; su tono difiere drásticamente del relato del Génesis.

¿De dónde salieron estos relatos?

Desde el descubrimiento de los textos mesopotámicos, se han suscitado preguntas acerca del origen de estos relatos que son similares a los que encontramos en la Biblia. Los eruditos han ofrecido tres respuestas posibles: 1) En su origen eran relatos israelitas que fueron tomados y adaptados por la religión y la cultura de Mesopotamia; 2) originalmente eran relatos mesopotámicos que fueron tomados y adaptados por los israelitas para que sirvieran a sus propósitos religiosos; 3) tanto los relatos mesopotámicos como el israelita (bíblico) proceden de una fuente antigua común.

Con respecto a la primera opción, hasta donde nosotros sabemos, los relatos bíblicos no fueron escritos hasta los tiempos de Moisés, en el siglo quince a.C. Por tanto, no parece probable que los relatos mesopotámicos, más antiguos (siglos diecisiete a diecinueve a.C.) se derivaran del relato israelita. En cuanto a la segunda opción, es posible que Moisés usara otras fuentes al recopilar los relatos del Génesis (*vea* Génesis 14). También es posible que los escritores bíblicos tuvieran acceso a la Épica de Gilgamés, puesto que un fragmento de esta épica apareció en las excavaciones llevadas a cabo en 1956 en Meguido, Israel.[8] ¿Significa esto que existiera una dependencia literaria con respecto a los textos mesopotámicos a la hora de recopilar los relatos bíblicos? El uso de fuentes extrabíblicas no está en desacuerdo con la doctrina de la inspiración bíblica, puesto que hay numerosas ocasiones en las cuales se citan obras no canónicas, tanto en el Antiguo Testamento como en el Nuevo (*vea* Josué 10:13; 1 Samuel 24:13; 2 Samuel 1:18; Lucas 4:23; Hechos 17:28; Tito 1:12; Judas 14). Sin embargo, ni la posesión de textos bíblicos por parte de los escritores bíblicos, ni su uso ocasional exigen que haya existido una dependencia literaria con respecto a ellos. Los escritores bíblicos insisten continuamente en que su fuente primaria es la revelación divina. Aunque se hayan usado fuentes secundarias en algunas ocasiones, no da la impresión de que se hayan usado en referencia a la creación o el diluvio.[9] Las numerosas diferencias y omisiones significativas existentes entre ambos relatos hacen poco probable que los autores mesopotámicos y los bíblicos tomaran material unos de otros.

A pesar de esto, ¿habría podido existir una "dependencia de la tradición"? Es decir, ¿podrían ser los relatos bíblicos unas variaciones de los mitos mesopotámicos. Esto también parece poco probable. Una de las razones es que la orientación bíblica es monoteísta (un solo Dios) y sus personajes son éticamente morales. En cambio, la orientación mesopotámica es politeísta (muchos dioses) y sus personajes son éticamente volubles. Este contraste se hace evidente, por ejemplo, en la forma en que los dos textos tratan el relato sobre el mundo después del diluvio. En el texto bíblico, Dios acepta el sacrifico de Noé y le promete no volver a destruir nunca más a la tierra por medio de un diluvio (Génesis 8:20-22). En la Épica de Atrahasis, los dioses descubren para su consternación que han hecho desaparecer su única fuente de alimentación (los sacrificios de los hombres). Como tienen hambre, deciden soportar a la humanidad (que los puede alimentar). Otra de las razones es que hay detalles de importancia que difieren entre los relatos (como el tamaño del barco, la duración del diluvio, las aves enviadas y otros). A. R. Millard, quien fue coautor de un libro sobre la *Épica de Atrahasis,* resume la cuestión de la supuesta toma de materiales cuando dice:

Todos los que sospechan o sugieren que los hebreos tomaron materiales se ven obligados a admitir una revisión, alteración y reinterpretación a gran escala de una manera tal que no es posible confirmarla con ninguna otra composición literaria del Oriente Medio antiguo, ni ningún otro escrito hebreo... Tomando por sentado que se produjo un diluvio, este conocimiento debe haber sobrevivido para formar los relatos disponibles; mientras que los babilonios sólo podían concebir el suceso en su propio lenguaje politeísta, los hebreos, o sus antepasados, entendían la actuación de Dios en él. ¿Quién puede decir que las cosas no sucedieron así?[10]

De hecho, hay pistas literarias en estas composiciones mesopotámicas que indican la antigüedad del relato del Génesis. Por mucho tiempo, los eruditos han reconocido que Génesis 2:1-4 es un *colofón* o apéndice de la primera narración de la creación que aparece en Génesis 1.[11] Las tabletas

Principales inscripciones importantes para el Antiguo Testamento

NOMBRE	IDIOMA	DESCUBRIDOR	LUGAR	FECHA DEL HALLAZGO	TEMA	FECHA DE ORIGEN (A.C.)	IMPORTAN CIA BÍBLICA
Pintura de la tumba de Beni-Hasán	Jeroglíficos	Newberry	Beni-Hasán	1902	Pintura en la tumba de Khnumhotep II	1900	Presencia de semitas en Egipto
Las leyes de Hammurabi	Acadio (babilonio antiguo)	de Morgan	Susa	1901	Colección de leyes babilónicas	1725	Ejemplo de leyes del antiguo Oriente Medio
Estela de Merenptah	Jeroglíficos	Petrie	Tebas	1896	Logros militares de Merenptah	1207	Primera mención del nombre "Israel"
Inscripción de Sheshonq	Jeroglíficos		Templo de Karnak	1825	Logros militares de Sheshonq	920	Confirma una redada contra Roboam
Inscripción de la "Casa de David"	Arameo	Biran	Dan	1993	Conquista de la región por los sirios	siglo IX	Mención más antigua de David en escritos de su época
Inscripción de Mesha	Moabita	Klein	Dibón	1868	Logros militares de Mesha de Moab	850	Relaciones entre moabitas e israelitas en el siglo IX

Estela negra	Acadio (neoasirio)	Layard	Nínive	1845	Logros militares de Salmanasar III	840	Presenta israelitas pagando tributo
Textos de Balaam	Arameo	Franken	Deir Alla (Sucot)	1967	Profecía de Balaam acerca del desagrado en el concilio de los dioses	siglo VIII	Relacionado con un famoso vidente conocido por el relato bíblico
Rollos de plata	Hebreo	Barkay	Tumba del valle de Hinom	1979	Amuleto con el texto de Números 6:24-26	siglo VII	Copia más antigua de un texto bíblico
Inscripción de Siloé	Hebreo	Niño campesino	Jerusalén	1880	Conmemoración de la terminación del túnel de Ezequías para conducción del agua	701	Ejemplo contemporáneo de la lengua hebrea
Cilindro de Senaquerib	Acadio (neoasirio)	Taylor	Nínive	1830	Logros militares de Senaquerib	686	Describe el sitio de Jerusalén
Óstraca de Laquis	Hebreo	Starkey	Tell ed-Duweir	1935	18 cartas del capitán del fuerte de Laquis	588	Situación durante el sitio final de los babilonios
Cilindro de Ciro	Acadio	Rassam	Babilonia	1879	Decreto de Ciro que permitía la reconstrucción de templos	535	Ejemplo de la política en la cual también Judá salió beneficiado

Principales tabletas importantes para el Antiguo Testamento

NOMBRE	NÚMERO DE TABLETAS	IDIOMA	DESCUBRIDOR	LUGAR	FECHA DEL HALLAZGO (D.C.)	TEMA	FECHA DE ORIGEN	IMPORTANCIA BÍBLICA
Ebla	17.000	Eblaíta	Matthiae	Tell-Mardik	1976	Archivos reales con muchos tipos de textos	siglo XXIV	Fondo histórico sobre Siria a fines del tercer milenio
Atrahasis	3	Acadio	Muchos hallaron las diferentes partes	Diferentes partes en varios sitios	1889 a 1967	Relato de la creación, el aumento de la población y el diluvio	copia de 1636	Paralelos al relato del Génesis
Mari	20.000	Acadio (babilonio antiguo)	Parrot	Tell-Hariri	1933	Archivos reales de Zimri-Lim con muchos tipos de textos	siglo XVIII	Fondo histórico sobre el periodo y la mayor colección de textos proféticos
Enuma Elish	7	Acadio (neoasirio)	Layard	Nínive (biblioteca de Asurbanipal)	1848 a 1876	Relato del ascenso de Mara-duk a cabeza del panteón	copia del siglo VII	Paralelos a los relatos del Génesis sobre la creación

								Paralelos a los relatos del Génesis sobre el diluvio
Gilgamés	12	Acadio (neoasirio)	Rassam	Nínive (biblioteca de Asurbanipal)	1853	Las hazañas de Gilgamés y Enkidu y la búsqueda de la inmortalidad	copia del siglo VII	Paralelos a los relatos del Génesis sobre el diluvio
Boghaz-Köy	10.000	Hitita	Winckler	Boghaz-Köy	1906	Archivos reales del imperio neohitita	siglo XVI	Historia hitita y ejemplos de tratados internacionales
Nuzi	4.000	Dialecto hurrita del acadio	Chiera y Speiser	Yorghum Tepe	1925 a 1941	Archivo con registros de familia	siglo XV	Fuente sobre costumbres de mediados del segundo milenio
Ugarit	1.400	Ugarítico	Schaeffer	Ras Shamra	1929 a 1937	Archivos reales de Ugarit	siglo XV	Religión y literatura cananeas
Amarna	380	Acadio (dialecto semítico occidental)	Campesino egipcio	Tell el-Amarna	1887	Correspondencia entre Egipto y sus vasallos en Canaán	1360 a 1330	Reflejan la situación en Palestina a mediados del segundo milenio
Crónicas de Babilonia	4	Acadio (neobabilonio)	Wiseman	Babilonia	1956	Registros de los tribunales en el imperio neobabilónico	626 a 594	Registro de la captura de Jerusalén en el 597 e historia de este período

antiguas que contienen un relato de la creación también tienen su colofón. La comparación de ambos revela que la disposición del material en el colofón del Génesis coincide con la información dada en los colofones antiguos: 1) *título* ("los cielos y la tierra", Génesis 2:1a, 4ª); 2) *fecha* ("el día que Jehová Dios hizo la tierra y los cielos", Génesis 2:4); 3) *número de serie* ("seis días" = serie de seis tabletas); 4) *si se acaba o no en la serie* ("el séptimo día" [= después de la sexta tableta]... fueron acabados", Génesis 2:1b-2); 5) *nombre del escriba o dueño* ("Jehová Dios", Génesis 2:4b).

Por tanto, lo más probable parece ser que tanto el relato mesopotámico como el israelita son reflejos de un conocimiento de los sucesos anteriores al diluvio, conservado a nivel universal. Las variaciones de estos relatos fueron transmitidas de una generación a otra por las diferentes culturas semíticas que se desarrollaron después de la división de las naciones en el Oriente Medio después del diluvio (vea Génesis 10—11).

Legados de la antigüedad

Las reliquias arqueológicas como la piedra de Roseta y la piedra de Behistún son las que nos han enseñado a leer el pasado y a mirar a la Biblia con un sentido mayor de historia y de exclusividad. No obstante, sólo son una parte del gran legado que nos ha dejado la antigüedad. En el próximo capítulo continuaremos nuestro recorrido por el museo del tiempo, para ver otros descubrimientos procedentes de las excavaciones, que han sido realmente significativos.

Más excavaciones que cambiaron las cosas

Imágenes del pasado

Hoy en día es común decir que las investigaciones arqueológicas en Palestina y en las tierras que la rodean, que se han llevado a cabo desde fines de la Primera Guerra Mundial a una escala sin precedentes, han transformado nuestra actitud hacia el Israel de la antigüedad y el Antiguo Testamento, así como nuestra manera de comprenderlos.[1]

— Dr. Winston Thomas

En el capítulo anterior vimos las excavaciones que han significado el que se escribieran nuevos capítulos en los anales de la arqueología. Estas excavaciones cambiaron las cosas, porque afectaron a nuestra manera de ver la Biblia y el mundo en el que se desarrollaron sus principales acontecimientos. En este capítulo vamos a echar una ojeada a las excavaciones que han mejorado nuestra comprensión del pasado a base de conservarlo de manera fotográfica y de cambiar nuestras creencias actuales sobre él desde el punto de vista histórico.

Excavaciones que fotografían el pasado

Antes de que las excavaciones arqueológicas abrieran el mundo de la Biblia, nadie tenía idea alguna del aspecto que tenían las personas que aparecían en sus páginas. Sin embargo, cuando se comenzaron a revelar los descubrimientos, entre ellos había estatuas, bosquejos en relieve y pinturas que nos daban "instantáneas" del tipo de personas que vivieron durante los tiempos de la Biblia. Más increíble aún es que los arqueólogos hallaran "retratos" de las mismas personas que menciona la Biblia. Entre ellos había estatuas de faraones que se encontraron con Moisés, enemigos que amenazaron a Israel o conquistaron gran parte de su territorio y gobernantes romanos mencionados en el Nuevo Testamento, algunos de los cuales hablaron con Jesús y con el apóstol Pablo.

Los detalles incluidos en estas escenas para describir la vida diaria en la antigüedad han hecho posible que los artistas representen con precisión dramas bíblicos en la televisión y en las películas. Tomemos del "álbum fotográfico" arqueológico tres famosas "fotografías" que nos han ofrecido un vistazo poco común al pasado nunca antes visto.

El mural de Beni-Hasán, un desfile pictórico de los tiempos de los patriarcas

A lo largo de todo el período bíblico, los israelitas continuaron sus contactos políticos y económicos con Egipto, uno de los superpoderes de aquellos tiempos. El contacto de Israel con Egipto abarca el período temprano desde los patriarcas (Génesis 12, 37—50) hasta Moisés (libro del Éxodo) y la monarquía, desde el rey Salomón (1 Reyes 9:16) hasta el rey Josías (2 Reyes 23:29-35) y hasta los tiempos de Jesús (Mateo 2:13-15). Puesto que la ley judía (Éxodo 20:4) prohíbe que se hagan imágenes de seres humanos (porque el hombre es creado a imagen de Dios), no debemos esperar que aparezcan imágenes hechas por los israelitas. En cambio, del lado egipcio, donde la fabricación de imágenes era obligatoria, se han descubierto muchos retratos.

Un famoso ejemplo procede de un pequeño poblado conocido como Beni-Hasán situado al sur de El Cairo, en la orilla oriental del Nilo. Alí,

12. El mural de Beni-Hasán, en el que aparece un grupo de personas de Canaán similares a los patriarcas bíblicos, entrando a Egipto.

esculpida en los riscos de los alrededores, hay una gran necrópolis (ciudad de los muertos). Como se solía acostumbrar dentro de las tumbas egipcias, las paredes estaban decoradas con escenas de vivos colores que describían la vida diaria. En una de estas tumbas, fechada alrededor del 1890 a.C., los arqueólogos hallaron un espléndido mural de dos metros y medio de largo por casi medio de alto en el que se representa un desfile de extranjeros: ocho hombres, cuatro mujeres, tres niños y diversos animales, conducidos todos por oficiales egipcios. El texto jeroglífico que se halla encima de la pintura da una descripción del desfile y su propósito. Según el texto, estas personas formaban parte de un grupo de treinta y siete asiáticos procedentes de la región de Shut (que incluye la zona del Sinaí y el sur de Canaán). Su jefe, llamado Abisai, los guiaba para ir a comerciar con los egipcios. Todos los detalles, como los rasgos físicos, peinados, ropajes, calzado, armas e instrumentos músicos, son presentados con claridad.

Aunque todavía no se sepa con exactitud quiénes eran estas personas, o por qué viajaron tan lejos de los centros normales de comercio, la importancia de la pintura se halla en su descripción visual del aspecto que tenían las personas en tiempos de los patriarcas. Cuando vemos estas imágenes, nos podemos imaginar el viaje de Abram y Sarai a Egipto (Génesis 12:10) y más tarde, el de Jacob y sus hijos (Génesis 42:5; 43:11; 46:5-7). Hasta hay quienes han sugerido que los diseños multicolores que tienen las túnicas de los asiáticos en el mural son como la "túnica de diversos colores" de José (*vea* Génesis 37:3). Aun en el caso de que, como han pensado otros expertos, sea mejor traducir "túnica de mangas largas", en otro lugar del "álbum fotográfico" de la arqueología hay también testimonio sobre este tipo de vestidura.

El obelisco negro de Salmanasar III: retrato de un rey israelita

Uno de los descubrimientos más apasionantes de todos los tiempos en la arqueología bíblica es el de una gran piedra negra sacada de una excavación realizada en la antigua ciudad asiria de Calah (hoy Nimrud) en el año 1845. Sin embargo, faltó poco para que no se hallara esta piedra. Los trabajadores del arqueólogo inglés Henry Layard le habían dicho que abandonara la búsqueda y cerrara la excavación. Era en invierno, el suelo estaba sumamente frío y duro, y el difícil trabajo de cavar trincheras para descubrir artefactos había resultado inútil. Layard no quería dejar de trabajar, pero tuvo que llegar a un arreglo con aquellos hombres, a quienes les pidió que trabajaran sólo un día más. No tuvieron que esperar tanto tiempo. Casi tan pronto como habían reanudado su trabajo, tropezaron con una inmensa piedra que hoy en día conocemos como uno de los documentos asirios más importantes entre los relacionados con el Antiguo Testamento.

La piedra era un bloque pulido con cuatro caras (obelisco) de piedra caliza negra y de dos metros de alto. En cada uno de los paneles laterales del obelisco había grabados cinco registros de esculturas en relieve donde se presentaban diversas escenas de los tributos llevados a la corte asiria.

13. El obelisco negro de Salmanasar III, descubierto en 1845.

14. El rey israelita Jehú (a la izquierda), como aparece en el obelisco negro de Salmanasar III.

Además de esto, por encima y por debajo de los paneles en los cuatro lados había casi doscientas líneas de texto cuneiforme. Una vez traducido el texto cuneiforme se encontró que era una lista de treinta y una campañas militares realizadas por el monarca asirio Salmanasar III. Las detalladas esculturas en relieve con los tributos y los portadores de tributos representan hermosamente muchos estilos diferentes de ropa, artículos costosos e incluso animales exóticos para el zoológico asirio. No obstante, la gran sorpresa se produjo cuando se tradujeron las líneas que estaban por encima de un registro en el cual aparecía una figura arrodillada ante el rey asirio:

> Tributo de Jehú, hijo de Omri.[3] Plata, oro, un tazón de oro, una taza alta de oro, copas de oro, jarras de oro, latón, bastones de mando para la mano del rey [y] jabalinas [que Salmanasar] recibió de él.

Por vez primera entre todos los artefactos arqueológicos, allí estaba un retrato de uno de los reyes de Israel.[4] Según la Biblia (2 Reyes 9—10; 2 Crónicas 22:7-9), Jehú, general del ejército del rey Joram, fue "nombrado por Jehová" para sucederlo en el trono de Israel. Después de cumplir la indicación dada por el profeta Eliseo de que matara a Joram, se convirtió en el gobernante de Israel del año 841 al 814 a.C. Sirvió como instrumento final de Dios para el juicio contra la casa del malvado rey Acab (incluyendo a la infame reina Jezabel), y erradicó de la Tierra el culto idolátrico de Baal.

Sin embargo, en el relato bíblico no se menciona que el rey Jehú le pagara tributo a Asiria, tal como lo representa el obelisco. La Biblia sí nos dice que Jehú, hacia el final de su reinado de veintiocho años, descuidó su responsabilidad como rey de mantener la ley de Dios (2 Reyes 10:31), y en su lugar siguió la adoración henoteísta instituida por Jeroboam (*vea* 1 Reyes 12:28-29). Por esta causa, el Señor le retiró su protección a Israel y los enemigos extranjeros comenzaron a invadir y conquistar partes de la Tierra (2 Reyes 10:32-33). Es posible que la debilidad de Israel en esos momentos haya influido sobre Jehú, y éste haya buscado la protección de Asiria. Una vez impuesta la hegemonía asiria, Israel habría tenido que pagar tributo (consulte 2 Reyes 17:3). Si fue éste el caso, entonces el obelisco nos da una parte perdida de la historia que no se halla incluida en el texto bíblico.

Los relieves del sitio de Laquis: vista panorámica del juicio sobre Israel

Ciertamente, el hallazgo de la imagen de un rey israelita mencionado en la Biblia fue una sorpresa, pero el de las imágenes de *centenares* de israelitas en una fotografía antigua de un suceso bíblico real no fue menos deslumbrador. Era una "fotografía" de Laquis, una de las ciudades israelitas más importantes de Judá durante el período bíblico. Laquis es hoy un tel excavado, situado a cuarenta kilómetros al suroeste de Jerusalén. Aunque ahora está silenciosa y desolada, la instantánea antigua nos presenta una imagen muy diferente. No sólo presenta a Laquis en el momento cumbre de su gloria, ocupada y fuertemente fortificada, sino que registra de manera gráfica lo que sucedió en el fatídico día de su destrucción.

La "fotografía" en sí no procedía de Israel, sino de las lejanas tierras de Asiria. Se originó como un mural de veintisiete metros y medio de largo que decoraba un salón ceremonial en el palacio del rey asirio Senaquerib en Nínive. El palacio fue excavado por Henry Layard, y el mural, compuesto por paneles de esculturas en relieve, se encuentra hoy en el Museo Británico. En los relieves hay descripciones exactas y realistas de la batalla entre los asirios y la población de Laquis, que se produjo durante la conquista asiria de Judá, en el año 701 a.C. (*vea* 2 Reyes 17:5-6; 2 Crónicas 32:1). La escena presenta (de izquierda a derecha) el campamento asirio, el sitio y la conquista de la ciudad, con las tropas asirias asaltando las murallas, la tortura de algunos de los habitantes de la ciudad, y por último, el exilio de los prisioneros y su presentación ante Senaquerib, quien estaba sentado en su trono frente a su campamento. La Biblia recoge este mismo suceso en 2 Crónicas: "Después de esto, Senaquerib rey de los asirios, mientras sitiaba a Laquis con todas sus fuerzas, envió sus siervos a Jerusalén" (2 Crónicas 32:9; *vea también* 2 Reyes 18:13-14, 17; 19:8; Isaías 36:1-2; 37:8). Aunque ni la Biblia ni los anales asirios proporcionan los detalles de esta conquista, ambos describen la brutalidad de los asirios y la terrible situación vivida durante el sitio, la cual aparece descrita en los relieves.

Las excavaciones hechas en Laquis han confirmado también la exactitud de diversos detalles que aparecen en los relieves. Las fortificaciones de la ciudad han quedado reveladas al explorar las calcinadas capas de destrucción en este sitio, y son idénticas a las que aparecen en los relieves asirios.[5] La

15. *Acercamiento al sitio de los asirios, como aparece en los relieves de veintisiete metros y medio de alto de Laquis. Observe la rampa del sitio y el ariete.*

rampa de asedio presentada en el relieve, y por la cual subían los soldados asirios con sus arietes y arcos, también ha sido descubierta en Laquis. Además de esto, las abundantes piedras de honda y las puntas de flecha descubiertas dan testimonio de la ferocidad de la batalla, tal como lo indican los relieves. Una vez más, la arqueología ha hecho posible que veamos realmente uno de los grandes sucesos históricos que menciona la Biblia.

Excavaciones que cambiaron la historia

Hoy en día son muchas las personas que creen que ya a estas horas, nuestros conocimientos históricos están completos en general. Aceptan que aún faltan algunos detalles, pero dan por sentado que conocemos casi todo lo que se puede conocer acerca de las grandes civilizaciones que dominaron el pasado. Los impresionantes reportajes que vemos en los libros de texto de historia y en el Canal de la historia parecen confirmar esto. Sin embargo, los historiadores admiten que nuestros conocimientos actuales sobre el pasado son lamentablemente limitados. Lo que sí sabemos nos ha llegado con grandes vacíos y muchas veces ha necesitado revisiones inesperadas. Esto también ha sido cierto en cuanto a la historia de la Biblia. Aunque las Escrituras presentan una información histórica, esa información es selectiva e incompleta. Esto está de acuerdo con los propósitos teológicos de la Biblia, porque ésta no fue escrita para que fuera un libro de texto de historia. Por esta razón, algunas veces los historiadores han tenido dudas sobre ciertos datos históricos que aparecen en la Biblia. Esto no se debe sólo a que tengan la sospecha de que un concepto religioso de la historia haya alterado los hechos, sino a que algunos detalles históricos que aparecen en la Biblia carecen de evidencias materiales que los apoyen.

Sin embargo, de vez en cuando las sorpresas arqueológicas han revelado pueblos y lugares históricos conocidos en la Biblia, a pesar de ser desconocidos en todas las demás fuentes. Estos descubrimientos no sólo nos dan una nueva perspectiva sobre lo que ya se conocía, sino que también sirven para darle solidez a la integridad histórica de las narraciones bíblicas. Además de esto, algunas veces surgen en las excavaciones nuevos datos nunca antes conocidos, que arrojan una luz nueva sobre la Biblia misma y sobre la historia de la antigüedad. Hay dos excavaciones arqueológicas que han hecho esto precisamente, aumentando nuestra valoración de la exactitud de la Biblia, al mismo tiempo que obligaban a los historiadores a escribir de nuevo capítulos enteros de sus libros de texto. Estas excavaciones confirmaron la existencia en el pasado de los hititas y del imperio de Ebla.

Los hititas o heteos: pruebas sobre un pueblo del pasado

En cuarenta y siete ocasiones, la Biblia menciona un pueblo al que llama "heteo" ("hitita"). Los heteos se hallan entre la lista de naciones que habitaban antiguamente en Canaán cuando Abraham entró en aquella tierra (Génesis 15:20). Eran considerados lo suficientemente importantes como para comprarle carros y caballos al rey Salomón (1 Reyes 10:29). Y mantenían un ejército tan poderoso, que el rey de Israel los contrató para que pelearan contra el formidable ejército de los arameos y lo pusieran en fuga (2 Reyes 7:6-7). Hay dos heteos en especial que adquirieron notoriedad en los relatos bíblicos. Uno de ellos fue Efrón el hitita, quien le vendió a Abraham su campo con la cueva de Macpela, en Kiriat-arba (Hebrón) para que sepultara allí a su esposa Sara (Génesis 23:10-20). Este lugar ha sido conocido desde entonces como la Tumba de los patriarcas. El otro fue Urías heteo, soldado en el ejército del rey David. Aunque extranjero, Urías es descrito en las Escrituras como un siervo leal, en contraste con el propio rey David, hijo de Israel. En 2 Samuel se nos habla de la aventura adúltera entre David y Betsabé, la esposa de Urías. El pecado del rey se complicó cuando Betsabé halló que estaba encinta y él hizo que Urías muriera en la batalla para cubrir su delito (2 Samuel 11). Y más tarde, cuando el profeta Ezequiel denunció el pecado de Jerusalén, Dios declaró que la madre moral de Jerusalén era una hetea (Ezequiel 16:3).

A pesar de la prominencia que se les da a los heteos en el texto bíblico, hace sólo unos cien años, los eruditos críticos dudaban aún de que hubieran existido jamás. En aquellos tiempos no se habían hallado aún evidencias históricas de que hubiera existido este pueblo. Sólo formaba parte de la historia religiosa de la Biblia. No obstante, este veredicto histórico estaba a punto de cambiar. En 1876, el erudito inglés A. H. Sayce sospechó que una escritura sin descifrar que se había descubierto tallada en rocas de Turquía y de Siria podría ser evidencia de la existencia de los heteos o hititas, desconocidos hasta esos momentos. Entonces se hallaron unas tabletas de arcilla en las ruinas de una antigua ciudad de Turquía llamada Boghaz-Köy. La gente del lugar estaba vendiendo estas tabletas, y algunas llegaron a manos de expertos. Esto hizo que el alemán Hugo Winckler, experto en escritura cuneiforme, fuera a aquel sitio para excavar. Allí descubrió cinco templos, una ciudadela fortificada y muchas esculturas monumentales. También encontró más de diez mil tabletas de arcilla en un cuarto de almacenaje que había sido quemado. Una vez descifradas estas tabletas, se anunció al mundo que se había hallado a los heteos o hititas. De hecho, Boghaz-Köy había sido la antigua capital del imperio hitita (conocida entonces como Hattusha). Hubo otras sorpresas más, como la revelación de que la lengua hitita se debía clasificar dentro del grupo de lenguas indoeuropeas (una de las cuales es el español), y que la forma de sus códigos legales era muy útil para la comprensión de los que se describen en la Biblia. El redescubrimiento de este pueblo perdido,[6] uno de los logros más destacados dentro de la arqueología del Oriente Medio, sirve ahora como advertencia para aquellos que duden de la historicidad de ciertos relatos bíblicos determinados. Sólo porque la arqueología no ha encontrado aún evidencias que los confirmen, eso no quiere decir que no las vaya a encontrar mañana. Los hititas sólo son uno de los ejemplos que han servido para demostrar que la Biblia es históricamente digna de confianza. Por consiguiente, es necesario respetarla, a pesar de la falta actual de apoyo material para ciertos sucesos, o los problemas cronológicos que quedan aún sin resolver.

Ebla: el descubrimiento de una civilización perdida

Antes de 1968, los expertos habían conocido, gracias al estudio de textos mesopotámicos antiguos, que había existido un antiguo imperio sirio llamado Ebla. Los primeros reyes babilónicos proclamaban haber conquistado este amplio reino alrededor del 2300 a.C., pero nadie sabía dónde estaba situado. Entonces, un día de 1968 se halló una inscripción en un prominente tel de Siria llamado Tel Mardikh; esta inscripción parecía identificar aquel sitio como Ebla. Pero el mayor descubrimiento aún no había sido hecho. En 1975, mientras los arqueológicos estaban excavando debajo del templo de la ciudad, hallaron un pequeño recinto que había servido como archivo real. Allí se hallaban apiladas unas diecisiete mil tabletas. Mucho tiempo atrás, el fuego había destruido los estantes que las habían sostenido, pero ese mismo fuego había cocido las tabletas de arcilla, endureciéndolas y conservándolas en medio de la devastación producida por el tiempo. Estas tabletas confirmaron que aquel lugar se llamaba Ebla e introdujeron a los expertos al conocimiento del eblaíta, la lengua del imperio, anteriormente desconocida.

Al descifrarse algunos de estos textos se supo que Ebla había sido un floreciente imperio hace cuatro mil quinientos años, siglos antes de los tiempos de los patriarcas bíblicos. Sus ciudadanos habían comerciado por largo tiempo con Mari, otra antigua ciudad siria que tenía leyes y costumbres que ayudaron a aclarar otras similares asociadas con los patriarcas bíblicos. El inmenso volumen de tabletas recuperadas en Ebla (cuatro veces mayor que todos los textos anteriores de este período juntos), hizo que este descubrimiento fuera inmensamente importante para todos los dedicados a estudiar la antigüedad en el Oriente Medio. Ahora bien, ¿hasta qué punto eran importantes estas tabletas para los estudios bíblicos? Es posible que en los primeros tiempos en que se estaban interpretando estos textos, las disputas políticas entre Siria e Israel forzaran a negar las conexiones que un traductor había hecho con la historia israelita. Aun así, da la impresión de que muchas de las proclamaciones iniciales con respecto a la similaridad con nombres bíblicos, la aparición de nombres de lugares bíblicos (como Sodoma y Gomorra) y las afinidades con la lengua hebrea, se debieron a unas evaluaciones prematuras. Es posible que la importancia real de Ebla para la Biblia sea la comparación de los textos eblaítas con el estilo poético hebreo, y la adquisición de conocimientos acerca de las tradiciones y el fondo religioso de un pueblo que tal vez haya influido sobre civilizaciones posteriores, entre ellas, el Israel antiguo. Fue ésta la forma en la que los textos procedentes de Ugarit ayudaron a los expertos a comprender la poesía bíblica y a responder preguntas sobre el significado de las palabras y la gramática en el

16. Pilas de tabletas de arcilla que una vez constituyeron los archivos reales del imperio eblaíta.

hebreo bíblico. Cualquiera que sea el caso, Ebla ha escrito un nuevo capítulo en la historia del Oriente Medio durante el tercer milenio a.C.[7]

Un acercamiento al pasado

Realmente, las excavaciones han cambiado las cosas. Han recuperado el conocimiento de civilizaciones largo tiempo perdidas y lenguas largo tiempo muertas. Han revelado las imágenes del pasado, no sólo en forma de bosquejo, sino en muchos casos, en la forma misma de aquéllos cuyos nombres ocupan un espacio en el texto sagrado. Podríamos citar muchísimos ejemplos más, pero las selecciones que hemos revisado bastan para revelarnos lo significativa que es la contribución hecha por la arqueología al esfuerzo por acercarnos más a ese mundo en el que vivieron nuestros padres en la fe.

En los doce capítulos siguientes vamos a recorrer este mundo desde los patriarcas hasta los profetas para explorar la forma en que los nuevos descubrimientos de la arqueología le siguen dando información a nuestra fe de hoy y enriquecen nuestra comprensión sobre los comienzos de la historia bíblica.

Segunda parte

Nuevos descubrimientos de la arqueología

Los patriarcas

¿Leyendas vivas, o vidas legendarias?

La arqueología ha arrojado considerable luz sobre las historias de Abraham, Isaac y Jacob, los patriarcas del Génesis. No es que se halla encontrado nada escrito sobre estos hombres fuera de la Biblia, sino que el velo que anteriormente escondía a sus tiempos ha sido levantado. Como consecuencia, hoy sabemos más acerca del tipo de personas que eran, de dónde procedían, cómo vivían, qué creían, dónde y cómo se los debe poner dentro de la historia de las grandes naciones de tiempos antiguos, más aún que los propios israelitas posteriores.[1]

Oliver Wendell Holmes

La única historia que conocían los israelitas durante su esclavitud en Egipto era la que les habían legado sus antepasados, los patriarcas ("padres que mandan"). Era la historia de un pacto y una promesa entre Dios y sus padres, que le daba al pueblo de Israel una esperanza, aun en medio de la opresión. Por esta razón, cuando Dios actuó para liberar a su pueblo de los egipcios, se identificó con los patriarcas. Él era "el Dios de Abraham, el Dios de Isaac y el Dios de Jacob" (Éxodo 3:6, 15-16; 4:5; Lucas 20:37-38). Gracias a esto, podrían mantenerse seguros de que serían liberados, puesto que Dios había hecho un pacto con los patriarcas, y había jurado cumplirlo (Éxodo 6:3-8). De hecho, la circuncisión, que aún hoy se practica en los varones judíos, es testimonio de la continua identificación de la comunidad judía con los patriarcas bíblicos que vivieron hace cuatro mil años. Los patriarcas siguen siendo una columna esencial de la autodefinición del pueblo judío, y el pacto con ellos sigue siendo la base histórica para el derecho de Israel a su antigua Tierra.

Restarles importancia
a los patriarcas

Teniendo en cuenta esto, tal vez parezca un extraño acto de sacrificio el que muchos eruditos críticos judíos se unan a sus colegas gentiles en la creencia de que los relatos bíblicos sobre los patriarcas no son históricos.[2] Puedo recordar la primera vez que me di cuenta de esto. Había terminado mis estudios en el Seminario Teológico de Dallas y estaba en la Universidad Hebrea de Jerusalén haciendo estudios de postgraduado. En el Seminario de Dallas se enseñaba que las narraciones sobre los patriarcas eran historia verdadera, y yo había dado por supuesto lo mismo en esta institución académica tan importante de Israel. Sin embargo, en el primer día de un curso sobre la historia de Israel en sus primeros tiempos, el profesor, quien era uno de los principales arqueólogos históricos de Israel, afirmó con una convicción total: "¡Abraham no existió, pero sus primos sí!" Entonces, explicó que los relatos bíblicos acerca de Abraham, Isaac y Jacob no eran más que historias contadas junto al fuego, que se habían ido pasando a lo largo de los siglos y se habían convertido en leyendas (utilizó la palabra *saga*). Dijo que los patriarcas sólo eran una proyección retrospectiva creada por los judíos nacionalistas durante la mitad del primer milenio (600-400 a.C.). Estos nacionalistas estaban tratando de crear un pasado glorioso, aunque no histórico. Para apoyar este punto de vista, declaró que las evidencias arqueológicas no apoyaban la existencia de un período patriarcal. Dejando aparte los argumentos arqueológicos, recuerdo haber señalado, en mi juvenil reserva, que para los israelíes, cuyas reclamaciones territoriales se apoyaban en parte en el Pacto con Abraham, y que son hoy una cuestión de contienda a nivel internacional, un punto de vista así equivalía a aserrar la rama en la que estaban sentados. Hoy, con un juicio más maduro, diría que más bien sería como echar abajo todo el árbol (*vea* Romanos 4:13; 11:28-29).

Dicho sea de paso, los cristianos también deberían compartir la preocupación sobre este punto de vista, puesto que en el Nuevo Testamento se dice de Abraham que es "padre de todos nosotros" (Romanos 4:16), y se dice de los que han creído en Cristo que son "hijos" de Abraham; "linaje de Abraham, y herederos según la promesa" (Gálatas 3:7, 29). Además de esto, tanto Jesús como los autores del Nuevo Testamento aceptan la historicidad de los patriarcas (Mateo 1:1-2; 3:9; 8:11; Lucas 13:28; 16:22-30; 20:37-38; Juan 8:39-58; Hechos 3:13, 25; 7:16-17, 32; Hebreos 2:16; 7:1-9; 1 Pedro 3:6) y los utilizan como testimonio de que Dios se ha comprometido a cumplir con su palabra (Romanos 4:1-25; Gálatas 3:6-29; Hebreos 6:13; Santiago 2:21-23). En el corazón mismo del capítulo 11 de Hebreos se enumera un "salón de héroes del Antiguo Testamento", que demostraron lo real que es vivir por fe. Ronald Youngblood señala lo siguiente:

Para crédito de los patriarcas, el autor de Hebreos dedicó más de la mitad de esos veintinueve versículos —quince, para ser exacto— a exponer en detalle las formas en las cuales los patriarcas y sus esposas demostraron ser hombres y mujeres de fe...[3]

Por consiguiente, sin los patriarcas, cuya fidelidad puso los cimientos de nuestra propia fe, ni los judíos ni los gentiles tenemos promesa alguna. ¿Cómo es posible que se descarte la prominencia de los patriarcas en las Escrituras —sobre todo la de Abraham, como figura central, tanto en el Antiguo Testamento como en el Nuevo— como si sólo se tratara de una tradición? Y el registro arqueológico, ¿apoya o silencia la esperanza de millones de creyentes fieles, cuya fe del presente y cuyas bendiciones del futuro se basan en un pacto con los padres? Examinemos las evidencias arqueológicas y decidamos por nosotros mismos.

La verificación acerca de los patriarcas

Sin duda, el enfoque conservador que tiene la antigua escuela de Albright acerca de la historicidad de las narraciones sobre los patriarcas comenzó al producirse la sorprendente verificación arqueológica de que había existido un imperio hitita. Reconocido hoy como el tercer gran imperio del Oriente Medio en la historia antigua, los expertos no pudieron menos que notar que había abundantes referencias a los hititas o heteos, los hijos de Het (Génesis 10:15), esparcidas por todos los relatos de la época patriarcal (Génesis 11:27—50:26). Por razones similares, una revaluación moderna de las evidencias arqueológicas acerca de los patriarcas ha hecho que algunos expertos regresen a un punto de vista más conservador acerca de la historicidad de los relatos del Génesis (Génesis 12—36). ¿Por qué está sucediendo esto? El profesor Nahum Sarna hizo recientemente esta observación:

> En su conjunto, los relatos patriarcales poseen un sabor distintivo que no tiene paralelo en el resto de la Biblia. Reflejan un estilo de vida y diversas instituciones sociolegales que son típicos del período, pero de las cuales hay frecuente testimonio en los documentos del Oriente Medio... La antigüedad de las tradiciones del Génesis es confirmada por diversas prácticas patriarcales que contradicen de manera directa las costumbre y normas sociales de una era posterior...[4]

El relato bíblico sobre los patriarcas (incluso José) en Génesis 12—50 indica unas fechas del período de Bronce Medio, desde fines del tercer milenio a.C. hasta la mitad del segundo (2166-1805). Las evidencias arqueológicas de este período han surgido bajo la forma del Código de Hammurabi, textos egipcios e hititas y miles de tabletas de arcilla procedentes de la ciudad amorrea de Mari (Tel Hariri), la ciudad horita de Nuzi y las ciudades de Leilan y Alalakh. A todas ellas les podemos añadir los fabulosos hallazgos realizados en el sitio sirio de Ebla (Tel Mardikh), el cual, aunque sigue siendo controversial, ha ofrecido algún material comparativo. Entre estas evidencias hay códigos legales, contratos legales y sociales, así como textos religiosos y comerciales.

Hace una generación, la defensa que constituían estos artefactos a favor de la antigüedad y la historicidad de los patriarcas era más aceptada que hoy en día. En tiempos recientes, hay expertos minimalistas que han desafiado estas conclusiones.[5] Sin embargo, sus esfuerzos, en lugar de ser destructivos para la posición maximalista, la han ayudado al eliminar elementos que no concordaban con la descripción bíblica de los patriarcas, o que le eran innecesarios.[6] En particular, el análisis crítico minimalista de Thompson sobre supuestos paralelos entre las tabletas de Nuzi y las costumbres sociales de los patriarcas ha ayudado a mejorar el uso de estos textos para lograr una reconstrucción maximalista más precisa de la era patriarcal. Aun así, la corrección de los paralelos, basada en el material procedente de Nuzi, ha demostrado ser mucho menor de lo que Thompson proponía originalmente.[5] Aunque es probable que queden menos evidencias arqueológicas con respecto a este período, que a ningún otro, la cuidadosa comparación de los relatos bíblicos con los datos disponibles ha ofrecido los siguientes argumentos a favor de la historicidad de los patriarcas.

El mundo de los patriarcas

Los textos de numerosos contratos procedentes del Oriente Medio revelan que el fondo social descrito en las narraciones patriarcales es preciso y se ajusta al tiempo sugerido por la cronología bíblica. Un punto de comparación entre estos textos y la Biblia es el que se refiere a las leyes sobre las herencias. En Génesis 49, Jacob bendice a sus doce hijos, dividiendo su herencia entre ellos a partes *iguales*. Sin embargo, esto fue cambiado en el Sinaí, puesto que la Ley mosaica estipulaba que el varón primogénito debía recibir una *doble* herencia (Deuteronomio 21:15-17). Esta aparente contradicción había sido explicada anteriormente por los partidarios de la alta crítica según la hipótesis documentaria de Wellhausen, que sostenía que había diferentes escritores que habían compuesto al mismo tiempo, tarde ya en la historia postexílica de Israel, unos relatos sobre el Pentateuco que estaban en desacuerdo entre sí. Pero los textos extrabíblicos procedentes del Oriente Medio antiguo confirman que, aunque es posible que este material haya sido editado en un período posterior para darle su forma definitiva, su composición original había podido producirse durante los tiempos de Moisés.[8] En el caso de la bendición patriarcal de Génesis 49, encontramos que la división de la herencia en partes iguales es evidente en las leyes de Lipit-Ishtar (siglo XX a.C.). En cambio, doscientos años más tarde, en el Código de Hammurabi (siglo XVIII a.C.), se hace una distinción entre los hijos de la primera esposa de un hombre —a quienes se deja escoger primero— y los hijos de su segunda esposa. Entonces, cuando comparamos los textos procedentes de Mari y de Nuzi (siglos XVIII a XV a.C.), encontramos que un varón primogénito natural recibía una doble porción, mientras que un hijo adoptado no. Las leyes neobabilónicas del primer milenio reflejan una progresión similar; en ellas, los hijos de la primera esposa reciben una doble porción, y los hijos secundarios sólo reciben una porción simple.

El egiptólogo inglés Kenneth Kitchen sugiere una serie de comparaciones sociales más a partir del registro arqueológico que ofrecen una correlación con unas fechas del segundo milenio.[9] En su lista se incluyen el precio de los esclavos en siclos de plata (como en el caso de José, Génesis 37:28), la forma concreta de los tratados y pactos (Génesis, capítulos 21, 26 y 31), la situación geopolítica (Génesis 14) y las menciones de Egipto (Génesis, capítulos 12, 45—47). Entre otros ejemplos más propuestos por los expertos se incluyen cosas como la domesticación de camellos (Génesis 12:16), de la cual dan testimonio textos más antiguos aún que los patriarcas.[10] la adopción de hijos por medio de sustitutos (Génesis 16:2-3; 30:1-3), atestiguada en contratos de matrimonio de la época asiria antigua (siglo XIX a.C.)[11] y en el Código de Hammurabi y en Nuzi, a partir de leyes mesopotámicas que le garantizaban al hijo adoptivo el derecho a la herencia (como en el caso de Eliezer, en Génesis 15:2-4).[12] En cada uno de estos textos, los datos arqueológicos parecen concordar exactamente con nuestra información sobre la situación en aquellos tiempos. Por consiguiente, según las costumbres sociales cambiantes que reflejan estas leyes, sólo un contexto del segundo milenio concuerda con el tipo de práctica de los patriarcas en cuanto a la herencia.[13]

Los nombres de los patriarcas

Una de las maneras de determinar cuál es el escenario cronológico de los personajes históricos es tener en cuenta sus nombres. Los nombres tienden a reflejar un ambiente cultural único en el tiempo. Piense por un instante en los nombres de sus abuelos y los de sus padres. Mis abuelas se llamaban Tabitha y Jesse, y mis abuelos Peyton y Ernest. Mi madre se llama Maurine, y mi padre se llamaba Elmo. Puesto que estos nombres están relacionados con una época, es muy raro que hayan pasado a la siguiente generación de estadounidenses, o si lo han hecho, ha sido sólo en forma de iniciales. Hoy en día, en la cultura de los Estados Unidos es más corriente hallar un Brandon, una Sabrina o una Meagan. Las principales excepciones son los nombres que se usan siempre, tomados de grandes personajes del pasado, la mayoría de ellos figuras bíblicas. Por esta razón, siempre tendremos quienes se llamen David, María, Juan o Pablo.

Comencemos por observar los nombres de los parientes más cercanos de Abram, como su bisabuelo Serug, su abuelo Nahor y su padre Taré (e incluso el nombre del propio Abram). Los investigadores han confirmado que estos nombres aparecen en textos asirios antiguos y babilónicos, y que las menciones topográficas que hay en textos neoasirios corresponden a lugares situados en la región Éufrates-Habur de Siromesopotamia. Este enlace geográfico con Abram y su familia concuerda con los relatos bíblicos sobre los hechos de que su familia había salido de Ur y se había establecido en Harán (Génesis 11:28, 31). Además de esto, si tratamos de colocar los nombres de los patriarcas dentro de un escenario cultural, hallamos que donde son más prominentes es dentro del grupo lingüístic semítico del noroeste, el de la población amorrea de principios del segundo milenio a.C. (como en Mari), y que también se han hallado ejemplos del tercer milenio en Ebla. Los nombres con el prefijo *i/y-*, como *Yitzjak* ("Isaac"), *Ya'akov* ("Jacob"), *Yosef* ("José") y *Yishmael* ("Ismael") se hallan dentro de este tipo de nombres, y la frecuencia con que aparecen disminuye grandemente del primer milenio en adelante.[14] Es decir, que la época durante la cual habrían vivido hombres con esos nombres sería el período preisraelita, hecho que concuerda con el texto bíblico.

Los lugares de los patriarcas

Los lugares mencionados en las narraciones sobre los patriarcas revelan también una concordancia histórica cuando se los compara con las evidencias arqueológicas procedentes de las ruinas de Ur, Hebrón, Beerseba y Siquem. En particular, la ciudad de Harán, en el norte de Mesopotamia, que en el texto bíblico parece haber sido un centro comercial durante los tiempos de Abraham, fue abandonada después del período patriarcal y permaneció desolada desde alrededores del 1800 hasta el 800 a.C. Haciendo notar este dato, Barry Beitzel, arqueólogo de la Escuela Evangélica Trinity de Divinidades, observa: "Es altamente improbable (que alguien que haya inventado más tarde el relato) hubiera escogido Harán como lugar clave, cuando esta ciudad no había existido ya durante centenares de años".

¿Pasó Abraham por esta puerta?

El sitio israelita de Tel Dan, en los altos del Golán conserva el nombre de la antigua ciudad de Dan, la cual recuerdan muchos lectores de la Biblia a partir de la descripción geográfica "desde Dan hasta Beerseba". Según algunos textos de execración egipcios, el nombre anterior de Dan era Lais (*vea* también Jueces 18:7, 14).[15] Este habría sido su nombre en los tiempos de los patriarcas. Las excavaciones arqueológicas realizadas en este sitio han revelado que se trataba de una ciudad cananea muy grande, con una cultura material altamente desarrollada, tumbas ricas y sólidas fortificaciones provistas de murallas en declive. La gran sorpresa en la excavación fue el hallazgo, en medio de las rampas, de una puerta hecha con ladrillos de barro hace cuatro mil años, y con un arco (logro arquitectónico que se creía inventado por los romanos dos mil años más tarde). Más increíble aún es el hecho de que esta puerta de ladrillos de barro esté hoy en pie tal y como fue construida originalmente, completa y con todas sus hiladas de ladrillos hasta la misma parte superior.[16] esta puerta era la puerta principal de Lais, y por ella habrían pasado todos los que visitaban la ciudad. Según Avraham Biran, quien excavó la puerta, es muy posible que entre ellos se incluyera a los mismos patriarcas:

17. Excavación en la puerta de Lais del Tel Dan, con cuatro mil años de antigüedad.

18. *Reconstrucción de la puerta de la ciudad de Lais, tal como estaba en tiempos de Abraham.*

En el Génesis se dice que Abraham procedió a derrotar a los reyes del norte, que habían tomado prisionero a su sobrino Lot, y el texto dice en Génesis 14 que "Abram... los siguió hasta Dan". Por supuesto, en aquellos tiempos la ciudad no se llamaba Dan, sino Lais. Me imagino que el copista bíblico que se encontró el nombre de Lais dijo: "¿Quién se acuerda ya de Lais, que ha desaparecido y está olvidada?", así que escribió Dan en su lugar. Pero según pienso, no hay duda de que Abraham fuera invitado a visitar la ciudad de Lais, y no tengo duda de que pasara por esta puerta antes de que fuera bloqueada.[17]

La puerta de Lais nos proporciona la confirmación de que, tal como lo señala el texto de la Biblia, existía ciertamente una ciudad en Dan en tiempos de Abraham, lo cual le añade credibilidad a la narración sobre los patriarcas.

Pruebas favorables a los patriarcas en el Fuerte Abram

Otro lugar procedente del período israelita ha sido propuesto como evidencia incidental para la confirmación de la existencia de los patriarcas. Construido en el Néguev por David o Salomón a principios del siglo décimo a.C. como parte de una línea defensiva contra los egipcios, el nombre del lugar aparece en un texto jeroglífico hallado en un relieve mural en el Templo de Amón en Karnak (Luxor, Egipto). El nombre de este lugar es "El Fuerte de Abram", o "La ciudad fortificada de Abram". Yohanán Aharoni creía que Fuerte Abram era el nombre usado por los egipcios para identificar a la ciudad israelita de Beerseba. Esto se debe a que en la lista egipcia de ciudades del Néguev no se menciona a Beerseba, a pesar de que era un lugar prominente en aquellos tiempos. La explicación más probable de esto es que el nuevo sitio de defensa situado en Beerseba había recibido el nombre de Abram, porque él había sido el fundador original de la ciudad (Génesis 21:22-23). Tal como explica Roland Hendel, "cuando un gobierno construye fortificaciones, lo normal es que les dé un nombre que tenga que ver con héroes ilustres a nivel local o nacional. Por supuesto, Abram, famoso en la Biblia, se ajusta a esta descripción."[18]

El clima de los patriarcas

A lo largo de las edades, los cambios en los ciclos climáticos a nivel global y regional han afectado al movimiento de la población humana. En el Génesis leemos que los patriarcas se tenían que ir trasladando de un lugar a otro debido a desastres o a falta de alimento en las regiones. Hoy en día, el clima actual del Oriente Medio es mucho más seco y árido de lo que era en períodos anteriores de su historia. Puesto que las condiciones presentes no reflejan a las antiguas, cuando los arqueólogos quieren evaluar correctamente los relatos de épocas patriarcales sobre el estado del clima, necesitan comparar lo que dicen los documentos antiguos sobre los cambios climáticos con las evidencias reveladas en las excavaciones, muestras de madera y polen, y la calibración del carbono radioactivo.

Según el arqueólogo James Sauer, quien ha hecho extensas excavaciones e investigaciones climatológicas en Jordania y Siria, las evidencias materiales concuerdan con los registros históricos para apoyar las tradiciones bíblicas sobre el período del Bronce medio.[19] Ha hallado que durante el tercer milenio a.C., toda la región debe haber sido mucho más húmeda. Esto habría hecho del valle del Jordán, sobre todo alrededor de la zona actual del mar Muerto (donde las narraciones patriarcales sitúan a las ciudades del llano), una región fértil, tal como la Biblia la describe. Además de esto, las evidencias en cuanto a los ciclos de aridez durante este período se relacionan bien con los tiempos de hambre documentados en los registros arqueológicos de Egipto, Canaán y las regiones circundantes. Éstos verifican a su vez los hábitos de asentamiento de los patriarcas, quienes buscaban alivio de este tipo de situaciones. Estas evidencias llevaron a Sauer a estar de acuerdo con las conclusiones a las que había llegado antes Albright con respecto a la antigüedad de los patriarcas, y sugerir:

Puesto que las memorias sobre los cambios climáticos y la geografía temprana parecen tan exactas, hasta se podría sugerir que tal vez algunas de estas tradiciones no hayan sido escritas por vez primera en el siglo décimo a.C.E., sino que en realidad han sido escritas mucho antes.[20]

El testimonio del capítulo 14 del Génesis

Otra comprobación más de la historicidad y antigüedad de los relatos patriarcales se halla en el relato sobre una invasión del bajo Canaán por una coalición de reyes mesopotámicos (*vea* Génesis 14). En la batalla que siguió,

Lot, el sobrino de Abraham, quien vivía en Sodoma, fue capturado y llevado prisionero junto con toda su casa (Génesis 14:12). Abraham entró en la situación y rescató a su pariente; después de su victoria se encontró con Melquisedec, el rey-sacerdote de Salem (versículos 18-24). Este relato es tan detallado, que los partidarios de la alta crítica se han visto forzados a decir que es algo inventado, o a asignárselo a alguna fuente aislada (aparte de las fuentes documentales que según la escuela de la alta crítica fueron usadas en la composición del Génesis y que suponen de influencia sacerdotal, y a las que llaman escuelas J = Jahvista, E = Elohísta y P = Sacerdotal, del alemán "Priester"). Lo que hace que este capítulo sea tan impresionante es la lista tan detallada y precisa de nombres y lugares (tanto extranjeros como locales), explicada con frecuencia a base de nombres más contemporáneos, como "el valle de Sidim" por "el mar Salado" (el mar Muerto, versículo 3), o "el valle de Save", que es "el valle del Rey" (la parte sur del valle de Cedrón, versículo 17). Estas aclaraciones literarias se encuentran entre los rasgos que indican que este capítulo tiene el sello de la antigüedad.

A pesar del hecho de que los reyes mencionados en Génesis 14 aún no han aparecido en ningún relato cuneiforme extrabíblico, sí sabemos que son nombre correctos y relacionados con los lugares correctos. Lo sabemos, porque a pesar de que no se menciona de manera concreta a los mismos personajes fuera del relato del Génesis, estos nombres sí aparecen en diversos textos mesopotámicos de este período. Para demostrar esto, veamos los nombres de los cuatro reyes del este que aparecen en Génesis 14:1.

"Amrfel rey de Sinar" se considera un nombre típico del grupo semítico occidental, en la Baja Mesopotamia, hallado en fuentes acadias y amorreas, y posiblemente conectado con el nombre amorreo de *Amud-pa-ila*.[21] "Sinar" es el nombre usado en los textos egipcios para referirse a Babilonia.[22] "Arioc rey de Elasar" aparece como el *Arriyuk(ki)/Arriwuk(ki)* de textos procedentes de Mari (amorreos) y de Nuzi (hurritas).[23] En Mari, éste era el nombre del quinto hijo de Zimri-Lim, el rey del lugar.[24] "Quedorlaomer rey de Elam" es con toda claridad un nombre elamita basado en términos también elamitas que son familiares: *kudur* ("siervo") y *Lagamar*, una diosa principal dentro del panteón elamita.[25] Cae dentro del tipo de nombres reales elamitas conocidos como el tipo *Kudur*, y hay por lo menos tres ejemplos reales conocidos.[26] "Tidal rey de Goim" es un nombre bien conocido como forma temprana del nombre hitita *Tudkhalia*, que llevaron por lo menos cinco gobernantes hititas.[27] De uno de ellos se dice que fue "rey de pueblos/grupos", lo cual refleja la fragmentación política que existió en el imperio hitita de Anatolia (Turquía) durante los siglos dieciocho y diecinueve a.C., y permitió el tipo de alianza descrita en Génesis 14.[28]

La situación política descrita por la alianza de Génesis 14 y la de la coalición transjordana de reyes en la cuenca del mar Muerto sólo fueron posibles en un período de la historia: la primera parte del segundo milenio a.C. Sólo en este tiempo revela el registro arqueológico que los elamitas participaron de manera agresiva en los asuntos de la región (el Levante), y sólo en este período fueron tan inestables las alianzas mesopotámicas como para permitir una confederación de este tipo. El término "*Goim*" es una traducción hebrea de la palabra acadia *Umman,* término usado para caracterizar a diversos pueblos que llegaban como invasores. Es decir, que lo más probable es que este rey fuera un caudillo ambulante que asimiló diversas tribus y provincias en su ejército. Si tenemos en cuenta esto y la cambiante situación política, veremos que es lógico que un rey elamita dirija una coalición de ciudades estado mesopotámicas y lance un ataque de castigo contra los reyes rebeldes de Canaán. Después de este período, y sobre todo durante el primer milenio a.C., el mapa político se volvió totalmente incompatible con las condiciones necesarias para formar algo así.

A estos indicadores de historicidad atados a un momento definido, podemos añadir 1) la exactitud de la ruta invasora tomada por los reyes del este, 2) el uso de un término hebreo que significa "hombres adiestrados" en el versículo 14, y el cual sólo tiene testimonio fuera de este pasaje en una carta del siglo quince a.C. hallada en Ta'anak, y 3) la descripción de Melquisedec, que presenta con precisión un escenario del segundo milenio.[31] Estos detalles de Génesis 14, apoyados por testimonios de documentos extrabíblicos de su tiempo, no los habría podido inventar y asignar correctamente a sus respectivas naciones y escenarios geográficos un escritor hebreo que hubiera vivido en tiempos posteriores. De manera que la antigüedad de este relato, dentro del contexto más amplio de las narraciones patriarcales, indica que hay razones de peso para considerar todo el conjunto como históricamente exacto.

Las tumbas de los patriarcas

En el caso de los patriarcas de Israel, la arqueología ha conservado para nosotros no sólo sus recuerdos, sino también sus monumentos funerarios. Decimos de manera figurada con frecuencia que la gente "entierra sus

19. Tumba de los patriarcas en Hebrón, sobre la Cueva de Macpela.

recuerdos", pero lo normal es que no se usen esas palabras en un sentido literal. No es frecuente que se haga algo así. Sin embargo, cuando hablamos de los patriarcas (y las matriarcas), sus sepulturas se hallan aún entre nosotros hoy. ¿Qué nos cuentan esas tumbas?

El lugar de enterramiento de los patriarcas

Uno de los sitios más conocidos y controversiales en la Tierra de Israel es la Tumba de los patriarcas, en la ciudad de Hebrón. El conflicto en el que está envuelta esta ciudad hoy entre judíos y árabes por el acceso a este lugar sagrado constituye un milenario testimonio sobre la presencia de los patriarcas, de los cuales ambos grupos afirman ser descendientes. En la Biblia leemos que después de la muerte de Sara, la esposa de Abraham, en Kiriat-arba (Hebrón), Abraham le compró a Efrón el hitita una cueva funeraria en Macpela para su familia (Génesis 23:17-20). la Biblia indica que en las tumbas de esta cueva fueron enterrados Abraham y Sara, Isaac y su esposa Rebeca, y Jacob con su esposa Lea. Sin duda alguna, el hecho de que fuera el lugar de los patriarcas hizo que Dios la escogiera como capital del país en tiempos de David (2 Samuel 2:1-4; 5:3-5). Sobre el lugar de la cueva se levanta hoy una maravilla arqueológica: un monumental edificio aún intacto que tiene más de dos mil años de existencia. La mayoría de los eruditos señalan que este edificio, construido para conmemorar y conservar el antiguo enterramiento, data de los tiempos de Herodes el Grande. En cambio, otros expertos consideran que la construcción original es mucho más antigua.

En tiempos recientes, nadie ha explorado el interior de la cueva,[33] pero hay evidencia de la presencia de varias tumbas de pozo de la edad del Bronce medio I debajo del edificio. La única ocasión en que se entró a la cueva durante los tiempos modernos se produjo poco después de que Israel recuperara el acceso al sitio durante la Guerra de los Seis Días de junio del 1967. El ya fallecido Moshé Dayán ordenó que se hiciera descender a una joven israelí muy delgada llamada Michael por la única entrada disponible a la cueva, un agujero de ventilación de un tercio de metro de ancho situado dentro del nivel superior del edificio.[34] Al mismo tiempo que se iba abriendo camino en una oscuridad total, la joven midió y fotografió un largo corredor (diecisiete metros y medio) y dieciséis escalones que conducían a una gran cámara inferior. Aparte de la presencia de varias grandes losas, que podrían ser lápidas (una de ellas tenía grabadas palabras del Corán en árabe), no se pudo examinar nada más allá de aquel punto. Los que visitan la Tumba de los patriarcas hoy sólo pueden entrar al nivel superior del edificio, donde se pueden ver cenotafios (monumentos conmemorativos) de los patriarcas y las matriarcas.

La sepultura de Raquel

Según la Biblia, hubo dos miembros de la familia de Abraham que no fueron incluidos en la cueva funeraria familiar: Raquel, la esposa favorita de Jacob, y José, su amado hijo. José fue sepultado en Siquem (hoy llamada

20. *El autor en las estructuras megalíticas llamadas "Las tumbas de los hijos de Israel", situadas en Efra, e identificadas con la tumba de Raquel.*

Nablus), pero no hay certeza en cuanto al lugar de su enterramiento. Raquel, quien murió de camino hacia Belén, fue sepultada en sus cercanías. Una tradición muy tardía sitúa su tumba donde se halla hoy junto al camino de Hebrón, a la entrada de Belén, pero es dudoso que sea el verdadero lugar de su sepultura, si hacemos una cuidadosa comparación geográfica de las descripciones bíblicas que aparecen en el Génesis, en 1 Samuel y en Jeremías. El relato del Génesis dice que Raquel fue sepultada en el camino a "Efrata (esto es, Belén)" (Génesis 48:7. Hoy en día, Belén se halla al sur de Jerusalén, en el territorio adjudicado a la tribu de Judá. En cambio, Jeremías, al aludir a la muerte de Raquel, dice que está "en [o cerca de] Ramá" (Jeremías 31:15), zona situada al norte de Jerusalén (hoy en día A-Ram), en el territorio adjudicado a Benjamín. Esta ubicación cercana a Ramá o a Gibea (inmediatamente al este de Ramá) parece apoyada por la afirmación que aparece en Samuel de que la "tumba de Raquel" se hallaba "en el territorio de Benjamín, en Selsa" (1 Samuel 10:2). El sitio original de Efrata ha sido identificado con un antiguo poblado construido cerca del manantial de Ein Prat, donde el camino que va de Betel al manantial pasa primero entre Ramá y Gibea. A corta distancia de este sitio se hallan cinco grandes estructuras de piedra que, desde tiempos antiguos, los árabes han llamado *Kub'r B'nai Yisrael* ("las tumbas de los hijos de Israel"). El origen de estas estructuras rectangulares sigue siendo un misterio. Tentativamente se ha sugerido que proceden de la era megalítica (2000-1500 a.C.), período que incluye a los patriarcas.[35] Durante el último siglo, Clermont-Ganneau identificó el sitio como la Tumba de Raquel.[36] El fotógrafo y naturalista israelí Nogah Hareuveni ha presentado recientemente otros argumentos a favor de esta ubicación.[37]

Es decir, que a pesar de que sólo tengamos evidencias circunstanciales a favor de la existencia de los patriarcas —basadas en los antiguos documentos del Oriente Medio que reflejan sus costumbres y prácticas— también podemos añadir a ellos el testimonio de sus antiguas tumbas.

Otro desafío más

Podemos llegar a la conclusión de que, a partir de la arqueología, tenemos un buen conjunto de argumentos para trazar un bosquejo histórico de los patriarcas que sea digno de confianza. Los paralelos documentales, los lugares mencionados en el relato bíblico, la exactitud de los detalles históricos y la continuación de la existencia de las tumbas asignadas a ellos desde la antigüedad han ayudado a iluminar nuestra comprensión sobre esta era. Sin embargo, hay un relato procedente del período bíblico que ha sido considerado tan absurdo, que los críticos lo han utilizado para colorear las formas dentro de este bosquejo histórico como fantasías. Es la historia de la destrucción de Sodoma y Gomorra y las ciudades de la llanura (Génesis 18—19). En el próximo capítulo vamos a ver la respuesta de la arqueología ante este desafío a la historicidad, así que siga leyendo.

Cronologías propuestas para los patriarcas

Fecha temprana 1 - fines del tercer milenio a.C. y principios del segundo

PERSONAJE/SUCESO BÍBLICO	PERÍODO	FECHA(S)	PROPONENTES	NORMA	PRIMEROS ESCRITOS	EVIDENCIAS
Abraham	Bronce Medio I	2166-1991	Archer, Barker, Waltke, J. Davis (Escuelas fundamentalista y evangélica)	Cronología interna de la Biblia	Moisés	Antigüedad de los relatos (Génesis 14); Nomadismo-migración; Nombres de personas y lugares; Excavaciones en Ur, Ebla; Amorreos (siglos XX-XVIII a.C.); Situación geopolítica (BMIIA); Clima de la región en el BMI
Entrada a Canaán (Génesis 12:4)	Bronce Medio I	2091				
Isaac	Bronce Medio I	2066-1886				
Ofrecido en el monte Moriá (Génesis 22)	Bronce Medio I	2051				
Jacob	Bronce Medio IA	2006-1859				
Llegada a Harán (Génesis 28:5)	Bronce Medio IA	1929				
Fecha temprana 2 — fines del segundo milenio a.C.						
Sucesos de los patriarcas	Bronce Medio II A	2000-1800	Glueck, Albright	Arqueología	Monarquía	Vasijas en el Néguev, Mural de Beni Hasán (1890 a.C.)
Sucesos de los patriarcas	Bronce Medio II A	1991-1786	Kitchen, Milland	Cronología egipcia	Moisés	Fondo egipcio (Reino Medio), Situación geopolítica (Génesis 14)
Sucesos de los patriarcas (recuerdos de tradiciones)	Bronce Medio II A B-C	1750-1550	A. Mazar	Arqueología	Corte de David y Salomón	Archivos de Mari y Nuzi, Cultura urbana próspera, Dinastía de los hicsos
Fecha tardía — primer milenio a.C.						
Sucesos de los patriarcas (recordados en la monarquía)	Hierro I A	1250-1150 (período de asentamiento)	Aharoni, Z. Herzog	Arqueología	Monarquía unida	Excavaciones en Beerseba (no del BM), Anacronismos en los relatos del Génesis
Fecha extrema — exílica o postmacabea						
Tradiciones patriarcales (creadas como historia religiosa)	Persa/griego	400-165	T. I. Thompson, Van-Seters	Crítica de las formas, Análisis estructural	Exílico/postexílico	Tradición literaria/Tradición oral, Uso del folclore, Teoría JEDP

Sodoma y Gomorra

¿Una historia salada o unas ciudades llenas de pecado?

La Biblia, a diferencia de otras literaturas religiosas del mundo, no se centra en una serie de enseñanzas morales, espirituales y litúrgicas, sino en la historia de un pueblo que vivió en un lugar y un tiempo determinados... La fe bíblica es el conocimiento del significado de la vida a la luz de lo que Dios hizo en una historia determinada. Por esto, no es posible comprender la Biblia a menos que se tome en serio la historia que relata. El conocimiento de la historia bíblica es esencial para la comprensión de la fe bíblica... Para que se entienda adecuadamente la naturaleza de estos períodos, y se haga que los sucesos bíblicos encajen dentro de su contexto original en la historia antigua como un todo, se debe recuperar el fondo original de los materiales bíblicos con la ayuda de la arqueología.[1]

— G. Ernest Wright

La Biblia registra que en los tiempos de Abraham se extendía una pentápolis (grupo de cinco ciudades) a lo largo de una fértil llanura en la parte sur del valle del Jordán (Génesis 13:10-11). En uno de sus relatos más memorables leemos que una cataclísmica destrucción acabó con dos de aquellas ciudades: Sodoma y Gomorra (Génesis 19:24-29). Según la Biblia, sus habitantes eran tan perversos (Génesis 18:20; 19:1-13), que Dios les envió una conflagración sobrenatural de "fuego y azufre" como castigo. En consecuencia, la reputación de estas ciudades como "ciudades del pecado" se convirtió en un prototipo de la Biblia; tanto los profetas como Jesús usaron con frecuencia las palabras "como Sodoma y Gomorra" para advertir sobre castigos divinos. La infamia de estas ciudades persiste aún en nuestros días, conservada en palabras como *sodomía*.

El escepticismo de los eruditos

Para muchos eruditos bíblicos y arqueólogos, la historia de Sodoma y Gomorra sólo es eso: una historia. Los eruditos bíblicos más críticos, como Theodor Gaster, la llaman "un cuento puramente mitológico". Para la mayoría de los eruditos críticos, es una "impresionante historia sobre los orígenes", creada por cuentistas israelitas posteriores para comunicar intereses teológicos y sociales, y no para conservar el recuerdo de lugares y sucesos históricos. Otros eruditos dicen que hay un núcleo de historicidad dentro de la sustancia más amplia de unas tradiciones literarias tardías. No es ficción en su totalidad, sino un "fragmento de recuerdos locales" tomado por los israelitas y embellecido por su imaginación. De esta forma, la historia incorpora una explicación preisraelita y extrabíblica para los que habitan en la región acerca de la degeneración de su ambiente y sus perturbaciones militares.

Algunos intentos científicos para validar este suceso histórico no han sido coherentes con las evidencias bíblicas y arqueológicas en su manera de tratar la cuestión. En un libro reciente,[2] dos geólogos sostienen que se produjo un fuerte terremoto (más de 7,0 en la escala Richter) a lo largo de la falla de la hendedura del valle donde se halla hoy el mar Muerto. Según sus conjeturas, este terremoto, que incendió "fracciones poco pesadas de carbono que se escaparon de depósitos subterráneos" (la "lluvia de fuego y azufre") destruyó a Sodoma, Gomorra y Jericó, e incluso detuvo al río Jordán durante varios días. Afirman que estos sucesos se produjeron simultáneamente alrededor del año 2350 a.C.

Con esta conclusión en la que se reúnen el destino bíblico de Sodoma y Gomorra y el de Jericó (que se produjo más de novecientos años después), es evidente que la alta estima en que tienen los autores a la geología y la climatología no se extiende por igual a las Escrituras. Más bien, lo que hacen es sostener que estos relatos bíblicos fueron resultado de unos recuerdos primitivos sobre estos desastres geológicos, que fueron traídos a la memoria de manera inexacta en las tradiciones religiosas de la gente a lo largo de los tiempos. Por consiguiente, esos sucesos fueron ingenuamente atribuidos a Dios y mal conectados con diferentes relatos dentro de la historiografía israelita. A pesar de su "enfoque científico", los autores no ofrecen evidencias históricas ni arqueológicas para apoyar su teoría y, como un crítico de arqueología observó, cometen "numerosos errores al hablar de sitios y teorías arqueológicos".

Declaraciones procedentes de la antigüedad

En cambio, los escritores de la Biblia creían que este relato era historia genuina. Lo citaban como una referencia de valor histórico, puesto que ¿cuál puede ser el valor de una fábula a la hora de tratar de convencer a

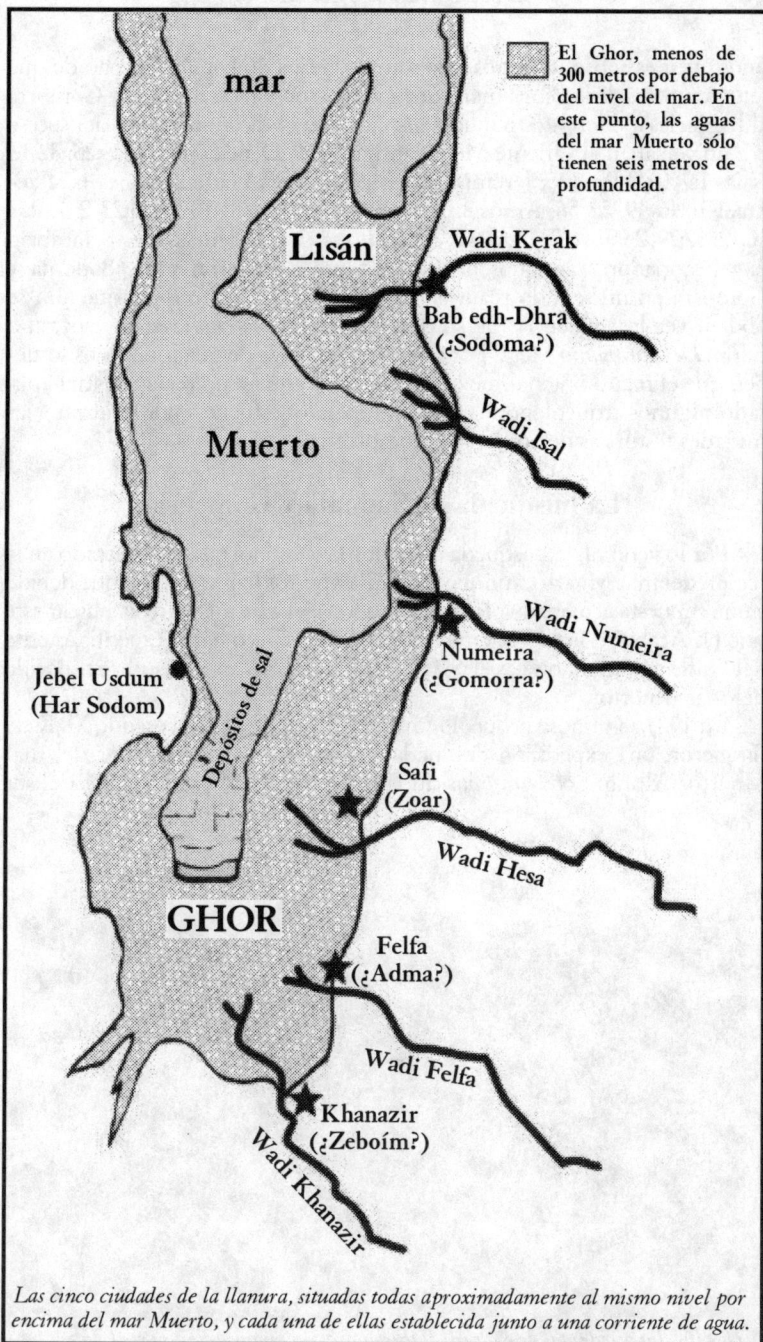

mar

Lisán

El Ghor, menos de 300 metros por debajo del nivel del mar. En este punto, las aguas del mar Muerto sólo tienen seis metros de profundidad.

Wadi Kerak

Bab edh-Dhra (¿Sodoma?)

Muerto

Wadi Isal

Wadi Numeira

Numeira (¿Gomorra?)

Jebel Usdum (Har Sodom)

Depósitos de sal

Safi (Zoar)

Wadi Hesa

GHOR

Felfa (¿Adma?)

Wadi Felfa

Khanazir (¿Zeboím?)

Wadi Khanazir

Las cinco ciudades de la llanura, situadas todas aproximadamente al mismo nivel por encima del mar Muerto, y cada una de ellas establecida junto a una corriente de agua.

unos oyentes sobre lo ciertos que son los juicios de Dios? El hecho de que tantos autores de la Biblia mencionan la destrucción de Sodoma y Gomorra al hablarles a diferentes públicos testifica que el reconocimiento del suceso era universal en el Oriente Medio antiguo (vea Deuteronomio 29:23; 32:32; Isaías 1:9-10; 3-9; 13:19; Jeremías 23:14; 49:18; 50:40; Lamentaciones 4:6; Ezequiel 16:46-49, 53-56; Amós 4:11; Sofonías 2:9; Mateo 10:15; 11:23-2; Lucas 10:12; 17:29; 2 Pedro 2:6; Judas 7; Apocalipsis 11:8). Además de esto, también hay historiadores antiguos no bíblicos que escribieron sobre Sodoma y Gomorra en un sentido realista.[4] Algunos llegaron a afirmar que aún se podían ver las evidencias de su destrucción en sus días (vea en especial a Filón, De Abrahamo 140s).[5] Por esta razón, a pesar de que los críticos sostienen que el relato original fue una invención tardía o un recuerdo mal aplicado, algunos arqueólogos han hecho repetidos esfuerzos por localizar a las ciudades históricas de Sodoma y Gomorra.

La búsqueda de Sodoma y Gomorra

Por lo general, la búsqueda de Sodoma y Gomorra se ha centrado en la región del mar Muerto, aunque algunos expertos han sostenido que debido a una supuesta actividad volcánica (el fuego y el azufre), se debía buscar este sitio en Arabia[6] o Irak.[7] Sin embargo, el texto bíblico habla específicamente del "valle de Sidim, que es el Mar Salado" (Génesis 14:3), nombre conocido del mar Muerto.

En 1924, el famoso arqueólogo W. F. Albright y el Reverendo M. Kyle dirigieron una expedición destinada a investigar el extremo sur del mar Muerto.[8] Albright creía que las ciudades se hallaban bajo las aguas del sur

21. Muralla occidental de Bab edh-Dhra, mirando en dirección norte (¿la Sodoma de la Biblia?)

de la península de Lisán. No tenía equipo que le permitiera confirmar su teoría. En 1960, Ralph Baney exploró el fondo del mar en esta región utilizando sonar y equipo de buceo. Encontró árboles de pie en la posición de un árbol crecido a una profundidad de siete metros, con lo que quedó probada la teoría de Albright de que las aguas del mar Muerto habían subido de nivel y sumergido zonas que antes habían sido de tierra seca, pero no encontró rastro alguno de estructuras antiguas que hubieran podido ser restos de ciudades.[9] Como consecuencia, muchos expertos que afirmaban la existencia de Sodoma y Gomorra llegaron a la conclusión de que, o bien la destrucción fue tan completa que no quedó resto alguno, o bien no había esperanza alguna de recuperar estos restos.[10] Aun así, la mayoría de los eruditos bíblicos consideraban que se había localizado a Sodoma y Gomorra en una depresión situada debajo de la cuenca marítima actual, en el extremo sur del mar Muerto, o en un lugar conocido como Jebel Usudum, una cúpula de sal situada en la orilla suroeste del mar Muerto. No obstante, estas teorías se basaban en especulaciones, sin apoyo arqueología ni geológico.

En el transcurso de su búsqueda, Albright descubrió también unas estructuras en tierra, en la orilla *oriental* de Transjordania, frente a la península de Lisán. En un sitio conocido en árabe como Bab edh-Dhra, encontró los restos de una comunidad sedentaria fuertemente fortificada, con edificios amurallados, un amplio asentamiento al aire libre, casas, numerosos cementerios y artefactos esparcidos, señales todas de que en aquel lugar había existido una numerosa población en algún momento. Fuera de las ruinas, hacia el este, había un grupo de grandes bloques de piedra derrumbados (monolitos), con un promedio de cuatro metros de largo. Albright los consideró parte de una instalación cúltica para ritos religiosos. Fijó la fecha de la población en el milenio tercero a.C. (Edad del Bronce temprana, 3150-2200 a.C.) y consideró que aquel asentamiento también había sido abandonado dentro de aquel período. Le pareció que había alguna relación entre este sitio y las ciudades de la llanura, pero como no pudo encontrar una amplia capa de escombros con restos de labores, estableció la teoría de que sólo había servido como centro de peregrinaje sagrado que era visitado anualmente.

La excavación de Bab edh-Dhra

En 1965 y 1967, Paul Lapp realizó excavaciones en el sitio de Bab edh-Dhra, bajo los auspicios de la Escuela de Investigación Oriental de los Estados Unidos. Más tarde las continuarían Walter Rast y Thomas Schaub a partir de 1973.[11] Las excavaciones revelaron que la muralla de fortificación que rodeaba a la ciudad tenía cerca de siete metros de ancho. Estaba segmentada de una manera única, y el último segmento tenía una puerta con torres gemelas a ambos lados de ella. Dentro de esta zona amurallada había una ciudad interior formada por casas de ladrillos de barro a lo largo del lado noroeste, y un templo cananeo con un altar semicircular y numerosos objetos para el culto. Fuera del emplazamiento de la ciudad hallaron un gigantesco cementerio con miles de personas sepultadas. En una sola tumba hallaron unos doscientos cincuenta cuerpos, junto con todo un tesoro de objetos sepultados con ellos. Era obvio que aquella ciudad había sido un asentamiento de importancia a principios de la edad de Bronce.

Hubo algo más que atrajo la atención de los excavadores: la evidencia de una gran destrucción por medio del fuego. El asentamiento estaba cubierto por una capa de cenizas que tenía un buen número de metros de espesor. El cementerio reveló también depósitos de cenizas, postes y vigas chamuscados y ladrillos que habían enrojecido a causa del intenso calor. ¿Qué había causado este fuego? Podían existir muchas razones por las cuales una ciudad antigua era destruida por el fuego, pero en el asentamiento de Bab edh-Dhra, el situado más al norte de todos, tenemos algunas evidencias

22. El autor junto a unos depósitos de cenizas de más de dos metros de ancho en Bab edh-Dhra (¿Sodoma?).

interesantes que encajan con facilidad dentro del relato bíblico acerca de Sodoma y Gomorra. El arqueólogo Bryant Wood, quien se ha especializado en la búsqueda de Sodoma, explica:

Las evidencias sugerirían que este sitio de Bab edh-Dhra es la ciudad bíblica de Sodoma. Cerca de este sitio, a un kilómetro de ella aproximadamente, los arqueólogos hallaron un gran cementerio, lo cual indica que hubo un tiempo en que este sitio estuvo densamente poblado. Al comenzar a excavar en el cementerio, encontraron que en la fase final, en el momento en que fue destruida la ciudad, se había realizado un tipo determinado de enterramiento que se practicaba en aquellos tiempos... Los muertos eran sepultados en un edificio situado sobre la superficie, una estructura a la que los arqueólogos le dan el

23. *Restos hallados en el cementerio de Bab edh-Dhra (¿la Sodoma de la Biblia?)*

nombre de osario. Antes de esta última fase, se hacían tumbas profundas en el suelo y se enterraba a los muertos por debajo de la superficie de la tierra. En cambio, durante esta última fase, enterraban a sus muertos en aquellos edificios hechos de ladrillos de barro y levantados directamente sobre la superficie del suelo. Algunas de esas estructuras eran rectangulares, otras eran redondas, pero todas tenían una característica común, y era que las habían quemado... de dentro hacia fuera.

Ahora bien, al principio, los arqueólogos que excavaron los edificios pensaron que tal vez se tratara de algún tipo de práctica higiénica de la antigüedad, que de vez en cuando, debido a los cuerpos que se dejaban allí, tendrían necesidad de quemar el interior de la estructura, como para limpiarla por razones de salud. Sin embargo, a medida que investigaban con mayor exactitud la forma en que se habían quemado, tuvieron que cambiar su opinión acerca de esto. En un caso en particular, mientras estaban excavando uno de estos osarios, abrieron lo que llamamos una viga a través del edificio para tener una sección vertical de la casa y de la destrucción, y lo que descubrieron fue que el fuego no había comenzado dentro del edificio, sino en su techo. Después, el techo se había quemado por completo, se había derrumbado en el interior, y entonces el fuego se había extendido por dentro del edificio. Y esto lo encontraron en todos los osarios que excavaron.

Esto es algo que es muy difícil de explicar con razones naturales. Se puede explicar el fuego hablando de algún accidente que se habría producido, y de que el incendio se había extendido a la ciudad entera. Se puede explicar a base de un terremoto que hiciera que se extendiera el incendio. Se puede explicar pensando en un conquistador que llegara, tomara la ciudad y la incendiara. Ahora bien, ¿cómo se explica que se quemaran estos osarios en un cementerio situado a cierta distancia de la ciudad? En realidad, los arqueólogos no tienen explicación para esto, pero la Biblia nos da la respuesta. La Biblia habla de la destrucción de estas ciudades por Dios debido a su pecado, y habla de que Dios hizo llover fuego y azufre desde el cielo hasta estas ciudades, y allí en el cementerio tenemos evidencias de que esto fue exactamente lo que sucedió. Los techos de aquellos edificios se incendiaron, se derrumbaron e hicieron que se quemara su interior. En la ciudad no teníamos este tipo de evidencia porque la erosión había sido mucha. Tenemos evidencias del incendio por las cenizas, pero no se encontraron allí techos desplomados. O sea, que en el cementerio tenemos evidencias que apoyan con exactitud al relato bíblico.[12]

La forma total en que se incendió Bab edh-Dhra indica la presencia de un mecanismo capaz de incendiar y quemar una zona tan amplia. El geólogo Frederick Clapp, quien exploró a fines de la década de 1920 y mediados de la de 1930 el extremo sur del mar Muerto (conocido como el Ghor), lugar donde el mar tiene poca profundidad, observó que en él abundan los depósitos de asfalto, petróleo y gas natural.[13] Esto nos recuerda lo que dice Génesis 14:10 sobre el hecho de que el valle de Sidim estaba lleno de pozos de asfalto. Además, hay extrañas formaciones de sal y se huele el azufre, lo cual también nos recuerda que en Génesis 19:24-26 se mencionan una "estatua de sal" y el "azufre". Clapp lanzó la conjetura de que si estos materiales combustibles hubieran sido obligados a salir del seno de la tierra por la presión subterránea producida por un terremoto (los terremotos son frecuentes en aquella zona), se habrían podido incendiar a causa de algún rayo u otro agente al salir de la tierra. Esto está de acuerdo con la forma en que la Biblia describe este desastre como "azufre y fuego... desde los cielos", diciendo que el humo "subía de la tierra como el humo de un horno" (Génesis 19:24, 28). Debido a que todos estos factores favorecían la localización de las ciudades en la parte sur del mar Muerto, se llevaron a cabo otras exploraciones de esta región con la esperanza de hallar un apoyo mayor para una conexión con las ciudades bíblicas de Sodoma y Gomorra.

Una exploración más extensa

Según el relato bíblico, había cinco ciudades —identificadas como Sodoma, Gomorra, Adma, Zoar y Zeboím— que dominaban la región y eran conocidas como las "ciudades de la llanura". Sodoma y Gomorra eran las dos ciudades más prominentes dentro de la pentápolis. Si aceptamos la posibilidad de que Bab edh-Dhra fuera en realidad Sodoma, entonces sería de esperar que pudiéramos hallar restos de las otras ciudades dentro de aquella misma zona.

De hecho, eso mismo es lo que ha sucedido. A lo largo de la orilla, al sur de Bab edh-Dhra, se halla el sitio de es-Safi, identificada con Zoar desde los tiempos bizantinos. Las investigaciones de Rast y Schaub descubrieron tres sitios más, uno entre Bab edh-Dhra y es-Safi, conocido como Numeira, y dos al sur de es-Safi, conocidos como Feifa y Khanazir. Después de explorar y excavar estos sitios, se decidió que todos ellos habían sido destruidos o abandonados más o menos al mismo tiempo (a fines del período de Bronce temprano III, alrededor de los años 2450 a 2350 a.C.). Más aún, los mismos depósitos de cenizas que se hallaron en Bab edh-Dhra se hallaron también en aquellos sitios. De hecho, en Numeira, una ciudad ampliamente fortificada, se halló una capa que tenía más de dos metros de ancho. Debajo de la capa de cenizas los excavadores encontraron los restos en un estado casi perfecto, sobre todo en las casas donde la ceniza había sellado las paredes.

En todas estas ciudades, los depósitos de ceniza habían hecho que el suelo tomara la consistencia del carbón esponjoso, haciendo imposible que la gente se volviera a asentar en ellas después de la destrucción. El relato de la destrucción de estas ciudades de la llanura dice que cuatro de estas ciudades fueron destruidas, pero que hubo una —Zoar— que fue perdonada a petición de Lot (Génesis 19:19-23). Sin embargo, también se dice que, a pesar de que Lot huyó a Zoar, tuvo miedo de vivir allí, prefiriendo vivir en las cuevas de las montañas situadas en las afueras de la ciudad (Génesis 19:30). Al parecer, debido a la destrucción general de la región, la propia Zoar terminó siendo abandonada. En ese caso, esto haría que correspondieran las evidencias arqueológicas con el relato bíblico. También es significativo que los cinco sitios se hallen al borde del Ghor, directamente a lo largo de su linea de falla oriental. Esto hace posible la destrucción de toda la pentápolis a causa de un desastre relacionado con un terremoto, tal como hemos descrito anteriormente.

Otro factor que sugiere la identificación de estos sitios con las ciudades bíblicas es que se sabe que el sureste de la cuenca marítima, desde el extremo norte de la península de Lisán y siguiendo al sur hasta el Wadi Hasa (Nahal Zered) fue en el pasado un territorio de primera calidad para asentamientos. Los abanicos aluviales (depósitos de tierra procedentes de las corrientes) y los recursos para el riego favorecían una abundante ocupación humana.[14] A este respecto es significativo que los cinco sitios se hallen junto a un wadi, lo cual permitía que cada una de las ciudades fuera alimentada por un manantial de agua potable. Albright ha lanzado con razón la teoría de que cada uno de los wadis del Ghor sólo habría podido sostener a un poblado, debido a lo escasa que era el agua (en los wadis), y que estaban políticamente unificadas porque una comunidad situada en la parte superior de la corriente habría podido desviar el agua para su propio uso, privando de ella a todos los asentamientos que se hallaran corriente abajo.[15] Además de esto, un estudio intensivo sobre la agricultura en la región determinó que su economía antigua había estado basada en el riego. Esto concuerda con la descripción geográfica de las ciudades de la llanura, "que toda ella era de riego... como la tierra de Egipto" (Génesis 13:10). También, el tercio sur de la península de Lisán (literalmente "lengua"), donde se hallan estos sitios, es muy poco profundo; sólo unos seis metros, comparados con los dos tercios del norte, donde la profundidad llega a ser de cuatrocientos metros. Este hecho podría indicar que el Lisán fue una vez una llanura que quedó inundada en tiempos más recientes.

Estas ruinas son los únicos sitios de la edad de Bronce temprana que se han hallado en el lado sur del mar Muerto. Puesto que en el lado oeste los asentamientos procedentes de este período están ausentes por completo, da la impresión de que se debe identificar estos sitios con las ciudades perdidas de la llanura. El único problema que tienen algunos eruditos es la asignación de una fecha a principios de la edad de Bronce para los tiempos de Abraham y Lot. Thomas Thompson usaba una cronología que ponía a los patriarcas en el escenario de la edad de Bronce Media I, lo cual lo llevó a rechazar la posibilidad de que los patriarcas estuvieran presentes en las ciudades de la llanura, basándose en que no había evidencias históricas o arqueológicas que lo apoyaran.[16] Sin embargo, cuando tenemos en cuenta la

24. Excavación en Numeira (¿la Gomorra de la Biblia?)

mención de estos lugares en Génesis 14 (que concuerda mejor con una fecha en el tercer milenio a.C.) y la probable mención de Sodoma en una de las tabletas de Ebla (fechada en la edad de Bronce temprana III, 2650 a 2350 a.C.),[17] si se pasa a una fecha en la edad de Bronce temprana III, el argumento de Thompson se derrumba. Con este paso, parece de repente un importante conjunto de evidencias arqueológicas a favor de la correlación bíblica con un período patriarcal, sobre todo en cuanto a estos sitios del mar Muerto. De hecho, ésta fue la conclusión a la que llegó un excavador que había explorado estos lugares.[18]

¿A qué ciudad corresponde cada uno de los lugares?

La identificación de estos sitios con las ciudades de la llanura nos anima a intentar la identificación de cada uno de los sitios con una de ellas. La Biblia pone por parejas cuatro de estas ciudades, hablando de "Sodoma y Gomorra" y de "Adama y Zeboím". Puesto que Zoar era la ciudad cercana a la cual suplicó Lot que se le permitiera huir desde Sodoma, Zoar tiene que hallarse cerca de Sodoma y Gomorra. Entonces, ¿se debe identificar a Sodoma y Gomorra con los dos sitios que se hallan al norte de Zoar, o con los dos que se hallan al sur? La Biblia sugiera que Sodoma y Gomorra fueron las más prominentes entre las cuatro ciudades. Fueron destacadas para representar a la pentápolis al hablar del juicio derramado por Dios (Génesis 18:20-21). De estas dos ciudades, Sodoma era la que Lot había escogido, en su afán de tener lo mejor (*vea* Génesis 13:11-12). Era también la ciudad cuyo rey representó a las otras ciudades después de la derrota de los reyes de Mesopotamia (Génesis 14:17). Además, fue la ciudad visitada por los investigadores divinos a fin de determinar la culpabilidad de las demás (Génesis 18:22). Por consiguiente, Sodoma debe haber estado a la cabeza de todas las ciudades de la llanura. Si se trataba también de una primacía geográfica, entonces el sitio preferido es el que se halla más al norte, porque éste es el más visible desde las alturas de Betel, donde Lot había visto la ciudad por vez primera (Génesis 13:10-12), y desde donde Abraham vio más tarde su destrucción (Génesis 18:27-28).

De los cinco sitios actuales, está claro que el sitio de Bab edh-Dhra, al norte, es el más grande y prominente, por lo que es el que mejor se puede identificar como Sodoma. Esto significaría que Numeira, situada al sur de Bab edh-Dhra, se debería identificar como Gomorra. Además del argumento de la agrupación por parejas, hay evidencias de que se trata de una interpretación correcta. Lingüísticamente, la palabra Numeira se podría relacionar con el nombre de Gomorra, puesto que la designación árabe actual conserva el nombre original hebreo de la Biblia.[19] En cuanto al sitio, los excavadores Rast y Schaub informaron que el sector suroeste de las ruinas revelaba destrucción por medio de un gran incendio: "Este sector de la ciudad fue destruido por el fuego. Los fundamentos de los edificios quedaron sepultados bajo toneladas de ladrillos calcinados."[20] Además de esto, en uno de los cuartos sellados por los escombros de las cenizas, y por lo tanto, lleno de artefactos que se hallan aproximadamente en el mismo estado que cuando fue destruida la ciudad, se hallaron más de cinco mil semillas de cebada. En los tiempos antiguos, se usaba la cebada para hacer pan y fabricar cerveza. Estos víveres podrían indicar el abundante almacenamiento de este tipo de cereales en la ciudad, y es posible que reflejen la afirmación de Ezequiel de que uno de los pecados de Sodoma (y de sus ciudades hermanas) era la "saciedad de pan" (Ezequiel 16:49).

Cuando utilizamos los datos disponibles a partir de las excavaciones y del emparejamiento geográfico de estas ciudades, podemos identificar a Bab edh-Dhra con Sodoma, a Numeira con Gomorra, a es-Safi con Zoar, a Feifa con Adama y a Khanazir con Zeboím. Bryant Wood, director de Associates for Biblical Research, cree que las evidencias son claras; por eso llega a la siguiente conclusión:

> Estos sitios procedentes de la era de Bronce temprana, descubiertos en Jordania al sureste del mar Muerto, forman una línea que va de norte a sur y que recorre la cuenca sur del mar Muerto. Todos se remontan a los tiempos de Abraham y al parecer, se trata en realidad de las cinco "ciudades de la llanura" que se mencionan en el Antiguo Testamento.[21]

Un mensaje para nuestro tiempo

Si las evidencias a favor de estos sitios se siguen acumulando, tal como esperan los que van a realizar excavaciones en el futuro, entonces terminaremos teniendo una confirmación arqueológica de la historicidad de las ciudades pecadoras de la Biblia. Por supuesto, esto es alentador para aquellos que viven en fe y no tienen nada que temer de un Dios que juzgó en una ocasión a un grupo de ciudades con fuego del cielo. Pero no les pueden servir de alivio a aquellos que hayan vivido como pecadores ante la vista del cielo, como hicieron los habitantes de Sodoma y de Gomorra. Estas ciudades nos informan de que el Dios que castigó el pecado en el pasado tiene programada una repetición de su actuación. Pero esta vez no se va a limitar a unas pocas ciudades, sino que va a consumir al mundo entero (2 Pedro 3:10-12). No se debe tomar a la ligera una profecía como ésta, porque Jesús advirtió que "en el día del juicio, será más tolerable el castigo para la tierra de Sodoma y de Gomorra" que para aquellos que, conociendo estas realidades, hayan olvidado la lección que significan para su vida (Mateo 10:15). En vista de esto, el documento arqueológico que llamamos "las Escrituras" nos amonesta a que arreglemos nuestra situación con Dios:

> Puesto que todas estas cosas han de ser deshechas, ¡cómo no debéis vosotros andar en santa y piadosa manera de vivir, esperando y apresurándoos para la venida del día de Dios...! (2 Pedro 3:11-12a).

Si estos sitios son realmente las ciudades pecadoras de la Biblia, están confrontando a nuestra cultura de nuevo con su mensaje de que nuestro estilo de vida actual debe reflejar el hecho de que esperamos un juicio en el futuro. Si enderezamos nuestra conducta gracias a esta oportuna advertencia, entonces, tal como la realidad de Sodoma y Gomorra está obligando al mundo a recordar, su lección a través de los que somos creyentes nunca será olvidada.

El Éxodo

¿La primera conjura de Pascua?

No hay por qué esperar que aparezca un registro egipcio de lo sucedido en el Éxodo... [Sin embargo], esta tradición es un elemento tan vital dentro de la historia de Israel, que la negación de lo sucedido es punto menos que increíble.[1]

— Alan R. Millard

En el momento en que escribo estas palabras, se está celebrando de nuevo la Pascua en la tierra. En el mundo entero, los judíos (y muchos cristianos; *vea* 1 Corintios 5:7-8) están celebrando la redención del pueblo hebreo de la esclavitud en Egipto. En una ceremonia que la comunidad judía ha celebrado en sucesión ininterrumpida durante casi tres mil quinientos años, la Pascua conmemora el suceso que señaló el comienzo de la nación judía: el Éxodo. Siendo esto así, resulta curioso que al mismo tiempo que se prepara el *Seder* (la cena tradicional) y se lee la *Hagaddá* (el relato de la historia bíblica), haya tantos eruditos judíos y cristianos que crean que el Éxodo nunca tuvo lugar. Por ejemplo, el rabino Sherwin Wine, fundador del judaísmo humanista, sostiene que el Éxodo fue "creado por sacerdotes escribas de Jerusalén", los cuales utilizaron "una serie de leyendas antiguas y recuerdos distorsionados que no tenían relación con la historia".[2] N. P. Lemche y G. W. Åhlström, expertos en el Antiguo Testamento, consideran el Éxodo como "ficción" y "relacionado con la mitología, más que con la información sobre hechos históricos".[14] Hace años, el erudito judío Hugh Schonfield escribió un libro llamado *The Passover Plot* ["La conjura de la Pascua"], en el cual llegó erróneamente a la conclusión de que Jesús había preparado las cosas para la representación fingida de su muerte y resurrección. Pero si los puntos de vista de estos eruditos acerca del Éxodo son ciertos, entonces *ésta* fue la primera conjura de la Pascua.

La arqueología explica un texto difícil

La narración bíblica acerca de las diez plagas es una de las partes más memorables y fundamentales dentro de la historia del Éxodo. ¿Quién no recuerda el río cuyas aguas se volvieron sangre, los enjambres de langostas, o mi plaga favorita cuando era niño: los montones de ranas? ¿Se trata sólo de un cuento supersticioso, o existió un escenario histórico real para estas plagas tan poco usuales? Si miramos la religión de Egipto a través de los lentes de la arqueología, podremos entender las plagas como una polémica (ataque) de Dios contra los numerosos dioses de los egipcios (en la tumba de Seti I se hallan representados al menos setenta y cuatro). Se puede establecer una relación entre cada plaga y los dioses concretos cuyo control de los elementos fue interrumpido o destruido por ella, a partir de la información de que disponemos acerca de estas deidades, procedente de los registros de la arqueología. No obstante, hay un incidente en especial, que recoge la Biblia y que permanece constante a lo largo de toda la narración de las plagas: el relato del endurecimiento del corazón del faraón. Tanto si sostenemos que fue Dios el que le endureció primero el corazón al faraón, como si pensamos que fue él mismo, la razón de este hecho se les ha escapado con frecuencia a los comentaristas bíblicos. En cambio, si comprendemos que se trataba también de un acto polémico, como las plagas que lo acompañaron, entonces podremos buscar en los registros de la arqueología egipcia una serie de pistas sobre su posible significado.

El fondo egipcio

El concepto egipcio sobre el poder del faraón

Lo que encontramos es que se consideraba al faraón como una encarnación del dios Sol llamado Ra y de Horus-Osiris, siendo éstos los dioses más importantes de Egipto. Es decir, que era visto como el dios principal del mundo. La palabra del faraón era considerada como una "fuerza creadora"; la palabra de un dios, que controlaba tanto la historia como los elementos naturales, y que ninguna otra voluntad podía contradecir o denegar. Por consiguiente, al hacer que la voluntad del faraón se doblegara ante su voluntad, Dios estaba manifestando su poder soberano sobre el hombre en el que se encarnaba el poder del panteón egipcio en la teología de aquella tierra.

El endurecimiento del corazón del faraón

Los descubrimientos hechos en Egipto nos proporcionan una fascinante explicación en cuanto a la razón por la que Dios decidió "endurecer" el corazón del faraón. En la teología del antiguo culto a los muertos egipcio, tal como lo describe el "Libro de los muertos" egipcio, después de la muerte, la persona fallecida, debidamente embalsamada y sepultada, tenía que pasar por un juicio en la Sala de Juicios para que se decidiera si era culpable o inocente. Si era juzgado culpable, su destino era la destrucción; si se lo declaraba inocente, recibía la vida eterna con sus recompensas. A fin de salir airoso de este juicio, el difunto tenía que negar haber cometido una larga lista de pecados que era leída en su contra, y tener éxito en su declaración de que era puro. Este acto era llamado la "Confesión negativa"; mientras se estaba celebrando, se pesaba el corazón del difunto (representado dentro de una jarra canópica) en la balanza del juicio contra la norma de la verdad (representada por el símbolo jeroglífico para una pluma de ave). Este juicio está representado de manera gráfica en un mural conocido como "El acto de pesar el corazón". Contra el testimonio del difunto, su corazón confesaría la verdad, demostrando que su Confesión negativa era una mentira. Por tanto, el corazón haría inclinarse los platillos de la balanza a favor del castigo, lo cual tendría por consecuencia su destrucción. Puesto que todos los hombres pecan, y la inclinación natural del corazón es confesar ese pecado, los egipcios diseñaron en su ingenio un medio de impedir que el corazón contradijera la Confesión negativa. Lo hacían escribiendo encantamientos mágicos en una imagen de piedra de su escarabajo pelotero sagrado, llamada "escarabeo", que era tallado con la forma de un corazón.[9] Este escarabeo de piedra con forma de corazón era colocado en la cavidad torácica o encima de ella durante la momificación (hecho revelado al hacerles rayos-X a las momias egipcias).[10] Diversos encantamientos, que le ordenaban al corazón cosas como "No te rebeles en mi contra" o "No testifiques en mi contra", transferían el carácter de piedra del escarabeo al corazón de carne en la otra vida, haciéndolo "duro" e incapaz de hablar.[11] Este acto de "endurecimiento"

25. *Mural del Libro egipcio de los Muertos hecho en papiro, titulado "El acto de pesar el corazón".*

ritual del corazón iba en contra de la función natural de corazón sin endurecer y tenía por consecuencia la salvación, puesto que por medio de su silencio, el difunto era declarado sin pecado.[12]

En cambio, cuando Dios "endureció" el corazón del faraón, el cual en su condición de dios representaba la salvación de Egipto, fue en contra de la esperanza teológica de todos los egipcios. Este endurecimiento tuvo por consecuencia el que el faraón no pudiera reaccionar de manera natural ante aquellas terribles plagas para detenerlas, sometiéndose a la petición de Moisés. Por consiguiente el "endurecimiento del corazón", en lugar de traer salvación, lo que trajo fue destrucción.[13] De esta forma, la arqueología nos ha proporcionado una nueva comprensión de un difícil concepto teológico, al darnos el fondo y el escenario correctos con respecto a las creencias egipcias que Dios quiso atacar por medio de Moisés. Además de esto, al revelar lo exactos que son los detalles del relato bíblico, está indicando su historicidad. Con todo, el hallazgo de un fondo histórico para la narración del Éxodo no tiene por qué significar que éste sea reflejo de una historia real. Por consiguiente, ahora debemos pasar a la difícil cuestión de la historicidad del Éxodo.

La historicidad
del Éxodo

El establecimiento de la historicidad del Éxodo es uno de los mayores problemas que siguen teniendo los eruditos bíblicos. La narración bíblica del Éxodo ha sido notoriamente difícil de confirmar con evidencias arqueológicas, lo cual ha creado serias dudas sobre la autenticidad del acontecimiento.

Un obstáculo para la aceptación del Éxodo como un suceso real ha sido que los eruditos no han podido reconciliar este suceso con una cronología que sea bíblica y arqueológica. Una fecha temprana, durante el siglo quince a.C. (1446-1441 a.C.) para el Éxodo armoniza mejor con la cronología interna del Antiguo Testamento (vea 1 Reyes 6:1).[14]

El clásico estudio cronológico de Edwin Thiele[15] fijaba la temprana fecha del año 1447 a.C. para el Éxodo.[16] Según esta cronología, el faraón de la opresión habría sido Tutmosis I o Tutmosis III, y el faraón del Éxodo habría sido Tutmosis II o Amenhotep II. La antigua biografía de un oficial de la marina egipcia llamado Amenemhab, quien sirvió bajo varios faraones de este período, nos dice que Tutmosis III murió por el tiempo de Pascua a principios del mes de marzo de 1447 ó 1446 a.C.[17] Es decir, que su muerte se produjo en el momento exacto para que concordara con la cronología bíblica y con los sucesos del Éxodo. Sin embargo, William Shea ha sostenido recientemente en un trabajo que no ha sido publicado[18] que Tutmosis I, y su hijo corregente, recientemente instalado en el trono —un Tutmosis II previo— murieron juntos mientras perseguían a los esclavos israelitas (lo cual es posible que se insinúe en Éxodo 15:4, 19). Cree que sus cuerpos no fueron recuperados (por tanto, las momias identificadas con sus nombres

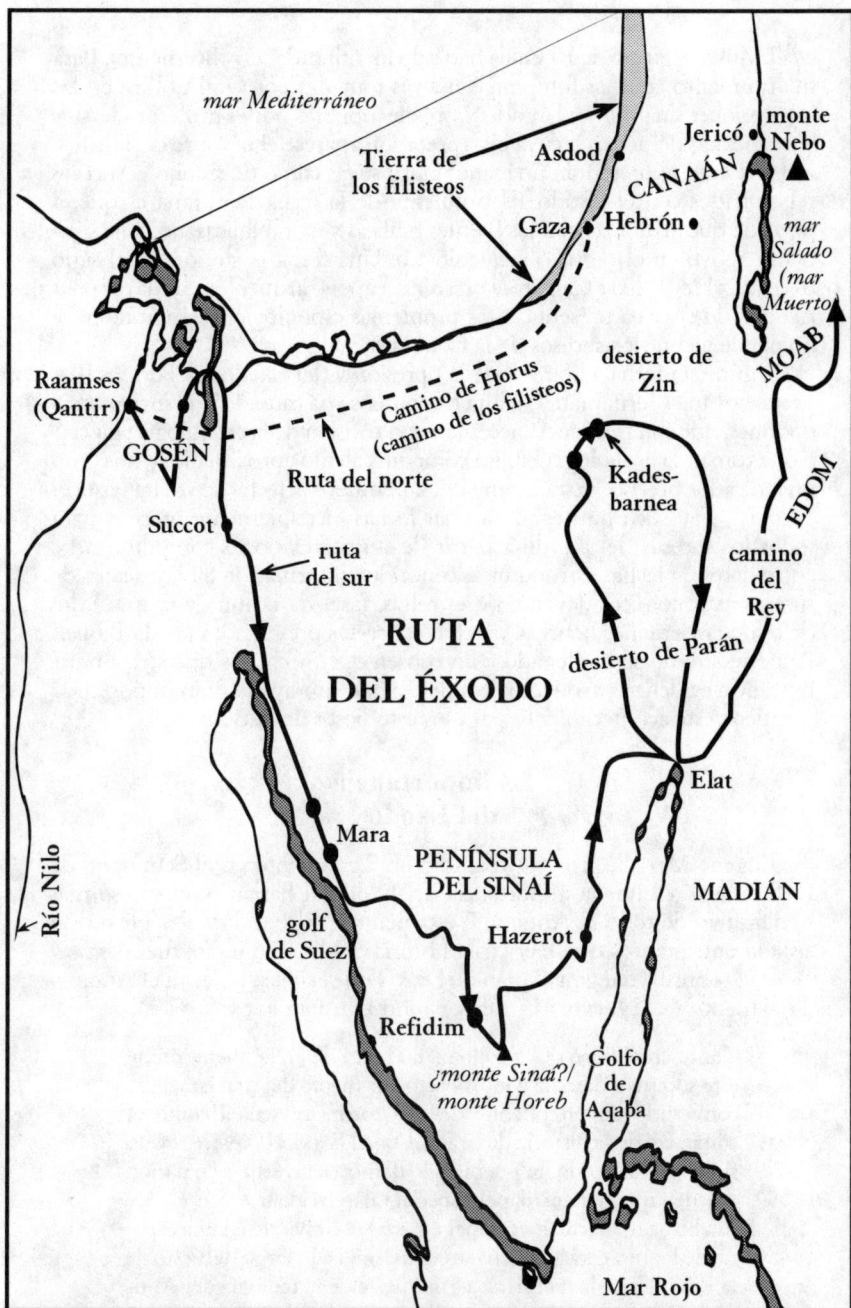

La posible ruta del Éxodo

en el Museo Egipcio de El Cairo han sido identificadas erróneamente). Basa su argumento en unas fotografías nuevas tomadas por Oral Collins en las inscripciones sinaíticas del Wadi Nasb, descubiertas por el profesor Gerster hace muchas décadas, en cuya interpretación aparece el nombre de Tutmosis I y donde se presentan imágenes tanto suyas como de su hijo, y sucesos relacionados con el Éxodo. El problema de la fecha temprana es que, a pesar de que armoniza con las fuentes bíblicas y extrabíblicas, no tiene suficiente apoyo en el registro arqueológico. Una fecha posterior, en el siglo trece a.C. (1280-1200 a.C.) parece ofrecer un apoyo arqueológico mayor *(vea Éxodo 1:11)*,[19] pero presenta unos problemas cronológicos significativos, y no puede incluir los sucesos de la Conquista.

Según esta fecha, el faraón de la opresión y del Éxodo era Ramsés II, y su sucesor fue Merneptah. La falta de consenso ha causado que surjan otras opciones, que con frecuencia necesitan una revisión de la cronología egipcia[20] o que toman la cronología bíblica como un cálculo aproximado, y no como un indicador preciso.[21] Esta última revisión mueve la fecha de vuelta hasta el 1470 a.C. Faulstich ha llegado a unas fechas increíblemente precisas para todos los sucesos del Éxodo a partir de sus correlaciones computerizadas entre datos de fechas astronómicas conocidos, información bíblica acerca de sucesos astronómicos (levante de estrellas, fases de la luna y eclipses), los ciclos de las semanas hebreas y fechas concretas presentadas por la Biblia.[22] Aunque aún no se ha llegado a un consenso, el hecho de que se continúe buscando evidencias arqueológicas del Éxodo subraya la gran importancia que tiene este acontecimiento para los estudiosos de la Biblia.

La importancia del Éxodo

Eugene Merrill, profesor de Antiguo Testamento en el Seminario de Dallas, hizo resaltar la importancia del Éxodo al llamarlo "el suceso más significativo de todo el Antiguo Testamento".[23] El Éxodo no es un suceso aislado entre tantos que hay en la historia del pueblo judío; fue *el suceso esencial* sobre el cual gira el plan de Dios, y en el cual se enlazan el Antiguo Testamento y el Nuevo. El profesor John Durham lo explica así:

> Tanto en el libro del Éxodo como fuera de él, la liberación de este suceso es descrita como el acto por medio del cual Israel fue convertido en un pueblo; de esta forma se señala como el comienzo de la historia de Israel... Con el Éxodo, [Dios] le reveló su presencia a todo un pueblo y lo llamó a convertirse en nación y a desempeñar un papel especial, al relacionarse con él por medio de un pacto. Este papel especial se convierte en una especie de lente a través del cual es visto Israel a lo largo del resto de la Biblia... que le da forma a gran parte de la teología del Antiguo Testamento. Ciertamente, es este papel especial el que entreteje de una manera tan completa el libro del Éxodo

dentro del tejido canónico comenzado con el Génesis y que sólo termina con el Apocalipsis.[24]

El Éxodo enlaza de tal manera los testamentos, que negar que haya sucedido equivaldría a destruir toda la trama teológica, tanto del judaísmo como del cristianismo. Por eso, es natural que busquemos el Éxodo en algún lugar dentro del registro arqueológico. Pero, ¿dónde buscarlo, y qué debemos esperar que hallaremos? Tratemos de responder primero esta última pregunta.

¿Debemos esperar que vamos a hallar el Éxodo?

¿Debemos tener la esperanza de que se van a hallar evidencias arqueológicas del Éxodo? Como los patriarcas antes que ellos, los israelitas llevaron un estilo de vida nómada durante el Éxodo. Las exigencias de la vida en el desierto del Sinaí exigían que no se desechara nada; que todos los artículos fueran usados al máximo de su capacidad, y después de esto, reciclados. Hasta los huesos que quedan después de una cena serían utilizados de nuevo por completo en diversas aplicaciones industriales. Los campamentos temporales de tiendas levantados por los israelitas no habría dejado rastro alguno, sobre todo en las arenas siempre cambiantes del desierto. Es posible que haya restos de escritos en las rocas del Sinaí[25] que sugieran la presencia de los israelitas en esta región, pero en su mayor parte, debido a las condiciones de vida en el desierto, los israelitas se habrían vuelto "arqueológicamente invisibles".

Ahora bien, ¿qué pensar sobre la posibilidad de unos registros egipcios que confirmen los sucesos de las plagas del Éxodo y la destrucción del ejército egipcio en el Mar Rojo? Sigue siendo posible que aparezcan evidencias de este tipo, pero no debemos esperar que los egipcios, con todo su orgullo religioso, hayan documentado abiertamente unos sucesos que difamaban a sus dioses y dejaban el recuerdo de la derrota de su ejército a manos de unos esclavos vagabundos. Esto es lo que observa Charles Aling:

> Los pueblos del Oriente Medio antiguo mantenían registros históricos para impresionar a sus dioses, y también a sus posibles enemigos; por esto, es raro, si es que sucede alguna vez, que mencionen derrotas o catástrofes. Los registros sobre desastres no habrían hecho resaltar la reputación de los egipcios ante los ojos de sus dioses, ni habrían hecho que sus enemigos le tuvieran más miedo a su poderío militar.[26]

Esto significa que es improbable que hallemos un registro escrito que hable de las plagas, o de la forma en que se ahogó el ejército egipcio en el Mar Rojo, ni tampoco hallaremos marcas de las pisadas de los israelitas en las arenas del desierto del Sinaí. Si no podemos esperar que se hallen restos de un Éxodo en estos lugares, ¿dónde los podemos buscar?

Las evidencias a favor del Éxodo

Consideraciones de tipo histórico

Una de las formas en que podemos presentar argumentos a favor de la
historicidad del Éxodo es lo que podríamos llamar "plausibilidad contex-
tual". Es decir, aunque no hayamos tenido evidencias históricas directas en
cuanto a ninguna de las personas o de los sucesos relacionados con el Éxodo,
o incluso no seamos capaces de estar de acuerdo en cuanto a fechas concretas, el bosquejo general, tal como se presenta en el relato bíblico, está de
acuerdo con los tiempos. Por consiguiente, es mucho más probable que el
Éxodo se haya producido, que lo contrario. La defensa más plausible en el
presente se ha hecho a partir de evidencias egipcias.[27] Por ejemplo, podemos
señalar que los detalles de la vida de la corte en Egipto y ciertas peculiaridades del lenguaje hebreo usadas para describir estas actividades indican que
el escritor tenía conocimiento inmediato de ese escenario egipcio en particular.[28] Tenemos evidencias de que hubo extranjeros procedentes de Canaán
que entraron a Egipto,[29] vivieron allí[30] y algunas veces fueron considerados
como alborotadores;[31] y de que Egipto oprimió y esclavizó a una mano de
obra numerosa extranjera durante varias dinastías.[32] También tenemos
registros de que hubo esclavos que escaparon[33] y de que Egipto sufrió situaciones semejantes a las plagas.[34] Podemos proporcionar un modelo hecho en
computadora de un mecanismo científico para dividir las aguas al cruzar los
israelitas el Mar Rojo.[35] Podemos demostrar la presencia de pueblos como
los israelitas en la península del Sinaí, en Kades-barnea y en otros lugares
mencionados en los libros de la Biblia que recogen esta historia.[36] A partir de
una comparación con los antiguos códigos legales del Oriente Medio anteriores a la promulgación de la Ley en el Sinaí, podemos demostrar que su
forma y estructura están de acuerdo con las normas vigentes en aquellos
tiempos para este tipo de textos.[37] Por último, podemos proporcionar datos
arqueológicos en apoyo de varias fechas para la Conquista y los períodos de
asentamiento, que siguieron al Éxodo. Estos datos proceden de sitios como
Jericó, Meguido y Hazor.[38]

Consideraciones de tipo arqueológico

Al principio del Éxodo, cuando los israelitas salieron de Egipto, la ruta
más sensata y directa habría sido viajar en dirección norte a lo largo de lo
que se llama hoy Franja de Gaza en una dirección que los habría llevado
hasta Canaán. Sin embargo, el relato bíblico nos dice que Dios les prohibió
esta ruta que seguía la llanura costera mediterránea. Esto es lo que dice el
relato bíblico:

> Y luego que Faraón dejó ir al pueblo, Dios no los llevó por el
> camino de la tierra de los filisteos, que estaba cerca; porque dijo
> Dios: Para que no se arrepienta el pueblo cuando vea la guerra,
> y se vuelva a Egipto (Éxodo 13:17).

26. *La arqueóloga Trude Dothan, quien descubrió una explicación para la ruta del Éxodo, con unos ataúdes antropoideos procedentes de Deir el-Balah.*

De esta forma fue como los israelitas terminaron tomando una ruta por el sur que era mucho más larga y entraba profundamente en el Sinaí. Hasta la década pasada, nadie sabía por qué Dios los había mantenido alejados de la ruta del norte, más fácil. La críptica mención de la "guerra" en Éxodo 13:17 era debatible, porque nadie sabía qué pueblo sería el que se enfrentaría a los israelitas. La respuesta fue descubierta por la arqueóloga israelí Trude Dothan, quien se especializa en el período temprano de la ocupación filistea en Canaán. En el sitio de Deir el-Balah, junto a la antigua ruta llamada los "Caminos de Horus", descubrió las evidencias que resolvieron por fin este enigma del Éxodo.[39] Cuando la visité hace poco en el Instituto de Arqueología de la Universidad Hebrea, le pedí que me relatara su descubrimiento y me explicara su importancia:

Llegué al sitio de Deir el-Balah, en la Franja de Gaza, en busca de los filisteos. Lo que encontré fue un puesto fronterizo egipcio muy fascinante y apasionante del período del Éxodo, el período de Egipto bajo el reinado de Ramsés II, quien es considerado como el faraón del Éxodo. La historia del sitio es cautivante, después de reunir toda la información procedente de los ladrones [de tumbas] y después de nuestra propia excavación arqueológica profesional. El resultado es que encontramos en el camino de Egipto a Canaán un puesto fronterizo que se había construido [en el siglo catorce a.C.], y una fortaleza del período de Seti I [y de su hijo] Ramsés II. Adyacente al propio asentamiento había un cementerio lleno de grandes ataúdes antropoides (con forma humana) que están hechos en un estilo definitivamente egipcio. Puesto que yo antes había trabajado sobre las costumbres de los filisteos en Beth-Shean, un sitio muy importante en Israel y conocido por la Biblia, sabía de la existencia de sepulturas con ataúdes como aquellos. [Por eso] traté de identificar cinco de estos ataúdes con prendas especiales en la cabeza con retratos de los filisteos conocidos por los relieves egipcios del período de Ramsés III.

La importancia de este sitio está en su posición geográfica dentro de la ruta que lleva de Egipto a Canaán... una ruta militar por la que los egipcios subían a Canaán. Cuando hallamos la fortaleza [fechada] a fines del siglo trece, surgió la idea de que en realidad era una de las numerosas fortalezas que llenaban el camino que va de Canaán a Gaza. [O sea, que] la zona estaba muy bien fortificada, y por eso los israelitas no quisieron ir a Canaán por el camino más corto, sino que escogieron el camino largo del Sinaí, debido a que temían a los egipcios y las fortificaciones que había en el camino corto.

Sabemos actualmente, a la luz de las excavaciones de Deir el-Balah, que "el camino de los filisteos" mencionado en la Biblia es también "el camino de Horus" mencionado en los relieves del templo egipcio de Karnak. Este relieve también presenta algunas de las fortalezas egipcias situadas a lo largo de la ruta, entre ellas la que descubrió Trude Dothan. Es decir, que gracias a esta notable correlación entre la Biblia y dos sitios arqueológicos, podemos llegar a la conclusión de que a los israelitas se les advirtió que evitaran esta ruta, porque se habrían encontrado con esta línea de guarniciones defensivas del norte, llenas de soldados egipcios. Los soldados estacionados allí habrían estado preparados para luchar a fin de capturar de nuevo y devolver a Egipto a aquellos esclavos fugados. Puesto que los israelitas, que acababan de ser puestos en libertad, no estaban adiestrados para la batalla, la soledad del desierto era la opción más segura.

Consideraciones a partir de imágenes obtenidas por satélite

Según George Stephen, analista de imágenes procedentes de satélites, aún se puede ver hoy la ruta del Éxodo por medio del uso de la tecnología infrarroja.[40] Los satélites que utilizan esta tecnología para usos como reunir datos militares y hacer exploraciones sobre minerales, también pueden aislar rastros en las arenas del desierto, aunque tengan miles de años. Hacen esto capturando los diseños de calor que quedan en la tierra. Estos satélites han permitido que los arqueólogos recuperen información acerca de antiguas rutas de caravanas, descubran los restos de antiguos cauces de ríos secos y sepultados por largo tiempo y encuentren ciudades perdidas bajo las arenas. Stephens estudió las imágenes procedentes del satélite francés SPOT y tomadas sobre Egipto, el golfo de Suez, el golfo de Aqaba y partes de la Arabia Saudita desde una altura de trescientos treinta kilómetros. Afirma haber podido ver evidencias de marcas antiguas hechas por "un número gigantesco de personas" desde el delta del Nilo, directamente hacia el sur a lo largo de la orilla oriental del golfo de Suez y alrededor de la punta de la península del Sinaí. Además de esto, dice haber observado restos de "campamentos muy grandes" a lo largo de esta senda.

Por supuesto, no es posible determinar si estas huellas fueron dejadas por los propios israelitas o por otras caravanas a lo largo de los milenios. Sin embargo, esto sí demuestra que un largo número de personas se habría podido mantener en la misma región y por la misma ruta que tomaron los israelitas en el Éxodo.

Las investigaciones del futuro

Pistas procedentes de escombros volcánicos

Con tantas preguntas acerca de los sucesos del Éxodo que aún no se han podido contestar, estamos seguros de que aparecerán en el futuro nuevas proposiciones y proyectos arqueológicos. Uno de los proyectos recientes es una investigación de carácter único en el sitio llamado *Tell el-Dab'a*. Este sitio ubicado en la zona este del delta del Nilo ha sido identificado con la tierra bíblica de Gosén, donde vivieron los israelitas antes del Éxodo.[41] Durante años, el Instituto Smithsonian ha llevado a cabo una excavación continua bajo la dirección de Manfred Bietak. El nuevo proyecto ha comenzado a buscar en el sitio concretamente evidencias de depósitos de tera (residuos volcánicos) dejados por las erupciones de un volcán de la isla mediterránea de Santorini (Thera) durante la edad de Bronce.[42] Según la teoría, es posible que esta explosión cataclísmica, que dejó depósitos de ceniza por lo menos en nueve sitios arqueológicos del Egeo, también haya traído consigo las plagas que afectaron a los egipcios, sobre todo la plaga de "tinieblas que cualquiera las palpe" (¿ceniza volcánica? Éxodo 10:21-23) y dividió las aguas cuando fueron a cruzar el mar.

Si es cierto que estos sucesos se le pueden atribuir a la erupción de Santorini, entonces se podría fijar el Éxodo dentro de la historia egipcia y ponerlo en un lugar fijo dentro de la cronología de Egipto (por medio del enlace con una cronología egea ya establecida sobre el suceso), si es posible resolver el debate que existe en la actualidad sobre la fecha de la propia erupción.[43] La noticia que llega desde el campo es que se ha hallado piedra pómez procedente de la erupción en Tell el-Dab'a, y a un nivel que se puede fechar con seguridad a principios de la Dinastía XVIII egipcia, o sea, alrededor del 1525 a.C. Esto significa una respuesta a la controversia sobre la fecha de la erupción y al mismo tiempo tal vez una conexión con el propio Éxodo (el cual fija la cronología bíblica alrededor del 1447/6 a.C.).

Pistas procedentes
de semillas de cereales

Siguiendo la misma teoría de que las evidencias geológicas procedentes de la erupción volcánica de Santorini se pueden usar para fechar los sucesos del Éxodo, los arqueólogos Hendrik J. Bruins y Johannes van der Plicht han ofrecido nuevas evidencias que ellos consideran que confirman la historia del Éxodo.[44] Compararon las nuevas fechas de carbono radioactivo para las semillas de cereales halladas entre los restos de la destrucción de Jericó con su fecha de 1628 a.C. para la erupción de Santorini (basada en el conteo de los anillos del tronco de los árboles). Basados en sus hallazgos, llegaron a la conclusión de que el desastre de Santorini tuvo lugar cuarenta y cinco años antes que la destrucción de Jericó, tiempo que creen que estaría de acuerdo con los sucesos del Éxodo y los cuarenta años que los israelitas estuvieron vagando por el desierto. Esto significa que su fecha para la destrucción de Jericó sería el 1583 a.C., y la del Éxodo el 1543 a.C., lo cual es excesivamente temprano, comparado incluso con la fecha temprana tradicional (el 1400 a.C.).

Bryant Wood, el director de Associates for Biblical Research, defiende una fecha temprana y no está de acuerdo con el método usado por Bruins y van der Plicht para calibrar sus fechas:

> No sólo mis investigaciones en Jericó, sino las de otros expertos, indican que hay un espacio de cerca de siglo y medio entre las fechas del Carbono 14 y las fechas históricamente determinadas en el milenio segundo a.C. En el momento actual se está produciendo un violento debate entre los expertos con respecto a la fecha de la erupción de Thera. Esta fecha es sumamente importante, porque esta erupción sirve como punto de referencia en las historias de la mayoría de las culturas mediterráneas. Se han hallado evidencias en una serie de sitios arqueológicos. Los que trabajan a partir de las fechas del Carbono 14 están convencidos de que se produjo alrededor del año 1628 a.C., mientras que aquellos que trabajan a partir de fechas arqueológicas están convencidos de que tuvo lugar alrededor del 1525 a.C. Mi trabajo en Jericó proporciona un ejemplo más de la discrepancia que existe entre el Carbono 14 y las fechas históricas en el segundo milenio a.C. Es evidente que uno de estos métodos está equivocado, pero ¿cuál?
>
> Por supuesto, los defensores de ambos proclaman que es el otro el equivocado. En última instancia, las fechas históricas están unidas a observaciones astronómicas hechas en la antigüedad. Es de suponer que los astrónomos pueden calcular hacia el pasado con gran exactitud, debido a la precisión con que se mueve el universo. En cambio, los defensores de las fechas obtenidas con el Carbono 14 dicen que sus valores corregidos

son muy precisos, porque se basan en el conteo de tres anillos, año tras año, hasta el año 6,000 a.C. (dendrocronología). La fecha bíblica de 1400 a.C. se basa en la cronología asiria para el período del reino, muy bien conocido a partir de las observaciones astronómicas y los datos bíblicos (cuatrocientos ochenta años desde el Éxodo hasta el cuarto año de Salomón, 1 Reyes 6:1, y los cuarenta años en el desierto). Las fechas que he dado acerca de la destrucción de Jericó se basan en los cacharros de barro, relacionados con la cronología de la Dinastía XVIII egipcia, la cual está unida a su vez a observaciones astronómicas... ¿Qué decir acerca de la posible conexión entre la erupción de Thera y la plaga de las tinieblas? Para que exista una conexión, se tendría que reducir la fecha del suceso a alrededor del 1450 a.C., antes de poderla relacionar con la historia bíblica.[45]

Si las evidencias de la erupción de Santorini que se han hallado en Tell el-Dab'a confirman la fecha del 1525 a.C. para dicha erupción, entonces hay que ajustar la fecha del Carbono 14. Con todo, las investigaciones que se están haciendo en estos momentos podrían ayudar finalmente a resolver las preguntas sin respuesta que tenemos aún ante nosotros.

¿Qué demuestran las evidencias?

Nuestra revisión de la cuestión del Éxodo ha tratado de presentar lo que se puede saber (en la actualidad) a partir de los datos arqueológicos e históricos. ¿Qué demuestran los datos de los que disponemos en el presente? Admitimos que aún no disponemos de evidencias arqueológicas directas en cuanto al Éxodo. Sin embargo, esta falta de datos históricos no significa que el Éxodo no se haya producido. Es posible aún que aparezcan pruebas definitivas en alguna excavación del futuro, pero no necesitamos esperar a que esto se produzca para aceptar la historicidad del Éxodo. Hemos presentado nuestro caso a partir de una comparación del contexto bíblico con lo que ya se conoce por la historia y la arqueología; un caso que ofrece suficientes puntos sustanciales para resolver las dudas sobre la realidad del acontecimiento y hace probable una confirmación arqueológica mayor en el futuro. Por consiguiente, los que celebren la Pascua este año —y todos los demás años que vengan— lo pueden hacer con la seguridad de que sus promesas no están basadas en una conjura, sino en la actuación probada de un Dios que realmente ha redimido.

La conquista

¿Conquistó Josué realmente a Jericó?

La conquista nos proporciona otro ejemplo de la búsqueda de conexiones entre el material bíblico y el histórico-arqueológico. Se refiere a un suceso para el cual hay una considerable cantidad de evidencias arqueológicas, una gran cantidad de descripciones detalladas en las fuentes bíblicas y numerosos libros con las diversas opiniones e hipótesis presentadas por los eruditos modernos.[1]

— Paul W. Lapp

Según la Biblia, después de cuarenta años de vagar por el desierto del Sinaí, Moisés llevó a los israelitas hasta el río Jordán. En aquella frontera que separaba al pueblo escogido de su tierra escogida, Moisés subió al monte Nebo y permaneció en él, mientras Josué, su sucesor, conducía al pueblo a través del Jordán y entraba con él en el país de Canaán. En el relato bíblico, la entrada a la Tierra Prometida se logra por medio de una serie de conquistas militares en las cuales los israelitas capturan fortificaciones cananeas. La más conocida de estas conquistas es la primera ciudad que cayó, Jericó, cuyas murallas, como han enseñado todos los maestros de escuela dominical, "se vinieron abajo". Sólo hace una generación, casi todo el mundo aceptaba como histórico el relato de esta conquista. En aquellos días, el informe sobre la excavación de Jericó por los arqueólogos ingleses John y J. B. E. Garstang parecía haber confirmado más allá de toda duda la destrucción bíblica de lo que se conocía como la "cuarta ciudad" de Jericó. En aquel informe se incluía lo que se indicaba que eran fotografías de las mismas murallas que se habían derrumbado cuando los israelitas habían

27. Las excavaciones en Tel-Jericó, el primer sitio de la Conquista.

hecho sonar sus trompetas. Aquellas fotos iban acompañadas por la declaración de Garstang de que "ahora no hay dificultad alguna para comprender la nota de fe confiada que aparece en cada línea de la narración bíblica (Josué vi)".

De la seguridad a la controversia

Sin embargo, en la década de 1950, Kathleen Kenyon hizo excavaciones en Jericó y llegó a la conclusión de que Garstang estaba equivocado. De hecho, anunció que sus descubrimientos revelaban que la ciudad había sido destruida alrededor del 1550 a.C., por lo que llevaba mucho tiempo deshabitada cuando llegó Josué a la escena. Además de esto, toda una generación de arqueólogos israelitas que han cavado en sitios estratégicos mencionados en la narración sobre la Conquista no ha podido hallar tampoco restos de destrucción procedentes de los tiempos de Josué. Una escuela de pensamiento predominante hoy en los círculos arqueológicos sostiene que los sucesos registrados acerca de la Conquista fueron escritos muchos centenares de años después de haberse producido. Por esta razón, algunos expertos piensan que estos relatos no contienen una información histórica precisa, sino sólo recuerdos procedentes de tradiciones. Nadav Na'amán, profesor de historia judía en la Universidad de Tel Aviv, lo explica de esta manera: "Esta enorme laguna explica las numerosas discrepancias entre los relatos de la conquista y las evidencias arqueológicas".[3]

En los círculos académicos actuales, la cuestión de una conquista histórica ("¿Cayeron realmente las murallas de Jericó?") ha dejado de ser cuestión. Israel Finkelstein, quien dirige el Instituto de Arqueología de la Universidad de Tel Aviv y ha excavado en algunos de los sitios de la conquista, dice: "No se trata de una posibilidad; todo ha terminado". Finkelstein ha llegado a esta conclusión a través de un análisis de las pautas de asentamiento en las tierras altas de Israel. Éstas, según dice, indican que el "Israel real", no el Israel de las historias bíblicas, surgió en el escenario histórico en el siglo octavo o noven a.C. (entre trescientos y cuatrocientos años después de la fecha que les otorga la Biblia a estos sucesos). Estas conclusiones modernas nos alertan ante el hecho de que aún siguen existiendo muchos problemas para aquellos que buscan confirmar la realidad de la Conquista.

Los problemas en cuanto a la Conquista

Si sólo permitimos que sea el relato de la escuela dominical sobre Josué y Jericó el que forme nuestras ideas acerca de la Conquista, el asunto parece claro y sencillo. En cambio, más allá de este nivel, las cosas se vuelven muy complicadas. Amihai Mazar, director del Instituto de Arqueología de la Universidad Hebrea, explica el problema, tal como lo ven los eruditos y los arqueólogos:

Toda esta cuestión del Éxodo y la Conquista del país por los israelitas sigue siendo sumamente enigmática desde el punto de

vista arqueológico, a pesar del hecho de que han escrito toneladas de papel y miles de palabras sobre este tema, tanto historiadores como arqueólogos que han tratado durante docenas de
años de ilustrar esta relación. El período de los Jueces, el asentamiento, también es una cuestión muy difícil. Las exploraciones
arqueológicas en el país, buscando sólo a nivel del suelo, [que
sólo] tratan de hallar los sitios, han encontrado que durante el
tiempo de los Jueces (entre el siglo once y el doce a.C.) se esta-
blecieron unos doscientos cincuenta sitios en las tierras monta-
ñosas situadas al norte y al sur de Jerusalén. Este fenómeno de
una nueva oleada de asentamientos en la zona montañosa sólo
se puede relacionar con la aparición de Israel en el país. Ahora
bien, por supuesto, nos podemos preguntar: ¿De dónde procedían? ¿Venían de Egipto, como nos dice la Biblia, o eran gente
local que se hizo sedentaria, como creen muchos expertos? ¿O
procedían de clanes de Jordania? Tenemos un debate con respecto a la interpretación de los hallazgos. Pero los hallazgos en
sí siguen siendo una contribución muy importante al fenómeno
del surgimiento de Israel durante ese período.[4]

El debate sobre la interpretación de los hallazgos se desarrolla entre los
que aceptan el relato bíblico y los que se apoyan en un modelo estricta-
mente arqueológico. Esta disputa tiene que ver con el *cuándo* (una fecha
temprana o una fecha tardía) y el *cómo* (el método de la conquista) de la
entrada de Israel en Canaán.

El problema del cuándo

El año 1400 a.C. como fecha para la Conquista, basada en la cronología
interna de la propia Biblia, es el que daban por sentado la mayoría de los
arqueólogos en el pasado. Fue abandonado por un gran número a favor de
una fecha posterior después de que W. F. Albright, patriarca de la arqueología, cambiara de idea durante sus excavaciones en Beitin. Albright había
identificado a Beitin como la Betel de la Biblia, y cuando descubrió un nivel
de destrucción que se podía fechar en el 1250 a.C., se sintió obligado a revisar
la fecha de la Conquista. Sus evidencias se unieron a las que procedían de
otros sitios arqueológicos, de los que se decía que los habían ocupado los
invasores israelitas. Todos mostraban señales similares de destrucción entre
el 1250 y el 1150 a.C. ¿A quién se le habría podido atribuir esta destrucción,
sino a los israelitas?

Sin embargo, antes de revisar la cronología bíblica a la luz de la arqueología, debemos examinar las suposiciones que se han hecho con respecto a
estas evidencias. En primer lugar, muchos otros invasores entraron a Israel
durante este tiempo, y habrían podido ser responsables de esta destrucción.
En el 1230 a.C., el faraón egipcio Merneptah dirigió algunas incursiones
militares (mencionadas específicamente en su propia crónica, la Estela de
Merneptah); también lo hicieron los recién llegados filisteos,[5] quienes

28. *La Estela de Merneptah, en la cual aparece la primera mención de Israel en un texto egipcio, lo cual indica que Israel ya estaba en su Tierra en el siglo trece a.C.*

trataban de extender su territorio de una forma agresiva. También hubo conflictos entre las tribus dentro de Canaán, y el libro bíblico de los Jueces registra ciclos de tumultos en algunos sitios, provocados por los opresores madianitas y cananeos.

Otra consideración de importancia que afecta a la cuestión del "cuándo" es cómo interpretar los relatos bíblicos en cuanto a la extensión de la destrucción que se debe buscar. La Biblia no apoya la suposición de algunos arqueólogos acerca de una destrucción completa en todos los sitios ocupados. Según el texto bíblico, sólo dos sitios al sur y uno al norte fueron destruidos de tal forma que quedaran evidencias de la destrucción. De paso, Betel (que obligó a Albright a revisar la cronología de la Conquista) no estaba entre ellos. Según la Biblia, muchos sitios nunca fueron conquistados por los israelitas, sino que al final de la vida de Josué "quedaba aún mucha tierra por poseer" (Josué 13:1). Esta realidad es confirmada por las evidencias arqueológicas. Bob Mullins, supervisor regional de las excavaciones al nivel del período bíblico (edad de Hierro) en Beth-Shean, hace ver esto cuando dice:

> Dentro de los términos de nuestras propias excavaciones en Beth-Shean vemos la continuación de la presencia egipcia desde alrededor del año 1450 a.C. todo el tiempo hasta alrededor del 1150 a.C. Esto le añadiría peso a lo que dice la Biblia acerca de que [las ciudades de] Beth-Shean e incluso Meguido no habían sido tomadas por Israel. Lo que vemos en cuanto a evidencias arqueológicas es que existe un paso de la población de egipcia a cananea y después a israelita en Beth-Shean y Meguido [sólo] desde principios de los tiempos de Salomón. No hay ningún texto bíblico que diga con claridad quién acabó con las ciudades de aquellos tiempos; suponemos que tal vez fuera David. Sin embargo,, hay evidencias circunstanciales que parecerían indicar que Israel sí ocupó parte de la zona montañosa. Sabemos que en Jueces 1:27 se dice que los israelitas no conquistaron estas regiones del valle, entre las que se incluían ciudades de importancia como Meguido y Beth-Shean.[6]

Por consiguiente, las señales de una gran destrucción que aparecen en ciertos sitios no se deberían considerar como evidencias arqueológicas contra la cronología bíblica y a favor de una fecha tardía para la Conquista. Estas destrucciones caben mejor dentro del período de los Jueces, durante el cual la guerra continua era lo corriente.

El problema del cómo

Las excavaciones de la señora Kenyon en Jericó la convencieron de que nadie había ocupado la ciudad después del 1550 a.C., lo cual haría imposible una Conquista, ni en fecha temprana ni en fecha tardía. Esto llevó a muchos expertos a la conclusión de que no se había producido Conquista alguna. Entonces, ¿cómo fue que los israelitas entraron en Canaán y ocuparon una parte tan grande del país? Los que sostienen un punto de vista minimalista sobre la Biblia han investigado de la forma más intensiva esta pregunta. Los expertos han propuesto modelos revisados del "surgimiento" de los israelitas, a partir de datos arqueológicos o pautas de asentamiento solamente. Como las teorías desarrolladas por estos expertos revisionistas han ganado popularidad y están socavando la historicidad de la Biblia entre los lectores de ellos, veamos brevemente sus puntos de vista.

Una de las teorías es conocida como la teoría de la "Infiltración pacífica". Basada mayormente en registros procedentes de Egipto, sostiene que los israelitas inmigraron a Canaán de manera gradual, se infiltraron entre la población cananea que vivía allí y terminaron sobrepasando y reemplazando ("destruyendo" así, según el término bíblico) la cultura cananea.

Otra teoría recibe el nombre de teoría de la "Revuelta de los campesinos".[8] Puesto que los partidarios de este punto de vista no ven evidencias de Israel en el registro arqueológico, revisan de manera radical la historia israelita e identifican a los israelitas como miembros de la clase más baja dentro de la población cananea. En un fenómeno social localizado, estos campesinos se rebelaron y derrocaron a sus señores urbanos.

Hay otra teoría más conocida como la "Teoría de la transición", que ha usado los datos arqueológicos procedentes de la transición entre el final de la edad de Bronce tardía y los comienzos de la edad del Hierro para sostener que los cambios sociales y tecnológicos obligaron a que surgieran los israelitas como cultura, con sus características distintivas.[9]

Está también la "Teoría de la imaginación", que sostiene que los cambios climáticos en la transición entre los períodos arqueológicos provocó que la gente que habitaba en la zona montañosa (israelitas y filisteos) saliera de ella en un intento por formar comunidades.[10]

A pesar de que dependen de las mismas evidencias arqueológicas, cada una de estas teorías interpreta esas evidencias de manera distinta, con lo que demuestran que las evidencias en sí mismas son ambiguas. Al fin y al cabo, ninguna de estas teorías responde de manera adecuada a la pregunta sobre cómo terminó la cultura cananea e Israel se las arregló para llegar a poseer una parte tan grande de la tierra de Canaán. Por último, todos estos puntos de vista tienen que desechar o reinterpretar la narración bíblica para que esté de acuerdo con su propia revisión de la historia.

Evidencias de la Conquista

¿Hay alguna evidencia arqueológica que pueda apoyar el modelo tradicional sobre la Conquista? Para poder encontrar este tipo de evidencias arqueológicas, es necesario irlas a buscar a los tres sitios de los que se dice que fueron incendiados por los israelitas: Hazor al norte, y al sur, Jericó y Hai.

Las evidencias procedentes de Hazor

La Biblia señala que Josué "destruyó por completo" todas las ciudades de los reyes del norte de Israel, pero destaca a Hazor como la ciudad que quemó con fuego (Josué 11:11-13). El famoso arqueólogo israelita Yigael

Yadín comenzó en 1955 las excavaciones en el sitio de Hazor, cuya superficie es de setenta hectáreas, y su sucesor Amnón Ben-Tor continúa aún hoy su labor. Interpretando la historia de Israel primordialmente a base de las evidencias arqueológicas, sostiene sin embargo la exactitud de la descripción que aparece en el libro de Josué sobre la destrucción de Hazor:

> Hay evidencias de una destrucción total. En una ocasión la llamé la madre de toda destrucción. En Hazor, dondequiera que se desciende hasta el final de los estratos cananeos, se encuentra esta destrucción. Es una destrucción increíble... Dejó tras sí una gruesa capa de residuos formada por cenizas. En el palacio [cananeo] hubo un incendio terrible. Tanto, que los ladrillos se vidriaron, algunas de las vasijas de barro se derritieron [y] algunas piedras explotaron a causa del fuego... Podemos decir con claridad que la temperatura fue superior a los mil doscientos grados centígrados. Un fuego normal tiene la mitad de esa temperatura; entre seiscientos y setecientos grados, [pero por la tarde] el viento es increíble... Reunamos ambas cosas y tendremos este tipo de fuego [con] un calor muy intenso. O sea, que este fuego fue destructor... Si volvemos al libro de Josué, recordaremos que en la historia de la destrucción de Hazor se dice que después de matar a toda la gente, los israelitas incendiaron la ciudad, y que fue sólo Hazor la destruida por el fuego... Y en el caso de Hazor, estaban interesados en decir lo intensa que había sido su destrucción... Porque Hazor había estado a la cabeza de todos aquellos reinos; era la más importante de las ciudades-estado cananeas (Josué 11:10).[11]

Tal vez en los próximos años las excavaciones de Ben-Tor confirmen más aún el relato de Josué. Hace poco, su equipo halló diez tabletas cuneiformes acadias del tamaño de la palma de la mano, lo cual sugiere que tal vez haya existido un archivo cananeo en aquel lugar (uno de los textos menciona una escuela de escribas que se reunía en Hazor). Estas tabletas tenían también tablas de multiplicar y una lista de artículos enviados a Hazor desde Mari. Este último descubrimiento fue importante, porque el nombre de Hazor aparecía en el texto, confirmando su identificación bíblica. En este mismo año (1997), los excavadores encontraron un palacio cananeo que Ben-Tor cree que fue destruido por Josué. Entre los artefactos hallados dentro del palacio había un altar y restos de sacrificios, dos singulares figuras pequeñas de divinidades y lo que se cree que era una vasija para libaciones, del tamaño de una bañera, con un dios ahora sin cabeza sentado en un extremo sosteniendo una copa. Ben-Tor cree también que existe otro palacio, más antiguo aún, debajo de los estratos actuales de la excavación, y que es posible que contenga archivos. Ha afirmado que cree que existen suficientes evidencias (además de las tabletas) para asegurar la existencia de estos dos archivos cananeos, y va a estar trabajando en las próximas estaciones para descubrirlos. Si lo logra, es posible que Hazor aparezca en los

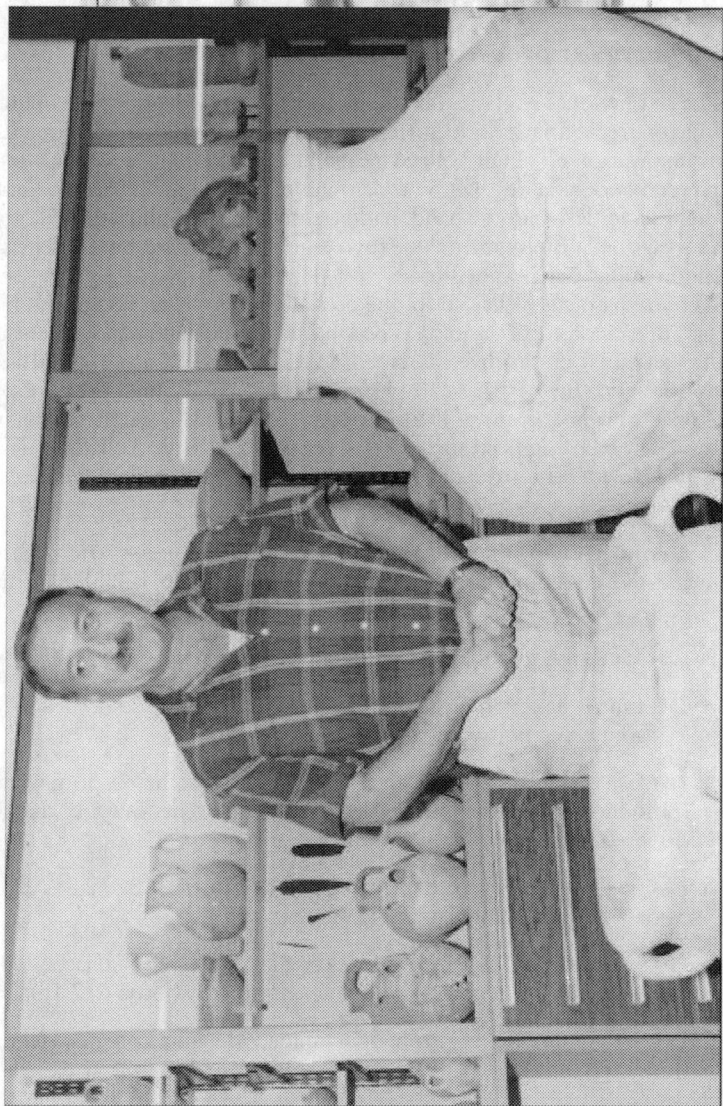

29. Amnón Ben-Tor, director de las excavaciones de Hazor, con restos del período cananeo en Hazor.

titulares con un descubrimiento monumental que va a rivalizar con el de los rollos del mar Muerto.

Las evidencias procedentes de Jericó

Puesto que Jericó es el más famoso de los sitios de la Conquista, es el que con mayor frecuencia ha sido sujeto de investigaciones arqueológicas. La última excavación en el tell la llevó a cabo la arqueóloga inglesa Kathleen Kenyon en la década de 1950. Su conclusión fue que el asentamiento antiguo había sido destruido y abandonado ciento cincuenta años antes de los tiempos en que la Biblia afirma que tuvo lugar la Conquista. Sus evidencias han sido retadas por Bryant Wood.

Kenyon basó sus fechas en lo que no halló; es decir, en las vasijas chipriotas importadas. En cambio, Wood ha analizado las vasijas cananeas locales excavadas en las diversas expediciones hechas a Jericó.[12] Su análisis indica que Jericó fue destruida alrededor del 1400 a.C. (El final del período de Bronce I tardío), y no en 1550 a.C., como afirmaba la señora Kenyon. Más aún, Wood ha demostrado que una vez correctamente fechada la destrucción, las evidencias arqueológicas armonizan a la perfección con el registro bíblico:[13]

1. La ciudad estaba poderosamente fortificada en el período de Bronce I tardío, el tiempo de la Conquista según la cronología bíblica (Josué 2:5, 7, 15; 6:5, 20).

2. La ciudad fue totalmente destruida por el fuego (Josué 6:24).

3. Los muros de fortificación se derrumbaron cuando fue destruida la ciudad, tal vez por actividad sísmica (Josué 6:20).

4. La destrucción se produjo en la época de la cosecha de primavera, como indica la gran cantidad de cereales almacenados en la ciudad (Josué 2:6; 3:15; 5:10).

5. El sitio de Jericó fue corto, puesto que los cereales almacenados en la ciudad no fueron consumidos (Josué 6:15, 20).

6. No se saquearon los almacenes de cereales, como se solía hacer en la antigüedad, y de acuerdo con el mandato divino (Josué 6:17-18).

7. Los habitantes no tuvieron oportunidad de huir con sus víveres (Josué 6:1).

8. Jericó permaneció abandonada por un período de tiempo después de su destrucción, de conformidad con la maldición de Josué (Josué 6:26).

Wood ofreció también lo siguiente como apoyo positivo: 1) Se han encontrado escarabeos egipcios en tumbas del sitio, que forman una serie continua desde el siglo dieciocho hasta el catorce, lo cual indica que el cementerio estuvo en uso durante el período de la era de Bronce I tardía. 2) La estratigrafía de la Ciudad IV (el sitio donde excavaron Garstang y la señora Kenyon) reveló además veinte fases arquitectónicas diferentes que duraron largos períodos de tiempo y siguieron a doce destrucciones de menor cuantía. Si, tal como Kenyon afirma, la ciudad fue destruida en el 1550 a.C., en la edad del Bronce Medio II, entonces todas estas fases habrían debido pertenecer al período del Bronce Medio III, que es el anterior (1650-1550 a.C.), tiempo imposiblemente corto para tanta actividad. 3) Una muestra de carbono radioactivo tomada de un carbón de leña de la capa de restos procedente de la destrucción final arrojó una fecha del 1410 a.C. (más o menos cuarenta años). El análisis de Wood añade nuevo apoyo arqueológico a la noción de que la Ciudad IV de Jericó debe ser fechada con Garstang y la cronología bíblica en el 1400 a.C.

¿Evidencias procedentes de Hai?

Hai fue la segunda ciudad conquistada después de entrar a la Tierra, y la última en nuestra lista de las tres quemadas con fuego. Según la Biblia, Hai se halla "junto a Betel" (Josué 12:9; compare Génesis 12:8). Al identificar Albright a Beitin como Betel, se identificó el sitio cercano de et-Tell como Hai. Sin embargo, las excavaciones hechas en este sitio por Joseph Callaway no han producido evidencias de ocupación entre la era temprana de Bronce (alrededor del 2400 a.C.) y la era del Hierro (alrededor del 1200 a.C.). Esto significa que durante un período de más de mil años no hubo cananeos que conquistar en ese lugar. Tanto si aceptamos la fecha temprana como la tardía para la Conquista, las excavaciones de Callaway nos dejan con la conclusión de que, o bien el relato bíblico está equivocado, o el sitio no ha sido identificado correctamente. Por eso, hay dos arqueólogos que sostienen una prioridad bíblica y están buscando para ver si los verdaderos sitios correspondientes a Hai y Betel no estarán en realidad en otra parte. Ambos creen que el sitio correcto para Betel es el poblado actual de el-Birah, y han localizado tels cercanos que prometen ajustarse a las descripciones bíblicas de estos lugares.

El arqueólogo David Livingston cree que el sitio de Khirbet Nisyá es el que mejor se ajusta a los requisitos del Hai bíblico. Su sitio coincide bien con la topografía y la geografía de la Biblia, situado frente a el-Birah (Betel) y al sur de un amplio valle con un wadi que lleva el nombre árabe de *Gai,* que al parecer ha conservado el equivalente hebreo de *Hai.* El término hebreo *Hai* significa literalmente "ruinas", pero si se trata de las ruinas conocidas en la Biblia como el sitio fortificado que conquistó Josué, es posible que Livingston haya hallado lo que buscaba. Aunque no se han descubierto aún murallas o puertas de la época del Bronce tardío, sí se han encontrado muchas vasijas de esa misma época, lo cual indica que, como en otros sitios similares,[14] los ocupantes posteriores han destruido todas las estructuras arquitectónicas anteriores.[15]

La otra posibilidad en cuanto a Hai es el sitio de Tel el-Makater, que en estos momentos es excavado por el arqueólogo Bryant Wood. Esto es lo que dice él acerca del sitio:

> Nuestra organización, Associates for Biblical Research, ha estado trabajando en el campo para localizar lo que creemos que debe ser el verdadero sitio de Hai... En 1996 comenzamos a trabajar en Khirbet el-Makater, a unos dieciséis kilómetros al norte de Jerusalén y al este de el-Bira (Betel). Este nuevo sitio ofrece una buena posibilidad de ser el sitio de Hai, porque se ajusta a los requisitos topográficos y geográficos del relato bíblico. Hasta el momento, nuestra excavación parece indicar que se trata de una ciudad fortificada de los tiempos de Josué... Hemos descubierto... una estructura muy grande... unos muros que tienen cerca de dos metros de ancho... en el lado norte del sitio... que tiene unos cinco metros de lado... Junto con la estructura, hemos hallado dos... piedras perforadas muy grandes donde el gozne de la puerta debe haber girado. También se han hallado unos muros de fortificación muy gruesos y unas vasijas procedentes del período de Bronce I tardío (siglo quince a.C.)... Todas estas evidencias sugieren que es cierto que tenemos una fortaleza de los tiempos de la Conquista. Hasta hemos encontrado señales de lucha en la zona de la estructura grande: un gran número de piedras de honda del tamaño de una pelota de béisbol más o menos... que eran usadas en la antigüedad durante la guerra... También tenemos algunas evidencias de fuego... Por eso nos parece que tenemos en este sitio un buen candidato para el Hai de la Conquista. Sólo estamos comenzando nuestro trabajo... A medida que sigamos, esperamos hallar otras evidencias que apoyen la veracidad del relato bíblico.[16]

En ambos sitios se sigue excavando aún, y tal vez en un futuro cercano tendremos unas evidencias más sólidas que puedan reemplazar al problemático sitio de et-Tell, hoy aceptado, y proporcionar una confirmación mayor acerca de la Conquista.

¿Se ha encontrado el altar de Josué?

El arqueólogo israelí Adam Zertal está convencido de haber hallado el altar mismo que levantó Josué en el monte Ebal (descrito en Josué 8:30-35). La revista popular *Biblical Archaeology Review* fue la primera en publicar su artículo sobre el hallazgo,[17] y después apareció un libro donde se destacaba el descubrimiento.[18] Si esta identificación es correcta, es posible una verificación directa de la historicidad de la Conquista (o al menos de este aspecto de ella). Sin embargo, la interpretación de Zertal de que la estructura correspondía al altar de Josué no fue guiada por una cronología bíblica, ni siquiera por el convencimiento de que haya existido una Conquista. Basado en la gran cantidad de cascos de vasijas de barro que hay alrededor de la estructura, la ha fechado en la parte inicial de la era del Hierro (1220-1000 a.C.), una fecha demasiado tardía para la Conquista bíblica.[19] A pesar de las críticas de que se trata de una casa de campo de la edad del Hierro, o de una torre de vigía,[20] Zertal ha seguido defendiendo su posición de que se trata de un altar. Sin embargo, a la luz de esta fecha, es preferible considerarlo como parte de una instalación cúltica (un lugar alto) de los tiempos de los Jueces.[21] De ser así, puesto que hay la tendencia a construir y volver a construir las estructuras sagradas en sitios que tienen una historia cúltica anterior, es posible que este altar haya reemplazado otro anterior de los tiempos de Josué.

El problema de las evidencias

Aun con el tipo de evidencias que reclama Wood para Jericó y la posibilidad de una nueva identificación para Hai, las evidencias arqueológicas siguen siendo muy limitadas y controversiales. Lo que indican es que de los diecisiete sitios mencionados en el relato sobre la Conquista que aparece en el libro de Josué, hay doce que tenían algún tipo de asentamiento humano a fines de la edad de Bronce.[22] De éstos, sólo dos tenían evidencias de una destrucción sucedida durante esa misma época[23] y cinco durante fines de la época de Bronce II a Hierro I.[24] Aun cuando la identidad de muchos de estos sitios sigue estando en disputa, aceptándolos para utilizarlos en nuestras estadísticas, revelan que la arqueología no proporciona demasiada información acerca de estas ciudades de la época de la Conquista. Incluso el mismo libro de Josué nos proporciona muy poca información. Aparte de afirmaciones que nos dicen que estas ciudades fueron "tomadas", el texto sólo da detalles acerca de las tres que fueron incendiadas (Jericó, Hai, Hazor). Lamentablemente, algunos expertos dan por supuesto que esta falta de evidencias ha desacreditado de alguna forma el relato bíblico. El arqueólogia David Merling explica:

> Mientras que la arqueología no ha hallado nada para descartar aspecto alguno de ninguna de las historias que aparecen en el libro de Josué, es la "noevidencia" la que ha producido esta fachada de desacuerdo entre la arqueología y la Biblia. Al no hallar algo, los arqueólogos consideran que han demostrado algo. La "noevidencia" no es lo mismo que las evidencias. Hay otras conquistas cuya historia nunca se ha puesto en tela de juicio, y han sido investigadas en busca de evidencias de destrucción. La falta de evidencias en esos sitios debería hacer que todos los arqueólogos pusieran en duda el uso de la "noevidencia".[25]

Este tipo de suposiciones, dice Merling, ha hecho que los arqueólogos esperen hallar en los sitios relacionados con la Conquista grandes ciudades con imponentes fortificaciones, pero la Biblia no dice tal cosa acerca de estas ciudades. Hasta da la impresión de que el relato sobre la Conquista por lo general no presenta el tipo de información que la arqueología puede "demostrar".

¿Se pueden hallar evidencias de la Conquista?

¿Por qué hasta el momento los intentos por sacar a la luz evidencias indiscutibles sobre la Conquista han tenido tan poco éxito? Keith Schoville, Profesor Emérito del departamento de Estudios hebreos y semíticos en la Universidad de Wisconsin (Madison), ofrece esta explicación:

> Estas cuestiones son muy difíciles verificar o corroborar en función de las investigaciones arqueológicas. Sencillamente, no hay... una tableta donde diga que los israelitas conquistaron tal lugar en tal fecha. Ese tipo de cosas no existen.[26]

Otra de las razones de esta dificultad ya fue insinuada cuando hablamos acerca de la naturaleza de la propia Conquista. Los hechos, tal como la Biblia los presenta, indican que relativamente, no hay evidencias de la conquista que hallar. La destrucción física de Canaán a un nivel masivo no fue ni la meta ni el resultado de la Conquista. La "proscripción" (sentencia de destrucción) bajo la cual Dios había puesto a Canaán se aplicaba a la población cananea *de las ciudades,* y no a las propias ciudades *(vea* Josué 6:17, 21), con la excepción de Jericó, Hai y Hazor. Según considera David Merling, es poco probable que la Conquista, tal como la describe la Biblia, haya dejado suficientes evidencias de sí misma. A la luz de esta comprensión, si *halláramos* evidencias de una destrucción total en algún punto de la ruta de la Conquista en las fechas que da la Biblia para ella (1400 a.C.), en realidad se crearía un problema *mayor* para la Biblia.

Si esto es así, ¿deberíamos estar buscando estas evidencias? Eugene Merrill, profesor de Antiguo Testamento en el Seminario Teológico de Dallas, sostiene que estos esfuerzos carecen se sentido:

> Está demostrado que el intento de verificar la conquista por medio de la arqueología es un esfuerzo inútil. Todo lo que se puede esperar es encontrar alguna indicación de que los diezmados ocupantes de la tierra fueron reemplazados por unos colonos étnica y culturalmente diferentes, búsqueda que es notoriamente estéril.[27]

Una de las razones por las que esta búsqueda fue considerada estéril en el pasado fue que mientras tratamos de hallar evidencias de un reemplazo en los ocupantes de la tierra, es posible que los israelitas en su período de asentamiento se hayan limitado a adoptar la cultura material de los cananeos (Deuteronomio 6:10-11). Al no haber desarrollado aún su propia cultura material distintiva, los israelitas *parecían* cananeos en el registro arqueológico. Las cartas de Amarna, compuestas por correspondencia entre ciudades-estado cananeas y funcionarios egipcios de Amarna, revelan ciertamente que los israelitas eran culturalmente inferiores a los cananeos. No obstante, basándonos en unas excavaciones y exploraciones más extensas, hoy sabemos que los israelitas sí dieron evidencias de poseer una cultura única en cuanto a su cerámica.[28] Este repertorio de vasijas de barro les permite a los expertos distinguir a los israelitas de sus vecinos cananeos. Aunque esta cultura ha sido fechada para poner la inmigración y el asentamiento de los israelitas a fines del siglo trece a.C. (al menos), otros la han usado como argumento a favor de una fecha temprana para el Éxodo.[29] Por ejemplo, las excavaciones de Manfred Bietaks en Tell el-Dab'a (Gosén) en Egipto han revelado unas vasijas de barro de estilo cananeo semejantes a las que aparecen en Canaán. Esto podría servir como evidencia de que los israelitas estuvieron en Gosén, o al contrario, sencillamente, de que hubo asiáticos que penetraron en esta región del delta egipcio. De todas formas, la mayoría de los expertos críticos rechazan esta evidencia, porque dan por supuesta una fecha tardía, y estas vasijas tienen una fecha temprana (de alrededor del 1650 al 1550 a.C.).

Entonces, ¿qué nos queda? ¿Se pueden encontrar evidencias de la Conquista? Aunque las evidencias sean escasas y ciertamente controversiales, la respuesta a esta pregunta es afirmativa. No obstante, tenemos que buscar en los lugares debidos. No debemos buscar un estrato de la Conquista, si no es en las tres ciudades quemadas con el fuego, y aun allí, donde hay destrucciones posteriores causadas por otros invasores, nuestras expectativas deben ser limitadas. Aunque se dejen de lado todas las evidencias arqueológicas ambiguas, seguimos teniendo el testimonio del documento arqueológico e histórico más significativo que haya descubierto el hombre jamás: la Biblia. Aunque nos neguemos a aceptar que las Escrituras gozan de la inspiración divina, como hacen tantos eruditos, el relato tan realista de la Biblia acerca de una Conquista parcial tiene con claridad la marca de la historicidad, y no de un embellecimiento etiológico de los hechos. Los datos extrabíblicos procedentes de los textos de Amarna, así como las investigaciones socioetnográficas y ecológicoeconómicas nos han proporcionado un bosquejo compatible, dentro del cual se pueden colocar los detalles tradicionales de la narración bíblica sobre la Conquista. Bruce Qué. Waltke nos dice:

> En todas las formas de estudio en las cuales la arqueología puede poner a prueba la tradición textual acerca de la Conquista y el asentamiento, las dos líneas de evidencias coinciden. Además de esto, todas las evidencias acreditadas de artefactos palestinos apoyan el relato literario de que la Conquista se produjo en el tiempo concreto señalado por los historiadores bíblicos. Por consiguiente, a partir de estos datos, no hay razón alguna para poner en tela de juicio el que la Biblia sea digna de confianza...[30]

Es decir, que nuestra búsqueda de la Conquista no ha sido en vano. Tanto si es por falta de evidencias suficientes, como por la "irrelevancia" de estas evidencias, la búsqueda ha obligado a volver al texto bíblico. Al fin y al cabo, allí, una vez corregidas nuestras premisas acerca del carácter único de la Biblia dentro de la historia, hallamos ciertamente la Conquista histórica.

~9~

El rey David

¿Figura mítica, o monarca famoso?

Los líderes más grandes del Israel antiguo, David y Salomón...
son vistos raras veces... bajo esta luz tan realista. Tres grandes
credos los reclaman como parte de su herencia. La era en la cual
gobernaron tuvo profundas consecuencias para el futuro. Sin
embargo, por algún motivo, los hemos visto de una manera uni-
dimensional, dentro de los restringidos confines de la "sacrali-
dad" institucionalizada, que tiende a despojarlos de cuanta mor-
talidad y humanidad poseyeron seguramente. David y Salomón
fueron hombres reales; no mitos ni leyendas...[1]

— Jerry M. Landay

La persona del rey David se destaca grandemente en las páginas del Antiguo Testamento y del Nuevo. Las Escrituras lo mencionan unas 1.048 veces. En el Antiguo Testamento es el tema primario de sesenta y dos capítulos y el autor de setenta y tres salmos. En el Nuevo Testamento es prominente en ambas genealogías de Jesús y en su lugar de nacimiento (Mateo 1:1, 6, 17, 20; Lucas 2:4, 11; 3:31), porque "el Cristo es hijo de David" (Lucas 20:41) y va a heredar "el trono de David su padre" (Lucas 1:32). Recientemente, basada en sus conquistas históricas, Jerusalén celebró los tres mil años de su captura de manos de los jebuseos por el propio rey David (2 Samuel 5:7-25).

Con tanta insistencia como hay en las Escrituras alrededor de la figura de David, tal vez sorprenda a muchos saber que hasta hace poco, todos los libros que tocaban el tema de la historia de la Tierra Santa tenían que admitir que los archivos arqueológicos no habían encontrado rastro alguno de él. Es típica esta declaración, hecha por una de las principales autoridades en arqueología bíblica, la señora Kathleen Kanyon, y son palabras dichas hace sólo diez años:

A muchas personas les parece sorprendente que David y Salomón sigan siendo desconocidos fuera del Antiguo Testamento o de fuentes literarias que se derivan directamente de él. Aún no se ha encontrado ninguna inscripción extrabíblica, ni en Palestina ni en ningún país vecino, que los mencione.[2]

El mito del rey David

Esta falta de evidencias llevó a muchos expertos críticos a dudar de que hubiera existido un David histórico. Los revisionistas (o minimalistas) de la historia sostenían que el "Mito de David" había sido una invención literaria sacada de diversas tradiciones heroicas para explicar la formación de la monarquía en Israel. En un desarrollo de este mito, según los críticos, una escuela sacerdotal anexa al Templo había buscado una base teológica para su propio concepto del gobierno divino. Era el concepto de un rey ideal (David) contra un rey imperfecto (Saúl). Por supuesto, según los críticos, Saúl tampoco había existido, sino que servía junto a David como modelo teológico para contrastar las decisiones de los hombres (Saúl) con las decisiones de Dios (David). Aun así, las frecuentes insensateces de David demostraban la superioridad de una teocracia (gobierno de Dios) sobre una monarquía (gobierno de un hombre). Sin evidencias materiales que ayudaran a revestir de carne a estas figuras, seguían siendo para muchos solamente unos personajes inspiradores tomados de un libro de cuentos.

¿Por qué no podemos hallar más?

Con frecuencia la gente se siente desconcertada ante el hecho de que se haya recuperado tan poco del período más temprano de la monarquía, los tiempos de Saúl, David y Salomón. Tal vez una de las grandes razones de esta falta de evidencias sea sencillamente lo poco que se ha excavado en realidad en las zonas relacionadas con sus reinos. Israel es un tel gigantesco, y en lugares como Hebrón y Jerusalén, donde se podría esperar que haya el mayor número de evidencias con respecto a este período, la competencia entre las reclamaciones religiosas y la inquietud política hacen que el acceso a algunos de los sitios más prometedores les sea virtualmente imposible a los arqueólogos.

En las zonas donde se ha excavado, hay otras razones para la escasez de restos materiales. En primer lugar, en cuanto a arquitectura, es frecuente que los edificios posteriores hayan eclipsado las estructuras más antiguas, dejando poco que hallar de las construcciones originales. Por ejemplo, en el nivel más bajo de excavación en el muro sur del monte del Templo, los arqueólogos sólo han podido excavar una pequeña sección de un edificio que se puede fechar en los tiempos de Salomón. En general, hay miles de años de ocupación posterior que cubren la mayor parte del sitio. En segundo lugar, en cuanto al hallazgo de relieves y esculturas monumentales, otras culturas de este período dejaron este tipo de evidencias, pero el mandato bíblico contra la fabricación de imágenes de talla eliminó por lo general esta posibilidad en Israel.

Ahora bien, ¿qué podemos decir de los escritos? Tenemos la Biblia; ¿no existe ningún otro escrito del período bíblico? Una de las razones por las que se encuentran pocos registros escritos es porque los israelitas, a diferencia de sus vecinos, escribían la mayoría de los documentos de la corte y otros documentos en rollos de papiro, que es un material poco duradero. El papiro era más eficiente y menos costoso que otras formas de material para escribir. Además, representaba una forma de comunicación más avanzada para una sociedad letrada, como el Israel bíblico. En la Biblia hallamos evidencias en cuanto al uso de papiro a partir del final del período de la Monarquía; por ejemplo, leemos que el profeta Jeremías escribió sus profecías en rollos de papiro (Jeremías 36:2). La Biblia también hace notar la facilidad con la cual se podía destruir este tipo de escrito; por ejemplo, el rey Joacim tomó los rollos de Jeremías, los rasgó y los tiró al fuego (Jeremías 36:23).

Hallazgos procedentes del período del primer Templo

A pesar de estas consideraciones acerca de lo escasos que son los restos materiales, de vez en cuando se descubren excepciones a esta regla. Una de las excepciones a la ley contra las imágenes de talla es un óstracon de la edad del Hierro procedente de Ramat Raquel, en el cual hay pintada una figura sentada en un trono. El arqueólogo israelí Gabriel Barkay ha propuesto que se podría tratar de una representación de Ezequías, rey de Judá.

Además, aunque los documentos escritos en papiro duran poco, los sellos que iban fijados a estos documentos sí han permanecido. Las excavaciones hechas en la Ciudad de David han sacado a la luz una serie de sellos de arcilla (o bullae) de este tipo en las ruinas de unas casas incendiadas por el ejército invasor babilonio al final del período del primer Templo. Existen también destacados ejemplos de inscripciones más duraderas procedentes del principio de la Monarquía y el período del primer Templo. La Biblia señala que los profetas de aquellos tiempos escribían a veces sobre madera o metal (Isaías 8:1; Ezequiel 37:16). En Deir Allah, situado en el valle del Jordán, se descubrió una inscripción aramea de mediados del siglo octavo, escrita en tinta roja y negra sobre yeso, en la que se menciona al profeta bíblico Balaam (Números 22-24).[3] Entre las inscripciones hebreas en piedra se hallan el Calendario de Gezer (siglo décimo a.C.) y diversas inscripciones del siglo octavo a.C., como la inscripción del túnel de Siloé, la inscripción del Mayordomo Real y los óstraca de arcilla procedentes de Samaria, Arad y Laquis. Hay también importantes hallazgos escritos en metal o marfil, como los rollos de plata del siglo séptimo a.C., procedentes de Kefet Hinnom y una cabeza de cetro que es una granada de marfil. Los rollos de plata conservan el texto bíblico más antiguo que se conoce (tomado del libro de Números), lo cual indica que es probable que el texto bíblico fuera escrito poco después de los sucesos que describe. Según la inscripción que hay en la cabeza de cetro, lo más seguro es que perteneciera a un sacerdote que oficiaba en el primer Templo.

Estos objetos descubiertos, aunque escasos, señalan el tipo de hallazgos que se pueden esperar e indican que con toda seguridad hay más cosas que hallar. El lugar más prometedor en cuanto a este tipo de evidencias es el monte del Templo, en Jerusalén. En este sitio de más de tres hectáreas y media, tuvo su comienzo la Jerusalén de David, junto a la ciudad cananea/jebusea que tenía ya dos mil años de existencia. Llamada aún 'Ir David ("la Ciudad de David"), las excavaciones dirigidas por Kathleen Kenyon y el arqueólogo israelí Yigael Shiloh han señalado estructuras que es probable que David mencionara, como una pila de rocas de quince metros de alto, llamada la Estructura escalonada de piedra, que podría ser el Milo bíblico, sobre el cual David habría construido su fortaleza de Sion (2 Samuel 5:9). Se cree que el elemento más antiguo que se conoce en el sitio, un sistema de conducción de agua conocido como el Pozo de Warren, fue utilizado por Joab, el general de David, para capturar la ciudad jebusea (2 Samuel 5:6-9; 1 Crónicas 11:4-7).[4] Y en el verano de 1997, el arqueólogo israelí Ronny Reich encontró en la zona sur de la Ciudad de David una inmensa estructura de piedra que se piensa que haya sido una torre de defensa. Además de esto, el arqueólogo Eilat Mazar, quien dirigió las excavaciones del Ofel (una zona situada entre el monte del Templo y la Ciudad de David), cree que el palacio real de David se halla exactamente al sur del Ofel (y al norte de la Estructura escalonada de piedra), esperando a ser descubierto.[5] Los excavadores tienen ahora acceso a esta zona, donde no se podía excavar en el pasado debido a los huertos plantados allí por los árabes. Tal vez en un futuro próximo se encuentren evidencias directas de la presencia de David en este lugar, para que todos las vean.

Un hallazgo inesperado

Una inscripción clave

A pesar de las excavaciones que han revelado una presencia israelita establecida en la Tierra Santa cerca de los tiempos de David —e incluso han sacado a la luz estructuras de la Ciudad de David relacionadas con ese tiempo—, los críticos seguían aferrados al Mito de David, porque no se había hallado ninguna mención concreta de David en estas excavaciones. Sin embargo, estos críticos se vieron obligados a considerar de nuevo sus opiniones, a partir de una nueva evidencia que fue encontrada en 1993. El desafío lanzado a estos revisionistas procede de una inscripción monumental (estela) de tres mil años de antigüedad escrita en basalto negro por uno de los enemigos extranjeros de Israel. Descubierta en el sitio de Tel Dan, en el norte de Israel, esta asombrosa inscripción contiene las palabras "Casa de David".

El arqueólogo que hizo este descubrimiento es el profesor Avraham Biran, director de la Escuela de Arqueología Bíblica Nelson Glueck, del Hebrew Union College. La Estela de la Casa de David fue el broche de oro de veintisiete años de descubrimientos arqueológicos en Tel Dan, el sitio del

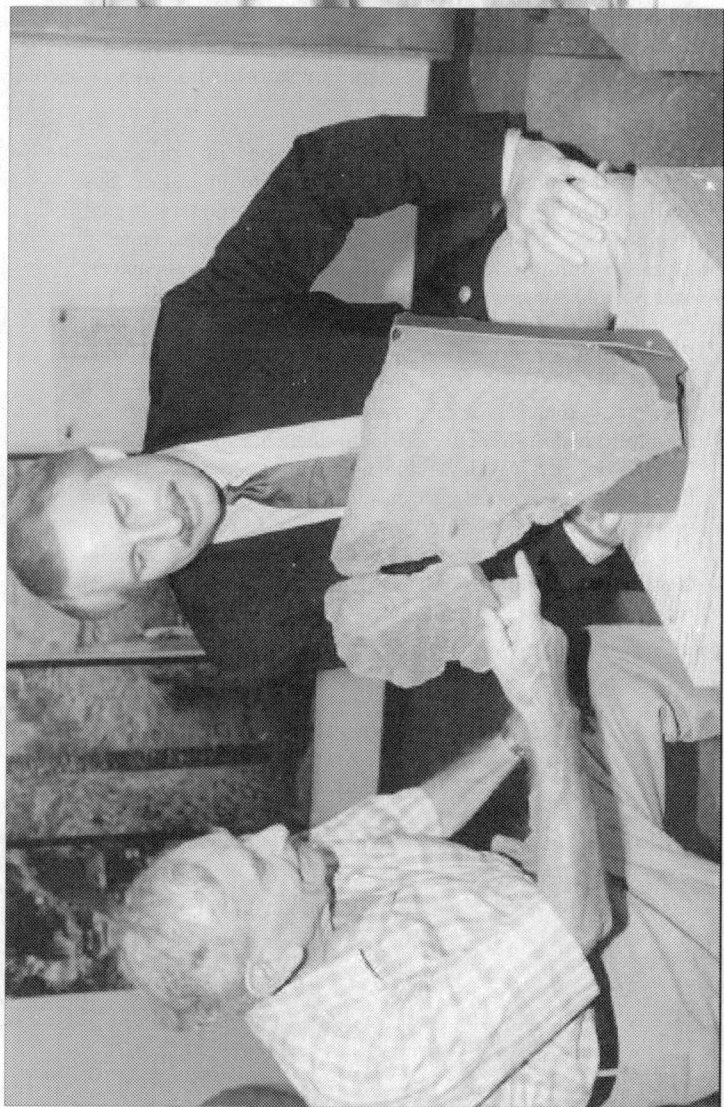

30. La Estela de Tel Dan, con Abraham Biran, quien la excavó, señalando las palabras "Casa de David" en una copia del original.

norte de Israel donde fue hallada. Cuando visité hace poco al profesor Biran en su oficina del Instituto Judío de Religión, en Jerusalén, fuimos a visitar el Museo Skirball (situado junto a su oficina), donde se encuentran muchos de sus hallazgos en Tel Dan. Mientras sostenía en sus manos una réplica de la Estela de la Casa de David, agrandada ahora con nuevos pedazos desenterrados en 1994, me hizo notar su contenido y su contribución a la historia bíblica:

> En un muro construido entre fines del siglo noveno y principios del octavo a.C, hallamos un fragmento escrito en arameo. Sus líneas hablan de guerra entre los israelitas y los arameos, lo cual sabemos por la Biblia que era algo constante entre Israel y Damasco [durante este período]. En este fragmento, al parecer, un rey de Damasco, Ben Hadad, ha obtenido una victoria. Ha matado a alguien y tomado prisioneros y hombres a caballo... Pero lo que es realmente emocionante es descubrir que había derrotado a un "rey de Israel de la Casa de David". Es decir, que aquí está la mención de la "Casa de David" en una inscripción aramea fechada... alrededor de ciento cincuenta años después de los días del rey David. Al año siguiente, en otra excavación, hallamos dos piezas más, y estas dos piezas encajan con la primera, y nos dan los nombres de estos reyes. El rey de Israel del que se habla es "Joram..." quien es hijo de Acab. El rey de la Casa de David [Judá] es "Ahaziahu" [Ocozías], a quien también menciona la Biblia... Aquí lo más emocionante de todo es que

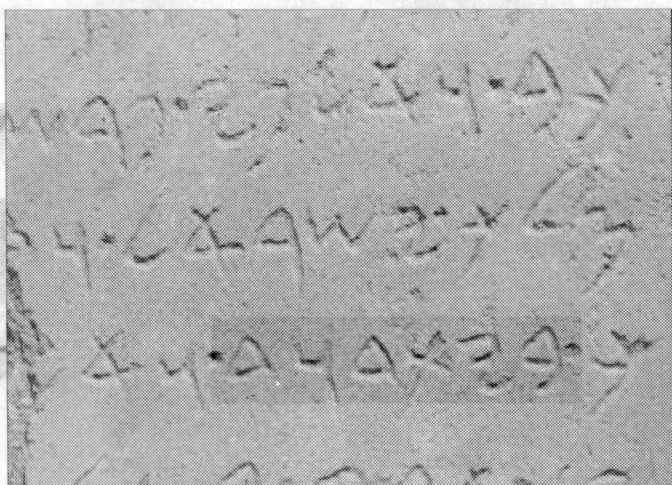

31. *La Estela de Tel Dan. Las palabras "Casa de David" se hallan en la tercera línea, a partir del segundo carácter (leyendo de derecha a izquierda).*

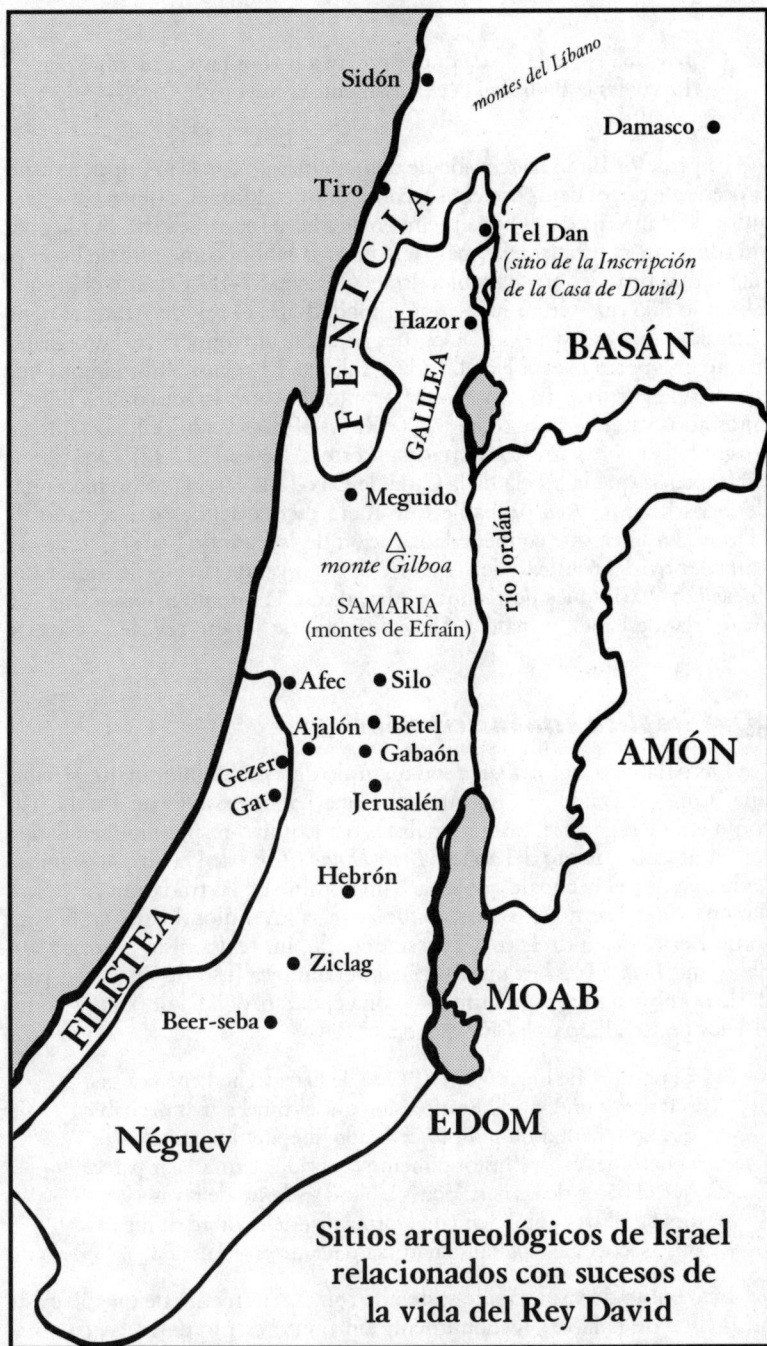

Sidón ●

montes del Líbano

Damasco ●

Tiro ●

FENICIA

Tel Dan
*(sitio de la Inscripción
de la Casa de David)*

Hazor ●

GALILEA

BASÁN

río Jordán

● Meguido

△ monte *Gilboa*

SAMARIA
(montes de Efraín)

● Afec ● Silo

Ajalón ● Betel

Gezer ● ● Gabaón

Gat ● Jerusalén

AMÓN

FILISTEA

Hebrón ●

● Ziclag

Beer-seba ●

MOAB

Néguev

EDOM

Sitios arqueológicos de Israel
relacionados con sucesos de
la vida del Rey David

hay una estela histórica que se refiere a hechos históricos sobre los cuales la Biblia habla extensamente (2 Reyes 6:24-25; 8:7-15; 9:6-10).[6]

El profesor Biran ha fechado de manera más precisa la inscripción como procedente de los tiempos del usurpador arameo Hazael, a quien considera autor de la inscripción. Todo el reinado de Hazael se caracterizó por la guerra constante contra Israel, y pasó a la historia bíblica como uno de los enemigos más brutales que ha tenido Israel (2 Reyes 8:7-15). Cuando el profeta Eliseo le dijo que sería rey, asesinó a Hadad-'izr, el rey de Aram, y reinó entre los años 842 y 800 a.C. Después de subir al trono, entró inmediatamente en guerra contra Israel, Judá y Filistea. El relato bíblico indica que diezmó el ejército de Israel y convirtió tanto al propio Israel, como a Filistea en estados vasallos (subordinados) (2 Reyes 10:32-33; 12:17). Judá también parece haber compartido esta misma suerte (2 Reyes 12:17-18). El profesor Biran piensa que la Estela de la Cada de David fue erigida como memorial de estos hechos, y es probable que fuera escrita a fines del reinado de Hazael. La línea que contiene la mención de la Casa de David (línea 9) se aalla dentro del contexto de la muerte de los reyes de Israel y de Judá. Estas líneas (7b-9), después de reconstruidas, dicen: "Yo maté a Joram, hijo de Acab, rey de Israel, y maté a Ahaziahu, hijo de Joram, rey de la Casa de David".

¿Qué implica esta inscripción?

Las palabras *Casa de David* son un título dinástico, e indican que si había una "Casa de David", es porque tiene que haber existido un David. Tal como era de esperarse, los minimalistas bíblicos han respondido señalando que el descubrimiento del epíteto *Beth-David* ("Casa de David") no significa nada más que el hecho de que se sacó un nombre de las tradiciones israelitas para usarla, tal como se usaban con frecuencia los títulos divinos en lugares como Bet-el ("casa de Dios"). En este sentido, un revisionista histórico sostiene que *Beth-David* es una "mención eponímica [uso de un héroe para darle nombre a un grupo humano o una época, n. del T.] de Yahwé como el Dios padre". Esto es lo que escribe:

> El nombre de lugar *bytdwd* ["Casa de David"] no tiene por qué referirse a un David histórico, sino que es mucho más probable que se refiera a un templo dedicado al epíteto divino *dwd*, el epíteto de Yahwé históricamente conocido, y más bien parece que el héroe de las narraciones bíblicas se deriva de las asociaciones familiares imiplícitas en la forma de este nombre de lugar y sus asociaciones con la monarquía reinante en Jerusalén.[7]

Este punto de vista ha sido sostenido con el argumento de que no existe un divisor de palabras (generalmente un punto escrito entre las palabras para indicar que van separadas) entre las letras *bytdwd*.

32. La Inscripción de Mesha, de la cual el experto francés André LeMaire cree que contiene una línea donde se leen las palabras "Casa de David".

Sin embargo, hay una serie de epigrafistas que han defendido la referencia a un David histórico,[8] entre ellos Anson Rainey, de Israel, y Alan Millard, de Inglaterra, expertos ambos en inscripciones arameas antiguas. Éstos han demostrado que hay ejemplos de palabras o nombres compuestos en los cuales no está presente el divisor de palabras.[9] Además de esto, el profesor James Hoffmeier, arqueólogo de Wheaton College, ha señalado que leer *bytdwd* como el nombre de un lugar es algo que carece por completo de apoyo en la Biblia, o en ninguna otra literatura relacionada procedente del antiguo Oriente Medio.[10] Por otra parte, la lectura "Casa de David" como un título que depende del fundador histórico del linaje, el rey David de Judá, aparece más de veinte veces en el Antiguo Testamento(*vea*, por ejemplo, 1 Reyes 12:19; 14:8; Isaías 7:2 y otros).

Hace poco, el experto francés André LeMaire ha añadido nuevo apoyo a la identificación de la inscripción de Tel Dan con el rey David histórico. Ha identificado la aparición del nombre *David* en una línea que antes no se había podido leer, "Casa de D...", en la Estela de Mesha (o Piedra Moabita). Si después de su escrutinio por otros expertos, esto resulta cierto, serviría como segundo ejemplo de las palabras "Casa de David". Sin embargo, aunque el nombre de David no estuviera en esta inscripción memorial del siglo noveno a.C. procedente de Moab, ésta también contiene otros nombres bíblicos, como el de Omri (1 Reyes 16:28), tal como sucede con la Estela de Tel Dan. De hecho, los expertos no han dudado de la historicidad de Omri, sencillamente porque aparece en la Inscripción de Mesha. Si esto es así, entonces, ¿por qué se habría de dudar de la historicidad de David, cuando su nombre aparece en un epíteto de la Estela de Tel Dan? Además de esto, se han hallado en textos asirios los epítetos "la tierra de Omri" y "la casa de Omri".[12] Si los asirios pudieron mencionar estados utilizando el nombre del fundador de una dinastía, quienquiera que fuera el que ocupaba el poder en esos momentos, ¿por qué no lo pudieron hacer los arameos? En este sentido, la estela aramea de la "Casa de David" implica que, tal como lo describe la Biblia, los reinos de Israel y de Judá eran durante este período una formidable amenaza política y militar para las naciones vecinas. No obstante, los revisionistas han pensado que Israel y Judá eran ciudades-estado insignificantes. Ahora bien, ¿habría erigido un poder extranjero dominante como Siria un monumento para conmemorar la derrota de unos enemigos sin importancia?

Además de esto, sabemos que la Estela de Mesha también contiene las palabras "hijo de Acab". ¿Por qué se habría de considerar como realidad la mención de Acab, hijo de Omri, mientras que la línea referente a David se considera ficción? Por supuesto, la razón es que anteriormente habían existido evidencias extrabíblicas sobre un rey Acab, mientras que no había existido ninguna sobre un rey David. Esto es lo que hizo notar en una ocasión el doctor Jack Sasson, profesor de estudios religiosos en la Universidad de Carolina del Norte, en Chapel Hill: "No hay ningún personaje de la Biblia que haya sido confirmado a partir de otras fuentes, hasta Acab; ni David, ni Abraham, ni Adán y Eva".[14]

Si se acepta que la Estela de Tel Dan contiene una mención legítima de un rey David histórico, entonces los revisionistas van a tener que revisar su punto de vista y pensarse de nuevo las premisas que prejuician su interpretación del texto bíblico.

¿Fue David un personaje real?

Algunos expertos están dispuestos a aceptar que las estelas de Tel Dan y de Mesha hacen plausible la idea de que haya existido una figura real llamada David, pero siguen insistiendo en que gran parte de lo escrito en la Biblia acerca de él es totalmente imaginario. Sin embargo, los sucesos atribuidos a David en la Biblia tienen más sentido si se da por sentado que David fue un personaje real. Mientras que tal vez los críticos aleguen que la forma heroica en que David venció al gigante sólo es ficción, no hay nada tan contemporáneo como un político atrapado en adulterio y tratando de encubrir su falta (*vea* 2 Samuel 11). Y con todo, ambos aspectos de la vida de David son descritos con el mismo sentido de realidad. De hecho, no hay nada en David que se halle fuera de la experiencia humana normal. Su consagración y sus apetitos son descritos en un conflicto mutuo, tal como sucede en los mejores de los hombres. Cuando su pasión por Dios parece demasiado santa (por ejemplo, Salmos 23 y 42), sus otras pasiones nos recuerdan de inmediato que de hecho, es un pecador (Salmos 32 y 51). Lujuria, pereza, infidelidad, asesinato, orgullo, temor, luchas internas en la familia, fracaso matrimonial; todas estas cosas forman parte de la historia de este rey. No es corriente que se pinten estos elementos tan poco idealistas en el retrato de los mitos y las leyendas; mucho menos en los destinados intencionalmente a convertirse en ideales nacionales y progenitores mesiánicos. Por consiguiente, el hallazgo de un reconocimiento histórico de la "Casa de David" —hecho por un enemigo de Israel sin respeto alguno por las tradiciones israelitas—, añade apoyo material a un relato literario que ya de por sí da la impresión de tener credibilidad histórica. El arqueólogo Bryant Wood resume esta comprensión adecuada de la importancia que tiene la estela de la Casa de David cuando dice:

> En nuestros días, la mayoría de los expertos, tanto arqueólogos como eruditos bíblicos, prefieren tomar una postura muy crítica en cuanto a la exactitud histórica de muchos de los relatos de la Biblia, sobre todo de sus libros más antiguos. La mayoría de los expertos actuales afirman que todo lo que sea anterior al período de los reyes sólo está formado por consejas populares y mitos, y que aquí es donde la arqueología bíblica puede jugar un papel de gran importancia, porque en el campo de la arqueología podemos hallar nuevas evidencias y nuevos datos que nos ayuden a comprender estos relatos bíblicos. Muchas veces, los últimos descubrimientos de la arqueología han echado por el suelo unos puntos de vista críticos anteriores acerca de la Biblia. Muchos expertos han afirmado que nunca existió un David, o un Salomón, y ahora tenemos una estela en la cual se menciona realmente a David.[15]

En el presente, aún siguen faltando más partes de la estela, que las que han sido halladas. Al parecer, el rey israelita que había reconquistado Dan, destruyó al regresar la "estela de la victoria" levantada por su enemigo, y usó la piedra como material de construcción. Es posible que la mayoría de estas piedras permanezcan enterradas aún en algún lugar, a la entrada de la ciudad antigua. Tal vez los arqueólogos descubran pronto y reúnan estas piezas perdidas del rompecabezas y completen para beneficio nuestro la imagen completa. Mientras tanto, los pequeños fragmentos que tenemos son suficientes para advertirles a los revisionistas de la historia lo peligroso que es mitologizar a personajes bíblicos como David. En lugar de esto, la realidad histórica de David nos anima a emular el ejemplo sentado por este rey de la antigüedad, el cual, aunque imperfecto, regresaba siempre a un Dios perfecto. Por tanto, al igual que él, nosotros debemos vivir de manera que seamos "conforme a su corazón [al corazón de Dios]" (1 Samuel 13:14).

El Templo

¿Propaganda política, o lugar probado?

Cuando se piensa en lo que ha significado Jerusalén, el centro espiritual de las religiones monoteístas, para incontables millones de personas, y después trata de averiguar si estas personas tuvieron, o tienen hoy en día, idea alguna de cómo era la ciudad originalmente, se ve con claridad que hay una gran distancia entre la imaginación y la realidad... Aunque en el pasado muchos expertos han tratado de reconstruir las diferentes fases del monte del Templo... con la excepción de algunas indicaciones tentadoras procedentes de los textos antiguos, se han encontrado principalmente con tradiciones religiosas, leyendas y fábulas folclóricas contradictorias a la hora de orientarse, y sus reconstrucciones han sido distorsionadas, según las que hayan seguido... [En cambio ahora, nuestras] excavaciones... centradas alrededor del antiguo monte del Templo [nos han permitido] representar a Jerusalén tal como surge de nuevo, a partir de los conocimientos que hemos adquirido.[1]

— Benjamín Mazar

El logro arquitectónico más grande del antiguo Israel fue su espléndido Templo en Jerusalén. Situado políticamente en el centro del país, también era el foco religioso de la nación, el lugar donde habitaba la gloria de Dios en medio de su pueblo. Por consiguiente, estaba destinado a hallarse en el centro de los conflictos religiosos y políticos. El Templo se convirtió en el objeto de los conflictos religiosos internos, y los idólatras y reformadores se alternaban en profanar y consagrar de nuevo sus lugares santos. Los conflictos políticos externos llevaron a los enemigos de Israel a saquear repetidamente sus tesoros y forzar a los reyes de Judá a reducir y mutilar sus estructuras para poderles pagar tributo. Además de esto, en dos ocasiones hubo poderes extranjeros que destruyeron el Templo por completo.

Aún en el centro
del conflicto

Hoy en día, Jerusalén y su monte del Templo se hallan de nuevo en el centro del conflicto, y los nuevos enemigos de Israel han tratado de librar una guerra contra la historia, a base de negar que haya existido siquiera Templo alguno en el pasado. Aunque la arqueología es apolítica —como lo son la mayoría de los arqueólogos en sus metas arqueológicas—, la arqueología de Jerusalén, en especial cerca del monte del antiguo Templo, ha estado sometida continuamente a los ataques de los enemigos modernos de Israel, que lo han acusado de propaganda política sionista. Y, al igual que en el pasado, las disputas religiosas internas siguen perturbando el lugar sagrado. De hecho, las excavaciones arqueológicas en todo Israel son amenazadas constantemente por judíos religiosos que exigen que se clausuren, alegando que al cavar se pueden estar profanando antiguos cementerios judíos, o moviendo antiguos restos judíos. Además de esto, todo tipo de excavación en el propio monte del Templo está expresamente prohibido, tanto por los musulmanes como por los judíos religiosos. La ley islámica sólo permite que los musulmanes adoren en el monte, y considera toda penetración en el lugar, cualquiera que sea su propósito arqueológico, un intento velado por parte del gobierno israelí para sacar de allí la presencia islámica y reconstruir el Templo judío. Recientemente ha habido disturbios entre los árabes, debido a excavaciones que han revelado una parte de la calle herodiana a lo largo del extremo sur del Muro Occidental,[2] además de abrir una salida al túnel hasmoneo que conecta una excavación arqueológica de una parte subterránea del Muro Occidental con una de sus puertas.[3] En cambio, la mayoría de los judíos religiosos, que esperan reconstruir un día su Templo, sostienen que sólo se les debe permitir la entrada al lugar a los sacerdotes judíos debidamente purificados, y dicen que el descubrimiento de las cosas relacionadas con el Templo va a venir solamente del Mesías que vendrá.

En consecuencia, la mayoría de la información arqueológica sobre el monte del Templo que está a nuestra disposición procede de exploraciones y excavaciones hechas en el siglo pasado. En aquellos momentos, la zona se hallaba bajo el dominio de los turcos, y algunas veces los arqueólogos podían conseguir un permiso para explorar. Con todo, se ha adquirido algo de información nueva en años recientes a base de excavaciones que se han hecho a la sombra del Templo antiguo. Estos nuevos descubrimientos nos han permitido hacer nuevas deducciones arqueológicas significativas con respecto a preguntas muy antiguas acerca del propio Templo.

La cuenta correcta de los Templos

Al estudiar el Templo de Jerusalén, es importante que recordemos que en realidad hubo tres Templos en sucesión histórica, que se levantaron en el monte del Templo entre los años 960 a.C. y 70 d.C. El primer Templo fue destruido por los babilonios en el 586 a.C. (Hallará información acerca de las evidencias arqueológicas sobre su destrucción en el capítulo 12). El Templo fue reconstruido bajo la dirección de un sacerdote llamado Zorobabel; se pusieron los cimientos en el 538 a.C. y se consagró el edificio en el 515 a.C. este Segundo Templo permaneció en su modesta forma de edificio reconstruido durante quinientos años, hasta el período romano. Entonces fue cuando Herodes el Grande, el rey de Judea nombrado por los romanos, lo restauró por completo, comenzando su obra en el año 19 a.C. e inaugurándolo diez años más tarde. Esta restauración completa se hizo desde el nivel del suelo hasta el techo; Herodes agrandó y renovó el Templo, y aumentó su plataforma al doble de su tamaño anterior.[4] Aunque histórica y arquitectónicamente se trataba de un tercer edificio, religiosamente se seguía considerando el Segundo Templo, porque no se habían interrumpido los sacrificios durante la transición entre ambas estructuras. En este Segundo Templo recién restaurado fue donde Jesús fue dedicado de pequeño (alrededor del año 6 a.C.). Aunque Herodes ya había inaugurado el Templo, los trabajos continuaron por otros cuarenta y seis años (Juan 2:20). Después, el ejército romano destruyó el edificio en el año 70 d.C.[5] Recientemente se han localizado nuevas evidencias de la presencia de este ejército en las afueras de Jerusalén, en la excavación de un campamento de la Legión Décima (la que destruyó la ciudad y el Templo). Además de esto, la inscripción de Vespasiano y Tito descubierta en1970 en una columna de piedra cerca del monte del Templo conmemora al emperador y su hijo, general de la Legión Décima, y también a Silva, el comandante romano de dicha legión. En el año 73 d.C., Silva atacó a los judíos que habían huido a Masada.[6]

La construcción
del Primer Templo

El primer Templo fue construido por Salomón, el hijo del rey David, según los planes de Dios (1 Crónicas 28:6). David consiguió todo lo necesario para la construcción del Templo durante sus últimos años a partir del tesoro real y de lo recogido entre el pueblo de Israel (1 Crónicas 29:1-9). Después de su muerte, Salomón levantó el Templo usando sobre todo el trabajo forzoso de la población israelita nativa (1 Reyes 5:13-16; 2 Crónicas 2:2). Según la Biblia, el modelo arquitectónico del Primer Templo fue revelado por Dios, tal como lo había sido el Tabernáculo anteriormente (Éxodo 25:9, 40; 1 Crónicas 28:11-19). La construcción en sí se realizó en una alta colina de la cadena montañosa de Moriah, al norte de la Ciudad de David y del muro de Ofel (la zona a la que había estado confinada la ciudad hasta aquellos momentos). Siguiendo la serie de textos bíblicos relacionados con el Templo que van desde el Génesis (22:2) y el Éxodo (15:17) hasta Samuel

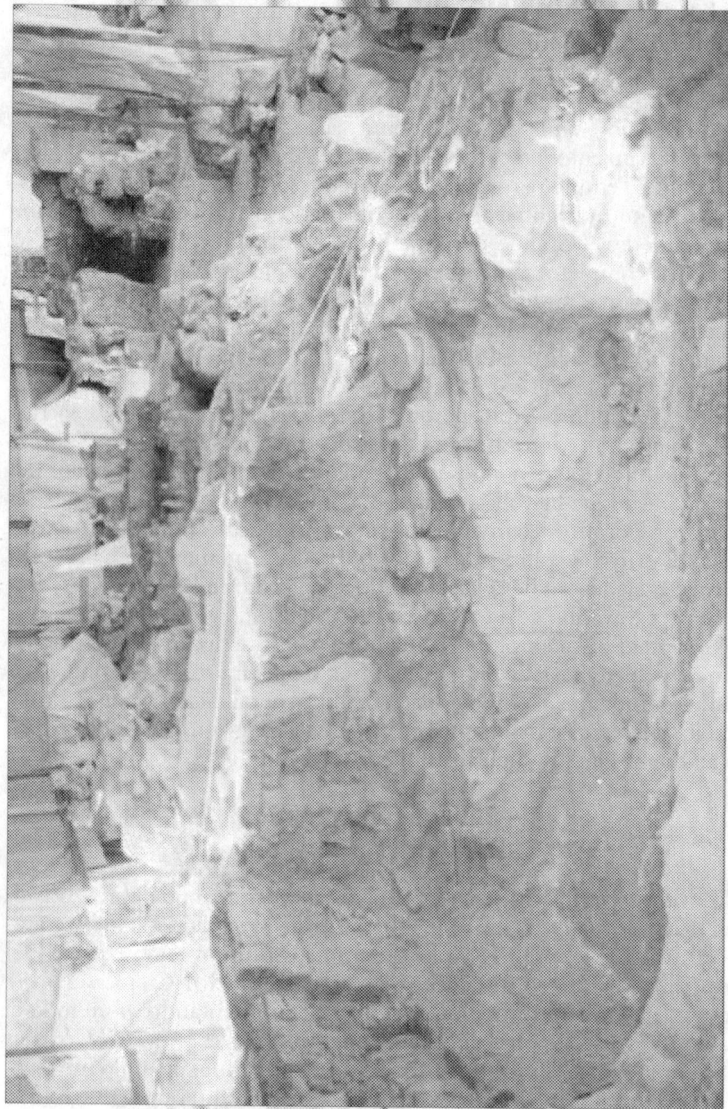

33. Excavaciones en un campamento de la Décima Legión romana, que destruyó el Segundo Templo en el año 70 d.C. (monte Herzl, Jerusalén).

(2 Samuel 7:10), pensamos que ocupaba el punto más alto de esta colina, en el mismo lugar donde Dios había impedido que Abraham sacrificara a su hijo ((Génesis 22:12-14) y el ángel del Señor había sido detenido antes de que matara a los habitantes de la ciudad (2 Samuel 24:16-25). Hay consenso entre los arqueólogos en señalar que este sitio es hoy la plataforma que se alza en la Ciudad Vieja del este de Jerusalén, conocida por judíos y cristianos como el monte del Templo.

Sin embargo, a pesar de que disponemos de algunos detalles sobre su construcción, procedentes de la Biblia, nadie puede estar totalmente seguro del aspecto que tenía aquel Primer Templo. Recordé esta realidad hace poco cuando visité una exhibición especial que se celebraba en el Museo de las Tierras Bíblicas, de Jerusalén, y que se titulaba "Ciudades reales del mundo bíblico". En esta exhibición compuesta por modelos de ciudades antiguas y artefactos relacionados con ellas había un maravilloso modelo del Primer Templo, acompañado de diversas visualizaciones computerizadas del Templo de Salomón, hechas por tres diseñadores distintos. El texto que describía el modelo insistía en que todos estos modelos del Templo salomónico eran teóricos, porque no hubo restos del Primer Templo que sobrevivieran a la destrucción que se produjo en el 586 a.C. Entonces, ¿cómo es posible que los fabricantes de maquetas puedan construir modelos así? La arqueología nos proporciona la respuesta, tal como lo explica el profesor Amihai Mazar:

> Teníamos unos deseos inmensos de explorar el Templo de Salomón. Lamentablemente, no sabemos que haya quedado resto alguno de él, pero la descripción del Templo salomónico en las Escrituras es tan exacta, que hasta podemos dibujar los planos y comparar estos planos con los de otros templos que se han encontrado en Siria y Canaán y en sitios arameos de la edad de Hierro y la del Bronce. [Además de esto,] el Templo de Salomón se basa en una larga tradición [de templos] que comenzó alrededor de mil años antes y siguió por doscientos o trescientos años más. Así que podemos insertar la tradición bíblica acerca del Templo de Salomón dentro de una tradición mucho más larga [de templos del Oriente Medio antiguo] que puede ser ilustrada por la arqueología.[7]

La arquictectura del Primer Templo

Tal como ha hecho notar el profesor Mazar, la descripción que la arqueología nos hace del Templo de Salomón procede del estudio y la comparación de las formas de los templos entre los vecinos de Israel.[8] El estilo del Templo de Jerusalén parece haberse derivado del tipo de templo en forma de un largo cuarto común en Siria a partir del segundo milenio a.C.[9] El templo de cuarto largo era construido con la puerta de entrada en el lado corto (a diferencia del templo de cuarto ancho, que tiene la entrada en el lado largo). Por lo general se piensa que el estilo del interior era *tripartito* (tenía tres partes),[10] y las divisiones tenían funciones distintas, y diversos grados de santidad. El Templo de Jerusalén, en todas sus construcciones, adoptó esta forma con su portal exterior, su lugar santo interior y en el lugar más interior, el Lugar Santísimo.

El mejor ejemplo arqueológico de templo al estilo del salomónico es un templo tripartito del siglo octavo que se halla en Tel Tainat, en el valle de Amuq, situado en la parte norte del Orontes, en Siria. Excavado en la década de 1930 por el Instituto Oriental de la Universidad de Chicago, este templo, que estaba orientado de este a oeste como el de Jerusalén, aún tenía una pareja de leones hechos como soportes de las columnas y para guardar la entrada. Este templo fue construido junto al palacio real, como el de Salomón. Hay otros cuatro templos en dos sitios (Tel Munbaqa y Tel Emar) y un templo muy mal conservado en En Dara que son buenos ejemplos de lo mismo. Además, entre los tres templos hallados en las excavaciones de Ebla hay uno que tiene el estilo de cuarto largo, lo cual indica que este tipo de edificio tuvo una larga historia. Este mismo estilo de templo fue importado a Canaán durante el segundo milenio a.C. y aparece (con variaciones) en Hazor y Tel Kitán (en el valle del Jordán). También se han hallado dos templos de este tipo, procedentes del período de Bronce IIB (1750-1550 a.C.) en Siquem y Meguido. La única forma de templo israelita conocida está representada por un pequeño templo situado dentro de la fortaleza israelita de Tel Arad (en el Néguev).[11] Aunque levantado originalmente en tiempos de Salomón, y con un interior similar al del Templo de Jerusalén, su estilo es el del templo de cuarto ancho. Esto proporciona una comprobación arqueológica del relato sobre el hecho de que el Templo de Salomón fue inspirado en una fuente no israelita.

Sin embargo, la fuente extranjera no era siria, sino fenicia. Siguiendo las costumbres de sus tiempos, Salomón, cuando construyó el Templo, se confió a la pericia de su abastecedor fenicio de materiales, Hiram (o Huram), rey de Tiro (2 Samuel 5:11; 1 Reyes 5; 2 Crónicas 2:3-18). El texto bíblico añade que Hiram envió sus arquitectos y artesanos fenicios para que aconsejaran a sus colegas israelitas, de manera que construyeran el Templo según las normas de aquellos tiempos. Uno de ellos era un artesano mitad judío y mitad fenicio llamado Hiram-abi, a quien se encargó de supervisar a los artesanos del Templo.[12] Se le acredita la amplia variedad de objetos decorativos, fundidos y recubiertos que había en el Templo (1 Reyes 7:13-45; 2 Crónicas 2:13-14). En la construcción del Segundo Templo bajo la dirección de Zorobabel hubo también obreros fenicios (Esdras 3:7-10),[13] en armonía con el decreto del rey persa Darío de que se "reconstruyera" el Templo. Los judíos, que habían regresado de la cautividad y estaban tan ajenos a la construcción original, sólo podían reconstruir (más que reemplazar) este Templo con la ayuda de fenicios que fueran expertos en seguir sus propios diseños.

Aunque existen pocos ejemplos de templos fenicios (o aún hay que hallarlos) para confirmar este diseño, lo cierto es que sus construcciones descendían del mismo estilo de templo de cuarto largo.[14] En Hazor se halló un templo fenicio de dos siglos antes que el de Salomón. Tenía veintiséis metros por diecisiete y era tripartito. A cada lado de la entrada a la sala

principal había una columna redonda, como las del Templo de Salomón.
Además, hay paneles de marfil y esculturas en varios templos fenicios que
tienen decoraciones similares a los querubines, las palmeras y las flores
abiertas que se tallaron en los paneles del Templo de Jerusalén (1 Reyes
6:35).[15] Tenemos también los escritos de Eusebio, Padre de la Iglesia del siglo
cuarto, en los cuales se conserva la memoria de un sacerdote fenicio llamado
Sanchuniatón, quien daba detalles de la forma en que el rey Hiram de Tiro
había abastecido a Salomón con los materiales necesarios para la construcción del Templo. Esta información arqueológia acerca de templos, comparados unos con otros, hace posible reconstruir una imagen razonablemente
precisa del Templo salomónico.[16]

Un recorrido del Templo

En su aspecto externo, el Primer Templo era un edificio modesto. Tenía
más o menos el tamaño de una iglesia o sinagoga pequeña: 27,5 metros de
largo por 9 de ancho y 13,5 de alto, con un total de 325 metros cuadrados en
todo el recinto, y situado sobre una plataforma que tendría algo más de tres
metros de alto.[17] En el frente del Templo, hacia el lado este, había un patio
abierto en el cual se hallaba el altar de bronce. Cerca de él había un inmenso
recipiente para agua llamado "el mar de bronce". Este recipiente, del que se
calcula que tenía capacidad para 57.000 litros, descansaba sobre las espaldas
de una docena de toros hechos de bronce, y se usaba para la purificación
ritual y la limpieza de los sacerdotes dedicados a ofrecer los sacrificios. Había
diez jofainas o lavacros de bronce con ruedas (llamadas "mejonot") situadas
cerca de él a los lados norte y sur del patio, para transportar el agua a diversos lugares del Templo. (En Chipre se descubrió un paralelo de estas jofainas con ruedas procedente del siglo once a.C. Era un carro de cuatro ruedas
con un tamaño de un tercio de metro aproximadamente, adornado con un
querubín y con un depósito de agua encima.) En el extremo más occidental
del complejo del Templo había una serie de cuartos de almacenamiento
que rodeaban a los lugares santos. En muchos lugares de Israel se han
hallado otros objetos hechos para ser usados en el Templo, como altares de
piedra y palas de hierro para el incienso. Los más notables son varios ejemplos del siglo octavo procedentes de Tel Dan, en el norte de Galilea.

A los lugares santos (los tres cuartos del Templo) se llegaba subiendo a
la plataforma por los diez escalones que pasaban entre las columnas gemelas de bronce, que llevaban los nombres de *Jaquín* ("Él [Dios] establece") y
Boaz ("en Él [en Dios] hay fortaleza"), cada una de ellas de doce metros de
alto por tres de circunferencia. Al otro lado del pórtico de entrada estaba el
primer cuarto del Templo, el más pequeño, desde el cual se entraba al
cuarto principal (el lugar santo). Es probable que la puerta por la que se
entraba tuviera unos marcos imponentes engranados entre sí, parecidos a
los descubiertos en las tumbas reales de Tamassos, en Chipre, y en una
representación en marfil del siglo octavo procedente de Nimrud donde
aparece una mujer en una ventana.

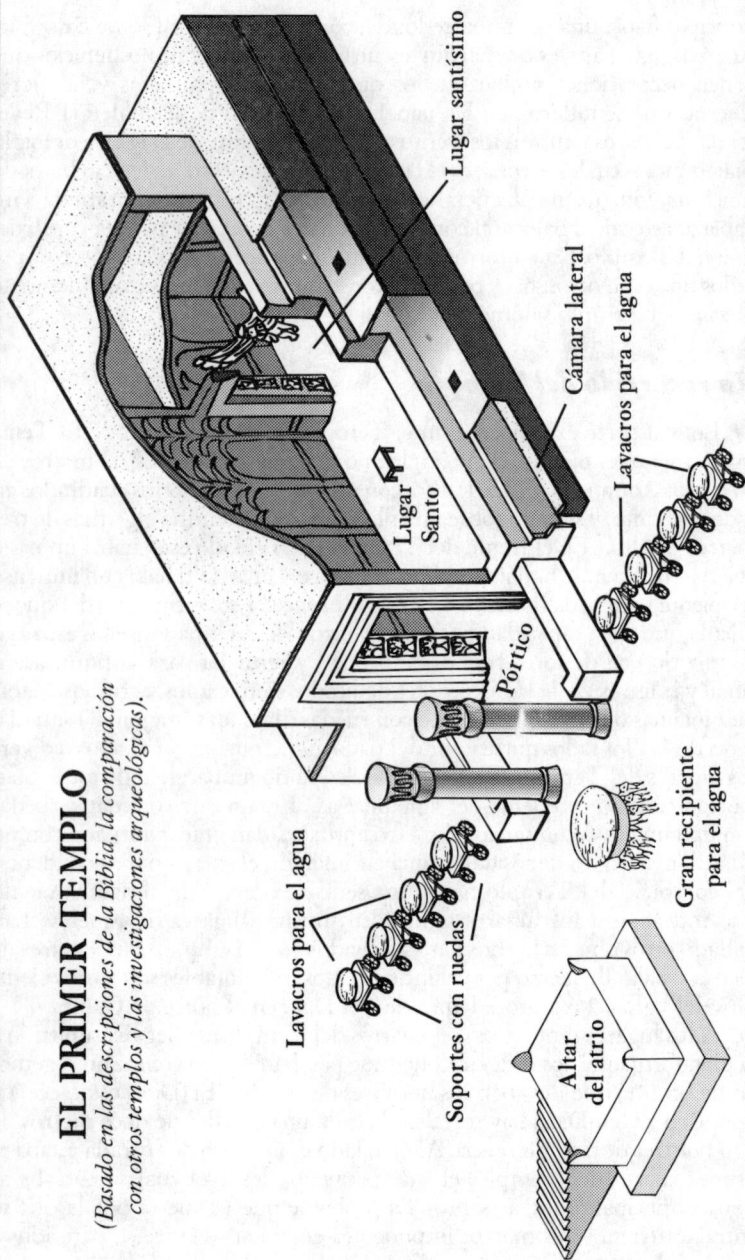

EL PRIMER TEMPLO

(Basado en las descripciones de la Biblia, la comparación con otros templos y las investigaciones arqueológicas).

Lugar santísimo

Cámara lateral

Lavacros para el agua

Lugar Santo

Pórtico

Lavacros para el agua

Soportes con ruedas

Gran recipiente para el agua

Altar del atrio

Este cuarto del medio era el mayor del Templo. Sus paredes interiores estaban cubiertas de paneles de cedro elaboradamente tallados y recubiertos en oro, y los pisos estaban cubiertos con tablas de ciprés, para que no se viera nada de la obra hecha en piedra. Se dice además de esto, que Salomón adornó esta habitación con hermosas piedras preciosas. Dentro de esta cámara central inspiradora de reverencia se hallaban los objetos sagrados procedentes del Tabernáculo: la Menora (un candelabro de oro con siete brazos), la Mesa de los Panes de la proposición (el pan de la presencia sagrada) y el Altar dorado del incienso. Hechas especialmente para esta habitación (y que no estaban originalmente en el Tabernáculo), había diez mesas (cinco en el lado norte y cinco en el lado sur), acompañadas por diez lámparas de pie y por muchos implementos hechos para el uso de los sacerdotes.

El recinto más interior estaba separado de la entrada por un gran velo doble (10,5 metros por 21), hecha de una tela de tres dedos de grueso, y por una pared donde había una sola puerta que se mantenía cerrada, con la excepción de raras ocasiones. El acceso a este cuarto sin iluminación alguna ni ventanas (el Lugar santísimo) les estaba prohibido a todos, con excepción del Sumo Sacerdote, y a éste le era permitido sólo una vez al año, en el día sagrado de Yom Kippur (el día de la Expiación). En este cuarto, que tenía la forma de un cubo perfecto (con unos diez metros y medio de lado), y estaba recubierto por unas veintitrés toneladas de oro, se hallaba el objeto más sagrado procedente del Tabernáculo: el Arca del pacto (vea el próximo capítulo). Nos podemos dar una idea de cómo deben haber sido las partes doradas del Templo, a partir de templos de Egipto con unos adornos similares. El templo del faraón Tutmosis III (1450 a.C.) tiene inscripciones donde se indica que las entradas, los pilares y los santuarios estaban cubiertos todos de oro. En las ruinas de este edificio se notan cortes en las columnas de piedra y en sus capiteles, destinados con toda probabilidad a sostener las láminas de oro que los cubrían.

Hallazgos procedentes del Primer Templo

Después de incendiado el Primer Templo por el ejército babilonio invasor, se reconstruyó el Segundo Templo de Zorobabel sobre el mismo lugar. Los edificadores volvieron incluso a utilizar algunas de las piedras anteriores, eclipsando de esta manera todos los restos que hubiera del Primer Templo. Sin embargo, se cree que algunas de las piedras que se hallan en los muros exteriores que rodean al Templo son salomónicas, y que hay partes del muro en la zona del Ofel que proceden del período del Primer Templo. El único artículo hallado que se ha podido relacionar con el Templo de Salomón es una pequeña granada hecha en marfil que estuvo unida a la punta de un cetro. Fechada en el siglo octavo a.C., hay una inscripción en esta cabeza de cetro que indica su relación con el Templo: "Perteneciente a la ca[sa de Y...]. Un objeto sagrado de los sacerdotes (o 'Santo para los

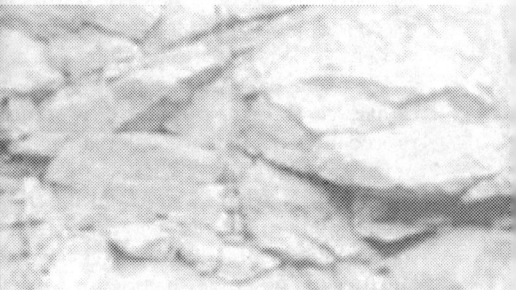

34. Cabeza de cetro en forma de granada hecha de marfil, procedente del cetro de un sacerdote que oficiaba en el Templo de Salomón.

sacerdotes')". Lo más probable es que la "casa" mencionada en la inscripción sea la "Casa del Señor"; es decir, el Templo. En el suelo de una casa fechada en el siglo sexto a.C. se halló una granada tallada similar a ésta (aunque sin inscripción). Es probable que también haya pertenecido a un cetro y haya estado relacionada con el Templo, o que se haya usado para decoración, o para las bridas de un caballo (este tipo de uso aparece representado en relieves asirios).[19]

La arqueología
y el Segundo Templo

¿Una réplica en el monte Gerizim?

Según todas las indicaciones que tenemos, el Segundo Templo (el de Zorobabel) fue construido según el mismo plano y las mismas dimensiones del Primero. Aunque la construcción posterior hecha por Herodes borró por completo todos los restos de este Templo, se ha producido en Samaria un extraordinario hallazgo que ha abierto la posibilidad de recuperar un duplicado exacto del Templo de Zorobabel. Este hallazgo se produjo en el monte Gerizim, sitio sagrado para los samaritanos, porque allí era donde se alzaba su templo en la antigüedad. Según Flavio Josefo, historiador del siglo primero, el templo de los samaritanos fue destruido por Juan Hircano en el año 113 a.C. Éste es el templo al que se refirió la samaritana como el lugar donde "sus padres adoraban", en su diálogo con Jesús (Juan 4:20). Invitado por Yitzhak Magen, el director de las excavaciones, he visitado dos

35. *Restos del templo de los samaritanos en el monte Gerizim.*

veces el sitio del monte Gerizim para ver los hallazgos. Se han encontrado los restos del templo de los samaritanos: sus muros de casi dos metros de ancho, sus puertas y altares (en los cuales se hallaron cenizas y huesos proce-dentes de los sacrificios). Además se descubrieron dos edificios adyacentes,

JERUSALÉN DURANTE EL PERÍODO DEL SEGUNDO TEMPLO

TERCERA MURALLA
construida por Agripa

CIUDAD NUEVA

Piscina del Estrutión

Piscina de Betesda

Puerta de Damasco

SEGUNDA MURALLA

Torre Antonia

Piscina de las Ovejas

Puerta Oriental

Tumbas judías

Los Mishné y mercados

Cantera, sitio de excavación

Túnel del Muro Occidental

MONTE DEL TEMPLO

Puerta de Jafa

Puerta de Warren

PRIMERA MURALLA

Calle Herodiana

Arco de Robinson

**

PALACIO DE HERODES

CIUDAD ALTA

Ofel

Valle de Cedrón

Pretorio

CIUDAD DE DAVID

Manantial de Gihón

N

Casa de Caifás

CIUDAD BAJA

Túnel de agua de Ezequías

**Escalinata monumental y puertas de entrada

PRIMERA MURALLA

Puerta de los Esenios

Piscina de Siloé

Valle de Hinom

de los que se considera que eran una residencia real y un edificio administrativo, y se están excavando en estos momentos. Estos edificios se asemejan al plano del complejo de edificaciones del Primer Templo, donde había un palacio, un salón del trono, la casa de la hija del faraón, la sala de las columnas y la casa del bosque del Líbano. El templo de los samaritanos fue encontrado debajo del suelo de la iglesia bizantina del siglo quinto llamada María Zeotokos, que había sido descubierta en unas excavaciones durante la década de 1920. La puerta norte del templo se ajusta a la descripción de la puerta equivalente que aparece en el *Rollo del Templo,* documento hallado entre los rollos del mar Muerto y escrito cuando aún estaba en pie el Segundo Templo (de Zorobabel). Del relato que hace Josefo sobre el origen del templo samaritano se deduce que lo más probable es que el templo de los samaritanos fuera una réplica del templo de Zorobabel.

Según lo que él escribió, el sacerdote Menajem, del Templo de Jerusalén, se enamoró de una mujer llamada Nikaso, que era la hija del caudillo samaritano Sanbalat. Como no era judía, se le dijo a Menajem que tenía que escoger entre Nikaso y su sacerdocio. Él escogió a Nikaso y perdió acceso al Templo de Jerusalén, pero Sanbalat le construyó a su nuevo yerno un templo rival sobre el monte Gerizim y lo hizo su Sumo Sacerdote. Yitzhak Magen cree que este relato de Josefo es correcto, señalando que las inscripciones del siglo segundo A.C. que se han hallado en este sitio confirman que "los samaritanos adoptaron todo lo relacionado con las oraciones judías en los ritos de [sus] sacrificios".[20]

Ha tomado prioridad la excavación de los dos edificios adyacentes, en los cuales los restos están más completos que los que se han encontrado en el templo. Sin embargo, cuando se haya excavado todo, nuestro conocimiento de esta fase del Templo de Jerusalén, la más larga de todas, habrá mejorado inmensamente.

El Segundo Templo herodiano sale a la luz

Antes de que los judíos lograran tener acceso a la zona del Monte del Templo como consecuencia de la Guerra de los Seis Días, en junio de 1967, nuestros conocimientos sobre el Segundo Templo herodiano estaban limitados a una pequeña sección de un muro de retención (conocida como el Muro occidental, o "de las Lamentaciones"), venerado como el "único remanente" del Templo que sobrevivió a la destrucción del año 70 a.C. Esto cambió en 1968, cuando el arqueólogo israelí Benjamín Mazar comenzó unas extensas excavaciones en el extremo sur de los muros occidental y sur del Monte del Templo.[21] Estas excavaciones, que terminaron en 1978, revelaron evidencias nunca antes vistas sobre la antigua existencia y gloria del Templo. Cuando yo me trasladé a Jerusalén en 1979 para comenzar mis estudios arqueológicos, pude ver muchos de los artefactos hallados en estas excavaciones, tal como habían sido descubiertos, y antes de que fueran llevados a los museos. Un objeto que me impresionó fue una gran sección de la

36. Balaustrada del Templo con una inscripción que dice "Al lugar de las trompetas".

balaustrada superior, que había caído y se hallaba exactamente donde el ejército romano la había tirado hace dos mil años. Había una sección más pequeña que se había desprendido y yacía contra la esquina del muro. Sobre ella había una inscripción que decía: "Al lugar donde se tocan las

37. El autor con una balaustrada caída del Templo al ser destruido en el año 70 d.C. Observe la parte rota situada en la parte superior (a la derecha), donde se hallaba originalmente la inscripción sobre el "Lugar de las trompetas".

trompetas". Allí estaba el lugar mismo donde los sacerdotes se situaban para tocar las trompetas de plata a fin de convocar al pueblo de Israel al lugar sagrado.

Las excavaciones de Mazar revelaron mucho más; algunos de los hallazgos más conocidos maravillan a miles de turistas cada año. Uno de estos es lo que queda del Arco de Robinson, parte del soporte de una gran escalinata que conectaba a las secciones superior e inferior en la esquina suroeste del Monte del Templo. Otro es la monumental escalinata del muro sur, con sus puertas (las Puertas Doble y Triple), que servían como entrada principal del pueblo al Templo. Jesús y sus discípulos utilizaron esta escalinata para entrar y salir del Templo y hablar sobre sus edificaciones (Mateo 24:1-2; Marcos 13:1-2; Lucas 21:5-6). La historia dice que Gamaliel les enseñaba a sus estudiantes en esta escalinata. Uno de aquellos estudiantes era Saulo, quien más tarde se convertiría en el apóstol Pablo (Hechos 5:34; 22:3).

Descubrimientos *debajo* del monte del Templo

Una de las excavaciones más emocionantes —y controvertidas— en el Muro Occidental del monte del Templo ha sido la que reveló un largo tramo del muro en el nivel original del suelo (16 metros por debajo del nivel actual del suelo). Estas labores comenzaron en conjunto con la excavación hecha por Mazar en 1968 y continuada hasta 1982. Fueron renovadas en 1985 como excavaciones en el "túnel del Muro Occidental" bajo la dirección de Dan Bahat, quien fuera arqueólogo de distrito para Jerusalén con la Autoridad de Antigüedades de Israel.[22] En las excavaciones fue desenterrada la parte del muro herodiano que se hallaba al aire libre, y que corría a lo largo de un túnel de unos trescientos metros de largo con cerca de un metro de ancho y entre dos metros y dos metros y medio de alto. Como se creía que este túnel había sido utilizado por los sacerdotes que oficiaban en el Templo, se le dio el nombre popular de "Túnel Rabínico". Las características de la pared en el extremo sur de la parte que se halla al descubierto son realmente interesantes. Aquí, en una sección llamada "Tramo Principal", hay cuatro bloques que llevan las inconfundibles señales de la artesanía herodiana (márgenes pulidos y protuberancias). Estas "piedras de los cimientos" tienen 3,40 metros de alto y van desde 1,80 a 12,60 metros de largo. Se calcula que la mayor de estas piedras tiene unos 4,50 metros de alto por 12,60 de largo y 4,20 de profundidad, y pesa alrededor de 545.455 kilos. Como comparación, la piedra más grande que hay en la Gran Pirámide de Egipto sólo pesa 10.000 kilos.

A lo largo del túnel del Muro Occidental también se descubrió una de las antiguas puertas de acceso al monte del Templo. Charles Warren anunció su existencia por vez primera en el siglo diecinueve, por lo que se le llama "la Puerta de Warren". Es una puerta monumental que daba acceso a la plataforma del Templo exactamente al sur del Lugar santísimo. Su

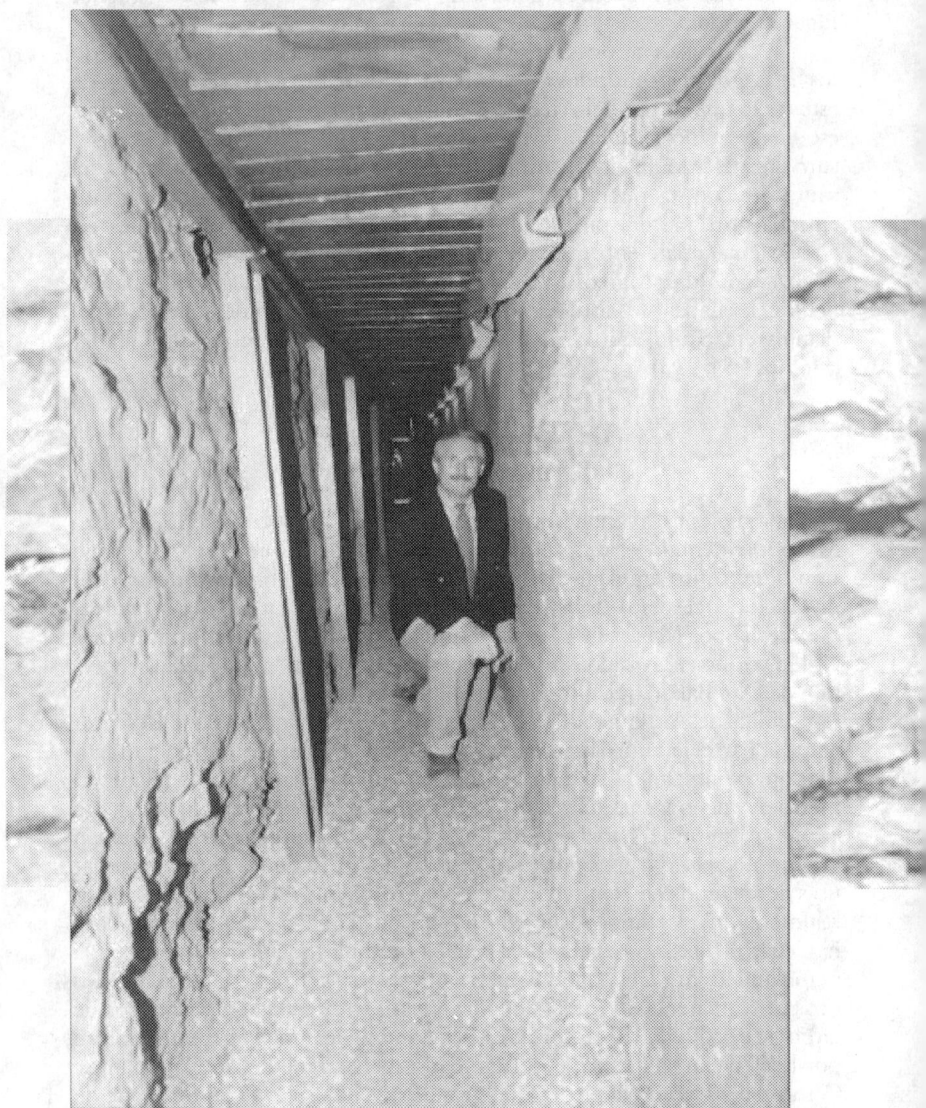

38. *Dentro del Túnel del Muro Occidental, de trescientos metros de largo. A lo largo del lado derecho hay una parte del muro de retención herodiano del Templo que ha quedado al descubierto.*

interior se parece mucho al interior del Arco de Wilson actual (aunque el
Arco de Wilson ha sido fechado en un período posterior). Sin embargo,
debido a una controversia con las autoridades musulmanas en 1981, la
puerta fue sellada y cerrada a todo acceso. Yo entré por vez primera al túnel
y visité la puerta en 1982, poco después de que fuera sellada. Desde entonces, he visitado el sitio muchas veces más, tanto con Dan Bahat, como con el
ya fallecido rabino Yehuda Getz, quien estaba involucrado en la excavación
de la puerta. Mis entrevistas con estos hombres, y con el también fallecido
Rabino Jefe Shlomo Goren (cuyas excavaciones clandestinas más allá de la
puerta de Warren hacia la Cúpula de la Roca musulmana provocaron los
disturbios que tuvieron por consecuencia el cierre de la puerta) han sido
publicadas en mi libro *In Search of Temple Treasures* ["En busca de los
tesoros del Templo"][23] y presentadas en el video que lleva el mismo título.

Hacia el extremo norte del túnel hay señales que revelan de dónde fueron sacadas las piedras (algunas de las piedras sólo están parcialmente cortadas). Inmediatamente después de la zona donde terminaba la calle original
hay un canal de agua y acueducto llamado Túnel Hasmoneo (aunque hay
quienes quisieran fecharlo en una época prehasmonea),[24] que desaguaba en
la Piscina del Estrutión, inmediatamente al norte de la antigua Fortaleza
Antonia (donde Jesús fue flagelado). Los palestinos protestaron por la apertura en 1996 de una nueva salida a este Túnel Hasmoneo, hecha para acceso
del público. En los disturbios que siguieron, murieron cincuenta y tres personas.

Una caminata por calles
de dos mil años de antigüedad

Mientras continúan las excavaciones en el Túnel del Muro Occidental,
las excavaciones en el extremo sur del muro fueron renovadas por el
arqueólogo Ronny Reich, de Jerusalén, en preparación para el 3.000º aniversario de Jerusalén (996 a.C.—1996 d.C.). Reich quitó los escombros que
habían en este sitio hasta llegar al nivel de la calle herodiana original. En
octubre de 1996, mientras se terminaban estas obras, hablé con Reich en este
sitio y él me dio el siguiente resumen del trabajo hecho por su equipo:

> Excavamos fuera de los muros del monte del Templo la calle
> principal de Jerusalén, que estaba pavimentada entre el monte
> del Templo y la Ciudad Alta, e incluía los barrios residenciales
> de la ciudad... Hemos sacado a la luz aquí una muestra de unos
> setenta metros de una calle que tenía por lo menos 500 metros
> de extensión; el largo original del monte del Templo... Sacamos
> a la luz los bordes de la calle en ambos lados y los restos de indi-
> cios de tiendas que se abrían hacia la calle desde el oeste. En el
> lado este había otras tiendas en las cuales la gente compraba y
> vendía toda clase de cosas que [serán determinadas] cuando
> examinemos lo que se ha hallado en ellas. Por el momento le
> puedo decir que se hallaron allí una gran cantidad de pesas de

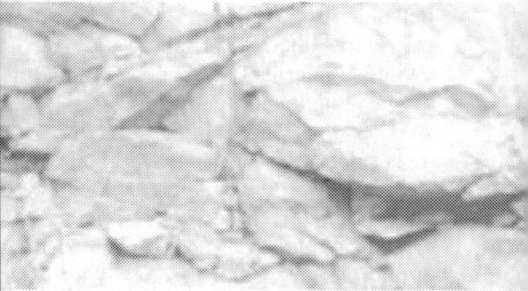

39. *Única foto conocida del interior de la Puerta de Warren antes de que fuera sellada.*

piedra para pesar los artículos, y ésta es la primera indicación de la actividad comercial que se producía aquí en esta calle. Si quiere, puede decir que es el centro comercial de Jerusalén... Hemos sacado a la luz esto fuera de la zona del monte del Templo; aunque es un lugar secular, es muy cercano al recinto sagrado del Templo, a pesar de hallarse fuera de él.[25]

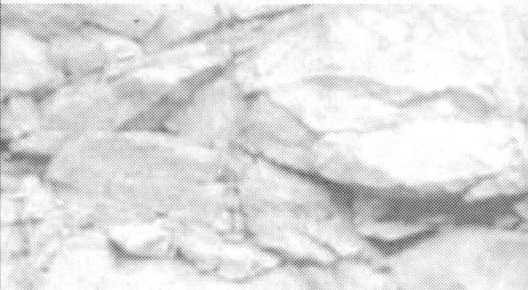

40. *La Puerta de Warren, tal como aparece hoy, después de sellada.*

41. Entradas de tiendas a lo largo de la calle de la época herodiana recién sacada a la luz en el Muro Occidental, donde se notan un montón de piedras procedentes de la destrucción del monte del Templo en el año 70 d.C. (extremo derecho) y unas baldosas quebradas en la calle (medio derecha).

Fue emocionante caminar por esta calle recién sacada a la luz, sabiendo que era uno de los primeros en hacerlo desde hacía dos mil años. También fue interesante detenerme ante las entradas de aquellas tiendas, dándome cuenta de que unas tiendas parecidas a éstas habían llegado a estar en el recinto santo del Templo y habían atraído la condenación de Jesús, haciendo que sacara de allí a los cambistas (Mateo 12:12-13; Marcos 11:15-17; Lucas 19:45-47; Juan 2:14-17). Hoy en día, esta calle antigua sigue repleta de grandes piedras procedentes del monte del Templo, dejadas allí a propósito para revelar la magnitud de la terrible devastación sufrida bajo los romanos. Estas mismas piedras cuentan su historia, tal como lo describe Ronny Reich:

> Decidimos quitar las piedras de una mitad de la calle y dejar las de la otra mitad con el propósito de conmemorar la destrucción de Jerusalén. Estas piedras gigantes pesan como promedio entre dos y cuatro toneladas; algunas son mayores, hasta pesar quince toneladas... Al parecer, los romanos desmantelaron los muros piedra por piedra... simplemente empujándolas desde las partes superiores del muro hacia la calle. En algunos lugares, estas piedras caídas quebraron las losas [las piedras con las que estaba pavimentada la calle]. Imagínese: diez toneladas de piedra que caen desde una altura de veinticinco metros. Este lugar es muy conmovedor para los judíos religiosos, que hacen duelo todos los años en el día noveno del mes de Abril [Thisha B'avivamiento], la [conmemoración de la] destrucción del Templo... Hemos hecho duelo año tras año durante dos mil años, pero aquí se puede ver y tocar la realidad.[26]

Son descubrimientos como éste los que hacen imposible creer a los revisionistas de la historia, quienes niegan que haya existido jamás el Templo judío. Más controversiales aún —y amenazantes para estos revisionistas— son las deducciones arqueológicas que localizan el propio Templo en el lugar donde se hallan las estructuras sagradas del Islam.

La localización del
Templo dentro del monte

La plataforma de diez hectáreas que domina hoy el monte del Templo no ha sido perturbada sustancialmente desde la última destrucción del Templo, y los arqueólogos están de acuerdo en que los Templos antiguos ocuparon una vez un lugar dentro de esta plataforma. La pregunta es dónde. Como está prohibida la investigación arqueológica en esta zona, sólo se pueden hacer deducciones basadas en las excavaciones cercanas y en informes sobre excavaciones que se hicieron en el Mateo en el siglo pasado. A lo largo de los años se han presentado una serie de teorías. Una de las más populares es la de Asher Kaufman, físico de la Universidad Hebrea. Basado en la lectura del tratado de la Mishná llamado *Middot* ("medidas"), y en

42. Lugar donde se hallaba el Templo judío, según Asher Kaufman, a unos cien metros de la Cúpula de la Roca, y en el lugar de la cúpula pequeña (en primer plano).

cálculos físicos, sitúa al Templo en la esquina noroeste de la plataforma actual, a unos cien metros de la Cúpula de la Roca musulmana.

Su teoría para situar el Templo se basa en la alineación entre la Puerta Oriental y la entrada del propio Templo, una supuesta parte del muro oriental del Templo (descubierta por Ze'ev Yeivín en 1970) y los cortes de los cimientos que parecen alinearse con el lugar donde en la actualidad se halla una cúpula musulmana conocida como la "Cúpula de las Tablas o de los Espíritus". Entre los problemas que presenta esta localización se hallan la presencia de un foso seco antiguo (rellenado por los romanos en el año 68 a.C.) inmediatamente al norte, y el antiguo valle de Beth Zetha al nordeste. Estos rasgos geográficos habrían limitado la construcción del Templo en este lugar situado al norte. Además de esto, no existen evidencias de que la Puerta Oriental del Templo estuviera directamente alineada con la entrada del Templo, ni de que la Puerta de Oro actual sea el lugar correcto de la antigua Puerta Oriental.

Otra teoría en dirección contraria es la de Tuvia Sagiv, arquitecto de Tel Aviv. Éste sostiene, a partir de rasgos arquitectónicos y de exploraciones con rayos infrarrojos que el Templo se levantaba más o menos donde se halla hoy la mezquita musulmana de Al-Aqsa, y que el Lugar santísimo estaba en el lugar donde se halla la fuente de al-Kas.

Sin embargo, el consenso entre los arqueólogos israelíes en cuanto a su localización favorece la idea tradicional de que el Templo se hallaba inmediatamente al oeste y al centro de la plataforma en el lugar que ocupa actualmente la Cúpula de la Roca. Las evidencias arqueológicas a favor de esta ubicación fueron presentadas por vez primera por Benjamín Mazar, director de las excavaciones en el monte del Templo, con la ayuda de Leen Ritmeyer, quien trabajó con las excavaciones durante dieciocho años como arquitecto jefe.[27] Ritmeyer, quien hoy en día encabeza su propia compañía de diseño arqueológico en Inglaterra, fue el primero en deducir lo siguiente:[28]

> Josefo nos dice que Herodes hizo un monte del Templo el doble de grande que antes. En el tratado *Middot* de la Mishná se nos dice que el monte del Templo era de forma cuadrada y medía quinientos codos de lado. Yo investigué un escalón en particular, situado en la esquina noroeste de la plataforma musulmana actual y con el uso de algunas fotografías antiguas, hallé que eran restos de un muro anterior. Mirando los planos, pronto me di cuenta de que este escalón era paralelo al muro oriental del monte del Templo a una distancia de 260 metros. Si se divide esa distancia por 500, se llega al codo [real] bien conocido, de un poco más de medio metro, que se remonta al período egipcio temprano. O sea, que me encontré con dos muros a una distancia de quinientos codos.
>
> A lo largo del borde actual de la plataforma norte, Brian Loren investigó la cisterna número 29, sobre la cual había informado Charles Warren un siglo atrás. Describe que en el interior vio una escarpa de roca bien cortada, que identificó como el límite norte de este monte del Templo preherodiano. Desde este punto de partida en el muro occidental, yendo a lo largo del muro norte a una distancia de 500 codos, llegamos al muro oriental, inmediatamente al norte de la actual Puerta de Oro. Desde ese punto se pueden proyectar 500 codos hasta donde hay una curva, debida probablemente a una construcción anterior que quedó profundamente enterrada bajo el suelo. También en el oeste, la puerta de Barclay tiene forma de L y el punto donde dobla está exactamente a 500 codos del muro oriental.
>
> O sea, que una vez localizados tres muros con sus esquinas, fue relativamente fácil completar el cuadrado y entonces tomar las medidas de este cuadrado y compararlo con el sitio actual. Éste resultó tener un tamaño que era exactamente el doble del anterior. Hay [otras] evidencias que apoyarían la ubicación de este primer monte del Templo, como los túneles subterráneos que llevan hasta arriba desde la Puerta Doble y la Triple, exactamente opuestas al muro preherodiano del sur. Al oeste, los túneles subterráneos de Barclay y Loren van hasta el muro occidental. Es decir, que creo haber hallado la ubicación del monte del Templo preherodiano.[29]

43. Maqueta del Segundo Templo herodiano (mirando de este a oeste).

Trazando un diagrama con estas conclusiones, Ritmeyer quitó artística-
mente después las expansiones posteriores hechas a esta plataforma por los
hasmoneos y por el rey Herodes, que se han identificado por medio de
excavaciones arqueológicas, y trazó las dimensiones de los diversos atrios del
Templo, tal como aparecen en la Mishná. Esto le permitió ubicar el templo
dentro de la plataforma de quinientos codos en el lugar donde se halla hoy
la Cúpula de la Roca (vea este diagrama y una identificación precisa de este
sitio en el próximo capítulo).[30]

La esperanza de nuevos descubrimientos

Por consiguiente, los trabajos arqueológicos recientes han hecho imposible negar la existencia del Templo judío en Jerusalén. La propaganda política y las rivalidades religiosas nos impiden actualmente hallar más evidencias sobre el Templo que seguramente se halla enterrado bajo la
plataforma actual, pero llegará el día en el que todo esto pertenezca al
pasado y podamos sacar a la luz las maravillas procedentes de los días de
gloria del Templo. Esta expectación se vuelve más especial aún por el hecho
de que éste fue el lugar donde Jesús dijo que las piedras iban a clamar. Tengamos abiertos los oídos, en la esperanza de que ese día va a llegar.

La arqueología y el Arca

¿Superstición sagrada, o artefacto antiguo?

Se han establecido paralelos al Tabernáculo a partir de fuentes arqueológicas y de otros tipos... Los recipientes chapados en oro y los santuarios portátiles también gozan de un grado comparable de antigüedad... En realidad, el concepto era muy cercano al del Arca del pacto hebrea, con la excepción de que esta última era el objeto más sagrado en los ritos y la adoración hebreas anteriores al exilio.[1]

— E. M. Blaiklock

La poderosa presencia del Arca del pacto sirvió para abrir el río Jordán, hacer que se derrumbaran las murallas de Jericó, destruir ciudades filisteas y matar israelitas irreverentes. Con esa clase de historia, el Arca estaba destinada a convertirse en la pieza central de guiones escritos para películas de Hollywood. Lamentablemente, esto ha permitido que alguna gente haya asignado este artefacto antiguo al ámbito de la superstición sagrada. También hay eruditos que consideran que el Arca sólo es una creación literaria; una ficción religiosa diseñada para un drama teológico. Otros dicen que los ejércitos de otras culturas del Oriente Medio llevaban las imágenes de sus dioses a la batalla, y creen que los israelitas o tomaron prestada, o compartieron esta mitología regional y llevaron su versión de esta práctica pagana (el Arca) a las situaciones difíciles.

En cambio, el relato bíblico demuestra que el Arca fue algo teológicamente exclusivo con respecto a otras culturas. Además de esto, los arqueólogos han hallado artefactos que son paralelos del Arca, lo cual le da credibilidad a su existencia. La arqueología también ha podido trazar una
descripción del Arca que es compatible con los datos bíblicos.

Veamos primero la descripción bíblica del Arca, y después veremos los
ejemplos arqueológicos que ilustran su diseño.

La descripción del Arca

El Arca del pacto (o Arca del testimonio) fue hecha con la forma de un
baúl rectangular, y tenía aproximadamente 1,2 metros de largo por 0,6 de
ancho y de alto.[2] Éste es el tipo de diseño que indica la palabra hebrea *'aron,*
que significa "caja" o "cofre".[3] Nuestra palabra "arca" procede directamente
del latín, y tiene este mismo significado. La parte inferior del Arca estaba
hecha de madera de acacia, lo cual da testimonio de que tuvo su origen en el
desierto, puesto que los árboles de acacia son nativos de la región del Sinaí.
Esta madera es tan extremadamente duradera, que en la versión griega del
Antiguo Testamento, llamada Septuaginta, se traslada la palabra como
"incorruptible" o "que no se descompone". A esta madera duradera iba aña-
dida una capa de oro, aplicada para protección práctica y por simbolismo
religioso. Según algunos, la madera estaba chapada (es decir, tenía panes de
oro superpuestos a ella).[4] Otros dicen que el texto hebreo indica que había
unas cajas delgadas de oro, tanto en el interior como en el exterior del cajón
original de madera, para formar algo parecido a lo que llamamos hoy una
"caja china".[5] De esta forma, el Arca habría sido en realidad un depósito de
tres capas (una caja de oro + una caja de madera + otra caja de oro).

*44. Maqueta del Arca del pacto preparada por Chaim Odem para el
Instituto del Templo, en Jerusalén.*

La parte superior del Arca era una tapa de oro especialmente construida que recibía el nombre de "propiciatorio" (en hebreo, *kapporet*, "cobertura"). Esta tapa plana servía para cerrar la caja y encajaba en un reborde o "corona" de oro que rodeaba las cuatro esquinas superiores de la caja exterior, y ayudaba a mantener la tapa en su lugar. Esto servía para ayudar a impedir que la tapa se cayera por accidente y quedara a la vista el interior del Arca mientras se la transportaba. La tapa de oro tenía encima dos criaturas aladas, llamadas "querubines". Al parecer, éstos estaban formados de una sola pieza sólida de oro. ¿Se trata de una descripción digna de confianza sobre un objeto real de la antigüedad? Una comparación con reliquias similares excavadas en el antiguo Oriente Medio ayudará a proporcionar una respuesta.

Paralelos arqueológicos del Arca

La palabra hebrea que traducimos como "arca" *'aron)* era usada también para designar a los ataúdes egipcios (Génesis 50:26), y algunos de nuestros mejores ejemplos de objetos semejantes al Arca proceden de Egipto. Por ejemplo, en Luxor, en el valle de los Reyes, los arqueólogos descubrieron la tumba del joven faraón egipcio Tutankhamen (1343-1325 a.C.).[6] Los objetos hallados en su tumba se hallan en exhibición permanente en el Museo de El Cairo, en Egipto. En esta tumba se halló un baúl semejante al Arca, hecho de cedro, con una longitud aproximada de 0,80 metros, y con varas para transportarlo que se deslizaban por anillos de bronce unidos al baúl por su parte inferior. También se halló un santuario más grande, formado por una caja rectangular de madera chapada en oro. La caja tenía también varas para cargarla, y había una imagen del dios Anubis en su parte superior. Además

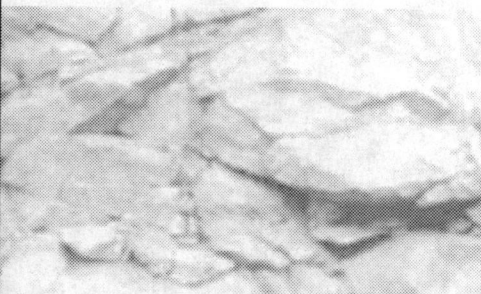

45. *Réplica en miniatura del Arca en la cual se muestra su construcción como una caja de tres capas. Dentro de la primera caja de oro se hallan las tablas de los Diez Mandamientos.*

de esto, muchos de los objetos estaban adornados por esfinges egipcias, que solían aparecer por pares; entre ellos, otra "arca". Sin embargo, en esta arca en particular, las esfinges están grabadas en los costados.

Muchas culturas del Oriente Medio adoptaron el concepto de los querubines del Arca, con sus atributos humanos y animales, para representar a los poderosos guardianes de los dioses. Encontramos ejemplos de esfinges, toros alados y grifos en Asiria, Babilonia, Grecia y Fenicia; no sólo en Canaán. Hay un ejemplar especialmente hermoso, hecho en marfil, procedente del siglo octavo o noveno a.C., que fue hallado en el palacio del gobernador asirio de Hadatu, en Aslan Tash, al norte de Siria.[7] Estos símbolos suelen aparecer como criaturas combinadas. Por ejemplo, en Egipto la esfinge es un hombre-león, mientras que en Babilonia la figura principal es un hombre-toro. En Israel se descubrieron figuras de querubines semejantes a las esfinges, y hechas en marfil, en las ruinas que formaron parte del palacio del rey Acab, en Samaria. Es difícil determinar hasta qué punto estas esfinges israelitas tardías podrían representar una descripción exacta de los querubines del arca. Al hacer la comparación con otras culturas del Oriente Medio, hallamos que las imágenes de criaturas aladas recibían la influencia de la mitología pagana local. En cambio, los querubines que estaban encima del Arca del pacto, según la tradición judía, tenían una forma exclusiva de ellos.[8]

La arqueología y el concepto del Arca

En la Biblia se describe el Arca como el lugar donde el Dios del cielo toca la tierra de los hombres. Por ejemplo, leemos sobre "el arca del pacto de Jehová de los ejércitos, *que moraba entre los querubines*" (1 Samuel 4:4, cursiva del autor; *vea también* 2 Samuel 6:2; 2 Reyes 19:15; Salmos 80:1; 99:1; Isaías 37:16). Por ese motivo se la llama con frecuencia "el *estrado de los pies*

46. *Un baúl semejante al Arca, hallado en la tumba de Tutankhamen (alrededor del 1334 a.C.).*

de nuestro Dios" (1 Crónicas 28:2, cursiva del autor; *vea también* Salmo 132:7-8). El arte antiguo de los vecinos más cercanos de Israel en Siria y en el propio Canaán ilustra este concepto.[9] En los relieves asirios y babilonios el rey suele estar acompañado por una representación de la divinidad de la nación, representada con un disco solar alado suspendido sobre la cabeza (así se hizo en el relieve del rey Darío, en el monte Behistún). En Byblos, Hamat y Meguido, los arqueólogos han hallado representaciones de un rey sentado en un trono con criaturas aladas junto a él.[10] Tienen un interés particular las imágenes similares a éstas que hay en los marfiles de Meguido, porque reflejan artesanía fenicia, como la utilizada en la construcción, tanto del Primer Templo como del Segundo (1 Reyes 5; Esdras 3:7). Es decir, que tal vez nos estén dando la representación más cercana al aspecto que tuvo el Arca. El propósito de este simbolismo estaba en denotar la categoría divina de la persona entronizada; mostrarlo montado en un carro celestial, asistido por una comitiva de seres celestiales.

La arqueología y el contenido del Arca

El arca contenía diversos objetos sagrados relacionados a la presencia de Dios con Israel en el desierto. Estos objetos debían servir como testigos del pacto mosaico para las generaciones futuras del pueblo judío. Los santuarios que eran sagrados para otras religiones del Oriente Medio tenían imágenes de sus dioses, pero como Dios les había prohibido a los israelitas que hicieran representaciones físicas de Él, la imagen divina era comunicada por medio de su Ley, que se hallaba dentro del Arca. Esta Ley estaba compuesta por diez palabras (los Diez Mandamientos), que habían sido grabadas en dos tabletas de piedra. Estas "tablas de la Ley" se convirtieron en uno de los objetos guardados dentro del Arca (2 Crónicas 5:10).[11] La versión de Hollywood sobre estas tablas suele ser exagerada. Intencionalmente o no, la representación cinematográfica de un hombre de ochenta años cargado con dos inmensas lápidas de piedra que pesan centenares de kilos, bajando con ellas por la ladera de una montaña rocosa, hace que la Biblia dé más impresión de fantasía que de realidad.

En cambio, la arqueología ofrece una imagen más exacta. Apoyados en el descubrimiento de tablas de piedra con inscripciones similares, podemos decir que lo más probable es que los Diez Mandamientos fueran grabados en lajas de piedra que no habrían sido mucho más grandes que la mano de un hombre.[12] Este tamaño se puede deducir de lo pequeña que era la propia Arca. Los sabios rabínicos Rabino Meir y Rabino Yehudah debatieron sobre el contenido del Arca; el primero decía que dentro del Arca se pusieron juntos las tablas de piedra y los rollos de la Torá. El segundo sostenía que en el año cuadragésimo de la estadía del pueblo en el desierto se añadió un estante a uno de los lados exteriores del Arca para poner allí el rollo de la Torá.[13] Comoquiera que haya sido, sólo unas tablas de piedra pequeña habrían podido caber dentro del Arca.

La arqueología también nos ayuda a comprender la razón por la cual se depositaron estas tablas dentro del Arca. En las culturas del Oriente Medio en tiempos de Moisés había la costumbre de poner los documentos legales y los acuerdos entre reinos rivales "a los pies" de su dios en su santuario. Este dios actuaba como guardián de los tratados y supervisaba su puesta en vigor. Los escritos egipcios nos proporcionan un ejemplo de esto en un pacto entre Ramsés II y Hattusilis III. Su acuerdo fue sellado depositando una copia del tratado a los pies de Teshup, el dios del rey hitita, y otra a los pies de Ra, el dios del faraón. De manera semejante, las tablas de la Ley puestas en el Arca estaban a los "pies" de Dios, puesto que el Arca era el estrado de sus pies.[14] Podemos ver otro posible ejemplo de esta costumbre en 1 Samuel 10:25, donde el profeta Samuel escribió los reglamentos del reino y los puso "ante Jehová"; esto es, a los pies del Arca. También es posible que el rey Ezequías estuviera actuando de acuerdo a esta costumbre cuando tomó las amenazadoras cartas del Rabsaces asirio y "las extendió delante de Jehová " (Isaías 37:14).

Una breve historia del Arca

El Arca del pacto fue construida en el monte Sinaí por el artífice Bezalel ben Uri ("A la sombra de Dios, el Hijo de mi Luz"), bajo la supervisión de Moisés. Fue transportada de un llevar a otro junto con el Tabernáculo durante los largos años que viajaron los israelitas hasta la Tierra Prometida, y a lo largo de los períodos de la Conquista y el asentamiento. Es posible que el Arca sirviera como sustituto de la experiencia de la presencia de Jehová en el Sinaí cuando los israelitas entraron en Canaán. Mientras que la presencia de Dios estaba visiblemente presente en el desierto, estaba representativamente

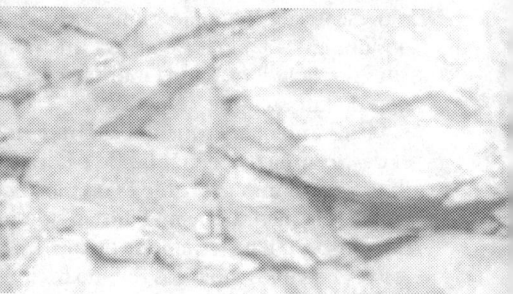

47. Uno de los querubines (o esfinges) de oro hallados en el palacio de Acab en Samaria.

presente en el Arca.[15] Cuando el rey David conquistó Jerusalén y la convirtió en la capital de la nación judía, transportó el Arca junto con el Tabernáculo hasta la ciudad. Cuando su hijo Salomón lo sucedió en el trono, construyó el Primer Templo y colocó el Arca sagrada en su parte más interior,
en un cuarto conocido como el Lugar Santísimo (1 Reyes 6:19).

En el Primer Templo, el sumo sacerdote se acercaba al Arca una vez al
año, en el Día de la Expiación, para llevar ante Dios la sangre del sacrificio
que obtendría otro año de indulto para los pecados de la nación judía.
Durante el reinado de Manasés, malvado rey de Judá, el Arca fue sacada
del Templo y se puso un ídolo en su lugar (2 Reyes 21:4-7). No sabemos
dónde se guardó el Arca durante todo este tiempo, pero volvió a aparecer
una generación más tarde, durante los tiempos del rey Josías, y fue
devuelta al Lugar Santísimo (2 Crónicas 35:3) después de que éste lanzara
una reforma e hiciera extensas reparaciones en las estructuras del Templo
(2 Reyes 22:1-7). Unos treinta y ocho años más tarde, el Primer Templo fue
destruido por el general babilonio Nabuzaradán (2 Reyes 25:8-9) y, aunque
los tesoros del Templo fueron llevados a Babilonia y regresaron más tarde
(2 Reyes 25:13-17; Esdras 1:7-11; Isaías 52:11-12; Jeremías 27:16-22; Daniel
5:2-4), nunca se mencionó el Arca entre estos objetos.

¿Ha descubierto la arqueología dónde se halla el Arca?

Desde el cautiverio babilónico hace dos mil quinientos años, el lugar
exacto donde se halla el Arca ha sido desconocido. Aunque persisten rumores de que el Arca del pacto ha sido hallada aquí o allí, no se han podido
presentar evidencias arqueológicas en apoyo de ninguna de estas afirmaciones. Sin embargo, en estos momentos es posible que seamos capaces de descubrir dónde descansó el Arca dentro del antiguo Lugar Santísimo. Si, tal
como vimos en el capítulo anterior, es posible deducir la posición del edificio
del Templo y de su Lugar Santísimo, entonces sería posible también situar
el lugar donde se hallaba el Arca dentro de esta estructura. Según fuentes
antiguas como Josefo y el tratado *Middot* de la Mishná, el Arca se hallaba
sobre una plataforma de piedra viva. En la tradición judía, esta plataforma
recibía el nombre d *'Even Ha-Shetiyah* ("la Piedra del Fundamento"), y en
árabe se la llama *es-Sakhra* ("la Piedra"). Según las investigaciones hechas
por Leen Ritmeyer, quien fuera jefe de arquitectos en las excavaciones en el
monte del Templo, y hoy dirige Ritmeyer Archaeological Design en Inglaterra, la inmensa roca que se halla dentro de la actual Cúpula de la Roca islámica tiene que ser la plataforma de piedra viva que estaba dentro del Lugar
Santísimo. Retmeyer explica la forma en que él llegó a esta conclusión:

> Me llevó veinte años darme cuenta. Estaba convencido de que
> el Templo tenía que haber estado en algún lugar de aquella
> plataforma. Comencé a mirar las medidas de la Roca y las
> medidas interiores del Templo. Sabemos que el interior del

Templo tenía veinte codos de ancho. El [Lugar] santo tenía cuarenta codos de largo y el Lugar Santísimo tenía veinte por veinte. Si se usan las medidas de los quinientos codos que presenta la Mishná, mediría aproximadamente diez metros y medio. Comparando esto con el tamaño de la Roca, vemos que la Roca es más grande que el Lugar Santísimo. Sin embargo, la Mishná *[Yoma* 5:2] dice que esta piedra se llama *'Even Ha-Shetiyah,* "La Piedra del Fundamento". ¿Por qué le habrían de llamar la Piedra del Fundamento? Porque si el Lugar Santísimo era más pequeño que la piedra, entonces ésta le habría servido de fundamento por lo menos a uno de los Templo. A partir de esa información, comencé a mirar más de cerca a la Roca como fundamento.[16]

Al mirar a la Roca, Ritmeyer comenzó primero eliminando las señales de excavaciones de los cruzados en la Roca. Éstos habían capturado el lugar de manos de los musulmanes en el año 1099 y lo habían convertido en una iglesia cristiana llamada *Templum Domini* ("el Templo del Señor"). Les atribuyó los cortes que presenta la Roca en sus lados norte, sur y oeste a sus acciones. Los cruzados pensaban que la roca desfiguraba el Templo del Señor y le dieron una forma que consideraron más aceptable en cuanto a tamaño, construyendo después un altar encima de ella. En 1187, cuando el califa Saladino recuperó para los musulmanes la Cúpula de la Roca, la halló cubierta con losas de mármol. Después de quitar las losas, se encontraron con que la Roca había sido mutilada. Esta mutilación incluía el ensanchamiento de una cueva y algunos túneles profundos cavados debajo de la Roca, lo cual podría indicar que los cruzados estaban tratando de hallar el lugar donde sospechaban que se escondía el Arca. La cueva natural situada debajo de la Roca fue identificada por ellos como el Lugar Santísimo, y allí conmemoraban la visita del ángel a Zacarías. Ensancharon dicha cueva con el propósito de usarla como capilla, y debido a las velas y el incienso que quemaban en ella, se vieron en la necesidad de abrir una chimenea vertical para la ventilación (ésta formó el agujero que presenta la Roca actualmente).

Es decir, que antes de que los cruzados desfiguraran la Roca, el nivel superior habría sido más grande y más plano. Ritmeyer midió entonces las zonas planas que tiene la Roca en su parte sur, y que identificó como zanjas de cimientos. Sus dimensiones combinadas estaban en perfecto acuerdo con el espesor conocido de los muros del Segundo Templo (seis codos o tres metros con quince centímetros). Estas zanjas de los cimientos revelaron la situación del muro sur del Lugar Santísimo. Entonces, el muro posterior habría descansado contra la firme escarpa de roca situada al oeste. El muro del norte habría estado adyacente al extremo norte de la propia Roca. Esta situación de los muros concuerda también con los cálculos hechos por Ritmeyer previamente acerca de la situación de la plataforma original del Templo. Así descubrió que la dirección que tomaba la zanja del oeste era virtualmente idéntica a la de los escalones, que él había identificado antes, y

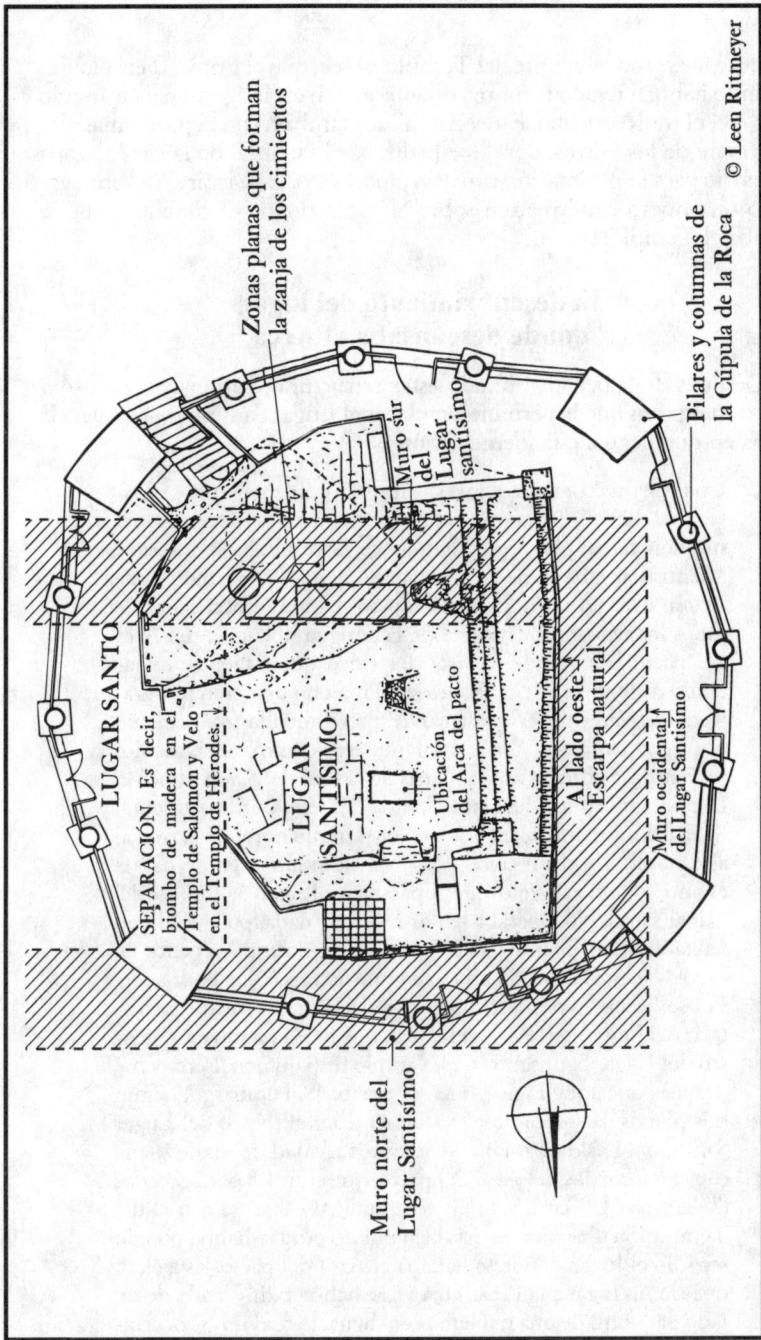

La ubicación del Lugar Santísimo dentro del Templo. En ella se indica el sitio donde puede haber estado el Arca y se compara con la ubicación de la Cúpula de la Roca en la actualidad.

Labels within the figure:

- Zonas planas que forman la zanja de los cimientos
- © Leen Ritmeyer
- Pilares y columnas de la Cúpula de la Roca
- Muro sur del Lugar santísimo
- LUGAR SANTO
- SEPARACIÓN. Es decir, biombo de madera en el Templo de Salomón y Velo en el Templo de Herodes.
- LUGAR SANTÍSIMO
- Ubicación del Arca del pacto
- Al lado oeste: Escarpa natural
- Muro occidental del Lugar Santísimo
- Muro norte del Lugar Santísimo

a la del muro este del monte del Templo. O sea, que el Primer Templo y el Segundo habrían tenido la misma orientación: su eje longitudinal en ángulo recto con el muro oriental. Este eje se alinea también con el punto más alto del monte de los Olivos, donde se realizaba el sacrificio de la vaca alazana (necesario para la purificación ritual: Números 19). Esto le sirvió a Ritmeyer como una nueva confirmación sobre el lugar donde él considera que se hallaba el Templo.

El descubrimiento del lugar
donde descansaba el Arca

Después de haber identificado estas estructuras, Ritmeyer comenzó a buscar más pistas que le permitieran ubicar el Lugar Santísimo. Así relata la forma en que llegó a esta identificación:

> Una vez que comencé a investigar este problema en la primavera de 1994, los secretos del *Sakhra* se me revelaron en una sucesión tan rápida, que algunas veces resultaba asombrosa. Mientras volaba hacia Israel, a más de nueve mil metros de altura, tuve un primer vistazo rápido del más espectacular de todos los descubrimientos, el de la antigua ubicación del Arca del pacto. Apartando la vista del video que estaban presentando durante el vuelo, saqué de mi maletín una gran fotografía del *Sakhra* y traté de rastrear de nuevo aquellas zonas planas que, por supuesto, me eran familiares como zanjas de los cimientos... Sobre las zonas planas de la foto del *Sakhra* tracé la línea del muro sur del Lugar santo... Tracé el borde occidental de la Roca y el muro del norte en el extremo norte de la roca al aire libre... También tracé una línea de puntos donde habría estado colgado el velo que separaba al Lugar Santísímo del Lugar santo. No esperaba hallar restos de nada, porque allí no había existido ninguna pared. Entonces, noté de repente en medio de este cuadrado un rectángulo oscuro. ¿Qué podría ser? Por supuesto, lo primero que me vino a la mente fue que se trataba del [lugar del] Arca del pacto, que había estado en el centro del Lugar Santísimo en el Templo de Salomón. Pero pensé después que aquello no podía ser cierto... [Sin embargo,] según mis planos, la sombra cae exactamente en el centro del Lugar Santísimo. Las dimensiones de esta concavidad de fondo plano coinciden con las del Arca del pacto, que eran 1,5 por 2,5 codos (79 cm por 131 cm), y su eje longitudinal coincidía con el del Templo. Su ubicación es más bien única, como lo habría podido ser sólo el lugar donde se hallaba el Arca del pacto. Está claro que sin un lugar plano así, el Arca se habría tambaleado de un lado para otro de una manera poco digna, lo cual no es concebible que se hubiera permitido.[17]

48. La "Piedra del Fundamento" (Sakhra), dentro de la Cúpula de la Roca musulmana, vista desde la escarpa norte. Observe la depresión rectangular identificada por Leen Ritmeyer como el lugar donde estuvo asentada el Arca del pacto durante el período del Primer Templo.

Es decir, que según Ritmeyer, esta depresión de la Roca servía como base para asentar el Arca dentro del Lugar Santísimo. No podía ser algo hecho por los cruzados, porque ellos cubrieron la Roca con losas para esconderla, y habrían puesto una estatua (sobre una base como ésta) en medio de la Roca, y no al norte de ella (donde habría estado esta depresión en aquellos tiempos).[18]

Podemos resumir las investigaciones de Ritmeyer en el diagrama que incluimos en este libro, y que fue dibujado por él mismo. El diagrama presenta una sección de norte a sur a través del monte del Templo herodiano y sus atrios, en relación con la Cúpula de la Roca que se halla allí en la actualidad. Se puede ver la piedra viva original, llamada "Sakhra", que era el punto más alto del monte Moriah, donde Abraham había ofrecido a Isaac, y donde el ángel de Jehová se había detenido en tiempos del rey David. Dentro se halla la cueva natural de tiempos de Salomón; su escarpa occidental el lugar donde se habría levantado el muro occidental. El suelo del Lugar Santísimo tiene una zona indentada donde habría estado situada el Arca del pacto en el templo de Salomón.

Aunque es imposible investigar arqueológicamente la Roca para confirmar las conclusiones de Ritmeyer, si él está en lo cierto, en estos momentos tenemos identificado por vez primera el lugar donde se hallaba el Arca del pacto. En este caso, la piedra de las piedras habrá clamado con evidencias de que el Arca existió realmente.

Reyes y profetas

Firmas sagradas hechas en piedra

Debido a la intensa investigación arqueológica, la Judea de la edad de Hierro es uno de los segmentos mejor conocidos dentro de la arqueología de Palestina.[1]

— Amihai Mazar

La parte final del siglo séptimo a.E.C. fue un tiempo próspero y trágico a la vez. Los estudios bíblicos y la arqueología están revelando juntos tantas cosas acerca de este período, que lo están convirtiendo en uno de los más conocidos en la historia antigua... La intensa labor realizada en el campo por la arqueología es la responsable de que el final del siglo séptimo y el principio de sexto a.E.C. sean tan bien conocidos.[2]

— Philip J. King

Una de las alegorías cristianas modernas más apreciadas es conocida como "Huellas en la arena". El relato nos recuerda que en los momentos más difíciles de la vida, cuando nos parece que caminamos solos y sólo vemos un par de huellas de pasos en la arena, Dios no ha estado ausente, sino que en realidad, nos ha llevado cargados.

Hubo también un tiempo en la historia de Israel, en el que parecía que Dios había dejado al pueblo escogido para que sobreviviera solo. Los israelitas habían decidido que los gobernaran reyes, en lugar de gobernarlos el Rey, y así fijaron su rumbo dentro del curso seguido por todas las naciones que habían pasado antes que ellos. Como consecuencia, se produjeron tiempos difíciles. Pero en estos tiempos de prueba para la nación, Dios no permitió que su pueblo viajara solo. Para guiarlos de vuelta al sendero debido, envió profetas y sacerdotes, algunos de los cuales dejaron "huellas" de sus propios pasos y, como veremos, dejaron hasta sus huellas dactilares en la piedra. Las "huellas" de sus pasos han dejado una impresión más firme que otros sucesos y personajes anteriores a este período —la edad del Hierro II (1000-596 a.C.)—, porque las evidencias arqueológicas descubiertas mejoran ampliamente a medida que nos movemos desde el final del reinado de Salomón por toda la época de la Monarquía.

Estas evidencias han mejorado nuestra comprensión del contexto, tanto nacional como extranjero, en el cual el pueblo de Israel vivió su fe. Un sitio que ha contribuido grandemente a nuestro conocimiento sobre el contexto extranjero es Tel Miqné, donde se hallaba la Ecrón de la Biblia, que era una de las principales ciudades de los filisteos y el centro de una importante industria de aquellos tiempos. Recientemente, un nuevo y sensacional descubrimiento en este sitio ha ayudado a los arqueólogos a tener más conocimientos sobre la presencia filistea.

El hallazgo de los filisteos

La identificación del pueblo filisteo

En la Biblia, los filisteos se hallan entre los enemigos más prominentes de Israel. Éstos surgieron de un grupo de pueblos del mar invasores procedentes del Egeo en el siglo doce a.C., y se convirtieron en el enemigo más formidable que tuvo Israel durante la época de los Jueces. Ocuparon un amplio lugar en la historia temprana de Israel, y cruzaron sus caminos con personajes como Sansón, Samuel, Saúl y David. ¿Quién no conoce los nombres filisteos de Dalila la tentadora o el gigante Goliat?

La zona habitada por los filisteos era la llanura costera del Mediterráneo, y su acceso a esta región, con excepción del breve reinado de Salomón, impidió que Israel desarrollara el comercio marítimo. También es posible que haya impedido algo más. Una de las principales rutas comerciales y militares, llamada primeramente "el camino de Horus" y posteriormente "la Vía Maris" ("el camino del Mar") pasaba por su territorio. Israel estaba llamado a ser testigo del Dios verdadero ante las naciones; las mismas naciones que acostumbraban utilizar aquella ruta. El hecho de que los israelitas no pudieran llegar a poseer este territorio significó que aquella función del pueblo de Dios quedó desatendida durante la mayor parte de la Monarquía. Aunque el rey David se las arregló para llevar al territorio filisteo al control de Israel en calidad de tributario (2 Samuel 8:11-12; 1 Reyes 4:24) y al parecer, Filistea fue obligada a pagar tributo en tiempos de Josafat, descendiente de David, 873-848 a.C. (2 Crónicas 17:11), los conflictos fronterizos entre los filisteos e Israel se seguían produciendo en tiempos de Acaz, 731-715 a.C. (2 Crónicas 28:18).

El hallazgo de una ciudad filistea

Una de estas poblaciones fronterizas, parte de una pentápolis de ciudades filisteas mencionadas tanto en las Escrituras como en los anales asirios, era la ciudad de Ecrón. Era la más antigua de las ciudades filisteas, construida en tiempos de los Jueces y totalmente destruida —lo más probable durante las guerras de David— alrededor del año 1000 a.C. Esto la hacía un importante sitio arqueológico para tener mayor conocimiento sobre los filisteos. Entre 1983 y 1997, la arqueóloga israelí Trude Dothan y el arqueólogo estadounidense Seymour Gittin trabajaron para sacar a la luz la historia enterrada en Tel Minqné, lugar del que estaban seguros de que se trataba de la Ecrón bíblica. Resumiendo la historia ya revelada de Ecrón, Gittin dice:

Sabemos también que alrededor del año 1000 a.C. los filisteos tuvieron una gran cantidad de problemas: la gente del interior, los habitantes de la Judea durante la Monarquía unida, estuvieron irrumpiendo en la llanura costera durante unos doscientos cincuenta años, tal como lo refleja la ausencia de información en Tel Mikné-Ecrón. [Durante este tiempo] los filisteos tuvieron una importancia relativamente menor; el poder político y económico de sus ciudades había disminuido. Pero alrededor del 700 a.E.C., con la llegada del imperio neoasirio, todo cambió. Ecrón volvió a ser urbanizada de manera repentina y se estableció un gran centro industrial de aceite de oliva. Durante este período de paz (la "Pax Syriaca"), que duró unos cien años, o hasta bien entrado el siglo séptimo, Ecrón prosperó hasta convertirse en uno de los grandes centros comerciales de la antigüedad.[3]

Al principio los arqueólogos sólo podían actuar sobre su corazonada de que aquel era el sitio bíblico. La situación geográfica en la unión de la llanura costera y la zona montañosa de Judá era la correcta. Los artefactos arqueológicos que iban apareciendo en el tel eran claramente filisteos. Aun así, después de catorce años de excavación, no se había encontrado nada que pudiera confirmar de manera definitiva que aquel lugar era Ecrón. Entonces, al final de la estación de 1996, el último planificado para la excavación, sucedió algo inesperado. Seymour Gittin relata los sucesos de aquel día:

Durante años habíamos estado buscando material con inscripciones, o escrito, en Ecrón... Ahora, cuando comenzamos a excavar en los inmensos edificios monumentales del [estrato del] siglo séptimo, fuimos especialmente cuidadosos cuando hallamos una piedra con forma de estela que habría tenido una inscripción. Año tras año, les habíamos dado vuelta a estas piedras, pero nunca habíamos hallado nada. En cambio, en el verano pasado, la persona a cargo del Campo 4, Steve Ortiz, de la Universidad de Arizona, se me acercó para decirme que teníamos

otra posible estela... Por favor, venga a examinarla; me parece
que hay algo rayado en esa piedra... Le eché un rápido vistazo y
le dije: "No; es como las demás". Después de tantos años de
desilusiones, pensaba que se trataba de otra desilusión más.
Entonces, unos cinco minutos más tarde, me volvió a llamar.
Habían limpiado con gran cuidado parte del segmento superior de aquella piedra y sí, allí estaban unas maravillosas líneas
grabadas en ella; una inscripción extranjera. Aunque la piedra
estaba al revés y cubierta por muchos escombros, se podían distinguir unas letras que tenían todo el aspecto de ser hebreo
antiguo o fenicio antiguo.[4]

Lo que habían encontrado los exploradores era una inscripción en piedra que confirmaba finalmente que estaban excavando en la ciudad bíblica
de Ecrón. Lo notable es que la piedra no sólo identificaba a la ciudad, sino
que también daba los nombres de dos de sus reyes. Nunca antes se había
hallado una inscripción así en Israel en un contexto histórico identificable. Gittin describe este monumental hallazgo y su importancia para los
estudios bíblicos:

[Este descubrimiento es] uno de los hallazgos más emocionantes que hemos tenido jamás, y no hay duda alguna de que
entrará en los anales de la arqueología del antiguo Israel como
uno de los hallazgos epigráficos más significativos, por lo menos
en el presente siglo. Con el hallazgo de esta piedra, en realidad
tenemos prueba de que se trata realmente del antiguo sitio
bíblico; de la ciudad filistea de Ecrón. Ahora, en cuanto al contenido de la inscripción, que está completa, ésta tiene cinco
líneas de setenta y una letras cada una. Esta piedra señala la
consagración de un santuario dentro del inmenso complejo de
edificios de un templo. En aquel momento, probablemente
alrededor del 690 a.E.C., era Aquish, hijo de Padi, tal como nos
lo indica la inscripción. Era el rey de Ecrón y había construido
este santuario para su diosa. La información hallada en este
texto, una vez que sea publicada, será sumamente importante
para nuestra comprensión sobre esta parte particular del
período bíblico. Por supuesto, la estructura misma se puede
fechar en función de esta última fase, porque sabemos que el
rey neobabilonio Nabucodonosor vino a Filistea en el 603
a.E.C. y destruyó a Ecrón... y con esta destrucción llega el fin de
la cultura material filistea. Lo que dice [este texto] entre otras
cosas es que estos reyes que conocíamos a partir de los anales
asirios fueron realmente los reyes de Ecrón. Ésta es otra razón
por la cual esta inscripción es única, porque por vez primera
tenemos una inscripción monumental con el nombre de un sitio
bíblico y de sus reyes in situ [en el mismo lugar de donde es] y
en un nivel de destrucción que se puede fechar. Reunamos todo

49. Los arqueólogos Seymour Gittin y Trude Dothan con la Inscripción de Ecrón, en el Instituto Albright de Jerusalén.

esto, y nos viene una palabra a la mente: única. Es un hallazgo muy poco corriente.[5]

Otro hallazgo poco corriente, que procede de la fase filistea final en Ecrón (que terminó en el 603 a.C.) Es una cobra de oro (conocida como *uraeus* [del griego "uraios", nombre egipcio de la cobra, N. del T.]), que formaba parte del tocado de una estatuilla. Esta estatuilla era una divinidad (o una figura real) egipcia asociada con su palacio de tipo neoasirio. Este tipo de influencia de religiones extranjeras fue uno de los factores que afectaron negativamente a los israelitas y convirtieron a los filisteos en una amenaza tan grande para ellos en su tierra.

Terminadas ya las excavaciones en Tel Miqné-Ecrón, ahora podemos seguir la influencia de los filisteos sobre Israel desde su principio hasta su destrucción a fines del período de la Monarquía.

El sitio más "peligroso" del país

Después de la muerte de Salomón en el año 922 a.C., el Reino unido que él había gobernado se dividió, y Jeroboam I comenzó a reinar sobre diez de las tribus de Israel en lo que se conoció como el Reino del norte (1 Reyes 11:29-37). Esta debilitación del gobierno centralizado favoreció los ataques extranjeros tanto contra el Reino del norte como contra Judá, el Reino del sur. Uno de los ataques contra Judá, que se produjo poco después de la muerte de Salomón, fue el llevado acabo por el faraón egipcio Shishak, quien saqueó los tesoros del Templo en Jerusalén (1 Reyes 14:25-26). En 1994 se encontró en Meguido una estela inscrita que llevaba su nombre.

Después de la división del Reino, Jeroboam I, el rey del norte, tenía miedo de que el pueblo de Israel regresara a la Casa de David, al sur (Jerusalén), porque el Templo estaba allí. Por eso, para que su pueblo pudiera adorar sin tener que hacer la peregrinación obligatoria a Jerusalén, Jeroboam I estableció dos centros de culto rivales en las ciudades de Dan y Bet-el, situadas en los extremos norte y sur de su reino (1 Reyes 12:26-29). Su símbolo rival para los dos querubines que estaban en Jerusalén sobre el Acta del pacto fueron dos becerros o toros de oro. Históricamente, este objeto de culto había precedido al Arca durante el Éxodo, y Jeroboam se aprovechó de esta prioridad cuando llamó a Israel a adorar en aquellos dos lugares (1 Reyes 12:28). El profesor Amihai Mazar explica:

> Creemos que los querubines del Templo de Jerusalén eran una especie de pedestal para el Dios invisible, así que tal vez el toro fuera un paralelo de los querubines en el santuario del norte. Por supuesto, no tenían el Arca del pacto en sí, pero tal vez se tratara de una especie de símbolo religioso de un dios invisible que tal vez estaba de pie sobre estos toros, o era llevado por ellos. [Los toros] simbolizaban fortaleza, poder, fertilidad y otras cosas más.[7]

Para los profetas de Dios, estos sitios se convirtieron en los más peligrosos del país, porque fomentaban una seducción idolátrica que terminaría llevando a Israel al desastre. Oseas proclamó la condenación de Dios contra el Reino del norte, precisamente por esta razón:

> Cuando Efraín [el Reino del norte] hablaba, hubo temor; fue exaltado en Israel; mas pecó en [la adoración de] Baal, y murió. Y ahora añadieron a su pecado, y de su plata se han hecho según su entendimiento imágenes de fundición, ídolos, toda obra de artífices, acerca de los cuales dicen a los hombres que sacrifican, que besen los becerros. Por tanto, serán como la niebla de la mañana, y como el rocío de la madrugada que se pasa; como el tamo que la tempestad arroja de la era, y como el humo que sale de la chimenea (Oseas 13:1-3).

Hoy en día, la arqueología ha hecho que estas palabras de Oseas adquieran nueva vida, al revelar algunas de las influencias contaminantes descritas por el profeta.

Las evidencias de la idolatría

Altares antiguos en lugares altos

Dan, el sitio de culto situado más al norte de los impuestos por Jeroboam, se halla al pie del monte Hermón, en las alturas de Golam, y ha sido excavado durante los últimos treinta y un años. Avraham Biran, quien ha dirigido estas excavaciones, dice: "Hallamos el santuario del que estoy convencido de que es el que construyó Jeroboam".[8] Esta identificación fue confirmada cuando Biran descubrió en 1976 en aquel sitio una inscripción que decía: "Al dios que está en Dan". Este lugar alto (llamado *bamah* en hebreo), mencionado en 1 Reyes 12:31, era una plataforma cuadrada (18,3 por 18,9 metros) hallada al lado noroeste del sitio. Situada en la parte superior de cinco escalones de sillar de piedra, esta plataforma era el lugar donde se hallaban los becerros de oro. Frente a ella había un largo altar de holocaustos, con sus cuernos. Es evidente que este lugar fue completamente destruido en una violenta conflagración (posiblemente bajo Ben-adad), pero se han hallado algunos objetos para los ritos del culto, como tres grandes pithoi decorados con serpientes retorcidas en relieve, una bañera de arcilla con una instalación de yeso que probablemente fuera usada para ceremonias de libación, un altar más pequeño con sus cuernos, una figurilla de Astarté y varias palas para incienso.[9]

Los becerros del culto idolátrico

¿Qué sucedió con los becerros de oro? Ésta es la conjetura de Biran: "Es posible que los becerros hechos de oro hayan conocido tiempos de guerra. Con todo lo que sucedió en aquella parte del país durante aquellos centenares de años, es posible que hayan desaparecido."[10] Aunque tal vez nunca se lleguen a descubrir los becerros de oro de Dan, los arqueólogos sí han hallado unas figurillas similares de toros sagrados en otros lugares del país. Por ejemplo, en 1990, Lawrence Stager halló un pequeño ídolo de bronce

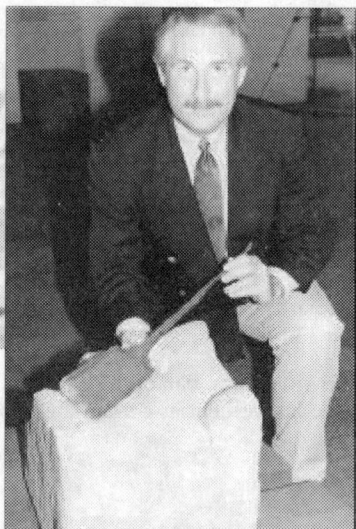

50. El autor con un altar para incienso y una pala para quitar cenizas, descubiertos ambos en Tel Dan.

en forma de becerro (que había sido pulido para que pareciera oro, junto con partes de plata) en los restos de un templo cananeo de Ascalón que fue destruido alrededor del año 1550 a.C. También se descubrió otro ídolo en forma de toro en un lugar alto de Samaria, la antigua capital del Reino del norte. Amihai Mazar, quien fue el que recuperó esta figurilla, recuerda su hallazgo:

> La hallé en un estante en un pequeño cuarto de colecciones de un kibbutz al norte de Israel. Un soldado, miembro de este kibbutz, la había encontrado por casualidad mientras hacía entrenamiento militar en las colinas del norte de Samaria. Cuando la vi, me di cuenta de que era un hallazgo de importancia. Es una estatua de bronce, bastante pesada, que tiene unos veintitrés centímetros de largo y la figura de un toro joven. El soldado me llevó a la colina y excavamos allí durante dos días... y encontramos en esta colina un gran círculo de piedras, y algunas vasijas rotas (siglo doce a.C.)... Es probable que formara parte de un sistema [ritual], del que se conocen más de doscientos cincuenta sitios de este tipo, aunque se ha excavado en muy pocos de ellos. Es probable que este lugar en particular fuera el tipo de sitio ritual que la Biblia llama *bamah,* un lugar alto sobre una colina y rodeado por una piedra levantada que es conocida como *matsebah.* Interpreté este lugar como uno de los ejemplos más tempranos de lugares de culto abiertos de este tipo que se pueden relacionar con los israelitas del período bíblico... Los israelitas se imaginaban que su dios invisible estaba de pie sobre un toro así. Es decir, que el becerro de oro tal vez representara este papel

en los templos de Dan y Bet-el, y la realidad de que halláramos un toro tan hermoso en un sitio que tal vez esté relacionado con las prácticas religiosas de los israelitas en este período temprano, tiene una gran importancia para la historia de este símbolo religioso en Israel.[11]

Los profetas dicen en sus escritos que la contaminación cúltica del norte fue total. Todos sus reyes estaban corrompidos y sus pecados sociales terminaron haciendo caer en condenación a la nación entera. El último rey del Reino del norte fue Oseas (732-722 a.C.). Como para proporcionarnos un vistazo sobre las influencias extranjeras que llevaron al reino a su condenación, la arqueología ha encontrado su sello real. Inscrito en hebreo con las palabras "perteneciente a Abdí, siervo de Oseas", el sello presenta una figura egipcia de pie sobre un disco solar (símbolo del dios Ra). El reino de Israel fue destruido en el año 701 a.C. por los asirios, quienes deportaron a la población y la sustituyeron con extranjeros, los cuales continuarían el conflicto religioso con Judá (convertidos en los samaritanos). Al final, la población del Reino del sur imitaría los pecados de sus vecinos del norte, pero como Judá había tenido una sucesión irregular de reyes piadosos, el pueblo fue librado de juicio por más de un siglo.

La erradicación de la idolatría

El último de los reyes buenos de Judá fue Josías, quien intentó detener la terrible apostasía creada por su impío abuelo Manasés. Reparó el Templo, barrió con los ídolos que había en los recintos sagrados, volvió a poner a los levitas al servicio del Templo y devolvió el Arca del pacto al Lugar santísimo (2 Crónicas 35:1-3). Sus reformas se extendieron a todo Judá con órdenes precisas de quitar del reino todo resto de idolatría (2 Crónicas 34:33). Hace poco fueron halladas evidencias de esta reforma en Ein Hatzeva, lugar identificado con el sitio bíblico de Tamar (Ezequiel 47:19).[13] En este sitio, en la cima de una colina cerca de la orilla sur del arroyo de Hatzeva, en la región desértica conocida como el Arabá (a unos cincuenta kilómetros al sur del mar Muerto), se descubrió un santuario edomita fechado al final del período del Primer Templo (tiempos de Josías). Situado cerca del gran circuito comercial conocido como la "Ruta de las especias", al parecer había funcionado como lugar alto junto al camino para ritos cúlticos, en el cual los viajeros podían acudir a sus dioses para pedirles un viaje seguro.

Las evidencias de la reforma se ven en que hay más de setenta objetos de barro y de piedra para el culto que fueron deliberadamente hechos añicos y que se hallan debajo de montones de las mismas piedras usadas para destruirlos. Entre aquellas reliquias destrozadas había altares, estatuas, incensarios, vasos para libaciones, cálices y pebeteros con forma de seres humanos. La destrucción intencional de un santuario tan al sur indica la extensión que tuvo la operación de "limpieza" religiosa llevada a cabo por Josías. Una acción de tanto alcance nos recuerda a nosotros en nuestra era de apostasía (1 Timoteo 4:1-3; 2 Timoteo 3:1-7) que si queremos ver un avivamiento en nuestros días, éste tiene que venir sin concesiones, y sin que un solo ámbito de los negocios, el comercio o el mundo del espectáculo quede intacto en nuestra búsqueda de la pureza (2 Corintios 6:14—7:1).

Evidencias de
la destrucción de Jerusalén

Las crónicas de Babilonia

Las reformas de último minuto hechas por Josías no fueron suficientes para rescatar al Reino del sur de la embriaguez de su idolatría. Una de las sorprendentes revelaciones que hacen las extensas excavaciones llevadas a cabo en Jerusalén es que se han descubierto más ídolos en esta ciudad sagrada, que en ningún otro lugar del país. Muchos de ellos eran figurillas de la fertilidad, lo cual señala la temible influencia de una cultura cananea aún difundida. No es de maravillarse que cuando los profetas describieran la santidad ideal de una Jerusalén futura restaurada, la describieran como un día en el cual "no habrá... más mercader [original hebreo: *"cananeo"*, N. del T.] en la casa de Jehová de los ejércitos" (Zacarías 14:21). Este hecho subraya la magnitud de los abominables actos de Judá, sobre los cuales los profetas predijeron que llevarían a Jerusalén a caer en manos de Nabucodonosor y el ejército babilonio.

Tenemos un testimonio arqueológico sobre algunos de los sucesos que rodearon esta caída, en dos tabletas de un grupo conocido como las Crónicas de Babilonia. Estas tabletas cuneiformes fueron compradas por el Museo Británico a fines del siglo diecinueve, pero no fueron traducidas hasta 1956. A diferencia de otras inscripciones de propaganda, destinadas sólo a resaltar la reputación de un conquistador, estas tabletas presentan un registro histórico real, escrito de manera sencilla y directa. Uno de los párrafos de esta crónica recoge el primer avance de Nabucodonosor contra Jerusalén:

> En el séptimo año, en el mes de Kislev, el rey de Babilonia reunió sus tropas y marchó contra Siria [Siria-Palestina]. Acampó contra la ciudad de Judá [Jerusalén] y en el segundo día del mes de Adar, tomó la ciudad y capturó al rey. Nombró allí un rey escogido por él, tomó su fuerte tributo y se los llevó a Babilonia.

Basándonos en nuestro conocimiento sobre los sistemas de los calendarios, obtenidos en otros hallazgos arqueológicos, las fechas indicadas en este informe se pueden transferir con precisión. La fecha en que Nabucodonosor reunió a sus tropas fue diciembre del 598 a.C., y la fecha de la invasión de Jerusalén fue el 16 de marzo del 597 a.C. el texto bíblico identifica al rey de Judá como Joaquín, y al nombrado por Nabucodonosor que lo sucedió, como Sedequías (2 Reyes 24:10-17). Esta tableta termina con un párrafo sobre el año 594 a.C., lo cual indica que la siguiente en la serie recogería los importantes años 587 y 586 a.C., fechas de la destrucción definitiva de Jerusalén y del Templo. Lamentablemente, la siguiente tableta que se ha recuperado comienza con sucesos que se produjeron en el 556 a.C. Tal vez se halle algún día la tableta perdida que se encuentra en el medio, pero sí tenemos otros descubrimientos que recogen algunos de los sucesos de aquellos fatídicos días.

Las cartas de Laquis

Hay unos óstraca conocidos como las Cartas de Laquis (586 a.C.), registro arqueológico que contiene un sombrío testimonio sobre el sitio y la conquista de la ciudad. Estos óstraca, recuperados en un cuarto cerca de la puerta de la ciudad de Laquis (Tel edh-Duweir), una ciudad de la Judea situada a sólo cuarenta kilómetros de Jerusalén, nos presentan algo del drama de aquellas horas finales. Hasta el patetismo emocional ha quedado conservado para nosotros. Un óstracon describe la petición de ayuda hecha por Ya'osh, el comandante militar de Laquis, en el último minuto, mientras se ven desaparecer las luces en el puesto cercano de Azekah, al llegar a él el temido ejército babilonio. Aunque escrito en el lenguaje acostumbrado de una comedida formalidad, podemos sentir su desesperación cuando escribe: "¡Quiera Jehová hacer que mi señor escuche nuevas de paz ahora mismo, ahora mismo!" Sin embargo, las nuevas de paz no llegaron, y los babilonios marcharon sobre Laquis, entraron en Jerusalén, capturaron la ciudad y la incendiaron (2 Reyes 25:8-10; Jeremías 39:8).

La torre israelita

La terrible caída de Jerusalén en manos de los babilonios sigue estando registrada en las piedras de la ciudad. En un profundo pozo (situado actualmente dentro del sótano de una escuela en el Antiguo Barrio Judío), lugar

51. *El arqueólogo israelí Hillel Geva, quien ha excavado en el Muro Ancho y la Torre Israelita, de pie junto a una sección de la Torre Israelita.*

que suelen pasar por alto los turistas, se hallan los restos de una estructura que vio la invasión de aquellos últimos días. Situada al norte mismo del Muro Ancho, la Torre Israelita, excavada por los arqueólogos israelíes Nachmán Avigad y Hillel Geva, es un remanente de las defensas que tenía la ciudad antigua. Los dramáticos restos que hay en este sitio muestran un grueso depósito de tierra quemada (una capa de conflagración) y numerosas puntas de flecha de hierro caídas, evidencias todas de la feroz batalla que tuvo lugar aquí en el perímetro norte en el año 586 a.C, mientras los arietes de los babilonios se abrían paso en este lugar e incendiaban a Jerusalén.

¡Bulas, bulas!

Dos hallazgos de importancia

Irónicamente, el mismo fuego que destruyó al Primer Templo también conservó de manera única una parte de su herencia. En 1982, en el nivel de la destrucción babilónica de la Ciudad de David (zona G), en la terraza inferior, al este de los restos de una casa israelita de cuatro cuartos, conocida como la Casa de Ahi'el, se descubrió un escondite con cincuenta y un "botones" pequeños de arcilla.[14] Cocidos y endurecidos por el fuego, estos "botones" eran en realidad antiguos sellos de arcilla con el nombre de su dueño escrito en ellos. Aunque el fuego destruyó los documentos de papiro en los cuales se habían puesto los sellos, el mismo fuego ayudó a conservar los sellos a lo largo de los tiempos. El nombre técnico de estos sellos es "bulas", por lo que el lugar donde fueron hallados es llamado "la casa de las bulas". Rara vez encuentra la arqueología artefactos que lleven el nombre de

52. *El sitio de una casa de cuatro cuartos en la Ciudad de David. La Casa de las Bulas, con sus cincuenta y un sellos, fue descubierta en un nivel más bajo, frente a esta estructura.*

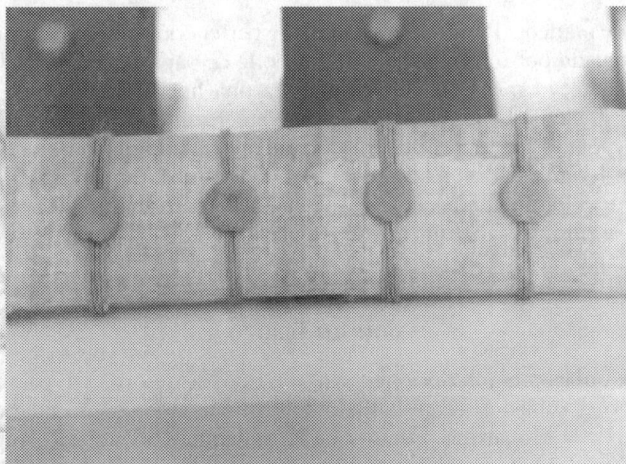

53. *Cuatro bulas o sellos de arcilla, tal como aparecerían en un documento de papiro. De izquierda a derecha aparecen los sellos de Gemaryahu en Shaffán (Jeremías 36:9-12), Berachyahu ben Neryahu, el Escriba (Jeremías 36:4), Azaryahu ben Hilkyahu (antepasado de Esdras) y Shefatyahu ben Tzafán.*

personas mencionadas en la Biblia, pero entre estas bulas se halló la bula de "Gemaryahu [Gemarías], hijo de Safán". Este nombre, que aparece varias veces en el libro de Jeremías, es el nombre de un escriba que servía en la corte del rey Joaquín (*vea* Jeremías 36:10-12, 25-26). Fue uno de los que le aconsejaron a Joaquín que no quemara el rollo de Jeremías, en el cual se hallaban sus profecías desde el 627 hasta el 605 a.C. (*vea* Jeremías 36:25).

Además de éstas, un grupo de más de doscientas cincuenta bulas inscritas aparecieron en 1975 en manos de un negociante árabe de antigüedades del este de Jerusalén.[15] También deben proceder de la Ciudad de David, y lo más probable es que fueran sacadas en alguna excavación ilegal y vendidas en el mercado negro. En esta colección se hallaba un sello con el nombre de Ismael, quien asesinó a Gedalías,[16] el gobernador interexílico de Judá nombrado por los babilonios después de la destrucción de Jerusalén. Otro sello tenía el nombre de "Berekhyahu [Baruc], hijo de Neriyahu [Nerías], el escriba".[17] Este Baruc era nada menos que el confidente y escriba personal del propio profeta Jeremías. Este hombre formó parte estratégica del drama durante los últimos días del Primer Templo, y en una ocasión ambos fueron "escondidos por Jehová" cuando el rey Joaquín los quiso arrestar (Jeremías 36:26). Pero iba a aparecer una revelación más emocionante aún acerca de este escriba.

Una bula con una huella dactilar

Se ha revelado recientemente que existía otra bula con el nombre de Baruc en una colección privada de Londres.[18] Sin embargo, este sello tiene una diferencia increíble. Tiene, conservada en la arcilla ahora endurecida, la huella de un dedo. Puesto que esta bula le perteneció a Baruc, él es quien la habría tocado por última vez al sellar el rollo de papiro que aseguraba. Por consiguiente, lo más probable es que sea una huella dactilar del propio Baruc.[19] ¿Quién sabe lo que estaba escrito en el rollo sellado por esta bula? Habría podido ser una copia del documento sellado de compra mencionado en Jeremías 31:14, o tal vez incluso una copia de las profecías de Jeremías. Fuera lo que fuera, con esta huella dactilar tendríamos ahora la imagen de la misma mano que ayudó a escribir uno de los libros de la Biblia.

Una tumba antigua
con un tesoro

Las bulas con inscripciones son un tipo de tesoro del pasado. Sin embargo, también se han hallado tesoros verdaderos procedentes del período de la Monarquía. Puesto que Jerusalén ha sido saqueada repetidamente (unas treinta veces) y durante siglos ha sido explorada por ladrones de tumbas y beduinos en busca de antigüedades para compradores extranjeros, nadie esperaba encontrar ningún tesoro enterrado en la ciudad. Pero en 1975 se descubrieron unas cuevas funerarias de la época del Primer Templo debajo de la escarpa rocosa sobre la cual se levanta hoy en día la Iglesia Escocesa de San Andrés. En 1979, las excavaciones en este sitio (llamado Ketef-Hinnom y situadas frente al valle de Hinom, mirando desde las murallas occidentales de la Ciudad Antigua) revelaron uno de los hallazgos más ricos encontrados jamás en Jerusalén. Entre los tesoros sacados de una tumba que se halla en este sitio, conocida como cámara de depósito 25, había un amplio surtido de joyas y otros artículos más. Gabriel Barkay, quien dirigió esta excavación, informa:

54. *La bula de Baruc, el escriba de Jeremías (las huellas dactilares están en la parte izquierda superior del sello).*

Dentro de esta cámara sola del depósito encontramos más de mil objetos, entre ellos más de trescientas sesenta vasijas de barro intactas, unos ciento veinte objetos hechos de plata y varias piezas hermosas de joyería, argollas, anillos, pendientes y unas ciento cincuenta cuentas de diferentes colores, además de materiales hechos en su mayoría de piedras semipreciosas... Un sello inscrito usado por un miembro de la burocracia de Jerusalén, probablemente un hombre al servicio de uno de los reyes de Judá... [También hallamos] cuarenta puntas de flecha hechas de hierro, algunas con el final torcido, lo cual significa que se las deben haber disparado a unos jerosolimitanos muy duros de cerviz.20

Cambios en
los libros de historia

Dejando a un lado el humor de Barkay, lo cierto es que la excavación les tenía más sorpresas, tanto a su equipo como a los historiadores bíblicos de todo el mundo:

Dentro de esta cueva también tuvimos algunas sorpresas. Dentro del depósito hallamos vasijas que demuestran que la cueva siguió estando en uso después de la destrucción del Templo de Salomón, durante el dominio de los babilonios sobre Jerusalén. Más aún, también encontramos una moneda de plata acuñada en la isla de Kos, en el mar Egeo, durante el siglo sexto a.C. Esta fecha es poco posterior al principio de la acuñación de monedas y demuestra que los habitantes de Jerusalén tenían contactos comerciales con el mar Egeo, y conocían este nuevo medio de realizar los intercambios. Esto cambia lo que está escrito en todos los libros de historia acerca de Jerusalén; en estos libros hay un vacío después de la destrucción. En Jeremías 40:41 hallamos un indicio de que llegaba a Jerusalén gente de Samaria y de las provincias del norte después de la destrucción del Templo para ofrecer incienso y presentar ofrendas en el lugar donde había estado el Templo destruido. Es decir, que la actividad del culto continuó en Jerusalén después de la destrucción del Templo, y es probable que viviera gente [judía] allí. Aquí en este lugar tenemos el uso continuo de una cueva funeraria con cacharrería que data del siglo sexto a.C., el tiempo del período exílico. Esto sirve de indicio sobre la continuación de la existencia de Jerusalén en un período en el cual ni siquiera pensábamos que existiera.[21]

Otra sorpresa que hizo una contribución significativa a la comprensión bíblica fue un descubrimiento hecho en otra cueva funeraria (la cueva 20). Explica Barkay:

La cueva 20 es una cueva funeraria con diversas cámaras y una sala central que tiene aperturas hacia cámaras funerarias por todos los lados. Lo interesante de esta cueva es el hecho de que se ha conservado parte del techo original. Si vamos a las conexiones bíblicas, encontraremos que se trata de una contribución importante, porque en el lugar donde se encuentra el techo con las paredes hay una cornisa angular. Esta cornisa angular mide exactamente dos palmos de altura y se proyecta desde la pared exactamente a un palmo de distancia, o sea, cuatro dedos. Ahora bien, en 1 Reyes 7:9-11 se menciona que Salomón hizo sus edificios de Jerusalén con bloques de sillar formados por piedras bien labradas que se habían aserrado, y que construyó las paredes de sus estructuras con estas piedras "desde el cimiento hasta los remates". El original hebreo dice "desde los cimientos hasta los *anchos de la mano*". El ancho de la mano tiene cuatro dedos y es [equivalente a] 1/7 de codo. O sea, que midieron estas cornisas con anchos de mano y matemáticamente todo encaja con exactitud con muchos otros paralelos hallados en cuevas funerarias que conservan este elemento.[22]

Este descubrimiento nos proporciona un ejemplo susceptible de medición con respecto a las prácticas de edificación utilizadas en los proyectos de construcción salomónicos, y probablemente en los siguientes, durante la Monarquía. También nos da las dimensiones exactas de un codo bíblico (que en este caso sigue al codo real, de unos cincuenta centímetros). Pero la mayor de todas las sorpresas aparecería en la cueva 25, tal como revela Barkay:

La cueva 25 fue dividida en zonas más pequeñas bajo la supervisión de Gordon Franz, de Nueva Jersey. Dentro estaba también Judith Headly, estudiante mía de Toledo, Ohio (quien hoy es profesora de la Universidad Villanova de Pennsylvania). Ésta me llamó y me enseñó un objeto que todavía estaba en el suelo, y que tenía el aspecto de una colilla de cigarrillo. Tenía un color gris purpúreo... Estaba hecho de hoja de plata pura al noventa y nueve por ciento, algo que tiene conexiones bíblicas, porque la Biblia habla de ser purificado siete veces, como la plata [Salmo 12:6]. Era una placa de plata enrollada para hacer un amuleto... Mientras se colaba la tierra de dentro del depósito después de las excavaciones hechas dentro, encontramos otro objeto de la misma naturaleza, enrollado para formar un pequeño cilindro. Cuando se desenrollaron aquellos dos objetos con enorme dificultad, durante tres años, encontramos que estaban cubiertos con unos caracteres en hebreo antiguo delicadamente grabados. La sorpresa era que la primera palabra que se identificó y descifró fue el nombre del Señor, el tetragrámaton, el nombre impronunciable que en algunas versiones

55. *Lámparas y cántaros pequeños in situ en la cueva 25 de Ketef-Hinnom, el tesoros más rico que se ha encontrado en Jerusalén.*

aparece como "Jehová". Descubrimos que en ambos amuletos tenemos un texto que es casi similar a Números 6:24-26, texto conocido como la bendición sacerdotal, que se ha utilizado en las oraciones judías y en la liturgia cristiana hasta nuestros días... Éstos son los versículos bíblicos más antiguos que poseemos, y son anteriores a los famosos rollos del mar Muerto en varios siglos. Y son los únicos versículos bíblicos que tenemos que se remontan a los tiempos de la dinastía davídica, los tiempos de la monarquía de Judá, los tiempos del período del Primer Templo. Es una sensación, porque no esperábamos encontrar jamás ningún texto escrito que se relacionara con el texto bíblico en un período tan temprano.[23]

Arqueología
por accidente

El descubrimiento de esta tumba tan extraordinaria y sin saquear es muy interesante. Barkay no había esperado encontrar semejante tesoro porque, cuando excavaron por vez primera en aquel sitio, había sido casi destruido por usarlo de cantera. La mayor parte de la cámara superior de esta tumba ha sido arrancada para usarla como piedra de construcción, y faltan el techo y las paredes. Cuando miraban al suelo de piedra desnudo, les parecía que todo lo que había estado antes en aquel cuarto había sido sacado mucho tiempo antes. Sin embargo, había un muchacho del lugar que andaba curioseando la excavación y seguía molestando a Barkay, de manera que éste decidió ponerlo a trabajar en algo que lo quitara del medio: barriendo el suelo de roca desnuda de la cueva 25. El muchacho, deseoso de agradarlo, hizo su trabajo demasiado bien. Barrió tan duro, que *abrió el suelo*. Y nadie lo notó hasta que él comenzó a sacar artefactos. Fue entonces cuando el grupo se dio cuenta de que el "suelo" no era tal suelo, sino el piso derrumbado de la cueva, que mucho tiempo atrás lo había enterrado todo y lo había escondido de todos los ladrones de tumbas hasta ese día. Así fue cómo aquel muchacho molesto se convirtió en la mayor bendición de toda la historia de la excavación.

¿Y el mensaje
de los profetas?

La arqueología ha revelado el escenario en el cual representaron sus papeles los reyes y los profetas de Israel dentro del drama divino. Ha revelado las huellas de sus pies, e incluso huellas dactilares en la piedra como evidencias físicas de su mensaje espiritual. Sin embargo, ¿es digno de confianza su mensaje, sobre todo el de los profetas? La arqueología ha revelado que los profetas sí hablaron, y que su mensaje se ajusta con exactitud al contexto histórico. No obstante, muchos expertos modernos ponen en tela de juicio el concepto de la profecía predictiva dentro de los mensajes de los profetas, porque esto exige que la persona crea en lo sobrenatural. En el próximo capítulo examinaremos la cuestión de la profecía predictiva y compararemos algunos de los mensajes de los profetas con el registro arqueológico, para ver si hay acuerdo o contradicción entre ellos.

Arqueología y profecía

¿Pueden manifestar las piedras lo sobrenatural?

El que anda en busca de la certeza en la religión se siente agradecido por la multiplicidad y por el detalle y la claridad de las profecías bíblicas.[1]

— Thomas Urquhart

La arqueología ha revelado mucho sobre el fondo social y político en el cual los profetas lanzaron sus estremecedoras profecías. La comprensión de este fondo les añade una nueva dimensión a la realidad y al significado del texto bíblico. El arqueólogo William Dever expresa este sentimiento con las siguientes palabras dichas en una entrevista:

> Para mí, lo que más me emociona con respecto a la arqueología es que nos capacita para leer la Biblia desde una perspectiva nueva. Cuando leo en uno de los libros de los profetas una descripción acerca de la vida diaria, en ese momento no estoy pensando sólo en lo que está diciendo el profeta. Estoy pensando en el siglo octavo a.E.C., y cómo eran las cosas en realidad para el israelita promedio. Cuando leo el texto, lo leo con una sensibilidad y una comprensión que sólo el conocimiento de la arqueología puede llevar al texto. Entonces, el texto cobra vida para mí de una forma nueva.[2]

Sin embargo, no todo el mundo comparte el entusiasmo de Dever. A pesar de estar menos preocupado por las palabras de los profetas que por su mundo, Dever admite que la arqueología revela que esas palabras tenían un contexto histórico demostrable. Para alguien que cree en la Biblia, llegar a darse cuenta de esto equivale a tener evidencias de la revelación sobrenatural de Dios dentro de la historia. En cambio, para el escéptico, nuestro mundo es un sistema cerrado en el cual no existe posibilidad alguna de intervenciones divinas contrarias al orden natural observable. No pueden imaginar que haya alguien capaz de creer que se pueden predecir los sucesos, y mucho menos, que estas predicciones se cumplan. Sin embargo, es imposible escapar al hecho de que las páginas de la Biblia están repletas de profecías. Desde el Génesis hasta el Apocalipsis, casi todos los libros contienen alguna predicción sobre acontecimientos futuros; centenares de ellas se han cumplido ya, y muchas otras esperan aún su cumplimiento. Estas profecías no están pintadas con golpes de brocha gorda, sino con todo detalle. Por esto, las posibilidades de que se cumplan sólo unos cuantos por azar son tan astronómicas,[3] que deben desafiar al escéptico a considerar el retrato sobrenatural que presentan. Y, como parte de la historia, los sucesos profetizados, aunque broten de lo sobrenatural, se pueden revelar aún en las piedras.

El período de los profetas

El período en el cual se afirma que los profetas le ministraron a Israel tiene el apoyo de numerosas evidencias en monumentos e inscripciones. Sin hacer acepción de personas, los profetas llamaban a contar a reyes y plebeyos por igual, apartándolos de la idolatría cuando les hacían caso a las advertencias de Dios, pero sufriendo con ellos en el exilio cuando se resistían al llamado de Dios. La arqueología puede mostrar las razones prácticas que provocaban las acusaciones de los profetas, revelan los lugares que fueron tema de las profecías e identifican a los que no hicieron caso de las predicciones. De esta forma, puede ofrecer algunas evidencias sobre la realidad de las propias profecías.

La razón de ser de las profecías

En el Oriente Medio antiguo, en el cual las culturas que rodeaban a Israel tenían todas numerosos dioses, el contexto de la fe de Israel se convertía con frecuencia en una competencia entre dioses nacionales. En esta batalla por las creencias, el dios cuyas cosechas prosperaran, o cuyo ejército triunfara, era considerado el más poderoso. Teológicamente, ésta fue una de las mayores amenazas sobre el pueblo de Dios y, lamentablemente, era una guerra espiritual que perdía con frecuencia (vea Jeremías 11:13). Los profetas de Israel tenían que luchar con naciones que les decían a los israelitas que su incapacidad para resistirse a la imposición del pago de tributos, o incluso el exilio, por parte de poderes más fuertes, demostraba que su Dios era inferior *(vea* 2 Reyes 18:32-35; Ezequiel 36:20). Los profetas respondían explicando que el Dios de Israel no se sometía a las normas paganas de soberanía. Decían que en realidad, la difícil situación por la que pasaba Israel era prueba de la fortaleza de Dios, porque había sido Él quien había llevado a los extranjeros a invadir a Israel para castigar a su pueblo por sus pecados. Los poderes extranjeros que exiliaron a Israel sólo fueron las varas de la ira de Dios (Isaías 10:5-11; *vea también* 2 Reyes 24:2-3; Habacuc 1:6-11). Por tanto, el Dios de Israel retaba a las naciones para que pusieran a prueba a sus dioses. Sus profetas anunciaban cuál era la prueba que demostraría sin dejar lugar a dudas quién era realmente soberano:

> Alegad por vuestra causa, dice Jehová; presentad vuestras prue-
> bas, dice el Rey de Jacob. Traigan, anúnciennos lo que ha de
> venir; dígannos lo que ha pasado desde el principio, y pondre-
> mos nuestro corazón en ello; sepamos también su postrimería, y
> hacednos entender lo que ha de venir. Dadnos nuevas de lo que
> ha de ser después, para que sepamos que vosotros sois dioses; o
> a lo menos haced bien, o mal, para que tengamos qué contar, y
> juntamente nos maravillemos... ¿Y quién proclamará lo veni-
> dero, lo declarará, y lo pondrá en orden delante de mí, como
> hago yo desde que establecí el pueblo antiguo? Anúncienles lo
> que viene, y lo que está por venir" (Isaías 41:21-23; 44:7).

Según el profeta Isaías, la profecía como prueba está destinada tanto a "deshacer las señales de los adivinos y enloquecer a los agoreros", como a "despertar la palabra de su siervo y cumplir el consejo de sus mensajeros" (Isaías 44:25-26). Después, Isaías ofrece evidencias de que Dios podía aceptar su propio reto, presentando una notable profecía que sería verificada en la historia posterior.

Una prueba
sobre la profecía

La prueba que Isaías presenta es el edicto de Ciro, el rey persa que permitió que los judíos regresaran a Judá y reconstruyeran el Templo de Jerusalén (2 Crónicas 36:22-23; Esdras 1:1-11):

> Del norte levanté a uno, y vendrá; del nacimiento del sol invo-
> cará mi nombre; y pisoteará príncipes como lodo, y como pisa el
> barro el alfarero (Isaías 41:25).

Se estaba refiriendo a Ciro, quien tuvo su origen al este ("el nacimiento del sol") de Babilonia (Persia), pero vino atacando desde el norte para ejercer soberanía sobre unos gobernantes que no se le resistieron (tal como lo simbo-
liza el poder del alfarero sobre el "lodo" y el "barro"). A pesar de esto, a fines del capítulo 44 y principios del 45 hay una mención mucho más definida:[4]

> Dice de Ciro: Es mi pastor, y cumplirá todo lo que yo quiero, al
> decir a Jerusalén: Serás edificada; y al templo: Serás fundado.

Así dice Jehová a su ungido, a Ciro, al cual tomé yo por su mano derecha, para sujetar naciones delante de él... (Isaías 44:28, 45:1).

Según la cronología interna del libro de Isaías, esta predicción fue hecha más de ciento cincuenta años *antes* de su cumplimiento. Es única en su precisión; no sólo describe la invasión de Babilonia por Ciro, sino que proporciona detalles como el nombre personal de Ciro (Isaías 44:28; 45:1), acciones relacionadas con el Templo (Isaías 44:28) y la liberación de los exiliados judíos (Isaías 45:13). Este último suceso está en acuerdo total con la profecía de Jeremías acerca de que la cautividad de Israel terminaría al cabo de setenta años (Jeremías 25:12). A la luz de esta notable prueba de que Dios es quien controla la historia, Isaías concluye con esta declaración divina: "Yo Jehová; este es mi nombre; y a otro no daré mi gloria, ni mi alabanza a esculturas. He aquí se cumplieron las cosas primeras, y yo anuncio cosas nuevas; antes que salgan a luz, yo os las haré notorias" (Isaías 42:8-9). Dios no sólo salió airoso de su propia prueba, sino que se da por supuesto que ningún otro la podrá superar jamás: "¿Quién lo anunció desde el principio, para que sepamos; o de tiempo atrás, y diremos: Es justo? Cierto, *no hay* quien anuncie; sí, no hay quien enseñe..." (Isaías 41:26, cursiva del autor).

¿*Pro*-fecía,
o *post*-fecía?

Los expertos no conservadores alegan que Isaías no escribió esta profecía antes de que fuera cumplida. Dividen su libro en un "Primer Isaías" (capítulos 1-39), fechado en los tiempos de Isaías (740-680 a.C.) Y un "Segundo Isaías" (capítulos 40-66), fechado mucho después de aquellos tiempos (después del 536 a.C.). La razón por la cual se propuso inicialmente esta división era la premisa racionalista de que al persa Ciro sólo lo habría podido mencionar un autor que conociera este acontecimiento como historia ya pasada. De esta forma, todas estas "profecías" de la Biblia fueron juzgadas como *vaticinium ex eventu* ("profecía hecha después [del cumplimiento] del suceso").

No hay evidencias literarias ni arqueológicas que apoyen la división de los mensajes de Isaías, y yo he defendido su unidad desde el punto de vista arqueológico en mi libro *Secrets of the Dead Sea Scrolls* ["Secretos de los rollos del mar Muerto"]. Sin embargo, cualquiera que sea la fecha que una persona les atribuya a los capítulos 40-66, lo cierto es que los capítulos 1-39 también contienen profecías predictivas (7:16; 8:4, 7; 9:12; 13:17-20; 37:33-35; 38:8). Además de esto, el hecho de nombrar concretamente a las personas en profecías predictivas no está restringido a esta circunstancia (vea, por ejemplo, al rey Josías mencionado trescientos años antes de su nacimiento: en 1 Reyes 13:2; compare 2 Reyes 23:15-17). También, la predicción sobre Ciro tenía el propósito de darles ánimo a los israelitas que comprendían la profecía de Isaías sobre la destrucción a manos de los babilonios y la cautividad. No habrían recibido consuelo alguno, y mucho menos seguridad, sobre una liberación prometida, si la profecía hubiera sido ambigua, o proclamada después de sucedidos los hechos.[4] Hay quienes proponen incluso que este estímulo se extendía al propio Ciro. Aunque no podemos validar la tradición, el historiador Josefo escribió en el siglo primero que Ciro se sintió impulsado a decretar la liberación de los judíos cuando se le mostró esta misma profecía de Isaías (*Antigüedades de los judíos* xi. 1.2:5-6).

En cambio, es sencillamente imposible armonizar la idea del *vaticinium ex eventu* con la exigencia bíblica de que toda profecía que *no* se cumpla, no es una profecía *verdadera* (Deuteronomio 18:22).[5] Si todas las profecías israelitas eran presentadas "después de los hechos", ¿cómo se podía sostener que el cumplimiento de una profecía era la prueba decisiva de que el Dios de Israel era distinto a los dioses de las naciones? ¿Acaso no podían proclamar profecías los profetas de las otras naciones después de pasados los hechos? En cambio, la capacidad para profetizar *antes* de los hechos es presentada constantemente como prueba autorizada de la intervención de Dios y de la inspiración divina de las Escrituras. En el Nuevo Testamento continúa como la señal de autenticidad de la función mesiánica de Jesús, puesto que una de las responsabilidades del Mesías consistía en desempeñar el papel de profeta (Deuteronomio 18:15-19; Hechos 3:22, 26; compare Mateo 21:11). Si las profecías no eran proclamadas antes de los sucesos que se afirmaba que predecían, entonces cualquiera se podría proclamar profeta. Sin embargo, es la profecía predictiva la que sirvió como la cualidad distintiva de aquél que hablaba en nombre de Dios.

La arqueología y las profecías cumplidas

La profecía acerca de Ciro

La persona y la historia personal de Ciro II son bien conocidas a partir de los escritos históricos de Herodoto llamados *Las guerras de los persas,*[7] Jenofonte,[8] la *Crónica de Nabonides*[9] y el *Relato en versos persas.*[10] Su primera campaña militar contra el rey lidio Creso en el 546 a.C. se halla insinuada también en la predicción de Isaías (Isaías 45:3). Después, el 12 de octubre del 539 a.C., Ciro lanzó una invasión contra Nabonides, rey de Babilonia. Tanto Herodoto como Jenofonte describen la forma en que Ciro había sitiado la ciudad, pero los babilonios se burlaban de su acción, puesto que habían almacenado reservas durante años, debido a que habían esperado por mucho tiempo una invasión de los persas. La arrogancia de estos babilonios bien provistos está descrita en el libro de Daniel. Éste escribe que más de mil nobles se dedicaron a celebrar un gran festín en los mismos momentos en que Ciro y su ejército acampaban en las afueras de los muros de la ciudad (Daniel 5:1), hecho señalado también por Herodoto y Jenofonte. Daniel no menciona aquí a Nabonides, sino a su hijo Belsasar, cuyo papel quedó confirmado con el descubrimiento arqueológico de una inscripción cilíndrica en una de las cuatro esquinas del zigurat de Ur. En esta inscripción de

Nabonides, procedente del siglo sexto a.C., Belsasar *(Bel-shar-usar)* es llamado primogénito de Nabonides y es incluido en la oración del rey, acto reservado sólo para la realeza.[11] En el banquete de Belsasar se utilizaron algunos de los vasos sagrados traídos del Templo de Jerusalén, tal vez para demostrar que los dioses de Babilonia eran superiores, a fin de levantarle la moral al pueblo (Daniel 5:2-4). Esta acción en sí era predictiva con respecto a sucesos futuros, puesto que se había profetizado que Ciro era el que derrotaría a Babilonia y restauraría estos vasos a su lugar (Esdras 1:7-11; Isaías 52:11-12). Después de interpretar el misterioso escrito que apareció en una pared durante el banquete, Daniel profetizó que Babilonia caería en manos de Ciro (Daniel 5:28). El propio Daniel indica que esta profecía fue cumplida aquella misma noche, y el ejército persa invadió la ciudad en un ataque sorpresivo. Herodoto y Jenofonte confirman la afirmación de Daniel acerca de una invasión rápida e inesperada, en su descripción de la forma en que ésta se produjo. Escriben estos autores que el ataque tuvo lugar después de que el ejército persa desviara las aguas del río Éufrates, lo cual hizo que el cauce del río, que pasaba por debajo de los muros de la ciudad, se vaciara y quedar accesible para las tropas. De esta manera, Ciro subió al trono y cumplió la antigua profecía de Isaías y la profecía contemporánea suya de Daniel.

El decreto de Ciro

En el primer año de su reinado (538 a.C.), Ciro emitió un decreto que permitía que los cautivos judíos regresaran a Jerusalén y reconstruyeran el Templo:

> Así ha dicho Ciro rey de Persia: Jehová el Dios de los cielos me ha dado todos los reinos de la tierra, y me ha mandado que le edifique casa en Jerusalén, que está en Judá. Quien haya entre vosotros de su pueblo, sea Dios con él, y suba a Jerusalén que está en Judá, y edifique la casa a Jehová Dios de Israel (él es el Dios), la cual está en Jerusalén. Y a todo el que haya quedado, en cualquier lugar donde more, ayúdenle los hombres de su lugar con plata, oro, bienes y ganados, además de ofrendas voluntarias para la casa de Dios, la cual está en Jerusalén (Esdras 1:2-4).

Existen documentos antiguos que nos revelan que las leyes de los medos y los persas eran inalterables y difundidas. Tal como Alan Milard ha observado, "dondequiera que estaba el rey persa, estaba el gobierno, porque todo dependía de su ley. O sea, que cuando anunciaba algo, había que llevarlo a todas las partes de su imperio que fueran afectadas."[12] Esdras da ejemplo de esto, citando la ley en la cual el rey Darío maldecía a los que trataran de alterar la ley de Ciro en la que se protegía a los judíos que habían regresado para reconstruir el Templo (Esdras 6:1-12). En 1973, unos arqueólogos franceses hallaron una gran estela persa en un templo griego de Xanthos, Turquía. Está escrita en arameo, griego y licio, y es muy similar en su estructura al decreto que recoge Esdras.

Los arqueólogos no han hallado aún una copia del decreto de Ciro, tal como lo conserva el Antiguo Testamento. Sin embargo, sí han descubierto un cilindro de piedra escrito en caracteres cuneiformes que proporciona unos paralelos persas significativos a ciertos aspectos del relato bíblico.

56. *El Cilindro de Ciro, donde se presentan los edictos de este rey persa en un lenguaje similar al de los libros bíblicos de Esdras y 2 Crónicas.*

El cilindro de Ciro

Este escrito cuneiforme es conocido como el Cilindro de Ciro. Su texto comienza de manera muy parecida al que aparece en la Biblia; Ciro le atribuye a su dios Marduc el que lo haya escogido para una labor especial y lo haya exaltado a una posición determinada para realizarla. También es similar a la profecía de Isaías en el hecho de que Ciro observa que su dios "pronunció el nombre de Ciro, rey de Anshan, [y] pronunció su nombre para que gobernara al mundo entero".[13] De una forma muy similar, Dios llamó a Ciro por su nombre y lo proclamó gobernante (Isaías 45:1-2). Isaías había dicho que Ciro, en su condición de ungido de Dios (literalmente, "mesías"), "cumpliría todo lo que [Dios] quería" (Isaías 44:28). En el cilindro, Ciro proclama que los dioses "Bel y Nebo aman" su gobierno y quieren que sea rey "para complacer sus corazones".[14]

Mayor interés aún tienen las afirmaciones del cilindro acerca de la política persa con respecto a pueblos cautivos como los israelitas, y los objetos rituales suyos que habían sido saqueados:

Yo [les] devolví ciudades sagradas al otro lado del Tigris, cuyos santuarios han estado en ruinas por largo tiempo, cuyas imágenes [solían] vivir dentro de ellos, y establecí para ellos santuarios permanentes. [También] reuní a todos sus [antiguos] habitantes y [les] devolví sus lugares de habitación. Además, volví a establecer bajo el mando de Marduk, el gran señor, a todos los dioses de Sumer y Acad que Nabonides ha traído a Babilonia para enojo del señor de los dioses, sin recibir daño alguno, en sus [antiguas] capillas, los lugares que los hacían felices. Que todos los dioses a los que he vuelto a establecer en sus ciudades sagradas les pidan diariamente a Bel y Nebo una larga vida para mí, y que me recomienden... a Marduc, mi señor, y que digan esto: Ciro, el rey que te adora, y Cambises, su hijo, [...] a todos ellos los establecí en un lugar pacífico.[15]

Los babilonios habían capturado los vasos sagrados del Templo de Jerusalén y los habían llevado a Sinar, donde se hallaba su templo (Daniel 1:2). Esto estaba de acuerdo con la costumbre que tenían los conquistadores de llevarse las estatuas de los dioses de las ciudades conquistadas, a fin de demostrar el poder superior de sus propios dioses. También habían profanado estos vasos al burlarse del Dios de Israel (Daniel 5:1-4). Ciro, en armonía con la política persa reflejada en el Cilindro de Ciro, respetó a los dioses de los cautivos extranjeros y devolvió todos los vasos del Templo cuando permitió que los judíos regresaran a su tierra y reconstruyeran el Templo (Esdras 1:7-11). Este pasaje revela que los persas habían mantenido un inventario preciso de estos objetos (5.400, ó 5.469 según la Septuaginta), y se los devolvieron a los israelitas. Tanto Isaías como Jeremías habían profetizado que aquellos vasos serían devueltos desde Babilonia sin sufrir daño alguno (Isaías 52:11-12; Jeremías 27:16-28:6). Cuando Ciro le entregó los vasos al sacerdote Sesbasar de Judá (Esdras 1:7-11), cumplió estas profecías.

Éste no es el único ejemplo en el cual la arqueología ha confirmado el cumplimiento de las profecías bíblicas. Los profetas del Antiguo Testamento, y Jesús en el Nuevo, pronunciaron juicios que, según ha revelado la pala del arqueólogo, se cumplieron al pie de la letra.

La profecía sobre Nínive

Leemos en la Biblia esta profecía contra la ciudad de Nínive: "Heme aquí contra ti, dice Jehová de los ejércitos. Encenderé y reduciré a humo tus carros, y espada devorará tus leoncillos; y cortaré de la tierra tu robo, y nunca más se oirá la voz de tus mensajeros" (Nahum 2:13). Sofonías predijo también que Nínive quedaría totalmente desolada, y sólo serviría de habitación para las bestias del campo y las aves del aire (Sofonías 2:13-15).[16]

Nahum lanzó su profecía en el 663 a.C., y Sofonías pronunció la suya en el 625 a.C., en unos momentos en los cuales el imperio asirio se hallaba en el punto más alto de su poder. Por imposible que les haya parecido su cumplimiento a quienes los escucharon, y por inexplicable que haya sido para los historiadores desde entonces, lo cierto es que la gloria de Asiria se desvaneció en el olvido en el año 612 a.C., y nunca se volvió a oír hablar de ella, exactamente como estaba predicho. Las excavaciones llevadas a cabo por Sir Henry Layar en la década de 1850 en las ruinas del palacio de Senaquerib en Nínive confirman que en aquel sitio todo había sido quemado, saqueado o destruido. Halló a Nínive totalmente desierta, con la excepción de gacelas, chacales y hienas, animales que, según él observó, hacían sus guaridas en los costados del estéril montículo que una vez fuera esta antigua ciudad.

En las Crónicas de Babilonia nos ha quedado una descripción histórica de la muerte repentina de Nínive. Una tableta, el escrito del rey babilonio Nabopolasar, dice cómo éste formó un ejército de coalición de babilonios, medos y escitas y dominó a la ciudad después de un corto sitio de sólo tres meses. Nahum había predicho incluso esta coalición, detallando concretamente los escudos pintados de rojo y las túnicas que acostumbraban usar los medos y los babilonios, así como las guadañas unidas a los ejes de sus carros (Nahum 2:3). Después de que estos ejércitos tomaran Nínive, unos cuantos oficiales huyeron con el rey a otra ciudad, pero fueron capturados más tarde. Hoy en día, todavía tenemos los restos de unas cuantas de las naciones antiguas, como Egipto, Grecia y Roma. En cambio, no hay nación asiria. Hasta la llegada de la arqueología, estaba perdida para la historia, una pérdida hoy recuperada como evidencia del cumplimiento de las predicciones hechas por los profetas.

La profecía sobre Tiro

Una de las profecías menos corrientes tiene que ver con la antigua ciudad-estado fenicia de Tiro, que se hallaba situada en la costa del Mediterráneo, cerca de la ciudad moderna que lleva su nombre, en el Líbano. Bajo el rey Hiram (980-947 a.C.), Tiro había prosperado hasta tal punto, que Salomón había importado trabajadores y materiales para la construcción del palacio de David y del Templo (2 Samuel 5:11-12; 2 Crónicas 2:3, 7-16).

El profeta Ezequiel profetizó contra Tiro entre los años 592 y 570 a.C. Como sucede con lo proclamado acerca de Ciro y de Asiria, las profecías de Ezequiel acerca de Tiro son igualmente detalladas y concretas:

> Por tanto, así ha dicho Jehová el Señor: He aquí yo estoy contra ti, oh Tiro, y haré subir contra ti muchas naciones, como el mar hace subir sus olas. Y demolerán los muros de Tiro, y derribarán sus torres; y barreré de ella hasta su polvo, y la dejaré como una peña lisa... Porque así ha dicho Jehová el Señor: He aquí que del norte traigo yo contra Tiro a Nabucodonosor rey de Babilonia, rey de reyes, con caballos y carros y jinetes, y tropas y mucho pueblo. Matará a espada a tus hijas que están en el campo, y pondrá contra ti torres de sitio, y levantará contra ti baluarte, y escudo afirmará contra ti... Y robarán tus riquezas y

saquearán tus mercaderías; arruinarán tus muros, y tus casas
preciosas destruirán; y pondrán tus piedras y tu madera y tu
polvo en medio de las aguas... Y te pondré como una peña lisa;
tendedero de redes serás, y nunca más serás edificada; porque
yo Jehová he hablado, dice Jehová el Señor (Ezequiel 26:3-4,
7-8, 12, 14).

Muchas naciones participaron en el cumplimiento de esta profecía. La
destrucción de Tiro comenzó, tal como había predicho Ezequiel, con el rey
babilonio Nabucodonosor (versículo 7). Éste sitió la ciudad de tierra firme
durante trece años (585-572 a.C.) y la destruyó. Después, en el 332 a.C., Alejandro Magno sitió la ciudad situada en la isla durante seis meses. Finalmente, la capturó construyendo un camino de sesenta metros de ancho a
través del estrecho hasta la isla, usando la tierra y los escombros de la ciudad
destruida que estaba en tierra firme. Tal como Ezequiel lo había predicho,
Alejandro tiró las piedras y las vigas de sus escombros en el agua (versículo
12). Aunque la ciudad se recuperó algo después de estas destrucciones,
nunca recuperó su categoría anterior. Nuevamente fue atacada y destruida
casi por completo por los musulmanes en el año 1291, con lo que se cumplió
finalmente la profecía de que "nunca más sería edificada" (versículo 14).

La Tiro actual es un pueblo de pescadores con un puerto, construido en
la costa al sur del antiguo lugar. La Tiro antigua es hoy una piedra desnuda
que usan los pescadores locales para extender sus redes y ponerlas a secar,
tal como Ezequiel había dicho (versículos 4 y 14). Sus imponentes muros y
puertas ya no existen (versículo 14), aunque el antiguo camino construido
por el ejército griego aún permanece, siendo como los demás detalles, un
testimonio del cumplimiento concreto de la profecía de Ezequiel.

Lo mismo podemos decir de profecías lanzadas contra muchos otros
sitios antiguos, como Babilonia, Menfis, Tebas, Moab-Amón y Petra
(Edom). Los arqueólogos han descubierto y siguen descubriendo aún las
dramáticas ruinas de muchos de estos sitios (como los templos y las tumbas
de Tebas, y el altar y el lugar alto de Petra). En algunos casos se han construido ciudades modernas cerca de estos sitios antiguos, pero su presencia
sólo sirve para confirmar las profecías del pasado. Por ejemplo, se usaron
piedras tomadas de las ruinas de Menfis para construir la ciudad actual de
El Cairo. En estos momentos se está reconstruyendo en el sitio de Babilonia,[18] pero aún permanece, como los demás lugares, deshabitada y mayormente en ruinas, en armonía con las profecías antiguas.

La profecía sobre
el monte del Templo

En los evangelios leemos que los discípulos de Jesús se quedaron admi-
rados ante la belleza del Templo, que se hallaba todavía en construcción
(Mateo 24:1-2; Marcos 13:1-2; Lucas 21:5-6). Herodes el Grande había
comenzado su reconstrucción y sus sucesores en la dinastía se sintieron obligados a contribuir también a este proyecto, el cual en cuanto a ellos, era más

57. *Excavaciones al sur del Muro occidental, donde se notan los escombros de la destrucción del año 70 d.C. en la calle herodiana, rota por el impacto de las piedras lanzadas desde la zona del Templo, que se halla encima.*

58. El Muro occidental (de las Lamentaciones), remanente antiguo de un muro de retención para la plataforma del Templo herodiano.

asunto de política que de piedad. Cuando los discípulos estaban señalando las piedras que se habían acabado de poner en el Templo, Jesús hizo un pronunciamiento profético inesperado: "¿Veis todo esto? De cierto os digo, que no quedará aquí piedra sobre piedra, que no sea derribada." Las palabras de Jesús se cumplieron cuando el ejército romano, al mando de Tito, hijo del emperador Vespasiano, irrumpió en los recintos del Templo y lo incendió en el año 70 d.C. las excavaciones arqueológicas realizadas al pie del monte del Templo, sobre todo en las esquinas oeste y sur, han revelado gráficamente la destrucción masiva producida por los romanos. En una sección de la antigua calle herodiana que seguía al muro occidental del Monte por su parte exterior, se descubrieron montones de escombros empujados desde la zona del Templo que se halla encima, en excavaciones dirigidas por Ronny Reich en los años 1995 y 1996. A pesar de estas evidencias, hay algunas personas que se han preguntado cómo se puede considerar cumplida la profecía de que "no quedaría piedra sobre piedra", cuando aún permanecen muchos restos del antiguo complejo de edificios del Templo (por ejemplo, el Muro occidental y su túnel, la monumental escalinata del muro sur y sus puertas doble y triple). Leen Ritmeye, quien ha dirigido décadas de investigación en el monte del Templo, responde a esta objeción:

> Si se lee el texto de Mateo, el sitio al cual [los discípulos] señalaban eran los edificios del Templo. Lea el texto exacto: "los edificios del Templo". Los únicos edificios que yo conozco que pertenecieron al Templo eran [los] edificados alrededor de él y de los pórticos. Y ciertamente, todos estos edificios que se levantaban en el monte del Templo fueron destruidos sin que quedara piedra sobre piedra.

Es evidente que Jesús se estaba refiriendo a estos edificios (incluyendo el propio Templo) que se hallaban dentro de la inmensa plataforma de apoyo. No habría tenido presentes otras estructuras, como los muros de retención, con sus cimientos de piedra al nivel de la calle junto a la plataforma, ni siquiera la plataforma misma (que también ha permanecido intacta). La arqueología ha confirmado que hoy en día no queda rastro alguno de estos edificios del Templo, aunque es posible que algunas de sus piedras hayan sido puestas a un uso secundario en los muros y las casas de la Ciudad Antigua de Jerusalén. No obstante, ninguna de ellas sigue estando en su lugar original. De hecho, después de destruir el Segundo Templo, los romanos araron en el monte del Templo y levantaron sobre él estructuras paganas (que fueron destruidas también más tarde). Durante el período bizantino (siglos cuarto a séptimo d.C.), todo el sitio fue dejado desolado deliberadamente, por la creencia de que la profecía de Jesús era una maldición contra él y prohibía toda reconstrucción en el futuro.

Es interesante que los historiadores aún no hayan sido capaces de llegar a una conclusión exacta en cuanto a la razón por la cual los romanos destruyeron el Templo. Hay relatos en conflicto que dicen que Tito dio órdenes concretas de no destruirlo, mientras otros sostienen que el fuego comenzó de manera accidental. Se cree que este fuego derritió el oro que cubría las paredes interiores de los edificios, haciendo que fuera a depositarse en las hendiduras de las piedras. Esto habría hecho necesario que los soldados tiraran abajo las piedras para sacar el oro. Sin embargo, recuerdo la respuesta que dio Isaiah Gafni, mi profesor judío ortodoxo de historia del período del Segundo Templo en la Universidad Hebrea de Jerusalén, cuando nuestra clase llegó a un punto muerto con respecto a estas teorías. Esto es lo que dijo: "Bueno, tal vez Jesús tuviera razón". Y por supuesto que la tenía, porque la explicación definitiva de esta profecía y de todas es que Dios planificó los hechos y los llevó a cabo.

La arqueología desde la perspectiva profética

Por lo general, los actores de la historia no estaban conscientes de que formaban parte de un drama profético. Ciro no comprendía que tanto su nacimiento como su papel habían sido predichos por el profeta Isaías cuando, como parte de su política exterior, decretó la liberación de los judíos y su regreso a Judá. Tampoco había conciencia alguna de la profecía de Jesús sobre el Segundo Templo cuando el emperador romano Vespasiano y su hijo Tito enviaron sus piedras cuesta abajo, una tras otra. No obstante, cada uno de ellos formó parte de un cumplimiento del cual dan evidencia hoy los restos arqueológicos que han documentado sus actos. La arqueología no puede mostrar por sí misma ni en sí misma lo sobrenatural. Esto sólo les corresponde a las Escrituras. Sin embargo, cuando se aceptan las declaraciones proféticas y se contemplan las piedras desde esta perspectiva, su interpretación puede ofrecer un ejemplo y una comprensión mayores del drama profético.

B. B. Warfield, teólogo cristiano reformado, les dijo en cierta ocasión a sus estudiantes que se podían contemplar sus estudios teológicos como quien contempla una ventana.[19] Se podía ver solamente el vidrio, o se podía mirar a través de él, hasta el mundo que revelaba más allá de sí. Muchos de los que estudian las piedras sólo ven el lado de vidrio de la historia. Para ver más allá un mundo determinado por el Dios de los profetas, es necesario contemplar cada artefacto a través del lente de las Escrituras. Quienes lo han hecho, han descubierto todo un mundo nuevo; un mundo que le añade la emoción de la expectación a cada nuevo hallazgo arqueológico. Han dejado de ser piezas de una historia impersonal para convertirse en fragmentos del cumplimiento de una historia sobrenatural en la cual la conclusión lleva consigo una promesa personal para la persona que tiene fe.

La arqueología y un milagro

Leer entre las grietas

El escepticismo excesivo de muchos teólogos liberales no surge de una evaluación cuidadosa de los datos disponibles, sino de una enorme predisposición en contra de lo sobrenatural.[1]

— Millar Burrows

Obtuve una comprensión nueva de la interpretación bíblica cuando aprendí a leer los "espacios en blanco" de la Biblia. Por supuesto, lo normal es que leamos las palabras que hay en la página, pero hay más de lo que parece a simple vista. Los espacios en blanco son los que no están escritos, pero con frecuencia existe la posibilidad de que sucediera algo entre las palabras del texto que ocupa la página. Esto es lo que la gente llama "leer entre líneas".

Ejemplo de esta forma de leer es el que se halla en Génesis 4:17. Allí leemos que "Caín tuvo relaciones con su esposa". ¿Y de dónde había salido *ella*? Si sólo nos apoyamos en las palabras escritas en la página donde está este texto, llegaremos a la conclusión de que sólo había cuatro personas vivas en la tierra, y las otras tres eran los padres de Caín [Adán y Eva] y su hermano Abel. Sin embargo, leemos más tarde, en Génesis 5:4, que los padres de Caín "tuvieron otros hijos e hijas" durante un período de ochocientos años. O sea que, leyendo entre líneas, podemos comprender que cuando Caín se casó, lo hizo con una de sus hermanas o primas. Las Escrituras son selectivas en cuanto a lo que dicen, así que a veces somos *nosotros* los que tenemos que llenar los vacíos, basándonos en la comparación con otros textos o en nuestro conocimiento de los sucesos históricos. Estas cosas son las que llenan los espacios en blanco de la Biblia.

Cuando nos volvemos a la arqueología y tratamos con las piedras, tenemos que cambiar la metáfora. En lugar de leer entre líneas, tenemos que leer entre grietas. Uno de los valores que tiene la arqueología es el de que puede proporcionar detalles históricos que faltan en el texto bíblico. Al permitirnos "leer entre grietas", la arqueología nos ayuda a coordinar datos bíblicos e históricos acerca de personas, lugares y sucesos que de otra manera habrían sido desconocidos, y de esta forma, demostrar la certeza de unos pasajes considerados inciertos.

Los milagros de la Biblia

Tal vez no haya pasajes que se consideren más "inciertos" en nuestra escéptica era, que los que se refieren a lo milagroso. Con respecto a la arqueología y lo milagroso, W. F. Albright hizo una vez la siguiente observación:

Aunque la arqueología puede aclarar de esta forma la historia y la geografía antiguas de Palestina, no puede explicar el milagro básico de la fe de Israel, que sigue siendo un factor exclusivo dentro de la historia del mundo. Pero la arqueología sí puede proporcionar una inmensa ayuda en cuanto a hacer el milagro racionalmente plausible para una persona inteligente cuya visión no se encuentre acortada por una visión materialista del mundo.[2]

La Biblia no sólo registra historia, sino que recoge también lo milagroso dentro de la historia. Sin embargo, la mayoría de los arqueólogos ven los milagros como expresiones de la fe religiosa, y no como algo cuya validez se pueda apoyar en la historia real. A pesar de esto, ¿sería posible que en el ámbito de los milagros, la arqueología también nos pueda ayudar a leer entre líneas y afirmar lo que se creía imposible certificar en el ámbito de la historia? Para responder a esta pregunta, veamos primero la naturaleza de los milagros que aparecen en la Biblia.

La naturaleza de los milagros de la Biblia

Cuando la gente piensa en los milagros relacionados con la Biblia, suele pensar en la zarza ardiendo que vio Moisés y en el Mar Rojo que se abrió. Estos milagros se podrían clasificar como de "primera clase"; es decir, sucesos extraordinarios que manifiestan la intervención divina en cosas humanas o naturales. Se los debe mantener separados de los milagros de "segunda clase", que representan la gracia de Dios común y corriente que se nos da para la vida diaria.

La frecuencia de los milagros en la Biblia

También necesitamos comprender la frecuencia con la cual aparecen milagros de primera en la Biblia. Muchas personas tienen la idea de que la Biblia es una colección de cuentos de hadas, porque asumen que lo milagroso aparece en todas sus páginas. Sin embargo, cuando buscamos milagros en ella, descubrimos que suceden con bastante poca frecuencia, y sólo en ciertos períodos determinados de la historia. De hecho, sólo hay cuatro períodos breves durante los cuales se produjo esta actividad: 1) durante los tiempos de Moisés y Josué (1441-1370 a.C.), cuando Dios estableció su nación; 2) durante los tiempos de Elías y Eliseo (870-785 a.C.), cuando Dios estaba estableciendo a sus profetas; 3) durante los tiempos de Daniel (605-538 a.C.), cuando Dios estaba estableciendo a su pueblo en el exilio; y 4) durante el ministerio de Jesús y sus apóstoles (28-90 d.C.), cuando Dios estaba estableciendo su Iglesia.[3]

En cada uno de estos períodos se produjeron milagros durante períodos clave de transición histórica y establecimiento nacional. Los milagros se producían como señales necesarias para inaugurar cada nueva época, a fin de autenticar el mensaje de Dios y sus mensajeros y de instruir a los que observaban los sucesos. Si tenemos en cuenta los miles de años que Dios se ha estado relacionando con el hombre, es sorprendente que se haya limitado tanto en el uso de lo milagroso. Sin embargo, la escasez de milagros no tiene el sentido de restarle importancia a lo milagros, sino que es para hacer notar que los milagros tienen propósitos concretos. Muchos, si no la mayoría de los milagros presenciados en tres de los cuatro períodos de transición estaban asociados con juicios sobre los enemigos de Israel (Egipto, la idolatría, Babilonia). Sólo durante el cuarto período, el de Jesús y los apóstoles, los milagros sirvieron sobre todo para confirmar.

Tomemos ahora como ejemplo, un milagro que se produjo durante el reinado de Ezequías, el cual tuvo lugar durante el segundo de los períodos de milagros que hemos señalado (el de los profetas). ¿Ofrece la arqueología algún tipo de apoyo histórico para la declaración teológica de la Biblia sobre lo milagroso?

Examinemos un suceso milagroso

Los personajes clave

Ezequías
— Un hombre dedicado a construir

El reinado de Ezequías fue en sí punto menos que milagroso. Subió al trono de Judá en el 715 a.C., como el hijo piadoso de Acaz, uno de los padres más impíos que conoce la historia. Su legado de santidad fue que se convirtió en el mayor de los reyes reformadores de la monarquía dividida. Comenzó su obra de reforma haciendo que la adoración de Israel regresara a un lugar centralizado, tal como Dios lo había ordenado: el Templo de Jerusalén (2 Crónicas 29 -31). Para asegurar el avivamiento religioso que quería que se produjera, arrancó de raíz las prácticas idolátricas en todo su reino, e incluso destruyó los últimos vestigios del sincretismo que se había centrado en la veneración de la antigua serpiente de bronce que Moisés había hecho, y que ya en aquellos momentos se había convertido en una reliquia religiosa con el nombre de "Nehustán" (2 Reyes 18:3-6). Los cultos relacionados con serpientes eran comunes en las religiones ritualistas que influyeron sobre Israel,[4] tal como se descubrió en Tel-Miqné (Ecrón), donde se halló una serpiente de oro en miniatura de los tiempos de Ezequías. Él sabía que, a pesar de que este objeto sagrado había sido símbolo de salvación en el pasado (Números 21:4-9; Juan 3:14), ahora era señal de pecado.

El fortalecimiento espiritual y político de Judá logrado por Ezequías condujo a la necesidad de aumentar las construcciones, sobre todo en la ciudad de Jerusalén. Durante su reinado, extendió la ciudad hasta la colina occidental, primordialmente para incorporar a ella a los refugiados procedentes del reino norteño de Israel, que había sido destruido por el rey asirio Sargón II (2 Crónicas 30:25). El número de refugiados aumentaría más aún cuando Senaquerib, el sucesor de Sargón II, atacó al reino del sur y despojó a sus pobladores. Sin embargo, al principio el dominio pacífico de Ezequías no encontró oposición. Había ganado una victoria militar contra los filisteos, confinándolos a sus antiguos territorios, a lo largo de la llanura costera mediterránea. Con una demostración de fuerza mayor aún, forjó una alianza con Egipto y terminó el pago de tributo a Asiria, que había comenzado con sus padres. Durante un tiempo, la resistencia de Ezequías pareció triunfar. Pero entonces, el soberano asirio Senaquerib se presentó para reclamar el honor y el tributo que le debía aquella provincia, vasalla suya.

Senaquerib —
Un hombre dedicado a conquistar

En este momento de la historia, el Oriente Medio antiguo se había convertido en un vecindario gobernado por la fuerza, y los más fuertes y malos entre los muchachos de ese barrio eran los asirios. Una mirada a las descripciones gráficas que aparecen en relieves arqueológicos en los que se ven los cuerpos decapitados y sin manos de sus enemigos; o sus cautivos en el acto de ser cegados, empalados o desollados vivos; o los que tuvieron suerte, llevados al exilio con ganchos que les atravesaban las mandíbulas, es lo suficientemente convincente para que lleguemos a la conclusión de que los asirios no eran un enemigo al que uno se pudiera permitir molestar. Y Senaquerib, su rey, fomentaba este tipo de brutalidad.[5] Los relieves asirios que representan el sitio de Laquis muestran a Senaquerib entronizado y observando orgulloso aquella escena de carnicería, crucifixión y captura. Hay también una inscripción en un toro alado asirio procedente del palacio de Senaquerib en Nínive, en la cual alardea diciendo: "Yo dejé desolado el gran distrito de Judá...", mientras que en el propio relieve de Laquis, proclama: "Senaquerib, el rey del mundo..." por tanto, desde la perspectiva asiria, la rebelión de Ezequías lo había lanzado en contra del mundo, y su situación amenazaba con hacer temblar la tierra.

En apuros

En el año 701 a.C., Senaquerib avanzó "contra todas las ciudades fortificadas de Judá, y las tomó." (2 Reyes 18:13). Existe confirmación arqueológica de esto en la forma de un monumental relieve asirio hacho para conmemorar su victoria sobre Laquis, una de estas ciudades. Tal como mencionamos anteriormente, se halló este relieve conservado en las paredes del palacio de Senaquerib, en Nínive (vea el capítulo 4). Después de que Senaquerib tomó Laquis, nada impedía que marchara contra Jerusalén, la capital de Judá. Ezequías no ignoraba lo inevitable. Al principio, trató de aplacar a Senaquerib pagándole sus "impuestos atrasados" (2 Reyes 18:14-16). Sin embargo, como no pudo aplacarlo, adoptó un plan más prudente para posponer el apuro en que estaba su pueblo, y sus resultados han sido revelados por la arqueología.

Cuando comenzó el sitio de los asirios, Ezequiel comenzó un industrioso programa para asegurar las defensas de Jerusalén. Se enfrentaba con dos problemas obvios: la necesidad de unas fortificaciones mejores y la de evitar que les impidieran disponer de los recursos naturales que sostenían a la ciudad. El "Rabsaces" asirio (un alto funcionario)[6] habló de este último temor cuando le dijo al pueblo de Jerusalén: "¿No os engaña Ezequías para entregaros a muerte, a hambre y a sed...? (2 Crónicas 32:11). Ezequías resolvió la última de estas dos necesidades de una manera excepcional.

El acueducto de Ezequías

Ezequías tenía la seguridad de que a Jerusalén se le cortaría el abastecimiento de agua, que era el manantial de Gihón, cuya fuente se hallaba sin protección alguna en lo más profundo del extremo sur del valle Cedrón, a las afueras de la antigua Ciudad de David. Entonces se las arregló para desviar sus aguas, deteniendo su salida al exterior y dirigiendo la corriente al lado oeste de la ciudad (*vea* 2 Crónicas 32:2-4, 30). Esto fue logrado con una increíble hazaña de ingeniería de la cual hasta los ingenieros modernos se maravillan hoy en día. Excavó en secreto en piedra caliza sólida un túnel de 530 metros por debajo de Jerusalén. Este túnel conectaba el manantial de Gihón con la piscina de Siloé, situada aún hoy dentro de las murallas, en el rincón suroeste de la ciudad. La Biblia nos habla de esta hazaña (2 Reyes 20:20), pero no dice cómo se logró. En cambio, cuando se hizo una exploración local del túnel en 1880 (la hicieron unos muchachos que estaban nadando en el lugar), se encontró una inscripción a unos seis metros de la salida, donde el túnel tiene casi cuatro metros y medio de alto. Llamada actualmente la "Inscripción de Siloé", este relato de la construcción del túnel, procedente del siglo octavo, llena los "espacios en blanco" del relato bíblico.[7] Dice de qué forma dos cuadrillas de trabajadores, armados de picos, terminaron la tarea que se les había asignado:

> Y éste es el relato del encuentro. Mientras los obreros trabaja-
> ban aún con sus picos, un grupo hacia el otro, y mientras

59. Eleisha, la hija del autor, dentro del Túnel del acueducto de Ezequías.

quedaban aún tres codos por perforar, se oyó la voz de unos llamando a los otros, porque había una grieta (o partición, o solapa) en la roca de sur a norte. Y en el momento del encuentro, los obreros dieron el golpe el uno contra el otro, pico contra pico. Entonces corrió el agua desde el manantial hasta la piscina por 1.200 codos. Y la altura de la roca encima de las cabezas de los obreros era de cien codos.

He recorrido más de treinta veces este túnel irregularmente cortado que avanza serpenteando, y me sigue maravillando aún. Los obreros no se movieron en línea recta, sino que abrieron un sendero en forma de "S", lo cual aumentó la extensión de su ruta en más del sesenta y cinco por ciento. Se han hecho diversos intentos por tratar de explicar cómo, sin la ayuda de una brújula ni de herramientas, se pudieron encontrar de una manera tan perfecta.[8] Por el momento, se sigue considerando como un misterio... y un milagro. Comoquiera que lo hayan cavado los obreros, lo cierto es que este túnel de Ezequías le salvó la vida a Jerusalén. Ahora quedaba el trabajo de asegurar sus fortificaciones.

El "Muro ancho" de Ezequías

Mientras los asirios se acercaban a Jerusalén, Ezequías hizo preparativos de última hora para resistir el inminente sitio de Senaquerib, fortificando la expansión nueva y más débil de la ciudad, la colina oeste. La Biblia habla de estos esfuerzos de Ezequías, observando que "con ánimo resuelto, edificó Ezequías todos los muros caídos, e hizo alzar las torres, y otro muro por fuera" (2 Crónicas 32:5). Se han hallado algunas de las estructuras

60. *De pie sobre el Muro ancho, construido por el rey Ezequías y descrito por el profeta Isaías.*

fortificadas que menciona este versículo en excavaciones hechas en el Barrio
Judío. Una de las torres, y una sección de su muro reconstruido fueron descubiertos aún en buen estado hasta una altura de casi dos metros. El nuevo
"muro exterior" que Ezequías construyó fue descubierto por el arqueólogo
israelí Nahmán Avigad, durante sus excavaciones en el Barrio Judío
(1969-1982). Hoy en día se le da el nombre de "Muro ancho", debido a su
inmensa anchura (siete metros). Esta anchura tan extrema era necesaria para
que soportara los terribles arietes del ejército asirio. Originalmente, este
muro tenía algo más de ocho metros de alto e iba desde la zona norte de la
colina oeste hasta el sur, para tomar después dirección oeste hasta la actual
Puerta de Jaffa. Continuaba entonces en dirección sur a lo largo del borde
de la ladera situada sobre el valle Hinom, hasta que hacía un viraje en dirección este para encontrarse con la punta sur de la Ciudad de David en el
lugar donde se encontraban los tres valles principales de Jerusalén.[10] La
construcción de este impresionante muro revela la desesperación del pueblo por impedir a todo costo la carnicería de los asirios. Y el costo era uno de
los factores, porque el Muro ancho fue construido a toda prisa, utilizando
piedras que procedían de las casas de la gente. Este hecho también aparece
en las Escrituras cuando hablan de Ezequías: "Visteis las brechas de la ciudad de David, que se multiplicaron; y recogisteis las aguas del estanque de
abajo. Y contasteis las casas de Jerusalén, y derribasteis casas para fortificar el
muro" (Isaías 22:9-10, cursiva del autor). Por consiguiente, aquí tenemos
unas dramáticas evidencias históricas sobre el gran temor que sintieron el
rey Ezequías y todo el pueblo cuando vieron que avanzaban los asirios.
Cuando estuve en este muro, reflexioné sobre el gran dolor que debe haber
sentido aquel pueblo aterrorizado mientras arrancaba las piedras de sus
propias casas en un desesperado intento por resistirse ante un poder que
parecía omnipotente. ¿Qué esperanza podrían tener contra un enemigo que
ya había capturado o destruido todas las demás ciudades contra las cuales se
había lanzado hasta aquel momento? Sin embargo, el relato bíblico nos
recuerda que cuando se nos acaba la fuerza, allí está Dios. Dándose cuenta
de que no tenía más refugio que Dios, cuyo propio pacto había jurado mantener como penitente, el rey abandonó su búsqueda de mayor protección y,
en su lugar (junto con el profeta Isaías) se fue a orar (2 Crónicas 32:20).

La milagrosa oración de Ezequías

Cuando Ezequías oró, hizo dos cosas: se arrepintió a nombre del pueblo
y recurrió a la promesa de Dios (en el pacto davídico). Dios ya había salvado
a Jerusalén en una ocasión en que su pecado había provocado destrucción
(2 Samuel 24:16; 1 Crónicas 21:15), y Ezequías creía que podía convencer a
Dios de que lo hiciera otra vez (vea Isaías 37:6-7, 21-38). En contraste con
esto, el Rabsaces le había dicho al pueblo de Jerusalén que era inútil buscar
a Dios, porque no había sido capaz de salvar de Senaquerib a ninguna de las
demás ciudades del reino del norte y del sur (2 Crónicas 32:15; Isaías
36:18-20). El resultado fue que el profeta Isaías trajo estas palabras de Dios:
"Porque yo ampararé esta ciudad para salvarla, por amor a mí mismo, y por

amor a David mi siervo" (2 Reyes 19:34; Isaías 37:35). Dios prometió: "He aquí pondré yo en él [en Senaquerib] un espíritu, y oirá rumor, y volverá a su tierra; y haré que en su tierra caiga a espada" (2 Reyes 19:7). El familiar relato de lo sucedido después para realizar el milagro prometido aparece escrito en los textos paralelos de Reyes e Isaías:[11]

> Y aconteció que aquella misma noche salió el ángel de Jehová, y mató en el campamento de los asirios a ciento ochenta y cinco mil; y cuando se levantaron por la mañana, he aquí que todo era cuerpos de muertos. Entonces Senaquerib rey de Asiria se fue, y volvió a Nínive, donde se quedó. Y aconteció que mientras él adoraba en el templo de Nisroc su dios, Adramelec y Sarezer sus hijos lo hirieron a espada...

El historiador griego antiguo Herodoto (484-425 a.C.) relata una historia similar sobre Sethos, un egipcio de cuyo dios se decía que había enviado ratones del campo por la noche para que se comieran las aljabas, las cuerdas de los arcos y las manillas de los escudos del ejército asirio mientras éste estaba acampado en Pelusium. El resultado fue que a la mañana siguiente el ejército se encontró desarmado y la mayoría de los soldados fueron muertos o se batieron en retirada.[12] Este relato ha llevado a algunos eruditos a sugerir una confusión de tradiciones, y que el relato bíblico podría estar reflejando un súbito brote de alguna plaga virulenta producida por parásitos, que mató a los asirios. Otros eruditos creen que Senaquerib reinó otros veinte años después de su fallido intento por conquistar a Jerusalén, y realizó otras proezas militares.[13] Comoquiera que se interprete el suceso, hay algo seguro: Después de la oración de Ezequías, Senaquerib nunca volvió a Judá. Algo sucedió que sacudió tanto a este poderoso monarca, que se mantuvo a distancia hasta el día de su muerte. Los detalles históricos de la forma en que fue asesinado en el año 681 a.C. se hallan registrados en otro descubrimiento arqueológico, la Crónica de Babilonia, que afirma: En el día 20 del mes de Tebet, Senaquerib, rey de Asiria, fue asesinado por su hijo durante una rebelión".[14] Aunque esta tableta babilónica confirma en líneas generales el relato bíblico, la salvación de Jerusalén de manos de Senaquerib es un hecho confirmado por los propios asirios.

Exploración de las evidencias de lo milagroso

Hoy en día existen cinco copias completas o fragmentarias de los anales de Senaquerib, en las cuales podemos leer su propio informe sobre el asalto asirio contra el rey Ezequías. Estos anales fueron escritos en caracteres cuneiformes en un prisma de arcilla de seis caras. Puesto que fue descubierto por el Coronel inglés R. Taylor, es conocido como el "Prisma de Taylor", y hay otras copias en otros lugares, conocidas como el "Prisma de Nemrod" y el "Prisma del Instituto Oriental".[15] Aunque los historiadores y los expertos rechacen la explicación milagrosa que se da en la Biblia, no pueden negar el

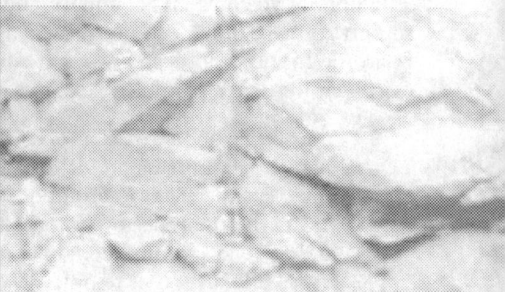

61. *El Prisma de Taylor, en el que se conserva el relato de Senaquerib sobre su sitio contra Jerusalén en tiempos de Ezequías.*

testimonio grabado en piedra por un enemigo. Al dejar este escrito para los que le seguirían y conservarían su memoria, Senaquerib puso su mejor cara y escribió los hechos para la posteridad:

En cuanto a Ezequías, el de Judá que no se sometió a mi yugo, yo rodeé y conquisté cuarenta y seis de sus pueblos de fuertes murallas e innumerables asentamientos menores alrededor de ellos, por medio de rampas de tierra, máquinas de asedio y ataques de infantería... Saqué de ellos y conté 200.150 personas de todos los rangos... A él lo encerré en Jerusalén, su ciudad real, como un pájaro en una jaula... El temor de mi soberano esplendor sobrecogió a ese Ezequías. Los guerreros y las tropas selectas que había llamado para fortalecer a Jerusalén, su ciudad real, no pelearon... Él envió a sus mensajeros para pagarme el tributo y rendirme pleitesía.

Un argumento arqueológico a favor del silencio

¿Qué podemos observar en el relato de Senaquerib acerca de su sitio contra Jerusalén? En primer lugar, hallamos su afirmación de que Jerusalén estaba rodeada, sin esperanza alguna de rescate o de huida. Senaquerib había extorsionado a Ezequías para sacarle el tributo y después lo había encerrado militarmente "como un pájaro en una jaula". En segundo lugar, encontramos su confirmación de que, aunque había capturado a Jerusalén, no había podido conquistar la ciudad. Lo mejor que pudo decir fue que la había sitiado: ¡nada más! Y podemos estar seguros de que si hubiera podido decir más, lo habría hecho, porque su lista de conquistas tanto precede como sigue al ataque contra Jerusalén. No era estilo de los asirios dejar registrado un desastre, de manera que, siguiendo el estilo típico de un monarca del Oriente Medio que sólo podía alardear para la posteridad, pero nunca podía admitir un fallo, el silencio de Senaquerib es altamente elocuente.

El enigma histórico de la única derrota de Senaquerib en todo Israel no ha escapado a la atención de los eruditos. Un escritor, intentando comprender la exitosa forma en que Jerusalén se libró del sitio asirio, sólo pudo hacer esta observación: "Aunque no sabemos con seguridad qué fue lo que rompió el asedio, sí sabemos que los israelitas que estaban dentro se las arreglaron para resistir".[16] Sin embargo, al leer entre líneas —o en las grietas—, podemos ver las piedras junto a las Escrituras, y recibir una respuesta. En este caso, el registro arqueológico complementa a la Biblia, y la Biblia complementa a su vez al registro arqueológico. Los anales de Senaquerib revelan que el sitio se produjo tal como decía la Biblia. Siguió a la devastación de Judá y puso a Ezequías en una situación más allá de toda esperanza humana. En este punto, la Biblia nos da la razón para el silencio de Senaquerib: Dios hizo un milagro. Nadie ha ofrecido ninguna explicación mejor; ni los asirios, ni los eruditos.

Un tributo al Rey de los milagros

El rey Ezequías de Judá aprendió una de las lecciones más importantes de cuantas puede aprender un hijo de Dios: "Yo honraré a los que me honran" (1 Samuel 2:30). Ezequías había temido la verdad de Dios, más que los insultos del Rabsaces. Al correr hacia Dios en lugar de huir de Senaquerib, le dio honra al Dios de Israel, en el cual él confiaba. Dios honró su pacto con su pueblo (al cual representaba Ezequías), y salvó a la nación. Tal parece que permitió que también Ezequías recibiera honra. En su vida, recibió honores especiales (2 Crónicas 32:23), como los recibió al morir. En un epitafio bíblico dedicado al rey, leemos: "Y durmió Ezequías con sus padres, y lo sepultaron en el lugar más prominente de los sepulcros de los hijos de David, *honrándole en su muerte* todo Judá y toda Jerusalén" (2 Crónicas 32:33, cursiva del autor).

¿Cómo se honró a Ezequías en su muerte? Es posible que tengamos hoy evidencias arqueológicas que respondan a esta pregunta. En la región occidental de Jerusalén existen extraños montículos de tierra conocidos como *túmulos*. Los túmulos son montículos artificiales hechos con tierra y piedras (con la forma de pequeños volcanes), que al parecer eran erigidos como memoriales de reyes o nobles fallecidos.[17] Eran construidos después de una ceremonia especial que se celebraba en algún momento entre la muerte y el entierro definitivo de la persona que se estaba honrando. El servicio memorial incluía hacer que la gente se reuniera alrededor de una fogata en lo que se llamaba una "quema" (*vea* 2 Crónicas 16:14; 21:19). La gente que asistía a la ceremonia llevaba consigo vasijas con especias y alimentos que ofrecían en honor del difunto (*vea* Jeremías 34:5; 51:25).[18] El último que ha excavado los túmulos, el arqueólogo Gabriel Barkay, nos ilustra la forma en que se habría desarrollado una ceremonia así:

Me podía imaginar a los antiguos pobladores del reino de Judá, un mes después de la sepultura del rey, reuniéndose por miles: los ancianos, las mujeres, los niños, los guerreros, los funcionarios; todos. Se esparcían por las colinas de este lugar y en el medio de ellos, algunos de los sacerdotes organizaban la ceremonia en la cual quemaban una gran fogata en memoria del monarca fallecido, entonaban algunas lamentaciones y decían una última palabra, tal como lo menciona la Biblia. Al final de la ceremonia, cada uno de los participantes tomaba un canasto con algunas piedras y tierra y lo derramaba todo sobre el lugar donde se había celebrado la ceremonia, de manera que se levantaba todo un montículo en memoria del monarca difunto.[19]

Al terminar este acontecimiento, se cubría la zona para formar el túmulo. Fuera de Jerusalén hay unos veinte túmulos que aún existen,[20] y el mayor de ellos contenía restos que con toda probabilidad lo conectan con los tiempos del reinado de Ezequías, según Barkay:

Excavé éste durante un invierno que fue muy frío en Jerusalén, trabajando durante días nevados con los dedos helados. Sólo excavamos en los bordes, y para nuestro asombro, sacamos del suelo varias vasijas de barro con unos sellos impresos en ellas que decían *lamelek* ("perteneciente al rey"). Están bien establecidos, y su fecha es bien conocida: pertenecen a los tiempos del rey Ezequías; esto es, a fines del siglo octavo a.C. Ahora bien, por supuesto que cada uno de estos túmulos tiene una fecha distinta; no son de la misma fecha.[21]

Barkay ha propuesto que estos túmulos son memoriales dedicados a los veintiún reyes de Judá. De ser así, éste, que es el mayor de los túmulos individualmente fechados (el túmulo 4) debe pertenecer con toda certeza a Ezequías, el más grande de los reyes de Judá. Por consiguiente, podría explicar en realidad la mención incierta hasta el presente acerca de darle honor a Ezequías, tal como aparece en 2 Crónicas 32:33. De ser así, el túmulo 4 fue un tributo del pueblo de Judá al caudillaje de Ezequías. Ésta es la conclusión a la que llega Gordon Franz, quien ayudó en la excavación del sitio: "Este montículo habría sido hecho como memorial de un rey que hizo grandes cosas por su Dios y por su pueblo; un rey que es realmente digno de recibir honra".[22] Sin duda, esta honra se debió en parte al agradecido recuerdo de la milagrosa liberación que Dios había obrado por medio de las oraciones de su piadoso rey, un milagro que las piedras (leyéndolas entre sus grietas) aún proclaman.

Los rollos del mar Muerto

La historia de primera plana de la arqueología

[Los rollos del mar Muerto] han sido reconocidos entre los hallazgos arqueológicos más importantes del siglo veinte. Envuelta en el misterio, rodeada por la controversia y saturada de los románticos y exagerados cuentos de una investigación arcana por parte de los eruditos, esta colección... ilumina una de las eras más significativas en la historia del judaísmo, el cristianismo y el mundo occidental...[1]

— Yadín Román

William Foxwell Albright, el decano estadounidense de la arqueología bíblica, aclamó los rollos del mar Muerto como "el más grande de los hallazgos de manuscritos en los tiempos modernos". Y ciertamente, así es. Después de que se dio a conocer la historia de su descubrimiento en 1948, los rollos se convirtieron en noticia de primera plana en todo el mundo. Aun hoy, mientras se conmemora el quincuagésimo aniversario de los rollos, su mención puede llenar de emoción cualquier conversación. Aunque aún desconocemos quiénes fueron los autores antiguos de estos rollos, los rollos en sí, escondidos por una comunidad de judíos piadosos junto a las orillas del mar Muerto, siguen captando la fascinación del mundo moderno. Yigael Yadín, uno de los pioneros entre los eruditos de Israel en el estudio de los rollos, escribió:

[Los rollos] constituyen un eslabón vital —perdido por largo tiempo y ahora recuperado— entre aquellos tiempos antiguos, tan ricos en pensamiento civilizado, y el tiempo presente. Y de la misma forma que un lector cristiano se debe sentir conmovido al saber que aquí tiene un manuscrito perteneciente a una secta que pueden haber conocido los primeros cristianos, y cuya influencia recibieron, también un israelí y un judío no pueden hallar nada que los conmueva más, que el estudio de unos manuscritos escritos por el Pueblo del Libro en la Tierra del Libro hace más de dos mil años.[2]

¿Qué son los rollos del mar Muerto?

Estos rollos del mar Muerto son unos mil cien documentos antiguos, compuestos hoy en día por varios rollos intactos y más de cien mil fragmentos. Los textos de los rollos fueron escritos en columnas, primariamente en hebreo y arameo, pero también hay partes en griego. La mayoría de ellos fueron escritos en pergamino (hecho de cuero de cabra u oveja) y en papiro (una forma primitiva de papel), pero hay uno, el *Rollo de Cobre,* que fue escrito sobre cobre puro. Entre doscientos veintitrés y doscientos treinta y tres de los manuscritos son copias de libros de la Biblia. Hasta ahora se han hallado representaciones de todos los libros del Antiguo Testamento, con excepción de Ester.[3] Esta colección de textos bíblicos constituye el conjunto de copias de las Escrituras más antiguo conocido por nosotros (aunque, tal como ya hemos dicho, la arqueología ha hallado después partes de pasajes bíblicos que son más antiguas). Los rollos contienen también comentarios sobre los libros de la Biblia, obras apócrifas y pseudoepígrafes y documentos de la secta (algunos de ellos escritos por el desconocido líder de la secta, llamado "El Maestro de Justicia" en los rollos). También están presentes otros tipos de textos, como targumes, tefilim y mezuzot. Un *targum* es una traducción de la Biblia hebrea al arameo. Los targumes tenían el propósito de darles comprensión del texto original a unos lectores contemporáneos que ya no estaban familiarizados con el antiguo hebreo bíblico. Los *tefilim* (llamados también "filacterias") son pequeños rollos muy apretados en los cuales hay escritos pasajes tomados de los libros bíblicos de Éxodo y Deuteronomio.[4] Estos rollos se colocaban en cajas que se amarraban a la cabeza o al brazo izquierdo. Los *mezuzot* eran puestos en cajas ornamentales que se fijaban al maraco de la puerta de entrada de la casa. Los tefilim y los mezuzot cumplían (de forma mística) el mandato bíblico del Deuteronomio: "Y las atarás [las palabras de los mandamientos de Dios, según el contexto que precede] como una señal en tu mano, y estarán como frontales entre tus ojos; y las escribirás en los postes de tu casa, y en tus puertas" (Deuteronomio 6:8-9).

Debido a esta variedad de textos nativos e importados, mucha gente considera los rollos como una "biblioteca" en la cual es probable que fueran los miembros nuevos de la comunidad quienes los trajeran consigo y fueran archivados para estudiarlos colectivamente. En su conjunto, representan la

62. *El Códice de Alepo, la versión más antigua del texto hebreo de las Escrituras hasta el descubrimiento de los rollos del mar Muerto.*

herencia común al judaísmo del Segundo Templo,[5] y constituyen nuestra única ventana (aparte del Nuevo Testamento y los escritos de Josefo) a las diversas sectas y creencias de este período.

Los rollos y la Biblia

Estos documentos son inmensamente útiles para los que estudian esa época, entre ellos los que estudian a Jesús y al Nuevo Testamento, cuya historia coincide con el último período de la Comunidad del mar Muerto. Nos proporcionan una información antes desconocida acerca de prácticas legales y costumbres sociales de las cuales sólo hay un débil eco en los escritos rabínicos (Talmud, Mishná), muy posteriores. Dan nueva confirmación y mayor comprensión de los idiomas hablados por Jesús y sus discípulos y revelan con vivos colores la situación cultural y los conflictos que produjeron el método de enseñar por medio de parábolas que utilizó Jesús y también sus debates con el llamado "judaísmo establecido". Son también particularmente útiles para ayudarnos a comprender las creencias escatológicas de los judíos que vivieron durante este período. Nos muestran que las interpretaciones proféticas desarrolladas que aparecen en el Nuevo Testamento no eran exclusivas del cristianismo judío temprano, sino que eran compartidas con judíos cuya expectación se centraba en el programa mesiánico del Antiguo Testamento. Además de esto, para aquellos que tratan de reconstruir un texto bíblico exacto, las versiones del Antiguo Testamento que contienen los rollos les permiten ver unas tradiciones textuales diferentes que son anteriores al texto masorético medieval, el cual sirvió como base para las Biblias hebreas modernas, y para la mayoría de las traducciones del hebreo a otras lenguas.

Los rollos también nos permiten ver lo bien que realizaron su trabajo los escribas quienes conservaron estos textos bíblicos para nosotros. Hasta el descubrimiento de los rollos del mar Muerto, nuestra versión más antigua del texto hebreo era el Códice de Aleppo (935 d.C.), que sólo tenía mil años de antigüedad. Por antiguo que pareciera, aún había más de mil años entre él y los originales de los cuales se copió y transmitió la Biblia. ¿Cómo podíamos estar seguros de que en la transmisión de este texto durante ese período de mil años, los escribas no habían cometido errores que ahora aparecerían en nuestras traducciones de la Biblia? Pero los textos bíblicos que hay entre los rollos cerraron este vacío de mil años y nos permitieron comparar el texto hebreo del que proceden nuestras traducciones con los que están, en algunos casos, a sólo una generación de distancia de los originales. Esta comparación reveló, para nuestro asombro, una redacción casi idéntica. Es decir, que a partir de nuestro nuevo conocimiento del texto basado en los rollos, nos podemos acercar a nuestras propias traducciones de la Biblia con mayor confianza.

El escenario de los rollos del mar Muerto

A unos treinta kilómetros de Jerusalén en dirección suroeste se halla el mar Muerto, a un nivel récord de cuatrocientos metros bajo el nivel del mar. Descendiendo desde unos desapacibles y escarpados riscos, nos encontramos con el desierto, seco bajo los rayos del sol. Cuando llegamos al mar Muerto hallamos una masa de agua de setenta kilómetros de largo por siete de ancho, que constituye un hervidero de sustancias químicas en el cual hay un veintiséis por ciento de materias sólidas bajo la forma de sales disueltas. A este austero ambiente acudían los patriarcas y profetas de Dios en el pasado, y es posible que haya sido esta relación la que llevara a una comunidad ortodoxa, aunque disidente, de judíos a asentarse en un sitio conocido hoy por su nombre árabe: Khirbet Qumrán. Estas familias sacerdotales llevaban un estilo de vida ritualmente puro sobre una meseta caliza junto al mar Muerto. Sobrevivían sólo gracias a un manantial cercano, cuya agua habían podido canalizar hasta su lugar de retiro, y esperaban el cumplimiento de las profecías bíblicas sobre la venida del Mesías y la restauración de la nación judía al ideal divino.

La geografía de esta zona no sólo sirvió para atraer a Qumrán a la secta del mar Muerto, sino que su ambiente también ayudó a conservar los rollos. Esto se debió a una combinación de factores, entre ellos el clima caliente y seco (con frecuencia, más de cincuenta grados centígrados), las corrientes de aire negativas dentro de las cuevas en las cuales estaban escondidos los rollos, y los jarrones especiales sellados en los cuales fueron almacenados. Se ha observado un estado de conservación semejante en objetos tomados de las tumbas selladas de los faraones en las áridas arenas del valle de los Reyes, en Luxor, Egipto.

Arqueológicamente, el asentamiento tenía una historia judía previa, pero en estos momentos aún no tenemos seguridad con respecto a los tiempos a los que se remonta. El descubrimiento reciente de materiales (cascos de alfarería y una botella de perfume casi entera) procedentes del período persa (siglos sexto a quinto a.C.) mientras se hacía limpieza al terminar las excavaciones realizadas en la temporada de primavera de 1966 en la meseta de Qumrán podría sugerir que un grupo de exiliados al regresar se estableció en aquel sitio en lugar de hacerlo en Jerusalén. Identificándolo con una de las ciudades bíblicas antiguas de la región, tal vez Secaca (Josué 15:61) o una de las "torres en el desierto" del rey Uzías *(vea* 2 Crónicas 26:10), tal vez decidieran que era el lugar correcto para resolver el rompecabezas profético que les habían dejado los profetas de los períodos preexílico y exílico.

La gente de los rollos del mar Muerto

Los eruditos aún no han podido identificar de manera concluyente a la secta judía que se retiró a este desierto. Las teorías varían desde los esenios hasta los saduceos y los zelotes, o incluso una mezcla de éstos con los fariseos, o un grupo completamente separado. Lo que sabemos por sus propios documentos es que se identificaban con el Israel bíblico en su pecado en medio del desierto *(Documento de Damasco* 5:17-20).[6] Al hacerlo, esperaban cumplir la profecía de Isaías sobre una voz que clamaba en el desierto pidiendo el arrepentimiento de Israel, el cual haría aparecer al Mesías, terminaría el período de dominación gentil y restauraría por fin a Israel a un puesto de gloria *(vea 4QpSalmo*[a] 3:1; *1 QSamuel* 8:12-16; 9:19-20). Se consideraban un cumplimiento escatológico del Éxodo histórico, cuya conquista definitiva fue constituida por Jerusalén y la Tierra de Israel (compare Josué 11:16-12:24). El período de transición en el que vivían era una espera para los días de las guerras escatológicas y el punto culminante de la recuperación de toda la Tierra como parte de la Redención Final.[7] Como el profeta Ezequiel había predicho que las bendiciones escatológicas fluirían desde el Templo definitivo hacia el desierto y el mar Muerto ("mar occidental"), fertilizándolos (vea Ezequiel 47:1-2, 12; Zacarías 14:8), les parecía que estaban viviendo en la zona donde se realizaría primeramente la Redención. Por tanto, los que vivían en Qumrán se consideraban la vanguardia de una nueva era, escogidos por Dios para ser precursores de la Era mesiánica.

En la década de 1950, las excavaciones hechas por Roland De Vaux, el excavador original (el informe oficial aún no ha sido publicado), descubrieron muros alrededor del asentamiento, patios, una torre de vigía, un comedor, una sala de reuniones, un cuarto para la preparación de los rollos, un acueducto, muchas cisternas y piscinas para la inmersión ritual *(miqvaot),* talleres de alfarería, hornos, establos y varios cementerios. Las últimas excavaciones se hicieron a fines de 1993 como parte de la Operación Rollos. La zona de Qumrán fue explorada de nuevo por tercera vez y se exploraron docenas de cuevas en los barrancos de piedra caliza y en la terraza de marga.

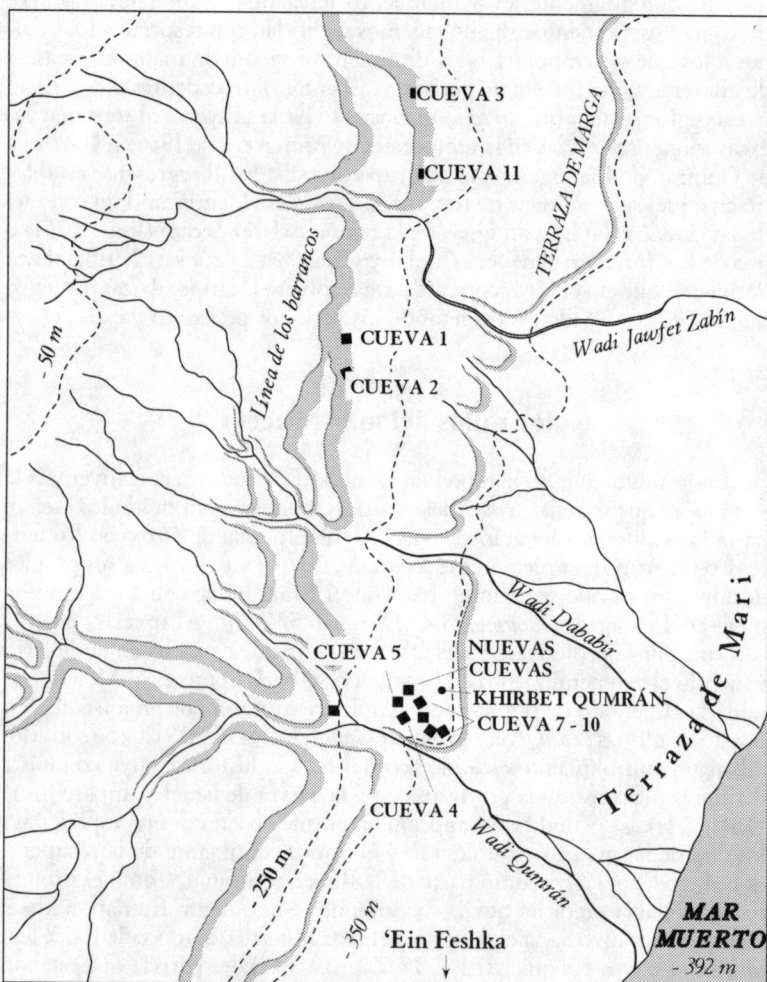

CUEVA 3

CUEVA 11

TERRAZA DE MARGA

Línea de los barrancos

Wadi Jawfet Zabín

- 50 m

CUEVA 1

CUEVA 2

Wadi Dababir

CUEVA 5

NUEVAS
CUEVAS

KHIRBET QUMRÁN
CUEVA 7 - 10

Terraza de Mari

CUEVA 4

Wadi Qumrán

- 250 m

- 350 m

'Ein Feshka

MAR
MUERTO
- 392 m

SITUACIÓN DE
LAS CUEVAS DE QUMRÁN

■ Localidad
de la cueva

------- Perfil del terreno

Barranco

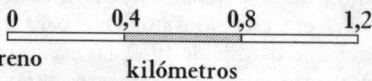

0   0,4   0,8   1,2

kilómetros

Emil Goldie y Yitzhak Magen condujeron la excavación en el centro comunitario y hallaron nuevos silos, una fábrica de prensas para dátiles y otros edificios sobre los cuales no se había informado antes. O sea, que lo que tenemos en este sitio es una comunidad que se remonta a unos trescientos años antes de Cristo, y que se extiende hasta el año 68 d.C., cuando los romanos atacaron el asentamiento y lo convirtieron en una guarnición de su ejército.

El descubrimiento de los rollos del mar Muerto

Los primeros rollos fueron descubiertos por pastores seminómadas de la tribu beduina Ta'amireh; estos pastores se habían asentado entre Belén y el mar Muerto. Durante generaciones habían cuidado de sus rebaños y manadas en el desierto de Judea, que estaba repleto de cuevas antiguas. Uno de estos pastores, un adolescente llamado Muhammed edh-Dhib, que significa "Mohamed el lobo" (porque mataba a los lobos que atacaban a las ovejas) reclama la responsabilidad del descubrimiento original.[8] Tal como lo cuenta, él y sus amigos estaban atendiendo sus manadas de cabras cuando notó que una de sus cabras se había descarriado. Después de andar alejado de sus compañeros en busca de la cabra perdida, llegó a una cueva que tenía una pequeña apertura en la parte superior (llamada hoy Cueva 1). Pensando que tal vez la cabra habría caído dentro, tiró una piedra por la abertura para asustarla y hacerla salir. En lugar del sonido de una cabra asustada, lo que oyó fue una vasija de barro que se rompía. La curiosidad lo llevó a descender a la cueva y después de ver las tinajas antiguas, la esperanza de que hubiera un tesoro escondido lo hizo quedarse. Sin embargo, para su desilusión, todo lo que había dentro eran rollos de cuero, de los

63. *En una de las primeras cuevas descubiertas, el beduino que se identifica a sí mismo como Muhammed edh-Dibh, y quien siendo aún muy joven, descubrió los rollos del mar Muerto mientras pastoreaba.*

cuales pensaban los beduinos que sólo eran útiles para hacer correas de san-
dalias. Después de recoger los mejores rollos (siete por todo) y de tenerlos
colgados en su tienda durante casi dos años, le fueron vendidos al mercader
Khalil Iskander Sahin (Khando), de Belén, quien a su vez le vendió algunos
de ellos al arzobispo ortodoxo sirio Mar Athanasius Samuel, el cual dio a
conocer su presencia ante el mundo. Los rollos terminaron convirtiéndose
en propiedad del estado de Israel cuando Eleazar Sukenik, profesor de la
Universidad Hebrea, compró tres de ellos a través del armenio Antón
Kiraz. Algunos años más tarde, Yigael Yadín, el hijo de Sukenik, le compró
los cuatro rollos restantes al propio arzobispo. Esta última compra se desarrolló en medio de cierto drama. El arzobispo no se quería ver involucrado
en la política del Oriente Medio; no le quería vender los rollos directamente
a Israel, porque Jordania protestaría ante una venta así. Por ese motivo,
trató de venderlos en los Estados Unidos, ofreciéndolos en un anuncio que
apareció en el *Wall Street Journal*. Al saber del anuncio, Yadín hizo que el
profesor Harry Orlinsky, del Hebrew Union College (Cincinnati, Ohio), uno
de los pocos hombres que podían certificar la autenticidad de los rollos, se
presentara clandestinamente como "el Sr. Green" y comprara los rollos para
Israel por la suma de un cuarto de millón de dólares, suma insignificante,
puesto que hoy en día el *Rollo de Isaías* solo, vale más de veinte millones.

Más cuevas y más rollos

Después del descubrimiento inicial, tanto los beduinos como los
arqueólogos comenzaron a buscar otras cuevas, hallando entre 1952 y 1956
diez más en las cuales había manuscritos. Los sitios descubiertos se extienden
por las colinas de la orilla occidental del mar Muerto ('Ain Feshkha, Qumrán, Jericó, Ein Gedi, Masada, Murabba'at, Nahal Hever, Nahal Se'elim,

64. *Sección del Rollo de Cobre, en el cual
hay una lista de sesenta y cuatro lugares
donde hay tesoros escondidos.*

Nahal Mishmar y Khirbet Mird). La más rica de estas cuevas es la número 4, descubierta en 1952. En esta cueva sola se hallaron más de cuarenta mil fragmentos de rollos que componían unos cuatrocientos documentos (cien de ellos bíblicos). Sólo un año antes se habían comenzado los trabajos de excavación cerca de ella, en el asentamiento de Qumrán. Cuando se descubrió la cueva 4, al otro lado del wadi frente a la meseta, se relacionó por vez primera el asentamiento con los rollos.

Los rollos secretos de la cueva 4

Dicho sea de paso, fueron estos textos sumamente fragmentarios procedentes de la cueva 4 los que, hace algunos años, fueron fuente de una controversia en la que se habló de supresión deliberada, escándalo y encubrimiento. Desde 1990, cuando se les entregaron por fin a los expertos todas las fotografías de estos fragmentos, estos rumores han cesado. Más recientemente la emoción se ha centrado en la publicación de algunos de estos textos de la cueva 4, relacionados con el concepto que tenía la secta del mar Muerto sobre el Mesías. Hay documentos recientemente publicados, como el *4Q246* (*"Hijo de Dios" arameo*), que habla de una figura mesiánica (o antimesiánica) como "Hijo de Dios e Hijo del Altísimo"; el *4Q541 (4Q Aarón A)*, que describe a un Mesías sacerdote que expía los pecados de Israel; el *4Q285 (Serekh Milhamah)*, que describe al Mesías como el Príncipe de la comunidad, la Rama de David, y lo presenta destruyendo a sus enemigos en una batalla al final de los tiempos; y el *4Q521 (el Apocalipsis mesiánico)*, el cual afirma que el Mesías va a sanar a los enfermos y resucitar a los muertos. Estos textos suscitan nuevos interrogantes sobre la armonía de este concepto judío precristiano sobre el Mesías con lo que se encuentra en el cristianismo judío temprano del Nuevo Testamento.

Otros hallazgos famosos

Entre los otros documentos famosos hallados en las cuevas situadas al norte de Qumrán se hallan el *1QIsaA (el Gran Rollo de Isaías*, un ejemplar completo del libro de Isaías), en la cueva 1; el *1QM (Rollo de la Guerra)*, una especie de manual de preparación apocalíptica, también hallado en la cueva 1; el *11Q19 (el Rollo del Templo)*, procedente de la cueva 11, el cual en su mayor parte da los planos para la edificación de un nuevo Templo en la Jerusalén restaurada. También ayuda a resolver una cuestión legal referente al propósito de los saduceos al entregar a Jesús para que fuera crucificado, al revelar que el Sanedrín justificaba sus acciones con un texto del Deuteronomio que ordenaba la pena de muerte para todo aquel que traicionara a su nación. Según Juan 11:49, el sumo sacerdote Caifás, jefe del Sanedrín, consideró a Jesús culpable de traición. Además está el misterioso *3Q15 (el Rollo de Cobre)*, procedente de la cueva 3, en el que hay una lista con sesenta y cuatro escondites dispersos por todo el desierto de Judea, Jerusalén y unos cuantos lugares más, donde supuestamente se enterraron hace dos mil años inmensas cantidades de tesoros del Templo en forma de oro, plata y objetos preciosos. Puede hallar una exploración y un estudio de muchos más de estos hallazgos famosos en mi obra *Secrets of the Dead Sea Scrolls* ["Los secretos de los rollos del mar Muerto"].

Nuevos hallazgos en Qumrán

Una idea equivocada muy común es la de que ya se han encontrado todos los rollos del mar Muerto. Muchas personas no saben que es posible que todavía haya centenares de ellos en cuevas del desierto de Judea y que su búsqueda continúa hoy, aunque a un paso mucho más lento que en el pasado. Para destacar esta realidad, he escogido varios ejemplos aún no publicados de nuevos hallazgos en Qumrán. El primero de ellos describe nueve cuevas nuevas descubiertas cerca del sitio de Qumrán. Estas cuevas tienen senderos que las conectan con las cuevas del norte, donde se hallaron los siete rollos primeros, el *Rollo del Templo* y el *Rollo de Cobre*. El segundo informa sobre una nueva inscripción hallada en Qumrán. El tercero presenta un misterioso objeto descubierto en 1954, pero identificado recientemente. A fin de hacer que se sienta que estos hallazgos contemporáneos son tan recientes como en realidad son, voy a permitir que hablen por ellos mismos aquellos que han estado más estrechamente asociados a ellos.

El descubrimiento de nueve cuevas nuevas

Las noticias publicadas por los periódicos nacionales y los noticieros televisados en el otoño de 1995 atrajeron a su público con la historia de que se habían descubierto cuatro cuevas nuevas en Qumrán, y que su localización precisa tenía que permanecer en secreto. Por aquel mismo tiempo (antes de las excavaciones), y más tarde en 1996 (después de las excavaciones), visité a Hanan Eshel y a Magen Broshi, quienes descubrieron y excavaron estas cuevas, y los interrogué acerca de sus hallazgos. Las cuevas no eran cuatro, como se había informado, sino nueve, y aunque no se habían hallado rollos escritos dentro de ellas, habían ayudado a establecer una teoría aceptada acerca de las cuevas y del asentamiento de Qumrán. Hanan Eshel, profesor de la Universidad Bar-Ilán, en Tel Aviv, nos hace el relato de esta excavación:

> Entre septiembre de 1995 y febrero de 1996 se realizaron seis semanas de excavación dirigidas por Magen Broshi y un servidor al norte de Qumrán. A principios de 1993 yo había hallado una red de senderos al norte de Qumrán... Caminos que llevaban a cuevas que nunca se habían registrado en ninguna de las publicaciones sobre Qumrán... [En esos caminos] hallamos tres monedas [dos eran hasmoneas] y sesenta clavos [de botas romanas]. Ahora bien, después de hallar un clavo y de localizar este camino, decidimos que queríamos comprobar si este camino había sido usado realmente en el período del Segundo Templo. Así fue como caminamos unos sesenta y cinco metros más con un detector de metales. En el camino hallamos los clavos, que procedían de sandalias del período romano... De manera que

creímos que muchas personas habían caminado por esta zona. Estos senderos llevaban a una serie de cuevas artificiales derrumbadas que nunca se habían mencionado en las publicaciones de los eruditos... Hay una gran diferencia entre las cuevas que se hallan en los acantilados de piedra caliza, como las cuevas 3, 11, 1, 2 y 6, donde las condiciones de vida son incómodas, y las cuevas de marga, que se pueden usar para habitar cómodamente en ellas. Las cuevas de marga son fáciles de excavar y darles forma... En nuestra excavación trabajamos en nueve cuevas situadas al norte de los acueductos... Sólo en dos cuevas, llamadas cuevas C y F, hallamos evidencias de habitación humana al final del período del Segundo Templo... En el suelo de la cueva C encontramos 280 cascos de alfarería procedentes de cazuelas, tazones, cuatro tinajas; y creo que son suficientes como evidencia de que esta cueva fue usada para vivir en ella.[10]

Estas evidencias parecen confirmar de una vez por todas que la comunidad de Qumrán fue ciertamente la que almacenó los rollos en las cuevas a poca distancia de su asentamiento. Además, en estos momentos está claro que vivía una población mayor adyacente al sitio, y que ya no se puede limitar la población de Qumrán a los doscientos hombres que habrían cabido en el salón de reuniones existente en el sitio.

Una nueva "inscripción" en Qumrán

En febrero de 1996 se descubrieron dos óstraca escritos (cascos de alfarería escritos con tinta) en el sitio de Qumrán mientras se hacía limpieza

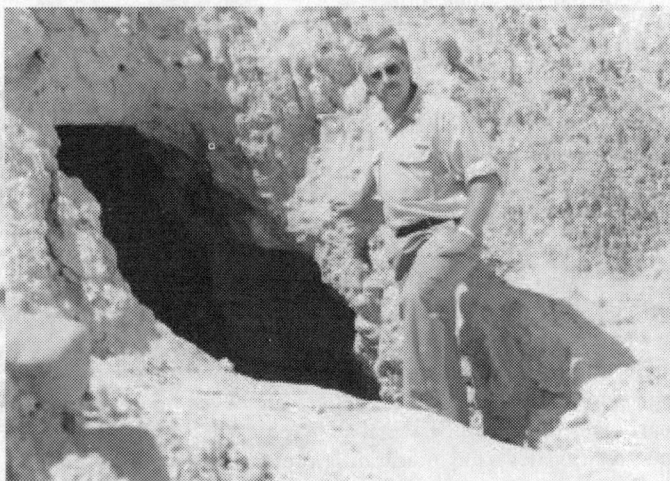

65. *La cueva C, recién excavada. Es una de las nueve cuevas nuevas halladas en Qumrán en 1996.*

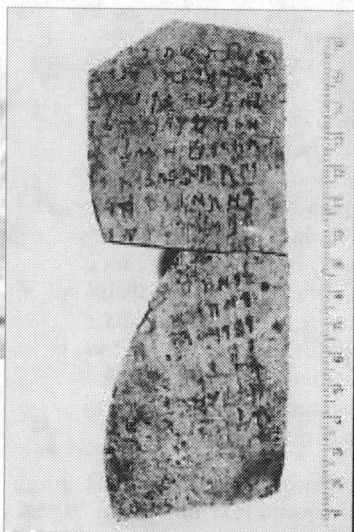

66. El óstracon recién descubierto en Qumrán con dieciséis líneas en hebreo; al parecer es una lista de compras para la comunidad.

después de una excavación que se había realizado en la plataforma, dirigida por James Strange, de la Universidad de Florida. Éstos representan las primeras inscripciones de este tipo halladas en el sitio. Uno tenía evidencias de que un escriba había estado practicando en él, mientras que el otro contenía dieciséis líneas de texto. Este último óstracon fue asignado a dos expertos para que lo estudiaran y tradujeran: Esther Eshel, la esposa de Hanán Eshel, y Frank M. Cross, de Harvard. Esther Eshel presenta su análisis sobre el contenido de esta inscripción:

Las líneas escritas en hebreo comienzan con las palabras "En el año dos", lo cual probablemente se refiera a la libertad de Israel. Este texto describe una transacción hecha en Jericó, en la cual se le entregaron mercancías a un hombre llamado Elazar. Al parecer, el óstracon nos da una lista de suministros llevados a Qumrán desde Jericó.[11]

La importancia de este hallazgo está en que, al igual que los hallazgos anteriores de senderos y cuevas que estuvieron habitadas, ayuda a consolidar una teoría aceptada acerca de la comunidad de Qumrán. Algunos habían alegado anteriormente que ninguna secta religiosa había vivido en Qumrán, sino que habían sido los zelotes judíos los que habían formado una guarnición militar allí. Se alegaba esto en parte debido a la ausencia de documentos "triviales" que indicaran la presencia de una comunidad establecida. Pero el óstracon escrito demuestra la existencia de estos documentos triviales en Qumrán, con lo que confirma que allí vivió una comunidad.

La solución a un misterio de Qumrán

En 1954, Roland De Vaux, director de las excavaciones en el sitio de Qumrán, y su equipo, hallaron un objeto de extraño aspecto que sólo se podía describir como un "disco de piedra". Lo consignó a los cuartos de almacenaje que se hallan debajo del Museo Rockefeller, como un enigma con número. Stephen Pfann es un experto cristiano que vive en Jerusalén y que trabaja actualmente en los informes originales sobre las excavaciones escritos por De Vaux, con el fin de publicarlos. Pfann identifica el misterioso objeto como un reloj de sol, del mar Muerto y describe su uso dentro de la comunidad de Qumrán:

> Hemos llegado a comprender que en realidad se trata de un reloj de sol que era usado no sólo con el propósito de saber la hora del día. En el dial hay [también] diversas líneas que eran usadas para diferentes partes del año... [La comunidad de Qumrán] tenía un calendario de 364 días, que es un calendario solar, a diferencia del calendario lunar usado en el Templo... [Para usar este reloj de sol] se veía la sombra arrojada por el sol... a través de una clavija (que de hecho, se halló también allí)... El calendario en sí parece haber sido hecho en Babilonia, porque las marcas que tiene coinciden con los tipos de marcas para el día que habría en esa latitud y longitud, de manera que originalmente marcaba el año asirio... Este reloj de sol también era usado para marcar el ascenso de la luna y las estrellas en su plano, según va pasando por encima. Los asirios consideraban que el sol y la luna en su ascenso eran una bendición de Dios que era una creación diaria suya. [La comunidad de Qumrán] se sentía partícipe de todo aquello mientras permanecían allí de pie por la mañana, sin decirse palabra. Estaban allí desde antes de levantarse el sol y decían oraciones como los Salmos, que hablan de despertar a la aurora. Esto formaba una parte importante de su vida. Creían que de la misma forma que el sol y la luna se hallaban fijos dentro de su curso y tenían límites, Dios también había establecido unos límites para que ellos vivieran dentro de esos límites en cuanto a su papel dentro de la comunidad, y también en cuanto a la forma en que tenían que vivir la Torá.[12]

En el Segundo Templo se usaban relojes de sol como éste para regular los momentos de adoración diarios. Es posible que su uso en Qumrán haya sido similar, puesto que su comunidad sacerdotal se consideraba como un templo simbólico alineado con el Templo celestial, y creían que los momentos señalados para sus ritos (como inmersiones, oración, adoración y comidas) eran dispuestos en realidad por Dios. Pfann lo explica de esta forma:

67. El "reloj de sol" hallado por los excavadores en la comunidad de Qumrán, cerca del mar Muerto.

Para ellos, ser puntual era algo sumamente importante, porque en el cielo ya se había establecido un curso para las reuniones y la adoración del año litúrgico que Dios tenía con sus ángeles. Si el pueblo de Dios no permanecía puntual y fiel al calendario y a los tiempos que Él había establecido en los cielos, estaría fuera de sintonía con lo que estaba sucediendo en ellos.[13]

Pfann cree además que es posible que el reloj de sol haya formado parte también de las esperanzas mesiánicas de la comunidad, puesto que esperaban recibir al Mesías con un banquete mesiánico allí en Qumrán, un suceso que se debía calcular con dicho reloj de sol.

Estos artefactos arqueológicos, cuando por fin se los comprenden, pueden ayudar a abrir nuevas puertas de descubrimientos relacionados no sólo con la secta de Qumrán, sino también con otras sectas judías de sus tiempos con las cuales se pueden establecer comparaciones o contrastes. De hecho, con los nuevos hallazgos recientes, y otros más que están aún en el horizonte arqueológico, es posible que con el tiempo, el mayor de todos los descubrimientos de la arqueología —los rollos del mar Muerto— se vuelva mayor aún.

Las nuevas excavaciones
prometen mayores revelaciones

Se cree que la meseta de Qumrán, que se extiende a partir de los restos del antiguo asentamiento, contiene más posibles hallazgos. Las temporadas de excavación de 1996, dirigidas por James Strange, no pudieron verificar una anomalía subterránea indicada por el uso de radar sísmico y de penetración en el suelo. Se cree que es posible que exista una paleocámara hecha por el hombre debajo de la plataforma, con una entrada escondida que también estaría enterrada en las cercanías. Dentro de esta cámara podría haber tesoros de la comunidad almacenados, entre ellos un escondite de rollos anteriormente desconocidos. Una nueva instrumentación electromagnética preparada por el Instituto Geofísico de Israel ha revelado que no se encontró la paleocámara principal por menos de tres metros. Por consiguiente, las exploraciones comenzarán de nuevo en la primavera de 1998. Yo voy a dirigir la excavación de la paleocámara en este prometedor lugar. Por medio de perforaciones bajo la superficie, y del uso de una cámara dirigida por control remoto, trataremos de confirmar las nuevas lecturas. Aún no sabemos lo que se va a hallar, pero estamos seguros de que hay mucho más en el horizonte arqueológico de Qumrán. Tal vez usted y yo nos despertemos pronto una mañana para descubrir reportes en los periódicos sobre un gran hallazgo nuevo, anunciándole al mundo que los rollos del mar Muerto vuelven a estar de nuevo en la primera página de la arqueología.

68. *El autor sentado en un risco sobre el asentamiento de Qumrán y encima de la cueva 4 (en la mitad de la foto), donde se descubrieron diversos rollos del mar Muerto.*

La arqueología y Jesús

¿Ficción teológica, o realidad digna de crédito?

Los descubrimientos arqueológicos [concernientes a Jesús] no son conocidos fuera de círculos muy limitados; sin embargo, pocos aspectos de la investigación arqueológica estimulan tanto la imaginación y agitan las emociones de los expertos, como los nuevos hallazgos arqueológicos. En las tres décadas pasadas, una serie de descubrimientos espectaculares están demostrando ser significativos para la búsqueda del Jesús histórico.[1]

— James M. Charlesworth

Comencemos nuestra observación de las evidencias arqueológicas acerca de la presencia histórica de Jesús, pensando en la siguiente afirmación hecha por Marcus Borg:

La veracidad de la Pascua no depende de que realmente hubiera una tumba vacía... Porque conocemos a Jesús como una realidad viva, es por lo que tomamos las historias de la Pascua en serio, y no al revés. Y tomarlas en serio no tiene por qué significar que las tomemos al pie de la letra.

Si el razonamiento anterior le parece lógico, cuéntese entre las filas de los expertos críticos modernos que consideran que la fe en Jesús tiene una realidad mayor que los datos acerca de Él. Esta posición no tiene que poner

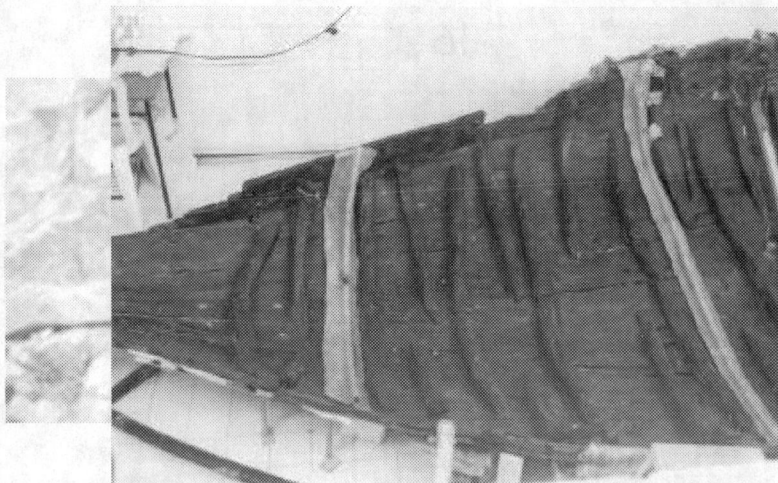

69. Una barca de pesca de tiempos de Jesús, hallada en el mar de Galilea
y restaurada recientemente usando una técnica química de conservación.

en duda necesariamente el que haya existido un Jesús histórico, sino el que
haya existido el Jesús del Nuevo Testamento. Fomentó este punto de vista
en una generación anterior Rudolph Bultmann, cuyas obras se han convertido en libros de texto en muchos seminarios cristianos. Esto es lo que él
proclamaba: "Todo lo que queda de Jesús es un llamado escatológico a la
decisión; la imagen de su persona y su obra ha desaparecido."[12]

Con la aparición en nuestros tiempos del Seminario sobre Jesús, un foro
de eruditos del Nuevo Testamento cuya búsqueda de las verdaderas palabras de Jesús en los evangelios se basa en la separación entre el "Cristo de la
fe" y el "Cristo de los hechos", muchos cristianos han comenzado a pregun-
tarse si lo que aprendieron acerca de Jesús en la escuela dominical eran
datos dignos de crédito, o ficciones teológicas. En este debate se cuestiona si
los evangelios, que presentan las pretensiones de Jesús a través de lo que
registran sus discípulos, son anotaciones precisas. Si se puede demostrar que
se comparan favorablemente con las evidencias de inscripciones y artefactos
que presenta la arqueología, ¿no se las debería reconocer como historia cuidadosamente redactada, y no como creaciones teológicas de una comunidad
cristiana posterior, inventadas para resolver los problemas de sus tiempos?

En estos momentos se ha confirmado que los evangelios (si no todo el
Nuevo Testamento) tuvieron su fecha de composición durante el siglo primero, por comparación con descubrimientos como los rollos del mar
Muerto y los códigos gnósticos de Nag Hammadi. Esto ha iniciado un
nuevo campo en la investigación sobre Jesús por medio de una labor
arqueológica e histórica adecuada.[4] Este enfoque fue elogiado por el teólogo
alemán Leonhard Goppelt, el cual, rechazando la conclusión pesimista de
Bultmann, sostuvo que se debe hallar al "Cristo de la fe" buscando al "Cristo
de la historia", y no separándolo de Él. Esto es lo que afirma:

De primordial importancia para la tradición del Evangelio es la integración del ministerio terrenal de Jesús con el kérygma, de manera que el primero se convierta en la base de apoyo para el segundo. Estas "memorias" acerca de Jesús siguen siendo, sobre todo en los evangelios mayores, la intención primaria... Si queremos representar la teología del Nuevo Testamento en consonancia con su estructura intrínseca, entonces debemos comenzar con la pregunta sobre el Jesús terrenal.

En este capítulo, nuestra meta es analizar varias evidencias arqueológicas de importancia acerca del Jesús terrenal. Éstas corroboran la realidad de diversas personas y acontecimientos que aparecen en los evangelios, revelando la exactitud de lo escrito en ellos y lo digno de confianza que es el mensaje histórico confesado por sus autores. Al fin y al cabo, puesto que algunos dicen que Jesús es la "Roca de la eternidad", ¿acaso no deberían hablar también de Él las rocas de los siglos?

La primera Navidad

Hay algunas evidencias arqueológicas recientes que nos han dado una comprensión nueva en cuanto al momento y el lugar del nacimiento de Jesús. El evangelio de Lucas nos dice el momento de su nacimiento, relacionándolo de manera específica con un censo decretado por Cirenio, el gobernador de Siria (Lucas 2:2). Aunque las evidencias procedentes de las inscripciones revelan que hubo más de un gobernante que tuvo ese nombre, se ha encontrado un Cirenio dentro del marco de tiempo en el que se sitúa el nacimiento de Jesús en una moneda que lo presenta como procónsul de Siria y Cilicia desde el año 11 a.C. hasta pasado el 4 d.C. El censo de Cirenio, mencionado también por Lucas en Hechos 5:37, tiene numerosos paralelos en formularios de censo escritos en papiro que datan entre el siglo primero a.C. y el primero d.C. Por ejemplo, tanto el papiro 255 de Okyrhyncus (48 d.C.) como el papiro 904 del Museo Británico (104 d.C.) ordenan un regreso obligatorio a los lugares de nacimiento para anotarse en el censo, tal como lo señala Lucas (Lucas 2:3-5).

Además de esto, el lugar tradicional para el nacimiento de Jesús —en una cueva de Belén— ha tenido una larga historia en el sitio donde se encuentra la Basílica de la Natividad. Jerónimo, Padre de la Iglesia que se trasladó a Belén en el año 385, ya se refería a este lugar como "el lugar más venerable en todo el mundo". Paulino de Nola decía que el emperador romano Adriano (117-138 d.C.) había hecho plantar una arboleda para el culto de Adonis (una figura mítica romana) en el sitio para profanar la fe cristiana.[8] En el siglo cuarto, Eusebio describe la forma en que Elena, la madre de Constantino (la cual trató de conservar los sitios tradicionalmente relacionados con Jesús en la Tierra Santa), cubrió la cueva y el pesebre con una iglesia. Las excavaciones han revelado los restos de la cueva, la cual fue mutilada por diversos enemigos del cristianismo en sus primeros tiempos. Unas excavaciones similares hechas por los franciscanos en Nazaret han hallado, debajo del suelo de la actual Iglesia de la Anunciación, restos de una sinagoga judeocristiana del tercer siglo (tal vez aquélla a la que se refiere Lucas 4:16).[9]

70. *Dentro del Herodión.*

El difunto Herodes el Grande

Herodes el Grande fue el rey nombrado por los romanos para la Judea desde el año 37 a.C. hasta su muerte en el año 4 a.C. Jesús nació y su familia sufrió amenazas bajo su reinado. La fama de Herodes se basaba en sus grandes construcciones, y aún hoy hay restos de algunas de sus obras que ocupan una posición prominente en el panorama de Israel y de Jordania. Una de ellas, conocida como el Herodión, se alza imponente en el horizonte cerca de Belén y se halla de Jerusalén a una distancia de entre tres y cuatro horas de camino. El Herodión era un escondite para Herodes, en cuya vida abundaron los ataques de sus enemigos y los intentos de asesinato. En aquella zona había originalmente dos colinas gemelas, pero Herodes hizo que sus constructores quitaran parte de una de las colinas y después aumentaran la altura de la otra, de manera que su lugar de retiro no tuviera rivales. Construyó alrededor de la colina una corona compuesta por dos murallas circulares (una dentro de la otra), después le mandó hacer a la colina unas laderas que se encontraran con estas murallas y formó una estructura vacía en forma de volcán en la cual construyó su villa-palacio-fortaleza. Flavio Josefo, el historiador judío del siglo primero, escribe que el rey fue enterrado en el Herodión, llevado por un desfile de parientes suyos, una compañía de soldados tracios, germanos y galos en pleno orden de batalla, y quinientos esclavos y libertos que llevaban centenares de kilos de especias para el enterramiento.[10]

El arqueólogo israelí Ehud Netzer, del Instituto de Arqueología de la Universidad Hebrea, ha estado excavando en este sitio desde 1973, y cree que ha logrado hallar finalmente la cámara mortuoria de Herodes, que se había buscado por tanto tiempo:

71. El autor en el lugar donde se cree que fue enterrado el rey Herodes. Es un edificio monumental en la parte baja del Herodión.

72. El arqueólogo Ehud Netzer con una inscripción en la cual aparece escrito el título completo del rey Herodes.

El Herodión no era sólo un palacio, sino todo un memorial para el rey. Fue el único sitio que recibió su nombre del rey Herodes, y el lugar donde él planificó que se le sepultara. Estamos tratando de hallar este lugar de enterramiento [en el Herodión]. En el transcurso de nuestras excavaciones hallamos un edificio muy impresionante, [del cual] pensamos que podría ser el mausoleo. Gradualmente, fuimos hallando al otro lado de la calle algunos objetos más; [por ejemplo,] un miqvé (baño ritual); éstos tienen que ver con las tumbas rituales en el período del Segundo Templo. También, algunas piedras maravillosas que constituían la fachada de la tumba. Este mismo estilo arquitectónico [aparece] en tumbas monumentales de Jerusalén y de otros lugares. Esperábamos hallar la tumba en sí en forma de cueva, o de cuarto funerario soterrado. Lamentablemente, la Intifada [palestina] que comenzó en 1987 detuvo nuestro trabajo, pero estoy esperando tiempos más pacíficos para continuar la labor en un futuro próximo.[11]

El lugar del que se sospecha que es la entrada al mausoleo no se halla dentro del montículo artificial, sino cerca de una de las piscinas más bajas, en un sitio llamado "la estructura monumental". Tiene el aspecto de la arquitectura real con una fachada en la que hay una columnata, y hay un largo camino llano en la colina encima de ella que tal vez sirviera para el desfile de los que llevaban a Herodes a su lugar de enterramiento. Netzer da por seguro que cuando se halle la tumba, va a estar vacía, por haber sido saqueada en la antigüedad, pero ¿quién sabe? Él pudo excavar en el Herodión durante el verano de 1997, pero una nueva ola de terrorismo en aquella zona de la Margen Occidental ha amenazado de nuevo las excavaciones. Así que por ahora, tendremos que esperar. Aun así, el sitio en sí mismo da amplio testimonio sobre la vanidad de un rey cuya colina artificial arrojaba su sombra sobre el humilde establo en el cual nació el Rey de reyes.

En nombre del rey

Mientras tanto, Netzer y Guy Stiebel (del Instituto de Arqueología de la Universidad Hebrea) han renovado también las excavaciones en Masada, cuyo último director había sido el ya fallecido Yigael Yadín en la década de 1960. Masada era una montaña convertida en fortaleza, cercana al mar Muerto, construida por Herodes el Grande como un último refugio para tiempos difíciles. Diseñada pensando en las necesidades particulares de Herodes, tenía un palacio al norte y otro al sur, una piscina, una sala de recepciones ricamente decorada, una casa de baños al estilo romano, baños rituales y una sinagoga. Masada es conocida sobre todo por su uso durante el período de la Gran Revuelta (66-73 d.C.) como un último lugar de resistencia para los rebeldes judíos conocidos como sicarios. Vencidos por el ejército romano, los habitantes judíos prefirieron suicidarse antes que ser destruidos y profanados por los furibundos romanos que habían pasado años tratando de escalar las paredes de la fortaleza.

En las últimas excavaciones, Netzer y Stiebel descubrieron en Masada la primera inscripción que se ha hallado con el título completo del infame Herodes. Su descubrimiento les añade la "carne y sangre" de la realidad histórica a este rey y a su dinastía, los cuales ocupan un lugar prominente en la vida de Jesús. El hallazgo se produjo el año pasado mientras se limpiaba de escombros una cueva cercana al lugar donde estaba la sinagoga. Los escombros procedían de un techo que se había derrumbado en la antigüedad, enterrando varias vasijas grandes de almacenaje (conocidas como ánforas) y numerosos artefactos.[12] Entre los fragmentos rotos de las ánforas se hallaron varios óstraca con escritos en griego y en latín. Uno de los óstraca, que procedía de un ánfora que había contenido vino, llevaba la inscripción que ya se ha hecho famosa. Netzer la describe de la siguiente forma:

> La inscripción tiene tres líneas, forma corriente de este tipo de inscripciones. La primera línea es una fecha y da el año en que este [vino] fue hecho. La segunda línea da el lugar y el tipo [concreto] de vino, y en la última línea tenemos el nombre: "Herodes, rey de Judea".[13]

Allí estaban el nombre y el título del tirano del Nuevo Testamento que tan espléndidamente había ampliado el Templo de Jerusalén, que se había reunido con los sabios que buscaban al niño Jesús, y cuya propia búsqueda de Jesús había terminado con la orden de matar a los niños pequeños de Belén (Mateo 2:1-18).

Donde a Jesús le gustaba predicar

Según los relatos de los evangelios, el centro del ministerio de Jesús era la ciudad de Capernaum, donde había vivido el profeta Nahum (*Caper* = "villa"; la villa de Nahum), situada junto al mar de Galilea. Las paredes de basalto negro de la misma sinagoga donde Él predicó con frecuencia han sido descubiertas debajo de las cuatro esquinas de la sinagoga de caliza blanca pulida fechada en el período bizantino.[14] Se ha confirmado que estas paredes proceden del siglo primero, por los restos de alfarería hallados debajo del piso adoquinado, que procede de la misma época que las paredes de basalto que hay bajo la nave de la sinagoga.[15] La Biblia dice que Jesús realizó aquí un notable milagro a favor del centurión romano prosélito que había construido la sinagoga (Mateo 8:5-13; Lucas 7:1-10). Recientemente se pudo confirmar la presencia romana al sacar a la luz en Capernaum una serie de edificios de estilo romano, entre ellos una casa de baños romana.[16] Hasta parece que se ha descubierto la casa de Pedro, donde Jesús se quedaba con frecuencia, y donde sanó de unas fiebres a la suegra de Pedro (Mateo 8:14-15; Marcos 1:30-31; Lucas 4:38-39), a unos veinticinco metros de la sinagoga en dirección sur.[17] Hecha de la misma roca de basalto local, se hallaba debajo de un edificio octagonal del período bizantino, del estilo de los usados para venerar lugares santos. Su presencia confirma que había una tradición temprana con respecto a este lugar como un sitio relacionado con Jesús. Las estrechas paredes de la casa no habrían podido soportar un techo de albañilería, de manera que es probable que tuviera un techo de ramas cubiertas con tierra apisonada.[18] Esto habría hecho este techo semejante al de otra casa de Capernaum en el cual se abrió un agujero para descender por él a un paralítico, a fin de que Jesús lo sanara (Marcos 2:4).

Donde Jesús realizó milagros

A poca distancia de Capernaum se ha hallado el lugar donde se alzaba Betsaida, ciudad natal de Simón Pedro, Felipe y Andrés (Juan 1:44; 12:21). Excavado desde 1989 bajo la dirección del arqueólogo israelí Rami Arav,[19] en este sitio se han encontrado unos restos impresionantes de las fortificaciones de Gesur, en la edad de Hierro, entre las cuales hay un palacio real, en el cual habría residido Absalón durante tres años (2 Samuel 13:38), una estela del período romano que representa un minotauro, un casco de alfarería precristiano que tiene la imagen de una cruz, y una argolla de oro.[20] Del período del Nuevo Testamento se han hallado evidencias de la industria pesquera (anclas, anzuelos) en la que trabajaban estos discípulos de Jesús, además de una calle y unas casas que con toda certeza usarían ellos alguna vez. En una de estas casas se halló un mortero que nos recuerda el pan hecho en este lugar, no sólo por las mujeres, sino también por Jesús cuando realizó aquí el milagro de la multiplicación de los peces y los panes para alimentar a los cinco mil (Mateo 14:1-21; Marcos 6:30-44; Lucas 9:10-17). Desde este mismo sitio, Jesús también fue al encuentro de sus discípulos caminando sobre el agua del mar de Galilea (Mateo 14:22-33; Marcos 6:45-51; Juan 6:15-21). Por haber presenciado estos milagros, y seguirse negando a aceptar a Jesús como Mesías, Betsaida fue condenada junto con las ciudades cercanas de Corazín y Capernaum (Mateo 11:21-23; Lucas 10:13-15).

Caifás sale a la luz

Pasamos ahora del ministerio de Jesús en Galilea a su ministerio en Jerusalén. Una de las figuras más prominentes en todos los relatos de los evangelios que describen la semana final de conflictos que vivió Jesús en la Ciudad Santa es el sumo sacerdote Caifás. Éste, quien fue el jefe del Sanedrín entre los años 18 y 36 d.C., es conocido en los relatos de los evangelios como el que profetizó que Jesús moriría por la nación, puso en marcha el plan para matarlo (Juan 11:49-53; 18:14) y después presidió el juicio que duró toda la noche, y en el cual Jesús confesó ser el Mesías, siendo condenado posteriormente (Mateo 26:57-68). En el patio de la casa de Caifás fue donde Pedro estuvo esperando a saber noticias de Jesús, pero lo que hizo fue traicionarlo tres veces antes de que cantara el gallo (Mateo 26:69-75).

Tanto si el lugar identificado hoy en Jerusalén como la casa de Caifás lo es realmente, como si no, se han descubierto los restos de este sumo sacerdote en su osario dentro de su tumba familiar. El hallazgo se produjo por accidente en noviembre de 1990, cuando unos obreros estaban construyendo un parque acuático en el Bosque de la Paz de Jerusalén, que se halla al sur del monte del Templo.[21] El descubrimiento tuvo lugar cuando se

73. El osario ricamente ornamentado de José Caifás, el sumo sacerdote que presidió el juicio de Jesús (la inscripción que lleva su nombre se halla en el lado más estrecho.

74. El autor con unos osarios del siglo primero descubiertos en una cueva mortuoria del monte de los Olivos, en Jerusalén.

derrumbó el techo de la cámara mortuoria y reveló doce osarios hechos en piedra caliza. Uno de ellos estaba exquisitamente adornado y decorado con florones tallados. Era obvio que había pertenecido a un personaje rico o de alta categoría, que se podía permitir una caja así. En la caja había una inscripción. En dos lugares decía *Qafa* y *Yehosef bar Qayafa* ("Caifás" y "José, hijo de Caifás").[22] El Nuevo Testamento lo llama solamente Caifás, pero Josefo da su nombre completo como "José, quien era llamado Caifás, del sumo sacerdocio". Dentro se hallaban los huesos de seis personas diferentes, entre ellos los de un hombre de sesenta años (lo más probable, el propio Caifás).[23] Cuando se produjo el hallazgo, Steven Feldman, editor asociado de la revista *Biblical Archaeological Review*, hizo la observación de que "el hallazgo debería ser particularmente emocionante para algunos creyentes cristianos, porque para ellos puede reafirmar la exactitud de la Biblia...".[24] Ciertamente así es, sobre todo cuando unimos a esto el hecho de que Jesús fue entregado a Poncio Pilato, de cuya existencia también puede dar testimonio la arqueología.

Aparece Poncio Pilato

Durante diez años, desde el 26 hasta el 36 d.C., Poncio Pilato fue el funcionario romano a cargo de la Judea. En este tiempo tuvo una de las confrontaciones más inolvidables de su vida: el encuentro con Jesús de Nazaret. Pilato tiene la distinción de ser una persona con la que Jesús quiso hablar durante sus juicios. Se había negado a responderle a Herodes Antipas, el rey de Judea, y sólo bajo juramento le respondió a Caifás. Sólo Pilato parece haber sido escogido para recibir una explicación del propósito único perseguido por el ministerio de Jesús (Juan 18:36-37). Fue Pilato quien pronunció las inmortales palabras "¿Qué es la verdad?", y que al parecer, habría puesto a Jesús en libertad, de no haber sido por la presión política que aplicó el Sanedrín sobre él (Juan 19:12-15). Tal vez fuera por esta razón por la que Pilato puso un *títulus* (inscripción con una frase) sobre Jesús en su cruz, que decía en hebreo, latín y griego: "Jesús Nazareno, Rey de los Judíos" (Juan 19:19). Sólo sabemos que fue el propio Pilato quien ordenó que se escribiera, y se negó a cambiarla cuando el Sanedrín protestó de que se exhibiera al público (versículos 21 y 22).

El lugar oficial de residencia de Pilato era Cesarea Marítima, ciudad situada en la llanura costera mediterránea. Era lógico que en 1961, durante unas excavaciones dirigidas por italianos en el teatro romano de Cesarea, apareciera una placa de piedra con el nombre de Pilato. Esta losa de 0,6 por 0,9 metros, conocida actualmente como la Inscripción de Pilato, fue encontrada en un proyecto de remodelación del siglo cuarto, utilizada de nuevo como bloque de construcción, pero era un auténtico monumento del siglo primero, escrito al parecer para conmemorar la construcción y dedicación por parte de Pilato de un Tiberium, un templo para la adoración de Tiberio César, quien era el emperador romano mientras Pilato gobernaba en Judea. La inscripción latina de cuatro línea presenta su título como "Poncio Pilato, Prefecto de Judea", un título muy similar al usado por él en los evangelios (vea Lucas 3:1). Éste es el primer hallazgo arqueológico en el que se menciona a Pilato, y testifica de nuevo a favor de la precisión que tuvieron los escritores de los evangelios. Su comprensión de estos términos oficiales indica que vivieron durante el tiempo en que eran usados, y no un siglo o dos después, cuando se habrían olvidado estos términos.

Un testimonio sobre la crucifixión

La arqueología revela que es posible que la crucifixión comenzara con los fenicios (alrededor del siglo diez a.C.) y fuera adoptada por los asirios como una forma de tortura conocida como empalamiento (vea el relieve de Laquis), pero los que más la perfeccionaron fueron los romanos, que la escogieron como método de ejecución para los que cometieran crímenes contra el estado. Se sabe que tanto el ejército de Espartaco, como unos ochocientos fariseos de Jerusalén, fueron ajusticiados por medio de la crucifixión. Sin embargo, a pesar de la frecuencia con que se menciona esta práctica en escritos antiguos, como los rollos del mar Muerto, los escritos de Josefo, el Talmud, diversos anales romanos y el Nuevo Testamento, no se habían hallado en la Tierra Santa evidencias materiales sobre una víctima crucificada hasta 1968. Fue entonces cuando se descubrieron los restos de un hombre crucificado de Giv'at ha-Mivtar, un suburbio al norte de Jerusalén, en un osario de una época cercana a los tiempos de Jesús. El nombre de este hombre, basado en una inscripción en arameo que aparece en el osario, era Yohanán ben Ha'galgol, y a partir de un análisis de los restos de su esqueleto se ha podido determinar que murió teniendo algo más de treinta años; una edad similar a la que tenía Jesús cuando fue crucificado. La evidencia

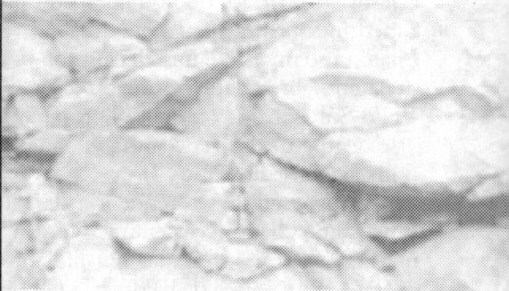

75. *Inscripción procedente de Cesarea donde aparece el nombre de Poncio Pilato.*

significativa de la crucifixión era un talón atravesado aún por un clavo de crucifixión de dieciocho centímetros de largo, y unido a un pedazo de madero de una cruz. Al parecer, cuando este hombre fue crucificado, el clavo se encontró con un nudo en el *patíbulum* (madero vertical) de madera de olivo y de alojó allí de tal manera que no se pudo quitar a la víctima sin retener el clavo y un fragmento de la cruz. Este raro hallazgo ha demostrado ser uno de los testimonios arqueológicos más importantes a favor de la crucifixión de Jesús, tal como la describen los evangelios.

En primer lugar, revela de nuevo los horrores de este castigo romano. Un estudio de los restos parece indicar la posición que tomaba el cuerpo en la cruz. Según las reconstrucciones que se han propuesto, o tenía las piernas dobladas y giradas junto al cuerpo. O estaba clavado a ambos lados del madero vertical (actualmente se favorece más la posibilidad de esta segunda posición). Por consiguiente, este método de ejecución obligaba a poner el peso del cuerpo sobre los clavos, lo que causaba unos espasmos musculares terriblemente dolorosos, y terminaba matando por el insoportable proceso de asfixia. Es posible que esta posición en particular se haya usado rompiéndoles las piernas, como indican los huesos de Yohanán, para apresurar la muerte. Cuando Jesús y los dos criminales fueron crucificados, era la tarde anterior al gran festival del judaísmo (la Pascua) y al sabat. Los gobernantes judíos exigieron una crucifixión rápida para no profanar el día sagrado que se acercaba (Juan 19:31-32). Este tipo de detalles sobre los horrores de la crucifixión, tal como los atestigua la arqueología, revela que los escritores de los evangelios habían sido realmente testigos presenciales históricos de la crucifixión, tal como ellos afirmaban (Juan 19:35).

En segundo lugar, se afirmaba en el pasado que la descripción del método de la crucifixión que daban los evangelios era históricamente inexacto. Los eruditos alegaban en el pasado que no era posible que se utilizaran clavos para asegurar a la cruz a la víctima crucificada, porque las manos y los pies asegurados con clavos no habrían podido sostener su cuerpo. En lugar de esto, las víctimas habrían sido atadas con cuerdas.[32] Sin embargo, después de la resurrección, Jesús les reveló su cuerpo crucificado a sus discípulos y les dijo: "Mirad mis manos y mis pies" (Lucas 24:39). Las llagas que les mostró no eran de quemaduras producidas por sogas, sino de "clavos". De igual manera, los expertos sostenían que el cuerpo de Jesús, como los de la mayoría de los criminales y los insurrectos, no habría recibido un enterramiento decente, sino que habría sido tirado a una fosa común destinada para los cadáveres de aquellos que habían quedado inmundos por la crucifixión. Según ellos, la narración sobre el enterramiento de Jesús en la tumba de José de Arimatea (Lucas 23:51-56), en la cual resucitó, sería un cuento ficticio.

El descubrimiento del talón perforado por un clavo echa abajo los argumentos de los que dicen que no era posible que se hubieran utilizado clavos. El examen más reciente de los demás huesos de Yohanán por medio del análisis antropológico no ha revelado que se hubieran clavado las muñecas. Esto se puede haber debido a la economía de los romanos en la crucifixión, en la cual se usaban una y otra vez las partes horizontales y verticales de la cruz. Las fuentes antiguas revelan que la madera era escasa en Jerusalén, porque Josefo *(Guerra* 5:22-23) señala que los soldados romanos se veían obligados a viajar dieciséis kilómetros fuera de la ciudad a fin de hallar madera para la maquinaria usada en el asedio. El hecho de que se hallaran los huesos de Yohanán en un enterramiento secundario dentro de una tumba demuestra también que la segunda hipótesis de los eruditos

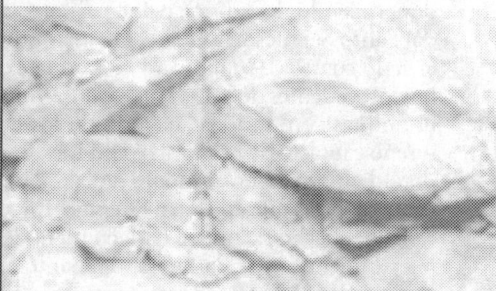

76. *Hueso del talón derecho de un hombre del siglo primero, hallado en Giv'at ha-Mivtar (un suburbio de Jerusalén), que muestra evidencias de crucifixión. Se hallaron varios fragmentos de madera de olivo entre la cabeza del clavo y el hueso.*

tampoco es cierta. Esta víctima crucificada, al igual que Jesús, había recibido un enterramiento judío adecuado.[33]

Hay un interesante testimonio sobre la veneración posterior de Jesús como víctima crucificada, y que nos viene bajo la forma de un burdo dibujo hecho en una pared, que fue encontrado en 1856 en uno de los salones de la guardia del Palatino, en Roma, el lugar del palacio imperial. Hecho por un pagano para burlarse de la adoración de los cristianos, el dibujo procede de la primera mitad del siglo tercero y representa una figura crucificada con cabeza de asno y un adorador arrodillado junto a ella. La inscripción latina dice: "Alexámenos adorando a su dios". Para aquel pagano, elevar a un delincuente crucificado a la posición de la divinidad era un absurdo. Sin embargo, esta fe carece de sentido a menos que tenga tras sí una realidad histórica. Podemos sentir parte de esta realidad cuando somos capaces de tocar literalmente, por medio de la arqueología, los lugares donde se produjeron los sucesos asociados con la muerte, la sepultura y la resurrección de Jesús.

Toquemos la tumba de Jesús

La arqueología ha revelado la presencia de numerosas tumbas en Jerusalén similares a la tumba de Jesús que describe el Nuevo Testamento. Una es la "Tumba de la familia de Herodes", situada hoy en los terrenos del famoso Hotel rey David. Presenta una tumba de la clase rica durante el período herodiano, con una piedra rodante que aún se halla en su lugar a un lado de la entrada. Sin embargo, cuando se lleva a los turistas en Jerusalén a ver la tumba de Jesús, se les suelen enseñar dos sitios que según los turistas, compiten por el título de ser la sepultura de Jesús. Uno es el sitio de los protestantes, conocido como el Calvario de Gordon, por Charles Gordon, quien lo descubrió en 1883. El otro es el sitio tradicional de la Iglesia del Santo Sepulcro, la cual tiene una historia que se remonta por lo menos al siglo cuarto d.C. (apoyándonos en la existencia de columnas aún en uso hoy procedentes de la iglesia de Constantino,[34] y en su descripción en fuentes bizantinas). Aunque la mayoría de los evangélicos prefieren el ambiente sereno e intacto de la Tumba del Huerto, situada junto a la colina que Gordon identificó como el monte de la Calavera, o Gólgota, no hay evidencias arqueológicas que apoyen a este sitio. En el pasado, su principal apoyo procedía del hecho de que se hallaba fuera de los muros actuales de la Ciudad Vieja, mientras que la Iglesia del Santo Sepulcro se halla dentro de ellos. Puesto que el Nuevo Testamento dice con claridad que Jesús fue crucificado "cerca de la ciudad" (Juan 19:20; Hebreos 13:11-12), y se daba por sentado que los muros modernos seguían el recorrido antiguo, el apoyo para la Iglesia del Santo Sepulcro dependía primordialmente de la tradición. Sin embargo, a fines de la década de 1960, Kathleen Kenyon halló pruebas de que el muro que encierra ahora el sitio tradicional era un "Tercer muro" construido después de los tiempos de Jesús (alrededor del año 41 d.C.);[35] por consiguiente, cuando Jesús fue crucificado, habría estado fuera del "Segundo muro" *más antiguo*. Además de esto, en 1976 Magen Broshi descubrió una parte de un muro herodiano en la sección nordeste de la iglesia. Esto signi-fica que cuando Jesús fue crucificado, la zona sobre la cual se construyó la iglesia estaba inmediatamente fuera del muro occidental de la ciudad, en la línea del Primer muro. Otros han hallado que había una "puerta de huerto" en este muro, lo cual concuerda con las menciones de un huerto en esta zona (Juan 19:41; 20:15).[36]

Por otra parte, los arqueólogos de Jerusalén Gabriel Barkay y Amos Kloner han señalado que la Tumba del Huerto forma innegablemente parte de un sistema de tumbas que hay en esa zona, las más prominentes de las cuales se hallan junto a la Tumba del Huerto en la propiedad de la Escuela Francesa de Arqueología, la École Biblique.[37] Todas las tumbas de este complejo datan de tiempos del Primer Templo o de la edad de Hierro II (siglos octavo y séptimo a.C.).[38] Puesto que el Nuevo Testamento dice que Jesús fue enterrado en "un sepulcro nuevo, en el cual aún no había sido puesto ninguno" (Juan 19:41), se debe excluir de consideración la Tumba del Huerto. En cambio, las tumbas vecinas a la Iglesia del Santo Sepulcro son tumbas de fines del período del Segundo Templo (siglo primero d.C.). En las excavaciones llevadas a cabo a fines de la década de 1970 en el sitio, aparecieron los cimientos del Foro Romano de Adriano, en el cual se había construido el templo de Afrodita (alrededor del 135 d.C.). Tal como había hecho en el sitio del Templo judío, Adriano había construido templos y santuarios paganos aquí para superar estructuras religiosas anteriores. Si era éste el sitio venerado por los primeros cristianos como la tumba de Jesús, esto explicaría esta ubicación para el edificio. Eusebio, historiador eclesiástico del siglo cuarto, dice que Adriano construyó una inmensa plataforma rec-tangular sobre esta cantera, "escondiendo la cueva santa debajo de aquel inmenso montículo".

Aún se puede ver en parte la roca sobre la cual se edificó esta iglesia a través de una sección reservada para que la vean los visitantes. Esta roca manifiesta evidencias de actividad sísmica, un hecho que concuerda con el relato de los evangelios (Mateo 27:51). Las excavaciones dirigidas a poner al descubierto una parte mayor de esta roca han revelado que era una parte rechazada de una cantera preexílica de piedra blanca, tal como lo eviden-cian las vasijas de barro de la edad de Hierro II que hay en el lugar. Ante todo esto, se ha sugerido que la cita que hace Pedro del Salmo 118:22, "La piedra que desecharon los edificadores... " (Salmo 118:22), podría tener doble significado (*vea* Hechos 4:11; 1 Pedro 2:7).[39] Ya en el siglo primero a.C. esta cantera rechazada había pasado de ser un basurero de desechos a con-vertirse en lugar de enterramiento. Este sitio también se hallaba situado cerca de un camino público en tiempos de Jesús (*vea* Mateo 27:39), lo cual lo ayuda a reunir los requisitos necesarios para el sitio auténtico, puesto que concuerda con las exigencias tanto judías como romanas para los lugares de ejecución (*vea* Levítico 24:14).[40] Por esta razón es posible que la roca haya recibido el nombre de "lugar de la calavera", porque era un lugar de muerte.

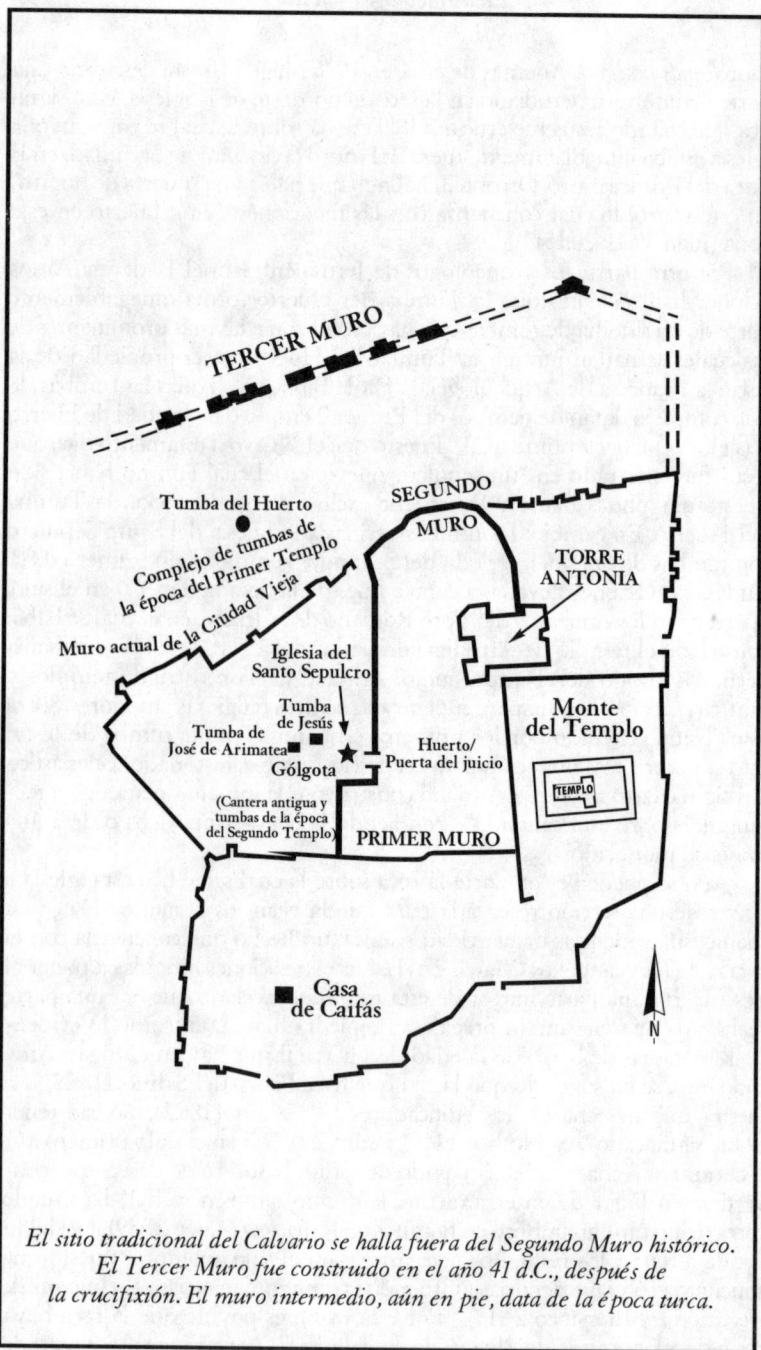

TERCER MURO

SEGUNDO
MURO

TORRE
ANTONIA

Tumba del Huerto

Complejo de tumbas de
la época del Primer Templo

Muro actual de la Ciudad Vieja

Iglesia del
Santo Sepulcro

Monte
del Templo

Tumba
de Jesús

Tumba de
José de Arimatea

Gólgota

Huerto/
Puerta del juicio

TEMPLO

(Cantera antigua y
tumbas de la época
del Segundo Templo)

PRIMER MURO

Casa
de Caifás

N

El sitio tradicional del Calvario se halla fuera del Segundo Muro histórico.
El Tercer Muro fue construido en el año 41 d.C., después de
la crucifixión. El muro intermedio, aún en pie, data de la época turca.

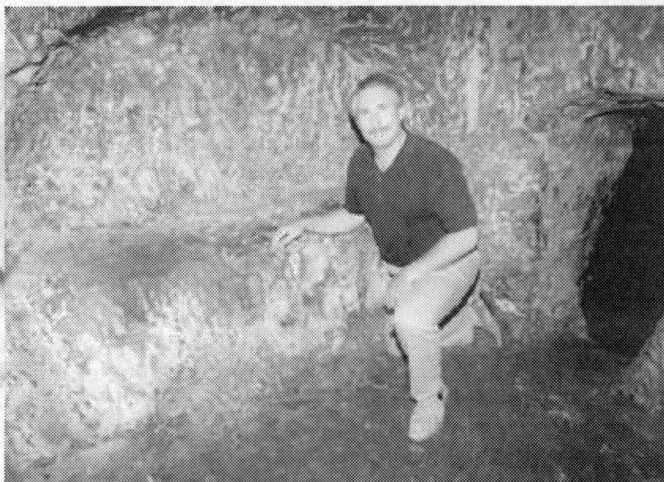

77. *Una tumba del tipo de arcosolium, como era la tumba de Jesús (valle Cedrón, Jerusalén).*

Hay otra consideración más a favor de la Iglesia del Santo Sepulcro: el tipo de tumba en el que fue puesto Jesús. En el siglo primero se utilizaban dos tipos de tumbas. Unas eran las llamadas *kokim*, más corrientes, que eran unos nichos largos y estrechos cavados en la cámara de la cueva de enterramiento en ángulo recto. Las otras, llamadas *arcosolia*, eran bancos poco profundos cortados paralelos a la pared de la cámara con un techo arqueado sobre el nicho. Estos tipos de tumbas estaban reservados para los que tenían riqueza y alto rango. Parece haber sido éste el tipo de tumba en el cual fue puesto Jesús, puesto que se dice que su tumba era la tumba de un hombre rico (Mateo 27:57-60; compare Isaías 53:9), los discípulos pudieron ver el cuerpo cuando estaba tendido (lo cual sólo es posible con una tumba cortada en forma de banco, Juan 20:5, 11) y los ángeles fueron vistos sentados donde habían estado la cabeza y los pies de Jesús (Juan 20:12). La tumba fuertemente erosionada que hay en el Huerto de la Tumba no tiene ninguna de estas características,[41] mientras que está claro que la llamada Tumba de Jesús que se halla en el sitio tradicional, aunque deformada por siglos de devotos peregrinos, se halla compuesta por una antecámara con un arcosolium cortado en la roca.[42]

La determinación de un veredicto

Cuando los discípulos llegaron por vez primera a la tumba de Jesús, leemos que "entrando, no hallaron el cuerpo del Señor Jesús" (Lucas 24:3). De igual manera, a lo largo de los siglos ha habido también escépticos y críticos que también han llegado, ya sea en sentido literal o figurado, y el veredicto de la historia ha seguido siendo el mismo que en los tiempos antiguos: "No hallaron el cuerpo del Señor Jesús". En última instancia, la arqueología nos podrá llevar hasta la tumba, pero sólo la fe —informada por los hechos— nos puede llevar a Cristo. Sin embargo, gracias a que la arqueología nos ha mostrado que los hechos que apoyan a la fe son exactos —una tumba identificable que es testigo de sucesos reales—, la fe en el Cristo de la historia depende *ciertamente* de una tumba histórica vacía para poder ser real. Mientras que la arqueología sólo puede revelar la tumba, las personas y los sucesos que se relacionan con su propósito histórico (Herodes, Pilato, Caifás, la crucifixión y demás), la resurrección está entretejida con estas realidades de tal manera, que exige la misma consideración. Sin duda, la primera generación de cristianos judíos que recibieron los evangelios tenía experiencia directa de la historia y los lugares que describen. La arqueología ha restaurado para nosotros mucho de lo que ellos experimentaron, y se podrían responder muchas de las preguntas que tienen los expertos modernos acerca de la autenticidad de los evangelios si se tuviera en cuenta esta arqueología con mayor cuidado. Esto es lo que aconseja Bargil Pixner, Prior de la Abadía de la Dormición, en el monte Sion:

> Hay cinco evangelios que recogen la vida de Jesús. Cuatro de ellos se encuentran en forma de libros, y hay uno que se encuentran en la Tierra que llaman santa. Lea el quinto evangelio y el mundo de los otros cuatro se abrirá para usted.[13]

Cuando leemos los cuatro evangelios a la luz del quinto, descubrimos que el Jesús de la historia y el Cristo de los evangelios son la misma persona. El que se pueda o no obtener de la arqueología una afirmación como ésta, llama a juicio a la naturaleza y los límites de las pruebas arqueológicas, tema del que nos ocuparemos a continuación.

Descubrimientos arqueológicos significativos del Nuevo Testamento

NOMBRE	IDIOMA	DESCUBRIDOR	LUGAR DEL HALLAZGO	FECHA DEL HALLAZGO	TEMA	FECHA DE ORIGEN	IMPORTANCIA BÍBLICA
Rollos del mar Muerto	hebreo arameo griego	Pastores beduinos	Cuevas del desierto de Judea (Qumrán)	1947-1993	Manuscritos bíblicos (AT), comentarios, documentos	225 a.C. — 68 d.C.	Fuentes extrabíblicas sobre sectas judías del período del Nuevo Testamento. Concepto del mesianismo, paralelos o doctrinas y prácticas del Nuevo Testamento, profecía.
Papiro de John Rylands	griego	Grenfell	Fayum, Egipto	1920	Juan 18:31-33, 37-38	125 d.C.	Fragmento más antiguo de manuscrito del Nuevo Testamento
Papiro Okyrhynchus	griego	Grenfell, A. S. Hunt	Okyrhynchus, Egipto	1897-1900	Documentos en papiro, censo	6-104 d.C.	Mostró que el griego koiné del Nuevo Testamento era la lengua corriente del pueblo; paralelo al censo de Lucas y Hechos
Inscripción de Poncio Pilato	latín	A. Frova	Teatro de Cesarea	1961	Estela conmemorativa de Tiberio César	26-36 d.C	Menciona nombre y título del prefecto romano que sentenció a Jesús
Arco de Tito	latín	—	Teatro de Cesarea	—	Victoria de Tito sobre los judíos	81 d.C.	Representa la destrucción del Templo predicho por Jesús, que se produjo en el año 70 d.C.
Inscripción de Vespasiano y Tito	latín	B. Mazar	Sur del monte del Templo	1970	Columna de la Legión Décima	79 d.C.	Los nombres de Vespasiano, Tito, Silva, quienes cumplieron la profecía sobre la destrucción de Jerusalén
Restos de una crucifixión	—	Tzaferis	Tumba de Givat Ha-mivtar	1968	Hueso de tobillo atravesado con clavo y madera de una cruz	Siglo segundo a.C. — 70 d.C.	Primera evidencia física de crucifixión en tiempos de Jesús
Osario de Caifás	hebreo	Z. Greenhut	Bosque de la paz, Jerusalén	1990	Caja de enterramiento para huesos de familia sacerdotal	42-43 d.C.	Primera evidencia sobre el sumo sacerdote que presidió el juicio de Jesús

Nombre	Idioma	Descubridor	Lugar	Año	Descripción	Fecha	Significado
Óstraca de Herodes el Grande	latín	—	Masada	1996	Etiqueta para vino	73 d.C.	Nombre y título del rey Herodes de los evangelios
Excavaciones en la iglesia del Santo Sepulcro	—	Corbo, Kenyon, Broshi	Este de Jerusalén	Siglo cuarto d.C.	Cantera de piedra caliza, huerto, lugar de excavación, tumbas	Período del Segundo Templo	Lugar de la crucifixión y sepultura de Jesús
Piscina de Siloé	—	Bliss, Dickie	Valle Cedrón, Jerusalén	1897	Piscina en el extremo sur del túnel de Ezequías	Período del Segundo Templo	Lugar de la sanidad de Juan 9:1-41
Piscina deBetesda	—	White, Fathers	Este de Jerusalén	1903	Lugar de curación ritual	Siglo tercero a.C.	Lugar de la sanidad de Juan 5:1-15
Inscripción de Erasto	latín	Escuela estadounidense de estudios clásicos (Cadbury)	Teatro de Corinto	1929, 1947	Monumento conmemorativo en el pavimento	50-100 d.C.	Nombre y título del tesorero de la ciudad de Corinto mencionado por Pablo en Romanos 16:23
Asiento de la Bema (tribunal)	latín	Broneer	Corinto	1935, 1937	Plataforma para el orador	Alrededor del 50 d.C.	Lugar donde compareció Pablo ante Galión en Hechos 18:12-17
Código sinaítico	griego	Constantine von Tischendorf	Monasterio de Santa Catalina, monte Sinaí	1844	La mayor parte del Antiguo Testamento y todo el Nuevo Testamento	Siglo cuarto d.C.	Primer Nuevo Testamento completo, importante para la crítica de textos
Papiros de Nag Hammadi	copto	Dos hermanos de al-Qasr	Norte de Luxor, Egipto	1945	Biblioteca sectaria con trece códices	Siglos cuarto a quinto d.C.	Textos gnósticos, evangelio de Tomás con dichos apócrifos de Jesús
Inscripción de Soreg	griego	Clermont-Ganneau	Este de Jerusalén	1871, 1935	Letrero de advertencia a los gentiles en la zona del Templo	19 a.C. — 70 d.C.	Barrera para impedir el acceso a zona prohibida, mencionada en la acusación contra Pablo (Hechos 21:27-31)
Barca del Cineret	—	Miembros del kibutz Ginosar	Mar de Galilea (Cineret)	1986	Barca de pesca del siglo primero d.C	30-70 d.C.	Fondo histórico de los relatos de los evangelios que describen las barcas de pesca y las prácticas de los pescadores

Tercera parte

Escuchar hoy a las piedras

¿Qué puede demostrar la arqueología?

Perspectivas sobre la arqueología y la Biblia

Con frecuencia se ha entendido mal la relación que hay entre la arqueología y la Biblia. El error más peligroso —aunque lo cometan en su inocencia las personas religiosas—, es suponer que la tarea de la arqueología consiste en "demostrar la Biblia..." Sencillamente, esa demanda no está abierta a la investigación arqueológica. Podremos mostrar que es posible que ciertos sucesos descritos de la Biblia se produjeran de tal forma que haga posible esa demanda. Pero la aceptación de la demanda en sí es una cuestión de fe, puesto que la arqueología no la puede demostrar, como tampoco la puede rechazar.[1]

— Oliver Wendell Holmes

La arqueología ha sido usada con frecuencia en esfuerzos por demostrar que la Biblia es un documento divino, o por lo menos un documento digno de confianza. Hasta hace poco, el hombre de la calle creía que lo que se conoce como arqueología *bíblica* era una arqueología que demostraba que las historias de la Biblia eran ciertas. Ésta es la impresión fomentada por la prensa secular, que muchas veces exagera la relación entre los nuevos descubrimientos y la Biblia. Sólo en el año pasado, los hallazgos realizados en las tierras de la Biblia han llevado a la arqueología a la primera página de

78. *William Foxwell Albright, el decano de la arqueología bíblica estadounidense (en Tel Hazor).*

los periódicos y de las revistas de noticias. Por ejemplo, la edición de abril de 1955 del *U.S. News & World Report* tenía el siguiente artículo principal: "La resolución de los misterios de la Biblia: Los asombrosos hallazgos de la arqueología en la Tierra Santa". En diciembre del mismo año la seguía *Time* con un artículo central titulado: "¿Son ciertos los relatos de la Biblia? La arqueología arroja nueva luz sobre Moisés, el rey David, el Éxodo y si realmente Josué corresponde con la batalla de Jericó." Estos titulares insinúan que se puede usar la arqueología para demostrar (o echar abajo) las cosas de la Biblia. Ahora bien, ¿qué es lo que la arqueología *puede* demostrar?

El punto de vista ha cambiado

Antes de aventurarnos a responder lo que puede demostrar la arqueología, necesitamos comprender algo acerca de la tendencia actual dentro de la arqueología bíblica. Titulares de noticias como los anteriores, que tratan la arqueología con sensacionalismo, son los que hacen que la mayoría de los arqueólogos bíblicos de hoy se sientan incómodos. La razón de esto, que en líneas generales no es comprendido por la gente conocedora de la Biblia, es que la meta de la arqueología ha cambiado. El punto de vista actual de la mayoría es expresado por Thomas W. Davis, cuando dice: "¿Puede probar la arqueología que la Biblia dice la verdad? Ésa es una pregunta que ya los arqueólogo de campo dedicados al antiguo Oriente Medio ni se hacen."²

Kenneth Holum, arqueólogo de la Universidad de Maryland, lo explica: "La razón de ser de nuestro trabajo ha dejado de ser probar o refutar lo que dice la Biblia. Ahora consiste en ayudar a los científicos a comprender las culturas antiguas."³ Hoy en día, los minimistas bíblicos (los que limitan la historicidad de los relatos bíblicos) ven con frecuencia a los maximistas bíblicos (los que no limitan la historicidad de los relatos bíblicos) como personas que no son objetivas ni actúan con profesionalidad. Llegan incluso a preferir que se deseche el término *bíblica* y se reemplace con algo así como "arqueología *siropalestina*". La intención de este cambio sería alejar a la arqueología de una identificación con la Biblia y presentarla simplemente como una rama regional de la arqueología en general. Las cosas no eran así antes de 1970. Hace sólo dos décadas, era la Biblia la que decidía las preguntas que hacían los arqueólogos. La Biblia era aceptada como una guía digna de confianza para las excavaciones arqueológicas, y éstas a su vez servían para confirmar la veracidad histórica de la Biblia. Los defensores de la fe citaban continuamente a los representantes de esta escuela de arqueología como "los expertos" que estaban de acuerdo con la Biblia.

Los expertos
están de acuerdo

Uno de los más citados entre estos expertos era el rabino Nelson Glueck. Famoso por sus excavaciones arqueológicas en el Néguev, se hizo igualmente famoso por una de sus declaraciones acerca de las relaciones entre la Biblia y la arqueología:

> Sin embargo, de hecho se puede afirmar categóricamente que ningún descubrimiento arqueológico ha ido jamás en contra de una cita bíblica se han hecho una gran cantidad de hallazgos arqueológicos que confirman con claridad de manera general, o con detalles precisos, afirmaciones históricas de la Biblia. Y, de igual forma, una evaluación adecuada de las descripciones bíblicas ha llevado con frecuencia a hallazgos asombrosos. Así van formando las piezas que componen el vasto mosaico de la casi increíblemente correcta memoria histórica de la Biblia.[4]

Glueck puso en práctica sus convicciones cuando trató de localizar a Ezión-geber, la ciudad portuaria de Salomón, perdida desde hacía mucho tiempo. El recuerdo de su ubicación había sido, en palabras de Glueck, "apagado como la llama de una vela que se destroza". Entonces, ¿cómo podía comenzar su búsqueda el arqueólogo? Consultando al libro de la Biblia que documenta este sitio. Glueck diría más tarde:

> Dando por sentado, como lo hicimos, que la declaración bíblica era literalmente correcta, no fue demasiado difícil redescubrirla... La Biblia afirma que estaba situada "junto a Elot en la ribera del Mar Rojo, en la tierra de Edom" (1 Reyes 9:26; 10:22). Y allí fue exactamente donde la hallamos, cubierta con las arenas del Tell el-Kheleifeh, en la orilla norte del golfo de Aqaba, que es el brazo oriental del Mar Rojo.[5]

Otro de los que apoyaban la Biblia en una generación pasada era el Decano estadounidense de la arqueología bíblica, William Foxwell

Albright. Éste usó la arqueología para desafiar ciertos aspectos del punto de vista de Julius Wellhausen, miembro de la alta crítica alemana cuya Hipótesis documentaria enseñaba que en la Biblia no había historia real hasta los tiempos conocidos como postexílicos, idea que entonces era popular. Esto significaba que personas como Noé, los patriarcas, Moisés, Josué, David, Salomón, Elías, Eliseo y Daniel, y sucesos como el Diluvio, el Éxodo, la Conquista, la monarquía, la destrucción a manos de los babilonios y el exilio, o no tenían una base histórica, o no eran históricamente dignos de confianza. Albright expresó en contra de esto, sobre todo en el caso de las narraciones del Pentateuco sobre los patriarcas, que los datos obtenidos por la arqueología estaban de parte de la Biblia. Con este fin, escribió:

> Los hallazgos han establecido uno tras otro la exactitud de innumerables detalles, y han traído consigo un reconocimiento creciente de la Biblia como fuente histórica.[6]

Una comprensión más clara

Glueck y Albright representaban la antigua escuela conservadora de pensamiento. No obstante, a pesar de que sus declaraciones eran positivas en cuanto a la confirmación de la Biblia por medio de los hallazgos arqueológicos, no todos los miembros de esta escuela creían que la Biblia no tuviera errores, o que todo lo que recoge como historia haya sucedido al pie de la letra. Pensemos, por ejemplo, en Albright. Aunque calificado de "fundamentalista furtivo" por los críticos, está claro que no se hallaba en el campo fundamentalista [o el evangélico]. Esto se hizo evidente en su declaración (hecha exactamente en la misma página que la cita anterior) de que "ha sido demostrado que la teoría de la inspiración verbal [un principio básico en los campos fundamentalista y evangélico] —a veces mal llamada doctrina— está equivocada". Aunque conservador en cuanto a la Biblia (comparado con sus colegas) y, como afirma un experto que lo conocía, probablemente cristiano creyente,[8] Albright usaba la arqueología para interpretar la Biblia, y no al revés.

Lamentablemente, muchos libros populares escritos para defender la exactitud histórica de la Biblia —al citar las conclusiones de hombres como Glueck y Albright— les han dado a sus lectores la impresión de que estos hombres compartían su alta estima por la inspiración bíblica. Puesto que muchos de esos lectores no tienen estudios arqueológicos, es posible que, sin que sea esa su intención, hagan un mal uso de las "evidencias arqueológicas", tratando de confirmar "datos bíblicos", cuando en realidad los hallazgos no apoyan sus pretensiones (o las de sus ayudantes que han hecho la investigación). Por supuesto, todas las evidencias arqueológicas están sujetas a interpretación y, cuando se presentan como "demostración" de algo teológico, siempre va a haber algunos expertos que las van a rechazar. No obstante, los que intenten usar la arqueología con un propósito apologético necesitan tomar las precauciones debidas para no alejar con inexactitudes y exageraciones a aquéllos que querrían persuadir.

¿Qué les sucedió a los "arqueólogos bíblicos"?

La generación antigua de arqueólogos bíblicos tenía unos estudios clásicos y por lo general eran considerados expertos en el campo de los estudios bíblicos. Como ejemplo de lo que cambia las cosas la presencia de estos estudios, comparemos a dos arqueólogos de la misma familia, F. G. Kenyon y su hija Kathleen Kenyon. Ambos sirvieron al imperio británico en calidad de arqueólogos. Pero el padre había hecho los estudios de un erudito clásico y experto en crítica textual del griego del Nuevo Testamento, mientras que la hija había estudiado para convertirse en historiadora moderna y era experta en el campo de la arqueología. Como consecuencia, enfocaron de forma distinta sus empresas arqueológicas y sus escritos. En el libro *The Bible and Archaeology* ("La Biblia y la arqueología", 1940), F. G. Kenyon se centra en la erudición bíblica y la reconstrucción de la historia antigua del Oriente Medio para corroborarla. En el libro *Archaeology in the Holy Land* ("La arqueología en la Tierra Santa", 1960), Kathleen Kenyon toma muy raras veces evidencias procedentes de los textos bíblicos y literarios; lo que destaca siempre son las mudas evidencias de las excavaciones.

El péndulo oscila

Una de las razones de este cambio ha sido que la escuela crítica sostiene que el público ve aún la arqueología bíblica como poseedora de una "agenda fundamentalista". Con esto quieren decir que la actividad de la arqueología sólo tiene el propósito de darle validez a la historicidad del texto bíblico. No están de acuerdo con los intentos por demostrar la historicidad de las narraciones de la época patriarcal, o la del Éxodo y la Conquista por medio de la metodología arqueológica porque, tal como ellos ven estos relatos, su naturaleza no es histórica, sino teológica. Así es como la mayoría de los arqueólogos modernos han abandonado las escuelas de Albright y Glueck, que comenzaban con el texto bíblico y relacionaban con él las fechas arqueológicas, y en su lugar han adoptado el principio de T. L. Thompson (1974) según el cual "no se deben fechar ni evaluar los materiales arqueológicos a base de textos escritos que sean independientes de esos materiales; de igual forma, no se deben interpretar los documentos escritos a base de hipótesis arqueológicas".

Este enfoque ha producido, tal como observa Kenyon, "una evaluación pesimista del papel que tiene la información arqueológica en establecer el valor de las primeras partes del Antiguo Testamento como fuentes históricas".[9] Además de esto, los ideales de esta arqueología humanista del nuevo mundo rechazan el pensamiento de que los proyectos arqueológicos puedan descuidar estratos procedentes de otros períodos (por ejemplo, el período islámico) para preferir los estratos israelitas "más importantes" que están debajo. Esto se debe, tal como explica un autor, a que:

> La Biblia, como todas las fuentes literarias, es una fuente secundaria para los arqueólogos. Los datos primarios son los artefactos que se encuentran durante las excavaciones... Aunque se puede usar la Biblia para aclarar algunos de los datos, tiene muy poca o ninguna relevancia para algunos períodos que estudia la arqueología siropalestina. Es decir, que la meta de esta disciplina no es la aclaración de la Biblia, sino la recuperación de la cultura material de la antigüedad...[10]

La cosmovisión de los maximistas bíblicos y la de los minimistas son opuestas entre sí, y no es posible reconciliarlas. Para el arqueólogia interesado en las evidencias materiales relevantes al texto bíblico, es imposible no darles prioridad a los estratos israelitas.[11] también hay diferencias en cuanto a la interpretación de las evidencias, incluso cuando se sigue un enfoque científico compartido. Esta interpretación sigue en la corriente principal de la arqueología la oscilación del péndulo. Tomemos por ejemplo la historicidad de los dos libros de Crónicas. Debido a que algunos de los detalles geográficos e históricos aparecen en ocasiones diferentes a la información que hay en estos dos libros, se han suscitado interrogantes acerca de la historicidad de las fuentes usadas por el cronista. En cambio, hace dos décadas, hasta los eruditos críticos consideraban que la exactitud histórica de 1 y 2 Crónicas ya había quedado establecida. En 1965, el profesor Jacob Myers llegó a la siguiente conclusión en su comentario sobre 1 Crónicas dentro de la serie Anchor Bible: "Los estudios arqueológicos e históricos han hecho actualmente [al libro de Crónicas] más respetable, y han demostrado que en ocasiones presenta más exactitud que algunas de sus fuentes paralelas".[12] En cambio, los expertos modernos han dudado de nuevo de que las fuentes del cronista hayan sido dignas de confianza desde el punto de vista histórico. En lugar de esto, proponen que sus propias deducciones teológicas deben haber constituido su fuente de información más probable.[13]

¿Una nueva edad de oro?

De la misma forma que en años recientes el péndulo osciló apartándose de la confirmación bíblica, se han producido nuevos hallazgos con una clara referencia a lugares y personas de la Biblia, que una vez más han hecho que el péndulo vuelva a oscilar hacia una validación de la integridad de las Escrituras. La prensa popular ha proclamado este optimismo renovado:

> En la actualidad, las arenas del Oriente Medio están entregando secretos escondidos durante miles de años que están arrojando una nueva y sorprendente luz sobre la veracidad histórica de esos escritos sagrados... Ha habido incluso, quienes han proclamado estos hallazgos como el comienzo de una nueva "edad de oro" de la arqueología bíblica.[14]

Estos nuevos descubrimientos, muchos de los cuales hemos visto en este libro, han emocionado al público, asombrado a los escépticos y ayudado a la arqueología para que comience a regresar a una posición en la cual pueda ser usada de nuevo para apoyar el texto bíblico. Por consiguiente, en el resto de este capítulo y en el próximo, vamos a reflexionar sobre el papel legítimo de la arqueología en su relación con la Biblia y con la fe.

La demostración de la Biblia

Los que tratan de usar la arqueología para "demostrar la Biblia" ya han dado por sentada una premisa inadecuada. La Biblia se describe a sí misma como la "Palabra de Dios"; por consiguiente, la arqueología no puede ni demostrar ni echar abajo esa palabra, de la misma forma que el propio Dios no se halla sujeto a las limitadas evidencias que ofrece este mundo. Roland De Vaux, quien excavó en las ruinas del Qumrán, la comunidad de los rollos del mar Muerto, declaró con toda firmeza:

> Se debe entender que la arqueología no puede "demostrar" la Biblia. La verdad de la Biblia es de orden religioso; habla de Dios y del hombre, y de sus relaciones mutuas. No es posible ni demostrar ni contradecir esta verdad espiritual, ni tampoco la pueden confirmar o invalidar los hallazgos materiales de la arqueología.[15]

El escenario de la Biblia es histórico y geográfico, pero su drama es divino. Las afirmaciones teológicas incluyen datos históricos o científicos, pero es erróneo usar la historia o la ciencia para fundamentar la teología, puesto que no es posible confinar a Dios al ámbito de la historia y de la ciencia. Sin embargo, Dios sí obra dentro de la historia, y en el grado en que podamos interpretarla correctamente a la luz de la Providencia, algunas veces podemos observar sus obras. Por tanto, no es un caso de establecer un círculo vicioso usar la Biblia para interpretar las evidencias de la arqueología, como si la Biblia sólo se estuviera demostrando a sí misma, porque no es posible ninguna interpretación absoluta de los datos arqueológicos si no se usa una norma absoluta. Por otra parte, si se usa la arqueología para interpretar la Biblia, entonces la arqueología habrá asumido una imposición sobre las Escrituras que se halla fuera de su ámbito de evaluación. En este caso, es de esperarse que una comparación de este tipo produzca incoherencias cronológicas e inexactitudes históricas, porque se está aplicando una norma falible e incompleta (la arqueología) a una infalible y completa (la Biblia).

Por tanto, aunque es mejor no hablar de "demostrar" la Biblia por medio de la arqueología, ésta sigue teniendo gran valor en cuanto a la validación de la historia de la Biblia.

La Biblia y la historia

A partir de lo que ya hemos dicho acerca de la naturaleza teológica de la Biblia, se podría llegar a la conclusión de que todo lo que hay en la Biblia se debe hallar fuera del ámbito de la corroboración objetiva. Hoy en día son muchos los teólogos y arqueólogos que han llegado a esta misma conclusión. Hace poco comenté esta cuestión con varios de los principales arqueólogos de Israel. Ellos no podían comprender por qué era un problema reconocer que gran parte de la historia de la Biblia está errada, y seguir creyendo al mismo tiempo que la Biblia en sí está en lo cierto. Insistían en que la Biblia puede seguir siendo veraz, aunque contenga mucho que sea falso.

A estos hombres se les enseñó que la verdad religiosa es independiente de los hechos. En la forma de pensar postmodernista, los relatos que comunican "verdad" no tienen por qué ser verdaderos. Desde esta perspectiva, los ideales religiosos del relato trascienden la historia y la ciencia y, aunque los autores bíblicos hayan estado muy equivocados en estas cuestiones, sus principios seguían siendo correctos, y eso es lo que importa en realidad. En otras palabras, ¡qué importa si la Biblia presenta sus verdades teológicas en un contexto que es cronológicamente contradictorio, históricamente corrupto y culturalmente confuso! Lo importante es el mensaje, y no el medio para transmitirlo.

Como respuesta a este punto de vista, es necesario que reconozcamos que las afirmaciones históricas y científicas de los escritores de la Biblia se hallan dentro de un contexto que es inseparable de sus declaraciones teológicas. Por ejemplo, el milagro de la apertura del Mar Rojo (Éxodo 14:13-31) se produjo en la historia, en la época de un cierto faraón (versículo 10), geográficamente en un lugar concreto (Pi-hahiroth, delante de Baal-zefón, versículo 9), y es descrito con unos términos científicos adecuados a su tiempo: "Hizo Jehová que el mar se retirase por recio viento oriental toda aquella noche; y volvió el mar en seco... teniendo las aguas como muro..." (versículos 21 y 22). Si los autores bíblicos cometieron errores en la historia y la ciencia sobre las cuales tomaron forma sus verdades teológicas, ¿cómo pudieron escapar del error en la propia teología? Algunas personas que no quieren ser "absolutistas" alegan que la Biblia es "inspirada", e incluso "infalible", pero que esto sólo tiene que ver con las "palabras de Dios" contenidas en ella. Para ellos, aunque la Biblia no sea digna de confianza en cuestiones históricas y científicas, sí lo es en las cuestiones teológicas. Ahora bien, ¿cómo podemos saber qué partes de la Biblia son realmente las "palabras de Dios"? En los relatos bíblicos sobre la Creación, el Diluvio, el Éxodo y la Conquista, ¿cómo distinguimos las "palabras infalibles de Dios" de las Palabra falibles de la ciencia y la historia, sobre todo cuando se atribuyen ambas a Dios? ¿Por qué debemos confiar en una teología procedente de una fuente que no es capaz de usar datos correctos? Si se puede demostrar que el texto bíblico está errado en el conocimiento de los hechos, y es producto de un condicionamiento cultural, ¿acaso no debemos mirar con la misma desconfianza a su contenido religioso?

¿Ficción o realidad?

Cuando reflexionamos sobre la relación entre la Biblia y la historia, nos enfrentamos a dos opciones: 1) Se deben mirar todas las afirmaciones de la Biblia desde una perspectiva teológica y no objetiva, o 2) se deben mirar todas las afirmaciones de la Biblia como objetivas, aunque se adopte una perspectiva teológica. La primera opción fracasa, tal como la misma arqueología lo ha demostrado, porque hay muchos aspectos en la historia de la Biblia que *ya han sido demostrados* como reales. El descubrimiento de los lugares, la gente, las guerras, los contactos culturales, las formas de los tratados y más —hasta los detalles más insignificantes— nos ha permitido verificar la exactitud del texto. Estos detalles, usados en el contexto para apoyar las afirmaciones teológicas, son argumentos a favor de la segunda opción. Los autores de la Biblia nunca insinúan que los sucesos históricos o científicos sobre los cuales ellos nos informan, no sean reales. Si se alega que tal vez ellos sólo hayan pensado que eran ciertos, entonces tenemos aún que batallar con unos museos repletos de evidencias arqueológicas que demuestran que muchos sucesos *fueron realmente* ciertos. Con respecto a la escasez de evidencias arqueológicas en cuanto a la historia bíblica temprana, el juicio se debe atenuar al menos con el hecho de que la arqueología ha demostrado en períodos posteriores que las afirmaciones históricas de la Biblia son dignas de confianza.

Entre los arqueólogos israelíes, Eilat Mazar, nieta de Benjamín Mazar el famoso director de las excavaciones en el monte del Templo, ofreció hace poco una alentadora señal de aceptación de la Biblia como historia utilizable en un período que se habría proclamado como no histórico. Su proposición en cuanto a la ubicación del lugar donde está sepultado el rey David se basa primordialmente en un pasaje de las Escrituras:

Creo que un cuidadoso examen del texto bíblico, combinado con los resultados a veces inadvertidos de las excavaciones arqueológicas modernas en Jerusalén, nos permite localizar el sitio del palacio del rey David.[16]

Su "cuidadoso examen del texto bíblico" significa sencillamente tomar como históricas y dignas de confianza las afirmaciones que aparecen al respecto en 2 Samuel. A partir de ellas, llegó a la conclusión de que una zona apenas excavada por Kathleen Kenyon en la década de 1960, y escasa en restos, indicaba fuertemente la posible presencia del palacio.

¿Qué tiene la última palabra?

Para concluir, quisiera alegar que no podemos separar las Escrituras. El Dios que promulgó su Ley en el Sinaí (una declaración teológica), la promulgó en un código de ley (una declaración histórica) que la arqueología ha demostrado que era corriente en el Oriente Medio antiguo de los tiempos de Moisés. Si la arqueología no parece apoyar la historia bíblica en todos los casos, la limitación no procede de la Biblia, sino de la arqueología. Debemos recordar que en arqueología la ausencia de evidencias no es evidencia de ausencia. Tal como la historia de la arqueología lo ha demostrado, con el tiempo, las evidencias terminarán apoyando al texto bíblico. Debido a lo aleatorias que son tanto la ausencia como la presencia de evidencias, el péndulo sigue oscilando en la arqueología entre los minimistas y los maximistas. Un amigo mío que trabaja como encargado en el Museo Rockefeller de Jerusalén lo presenta así: "En la arqueología, las verdades absolutas duran unos veinte años". Aun así, para que podamos adelantar en algún grado dentro de nuestro conocimiento del texto bíblico, la fuente de esa comprensión debe proceder de la arqueología. El profesor Keith Schoville, de la Universidad de Wisconsin nos lo recuerda con estas palabras:

Todos los que amamos la Biblia... a veces no nos damos cuenta de que, a pesar de todo el trabajo que hacen los eruditos para interpretarla, la única luz realmente nueva que llega hasta nuestro estudio de la Biblia es la que proporciona la arqueología. Por eso, la arqueología y el contacto que se establece entre ella y el texto bíblico son importantes consideraciones para todo el que sea erudito bíblico, tanto si es profesor de seminario, como si es un laico que acude a las clases de escuela dominical.[17]

Por consiguiente, aunque cambie la *interpretación* de los hechos, ha quedado establecida la evidencia de que aquello que encontramos en la Biblia no es ficción. En el próximo capítulo iremos más allá de las oscilaciones de este péndulo en movimiento, para hablar de la relación entre la arqueología y la fe y decidir si hay algún punto quieto en medio de las interpretaciones cambiantes que nos pueda ayudar a oír mejor lo que dicen las piedras.

¿Dónde nos llevan las piedras?

Fe y arqueología

*Para el que crea en la misión histórica de Palestina, su arqueo-
logía posee un valor que la levanta muy por encima del nivel de
los artefactos que debe manejar constantemente, hasta una
región en la cual la historia y la teología comparten una fe común
en las realidades eternas de la existencia.*[1]

— W. F. Albright

Hay hechos que desarrollan la fe, y también hay "hechos" que dependen de la fe. Como ejemplo de estos últimos, pensemos en un titular de
periódico sensacionalista que decía: "Descubierta en Israel la tumba de
Adán y Eva".[2] A continuación venía el artículo, que hablaba del descubrimiento de un par de esqueletos con trescientos mil años de antigüedad cerca
de Jerusalén. Un rollo que se encontró junto a los cuerpos los identificaba
como la primera pareja humana. Según el artículo, los arqueólogos franceses que hicieron este asombroso hallazgo confirmaron que el esqueleto
masculino había perdido una costilla, mientras que el femenino tenía una
de más. Por supuesto, esto sólo es periodismo ridículo, destinado a divertir
más que a educar. Es necesario que mantengamos cierta moderación ante
todos los informes arqueológicos que oigamos, hasta que podamos examinar los hechos.

El enfrentamiento con los hechos

Por ejemplo, en 1980 se excavó una tumba familiar en Talpiot Este, un suburbio de Jerusalén. En ella se descubrieron unos osarios con inscripciones que llevaban los nombres de José, María y Jesús. Muchos cristianos llegaron enseguida a la conclusión de que se trataba de la "sagrada familia", entre ellos un equipo de filmación de la BBC en 1992. Pero ésta no podía ser la familia de Jesús y, por supuesto, mucho menos Jesús mismo. En primer lugar, el Jesús de esta tumba tenía un hijo. (Dicho sea de paso, no era el primer osario descubierto con el nombre de Jesús en él). En segundo lugar, la tumba de José ha estado localizada tradicionalmente en Nazaret, donde vivió la familia durante la mayor parte de la vida de Jesús. Los nombres de José, María y Jesús eran todos bastante corrientes en aquellos tiempos (y de hecho, todavía lo son). Por eso no podemos deducir precipitadamente nada acerca de la tumba familiar de Talpiot Este, porque los nombres que hay en los osarios sean los mismos que los de una familia famosa de la Biblia.

Está también la cuestión de la fe y la interpretación. El Sudario de Turín es un ejemplo excelente. A pesar de todas las afirmaciones tan extraordinarias y de las pruebas realizadas, aún no hay una evaluación definitiva sobre el sudario. Algunos expertos afirman que es genuino y constituye una evidencia de la resurrección. Otros de igual calibre y consagración a la fe afirman que es una falsificación o, en el mejor de los casos, una sábana mortuoria antigua que fue identificada con Jesús y comenzada a venerar como una reliquia religiosa. ¿Cómo decidir? Tal vez nunca podamos decidir a partir del análisis científico, y toda la fe del mundo no lo va a convertir en el sudario de Jesús, si de hecho no lo es. En este caso, es mejor reservarse el juicio. Al fin y al cabo, la resurrección de Jesús no depende de la autenticidad del Sudario de Turín.

Los hechos de la fe

Aun así, es frecuente que las personas con estudios *crean* unos informes sin fundamento. Tal vez esto se deba simplemente a que quieren creerlos, o a carecen de conocimientos específicos, o de posibilidades de confirmar una afirmación, o porque una persona con autoridad se los ha presentado. Aun así, esa fe no es verdadera; la fe bíblica siempre tiene una base que se puede creer, porque una persona sólo es capaz de aceptar como verdad algo que puede ser cierto. Por supuesto, esto presupone que tenemos un concepto objetivo (norma absoluta de verdad) y no subjetiva (tú tienes tu verdad y yo tengo la mía) sobre lo que es cierto. Los teólogos que dicen que los hechos no importan, están llevando a la gente a tener fe en su propia fe. Pero no es la fe en sí la que cambia las cosas, sino el objeto de esa fe. Si la cosa en la cual creemos es digna de crédito, si puede realizar lo que promete, entonces nuestra fe se apoya en algo que vale la pena. Con todo, en el pensamiento moderno hay dos problemas que obstaculizan la posibilidad de una fe: uno es que se parte de una perspectiva de ausencia de fe como premisa previa, y el otro es que se da por supuesta la presencia de errores en la Biblia, la única fuente de la fe.

La ausencia de fe como premisa previa

Uno de los problemas con los que se enfrenta la generación de hoy —y lo harán las posteriores— es que en general no ha heredado de su sociedad o cultura una cosmovisión bíblica. En su lugar se le ha enseñado, o dado por seguro, en todos los campos del pensamiento, un proceso evolutivo. Por supuesto que esta cosmovisión evolucionista es totalmente incompatible con una cosmovisión bíblica. Pero también es incompatible con el mundo, tal como lo conocían los antiguos y lo revela hoy la pala del arqueólogo. ¿Cómo evolucionó la sociedad primitiva con tanta rapidez desde el hombre de Neanderthal en el Neolítico, dibujando en las paredes de las cavernas, hasta las civilizaciones de la edad del Bronce, con unas estructuras arquitectónicas y unas composiciones literarias que rivalizan con las de nuestra era moderna? Desde los registros arqueológicos más antiguos, la civilización irrumpe en la historia totalmente capacitada para realizar logros y comunicarse de una forma avanzada. La cosmovisión evolucionista, tal como se adhirió a ella Darwin, hizo dos cosas: 1) mostró que la evolución era un hecho que contradecía a las interpretaciones literales sobre las leyendas bíblicas acerca de la creación y, 2) mostró que su causa, la selección natural, era algo automático, sin lugar alguno para que sea guiada o planificada por la divinidad.[3] Los propios evolucionistas comprenden esto, tal como lo observó hace poco un reportero de un periódico:

> Los conservadores religiosos ven la evolución como un símbolo; la piedra angular de una sociedad cada vez más indiferente a la vida humana, y al bien y el mal... Esto tiene que ver con Jesús, no con el Génesis. La evolución tiende a declarar fuera de lugar la historia de Adán y Eva. Si no hay Adán ni Eva, y no hay caída de la gracia, y no hay pecado original, entonces no hay razón alguna para que Jesucristo arregle de nuevo las cosas, muriendo en una cruz.[4]

Para poder hallar realidades que realmente armonicen con la fe, debemos acercarnos a la Biblia bajo sus propias condiciones, sin la imposición de unas premisas previas evolucionistas. Debemos acercarnos a la Biblia en su condición de inerrante, no sometida a nuestro juicio "superior" en cuanto a la verdad que contenga.

La suposición previa de que hay errores en la Biblia

El concepto de unas Escrituras inerrantes es ajeno al escenario teológico contemporáneo. Muchos arqueólogos tienden a centrarse en los problemas aún no resueltos entre la arqueología y el texto bíblico: La historia temprana del período patriarcal parece estar ausente hasta el momento en el registro arqueológico. Ni José ni Moisés aparecen en los textos jeroglíficos egipcios; tampoco los hallazgos realizados en la antigua tierra de Canaán revelan nada sobre el Éxodo. El silencio por parte de todas las fuentes menos la Biblia ha llevado a muchos arqueólogos bíblicos y expertos a la conclusión de que nunca existieron. El modelo de una conquista militar ha sido puesto en tela de juicio a la luz de los modelos de asentamiento revelados en las excavaciones arqueológicas, y las evidencias a favor del imperio salomónico se han desvanecido con una rapidez mayor que aquella con la que han sido halladas. Sin embargo, el problema aquí no es lo que *no se ve*, sino lo que *aún no se ha visto*. Para dar un ejemplo, pensemos en una experiencia que tuvo con su padre un joven llamado William Dembski. Su padre lo retó a resolver el problema de unir sin despegar el lápiz del papel nueve puntos dispuestos en tres líneas paralelas haciendo la forma de un cuadrado. Sólo le estaría permitido trazar cuatro líneas seguidas:

Aunque William intentó todas las combinaciones posibles, desde su punto de vista le hacían falta cinco líneas para resolver correctamente el problema. Después de un rato, comenzó a dudar de que se pudiera hacer. Por último, llegó a la conclusión de que la única respuesta posible era que hacían falta cinco líneas, y que era erróneo tratar de hacerlo con cuatro. Se imaginó que su padre le estaba tratando de hacer una broma, o que había cometido un error al pensar que podía resolver el problema con cuatro líneas solamente. Entonces su padre le mostró la sencilla solución:

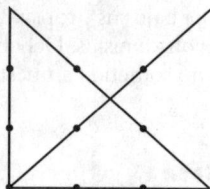

El problema del joven Dembski era que había dado por supuesto que estas líneas no podían ir más allá de los puntos. Esta perspectiva limitada impidió que llegara a la solución correcta. Más tarde, pensando en su actitud con respecto al problema, llegó a la siguiente conclusión:

Desde el punto de vista de lo que yo daba por supuesto, era perfectamente correcto que pensara que mi padre estaba equivocado. Pero esa suposición mía era la que estaba equivocada. Yo era el que estaba errado, por sostener una premisa que no se me exigía, y que impidió que resolviera el problema de la forma en que mi padre lo había planteado... Sólo cuando estuve dispuesto a dejar de lado esta premisa defectuosa, pude comprender la solución que tenía en mente mi padre. O sea, que el error es una espada de dos filos. Al atribuírselo a otro, podríamos estar cayendo en él nosotros mismos.[5]

Aplicando esta conclusión a la cuestión del error en las Escrituras, si nosotros hacemos como él y damos por supuesto que hay error, sólo porque nosotros en el presente no podemos comprender la solución a un problema desconcertante de las Escrituras, o porque no lo podemos resolver con nuestro método, tal vez descubramos que somos nosotros, o esos métodos nuestros, los que estamos equivocados, y que nuestra falta de confianza en el Padre que obra "fuera de los límites" de nuestra limitada comprensión va a impedir para siempre que lo resolvamos. Tal como el joven Dembski aprendió, la respuesta estaba en preguntarle a su padre. Ésta es la sustancia de la fe: la confianza en Aquél que es digno de confianza, lo comprendamos o no, y la aceptación de que existe una solución más allá de nuestra limitada perspectiva. Con esto, podemos vivir seguros, buscando una respuesta para nuestros rompecabezas, sin rompernos la cabeza por no tenerla.

Fe contra realidades

Aun cuando echemos a un lado nuestras premisas de antes y nos encontremos con la Biblia bajo sus propias condiciones, cuando la vemos desde un contexto arqueológico debemos tener el cuidado de no permitir que las "realidades" se conviertan en enemigas de la fe. Eso es lo que hacemos cuando esperamos demasiado de la arqueología y demasiado poco de la Biblia. Hay quienes han visto la arqueología como historia y la Biblia como teología, y así han sido capaces de permanecer a una distancia segura de los que condenan ciertas partes de las Escrituras, a base de decirse: "Al fin y al cabo, sólo son historias". Hasta cierto punto, esto es verdadero. Aunque la Biblia es histórica, su historia ha sido seleccionada para que armonice con una agenda que es teológica. En cambio, la arqueología es más selectiva aún, puesto que sólo revela la historia de un momento o lugar concreto escogido por un solo arqueólogo. La dirección general que siguen la información procedente de la Biblia y la que sigue la obtenida por la arqueología son paralelas, no perpendiculares. Son más suplementarias que confirmatorias. Por consiguiente, no es de esperar que se produzca con frecuencia una intersección entre la Biblia y la arqueología. Sin embargo, sí se producen intersecciones en raras ocasiones (como lo muestra este libro), y cuando esto sucede, los escépticos que van "al seguro" se podrían hallar atrapados contra la luz en el tráfico de las convicciones. Si alguien quiere creer que la Biblia contiene verdad, pero es una vasija resquebrajada, que lo haga. Pero al adoptar este punto de vista, nunca podrán estar seguros de si ha habido alguna medida de verdad que se ha escapado de ella, o algún tipo de contaminación que se ha introducido. En lugar de esto, deberíamos reconocer que la arqueología es servidora de la Biblia, y que la debemos mantener en el lugar que le corresponde, tal como aconseja Keith Schoville:

> Pienso que, al menos en lo que a mí respecta, mi manera de hacer las cosas consiste en tratar la Biblia como históricamente exacta y darle el lugar que se merece. Debemos dejar abierta la posibilidad, cuando parece haber algún conflicto entre la información arqueológica y la información bíblica, de que aún no disponemos de toda la información. Aún no podemos hacer una declaración definitiva acerca de estos problemas, y a su tiempo podríamos estar recibiendo más información que nos ayudaría a resolverlos. O sea, que pienso que tenemos que darnos cuenta de que la arqueología no tiene siempre unas respuestas definitivas y concretas a los interrogantes que nos gustaría que fueran respondidos.[6]

Con este tipo de comprensión, podemos aceptar los cambios que hay con tanta frecuencia en la información arqueológica, y usarla para nuestra ventaja en la exposición de las verdades inmutables de la Biblia.

Las arenas movedizas de la arqueología

Las arenas movedizas de la erudición relacionada con la Biblia en cuanto al conocimiento arqueológico, tienen que ver con la interpretación de los datos de la arqueología, y no con los datos en sí. Por esta razón, es posible que una generación encuentre que los datos arqueológicos pesan decididamente a favor de la Biblia, mientras que la siguiente podrían encontrar que esos mismos datos no permiten llegar a una conclusión en el mejor de los casos, y en el peor, que son contradictorios. Podemos tener la esperanza de que lo que estamos viendo en el horizonte en el momento presente es un movimiento hacia una integración positiva de la arqueología y la Biblia. Hay una renovación del interés popular en la forma en que la arqueología revela a la Biblia, y de nuevo hay algunos eruditos que están captando la visión de lo que la arqueología les puede ofrecer a los estudios bíblicos. Por ejemplo, pensemos las entusiastas palabras escritas recientemente por James Charlesworth, uno de los principales expertos actuales en Nuevo Testamento:

Actualmente, gracias a la arqueología, podemos sostener en la mano una moneda similar a la que usó Jesús cuando dijo: "Dad, pues, a César lo que es de César, y a Dios lo que es de Dios". Y la cara que tiene impresa la moneda que tenemos en la mano es la del César un hombre que murió hace ya mucho tiempo. También podemos sostener en la mano una lámpara de la época herodiana y comprender con mayor profundidad el relato de Jesús acerca de las vírgenes necias que no llevaron suficiente aceite para volver a llenar sus pequeñas lámparas. No sólo eso, sino que gracias a otros hallazgos arqueológicos más procedentes de judíos palestinos del siglo primero, podemos comenzar a imaginarnos cómo debe haber sido el hombre llamado Jesús. Entonces nos libramos de la tentación perenne de hacer de Él un hombre modelo a nuestra propia imagen. Lo más emocionante de todo es que nos liberamos del cáncer del docetismo y de la falsa creencia de que Jesús sólo tenía la apariencia de un ser humano. Si ése es el único servicio que la arqueología puede ayudar a hacerle a la fe, habrá sido un servicio capaz de salvar el cuerpo de la fe. En resumen, que la arqueología no puede formar la fe, pero sí puede ayudar a informarla.[7]

Fe antes
que realidades

Tertuliano, Padre de la Iglesia antigua, observó con toda razón cuál es el orden correcto entre la fe y las realidades cuando afirmó: "Yo no comprendo para poder creer, sino que creo para poder comprender". Como hemos visto en el capítulo anterior, la arqueología sólo nos puede llevar hasta cierto punto en el que lleguemos a las realidades de una cuestión; en cuanto a ayudarnos a llegar a la fe, puede mucho menos aún. Bryant Wood, el director ejecutivo de Associates for Biblical Research ["Asociados para la investigación bíblica"], señala bien la prioridad que tiene la fe cuando dice:

> Muchas personas tienen la idea de que la arqueología puede demostrar la Biblia. Bueno, eso es cierto hasta un punto. La arqueología puede ayudar a verificar ciertos sucesos históricos que se produjeron en el pasado, pero sólo puede llegar hasta un punto, porque ciertamente, no puede verificar la realidad de lo milagroso. Así llegamos a un momento en el que tenemos que aceptar el mensaje de la Biblia por fe, y no podemos depender de la arqueología para hacer esto. Es decir, que la arqueología es un maravilloso instrumento para ayudarnos a comprender nuestra Biblia, el mudo de la Biblia, la antigüedad y demás, pero cuando se trata del mensaje espiritual de la Biblia, eso es cuestión de fe personal.[8]

Por tanto, un uso así de la arqueología significa una amenaza para la persona que se ha mantenido a segura distancia de Dios, o que se ha sentido cómoda al negar la integridad de la Biblia. La arqueología, aunque puede disminuir las dudas del que no cree en la historicidad de la Biblia, ni en que ésta sea digna de confianza, también puede aumentar sus dudas en cuanto a su capacidad para satisfacer las exigencias de la justicia que se le revela. Es que esto sólo puede llegar por la fe, pero no por una fe que esté sola, sino una fe informada por las realidades.

Las realidades
alcanzan a la fe

Cuando yo vivía en Jerusalén, siendo estudiante de arqueología, se me decía con toda firmeza que no había evidencias arqueológicas que apoyaran la existencia de Jesús. Sin embargo, en las dos décadas siguientes, se han descubierto tantas evidencias incidentales en toda la Tierra Santa —y especialmente en Jerusalén—, que ya no hay nadie dentro de la comunidad arqueológica que diga tal cosa. Gordon Franz, arqueólogo y maestro de geografía histórica en la Tierra Santa, presenta la perspectiva correcta a adoptar a pesar de que aún faltan evidencias:

> Cuando dispongamos de *todas* las evidencias, y las hayamos comprendido *correctamente,* la arqueología va a confirmar lo que la Biblia ya había dicho que era cierto.[9]

Las palabras más importantes de esta afirmación son *"todas* las evidencias" y "comprendido *correctamente".* Como ya sabemos, aún no se dispone de todas las evidencias. Esto es lo que Edwin Yamauchi ha dicho: "Tal vez hagan falta ocho mil años más de excavaciones, pero al final, la arqueología va a demostrar que la Biblia está en lo cierto". Ésta es una posición de fe basada en los hechos que ya han sido confirmados, como indicativos de aquellos que faltan por confirmar. Sin embargo, hay mucha gente en cuyo caso los hechos no han sido confirmados, porque no han sido comprendidos *correctamente.* Por esta razón, el que quiera comprenderlos debe hacer un esfuerzo por estudiar los recursos disponibles a fin de conocer lo que se puede conocer. Hay muchas formas de convertirse en autodidacta en estos temas (vea el apéndice), y lo mejor después de conocer, es saber dónde se pueden encontrar los conocimientos. La biblioteca de su localidad es un buen lugar donde comenzar.

En última instancia, si usted tiene puesta su fe en la arqueología, la tiene puesta en un lugar equivocado. Si espera que la arqueología demuestre la Biblia antes de estar usted dispuesto a empezar a considerar a la Biblia como un documento digno de confianza, se va a pasar la vida esperando. De hecho, hay una serie de cuestiones bíblicas sin resolver entre la arqueología y la teología, pero al final, las realidades terminan alcanzando a la fe.

Dónde lleva
la búsqueda

Aunque la arqueología tiene más de un siglo, al compararla con toda la historia que le queda aún por recuperar, sigue estando muy en sus principios. Pero sus comienzos han sido realmente propicios, porque se le puede aplicar el lema que aparece en el Gran Sello de los Estados Unidos (impreso en el reverso del billete de a dólar): *annuit coeptis,* "Él [Dios] nos sonríe en nuestros comienzos". La arqueología ha tenido un buen comienzo y promete tener un gran futuro. Pero ese futuro depende en gran parte del grado en el cual aquellos que vivimos en el presente valoremos el pasado. El mundo fue sacudido el 22 de octubre de 1996, cuando los titulares del *London Times* anunciaban: "Perdida para siempre: La herencia de una nación saqueada por su propio pueblo". En ese día, en medio de la guerra de Afganistán, los rebeldes Mujahidin redujeron a escombros el Museo Nacional del país en Kabul mientras se abrían paso hacia lo que fue una de las principales colecciones de antigüedades multiculturales en todo el mundo. Un comentarista reporta sobre este incidente:

> Los rebeldes hicieron detonar las bóvedas e hicieron añicos los exhibidores, saquearon las reliquias y las vendieron aquí y allá por todo el mundo para obtener dinero rápido. Los cohetes se estrellaron contra el techo del museo, sepultando bronces antiguos bajo toneladas de escombros. Tiraron en sacos vasijas de barro de la prehistoria como si fueran platos baratos. La colección Bagram, uno de los hallazgos arqueológicos más grandes del siglo veinte, desapareció. Cerca de cuarenta mil monedas, entre ellas algunas de las más antiguas del mudo, se esfumaron. El museo, que había sido depósito de la historia afgana, se convirtió en puesto militar, y el pasado historiado quedó convertido en ruinas por el presente desenfrenado.[10]

Como consecuencia, la nación afgana perdió su historia, pero más que esto, perdió también su derecho de primogenitura para las generaciones del futuro, porque sin una herencia del pasado no puede haber legado para el futuro. Esta tragedia de nuestros días modernos se puede repetir a menor escala si le quitamos el valor a nuestro pasado. Aunque no sea físicamente destructor, el descuido de estos tesoros que el tiempo nos ha entregado nos separa de unos conocimientos vitales en cuanto a quiénes somos y dónde hemos estado. Este abandono es socialmente destructor, y nos entrega a unas generaciones cuyo único marco de referencia van a ser ellas mismas.

Por tanto, la arqueología es para todos nosotros. Es nuestro medio de conectarnos con un pasado olvidado, para poder edificar sobre sus triunfos y tragedias y construir mejores recuerdos para el futuro. Sin embargo, el pasado de la arqueología bíblica no está olvidado, sino que se halla cuidadosamente guardado dentro de una historia más amplia que señala hacia el futuro más prometedor de todos dentro de los propósitos de Dios.

Así es como nuestro viaje con la arqueología bíblica por el antiguo sendero de los restos y las reliquias termina llevándonos de vuelta, cerrando el círculo, al lugar donde todo comienza: la Biblia, cuya verdad siempre clamarán las piedra. En estas páginas, usted ha escuchado el clamor de esas piedras; ¿hacia dónde lo dirigen? En este libro he tratado de comunicarle parte de la herencia del pasado. Esta confirmación material de sucesos largo tiempo recogidos por escrito, pero no vistos, nos llama a confirmar su mensaje antiguo en nuestra vida moderna. La realidad de estas rocas, que toca al drama divino, nos desafía a añadir una nueva realidad a nuestra fe del presente. Como consecuencia, vamos a descubrir por nosotros mismos ese legado eterno que es el fundamento de nuestro futuro *(vea* 1 Timoteo 6:17-19). Oro para que usted, en su propia búsqueda, siga la senda sembrada de piedras que siempre lleva hasta Aquél cuya Palabra es verdad.

> *Buscamos la verdad en el mundo. Escogemos*
> *lo bueno, lo verdadero, lo hermoso*
> *en las piedras grabadas y los rollos escritos,*
> *y todos los lechos de flores antiguos del alma;*
> *y, cansados buscadores de lo mejor,*
> *regresamos de nuestra búsqueda cargados,*
> *para descubrir que cuanto dijeron los sabios*
> *se encuentra en el Libro que nuestras madres leían.*[11]

Glosario

En esta lista se incluyen términos que aparecen en el libro,
y también otros relacionados con la arqueología
(Nota: los términos puestos entre paréntesis indican la forma
plural de la palabra.

ÁBSIDE: Una sección semicircular que se proyecta desde un costado de una iglesia o un edificio monumental; suele estar abovedada.

ACADIO: lenguaje semítico hablado en Babilonia y Asiria, y escrito en caracteres cuneiformes.

ACRÓPOLIS: Ciudadela o elevación más alta en una ciudad. Con frecuencia, el lugar donde se hallaban los templos más impresionantes de la ciudad y otras estructuras públicas.

ÁGORA: En las ciudades griegas, un mercado abierto, o plaza para los asuntos públicos, que correspondía al foro romano.

ALTOS, LUGARES: *Vea* "bamat".

ANFITEATRO: Estructura ovalada que rodeaba una arena para espectáculos de gladiadores.

ÁNFORA: Palabra griega para identificar un cántaro de almacenaje con dos asas.

APÓCRIFOS: Libros incluidos en la Septuaginta (griega) y la Vulgata (latina), versiones de la Biblia hebrea, pero que están excluidos del canon judío y del protestante.

ARABÁ: Región desierta en el valle del Rift, situada entre el mar Muerto y el golfo de Elat/Aqaba; en el período bíblico, este nombre designaba también al valle situado al norte del mar Muerto (Jericó).

ARCA SANTA: El cofre de madera donde estaban las Tablas de la Ley, guardado en el Lugar santísimo del Templo en Jerusalén. Desde la destrucción del Templo por los romanos, en las sinagogas existe un arca santa que contiene los rollos de los cinco primeros libros del Antiguo Testamento. El arte judío utiliza con frecuencia el arca como símbolo.

ARCO: Un dispositivo arquitectónico distintivo de los romanos, en el cual se disponían bloques con forma de cuña en la cobertura semicircular de un espacio abierto, de tal forma que la presión del peso del edificio se ejerza de manera lateral, en lugar de ejercerse hacia abajo.

ARCOSOLIO: Un nicho de enterramiento del período helenístico a bizantino, destinado a sostener un sarcófago. Era cavado en la pared de piedra de una cueva, con un saliente debajo y un arco encima. Se sugiere que éste fue el tipo de tumba en el cual fue colocado el cuerpo de Jesús.

ARTEFACTO: Todo objeto material alterado por la intervención humana con algún propósito: un cuchillo de piedra o de metal, la arcilla modelada y cocida para convertirla en una figurilla, una moneda y otras cosas semejantes.

ASERA: Diosa cananea, consorte de El y madre de los dioses. En Ugarit era llamada la "Señora Asera del Mar".

ASHTORETH: Forma hebrea del nombre de la diosa semítica del amor y la fertilidad *(vea* Astarté).

ASIRIÓLOGOS: Los que estudian los antiguos restos literarios y no literarios del imperio asirio.

ASTARTÉ: Diosa cananea y fenicia de la fertilidad y el amor; identificada con la diosa griega Afrodita (equivalente a la Ashtoreth de la Biblia).

AUTÓGRAFOS: Los ejemplares originales (actualmente perdidos) de los libros de la Biblia. Se suele decir que la doctrina de la inspiración verbal·plena se extiende sólo a los autógrafos, y no a las copias variantes que se derivan de ellos. La ciencia de la crítica de textos es un intento por ir trabajando hacia atrás desde las copias de las Escrituras de las que disponemos actualmente para determinar la redacción de los autógrafos.

BAAL: Un término general que significa "señor" o "amo"; cualquiera de las numerosas divinidades masculinas principales de las localidades cananeas y fenicias (por ejemplo, Baal Hamón, Baal Zafón); dios semítico de la lluvia y la fertilidad, conocido en Ugarit como "el que cabalga sobre las nubes".

BAMA (BAMOT): Palabra hebrea usada por los arqueólogos para describir un lugar de adoración en un escenario natural en las afueras de las poblaciones, o el montículo o plataforma artificial dentro de una población del cual se cree que lo simulaba, traducido incorrectamente como "lugar alto" en los idiomas modernos.

BAR-KOKHBA: Caudillo de la Segunda Revuelta Judía contra Roma (132-135 d.C.).

BASALTO: Un tipo de roca volcánica ígnea densa, de color verdoso, gris oscuro o negro acastañado. El basalto abunda en las montañas de Galilea.

BASÍLICA: Un edificio rectangular alargado con una nave central y pasillos laterales. Las basílicas romanas funcionaban como edificios para gestiones comerciales y legales.

BEDUINO: Árabe de una de las tribus nómadas que habitan las regiones desérticas del Oriente Próximo y Medio. Los miembros de la tribu Ta'amireh fueron los responsables del hallazgo de muchos de los rollos del mar Muerto, y de otros artefactos arqueológicos procedentes de tumbas situadas en la Orilla Occidental y en Jordania.

BEMA: Una plataforma alta para el orador, usada con frecuencia como lugar para juicios. En el Nuevo Testamento se usa en este sentido para hablar del lugar donde se realizará el juicio final del creyente (en griego, el "bema-asiento de Cristo", 2 Corintios 5:10).

BES: Antiguo dios enano egipcio de la música y la danza, y protector de las mujeres parturientas.

BIZANTINO, IMPERIO: Imperio Romano de Oriente, entre el siglo cuarto y el séptimo.

BOCA ANCHA, TINAJA DE: Tipo de tinaja con una boca ancha y sin cuello, usada para almacenaje y preparación de alimentos.

BULA: Sello impreso en una bola de arcilla o de otro material plástico, usado en la antigüedad para sellar documentos.

CABECERAS: Piedras de sillar rectangulares situadas en la construcción de las paredes de tal forma que sean sus lados estrechos, más que sus lados largos, los que queden fuera. En cada fila se alternan cabeceras y piedras puestas a lo largo.

CAL, ARGAMASA DE: Argamasa hecha con concha molida o con piedra caliza.

CALDARIUM (CALDARIA): Cuarto caliente en los baños romanos.

CANDELABRO: Un candelero ornamental.

CANON: La lista autorizada de libros considerados como Escrituras; en este texto, se refiere sobre todo al canon del Nuevo Testamento.

CAPITEL: La sección o parte superior de una columna o pilastra clásica.

CARDO (CÁRDINES): Una de las dos calles principales en el trazado de una ciudad romana. Iban de norte a sur y se cruzaban en ángulo recto con las calles que iban de este a oeste.

CARTAS DE ARAD: Óstraca en hebreo procedentes de los siglos séptimo y sexto a.C., descubiertos en Arad; la mayoría pertenecen al archivo de Eliasib, comandante de la ciudadela de Arad, y tratan sobre todo de la distribución de víveres y de cuestiones militares.

CARTAS DE EL-AMARNA: Tabletas de arcilla escritas en acadio con caracteres cuneiformes, descubiertas sobre todo en el-Amarna, Egipto; correspondencia entre Amenhotep III y Amenhotep IV por una parte, y los reyes de Canaán y de otros reinos de la región por otra (siglo catorce a.C.).

CASA DE CUATRO HABITACIONES: Estructura característica de la edad de Hierro, atribuida a veces a los israelitas, formada por tres cuartos o espacios entre columnas alrededor de un cuarto espacio rectangular, posiblemente un patio interior abierto.

CASAMATA: Un cuarto construido dentro de un muro de defensa. La pared de las casamatas es una pared doble con una serie de casamatas entre su superficie exterior y la interior; una pared doble con compartimentos divididos, algunas veces usados para almacenaje o habitación.

CASCOS: Pedazos rotos de cerámica hallados en las excavaciones. Suelen ser las evidencias conservadas en mayor abundancia entre los restos arqueológicos.

CATACUMBA: Un lugar bajo tierra para enterrar a los muertos; estaban formadas por galerías o pasajes con nichos para las tumbas.

CENOTAFIO: Tumba vacía (conmemorativa) o monumento erigido en honor de alguien que está enterrado en otro lugar.

CÓDICE: Manuscrito antiguo encuadernado en la forma actual que tienen los libros (sobre todo, una Biblia), y no en forma de rollo; en el período bizantino, colección de leyes.

COLECCIÓN: La suma total de los objetos hallados dentro de un contexto arqueológico específico (por ejemplo, las vasijas de barro y las herramientas de piedra), tal vez un edificio o un estrato *(vea* "estratigrafía").

CORTE: la cara vertical de la pared de tierra que se va dejando alrededor de una zanja o un cuadrado; la acera de un metro de ancho dejada alrededor de un cuadrado; una franja de tierra sin excavar que se deja en pie en una excavación (generalmente de medio metro a un metro de ancho) para tener evidencia visual de la secuencia de los escombros (estratificación) cuando se hayan quitado las partes que la rodean a base de excavaciones. El frente de un corte es conocido como "sección", y los dibujos que se hacen de él son los "dibujos de sección".

COSMOGONÍA: El estudio de lo que se considera como el origen y la forma de operar del universo.

CRATERA: Tazón grande; tazón para mezclar.

CRÍTICA, BAJA: El estudio de los manuscritos y de los textos variantes *(vea también* "crítica, alta").

CRÍTICA DE LAS FORMAS: El tipo de crítica bíblica del que fue pionero el erudito alemán Hermann Gunkel (1862-1932), el cual investigó la historia de diferentes formas de literatura y su relación con su escenario social *(Sitz im Leben).*

CRÍTICA, ALTA: Una expresión introducida en los estudios bíblicos a fines del siglo dieciocho. No describe una forma exagerada de la crítica normal, sino más bien un tipo determinado, diferenciado de la baja crítica *(vea* en otro lugar). Su propósito consiste en determinar la fecha, la estructura literaria (si es un texto compuesto) y el origen de los libros del Antiguo Testamento con la ayuda de todas las evidencias relevantes. Hablando de forma estricta, aunque muy oscurecido en la realidad, lo cierto es que los problemas históricos caen fuera de su alcance tradicional.

CUNEIFORME, ESCRITURA: La escritura en forma de cuñas desarrollada originalmente a partir del año 3000 a.C. aproximadamente por los sumerios en el sur de Iraq para escribir en tabletas de arcilla. Más tarde fue adaptado a la escritura de otros idiomas (sumerio, hurrita, urartiano, hitita, elamita, ugarítico, y principalmente el acadio). Uno de ellos, el acadio, era hablado por los primeros habitantes semitas de Iraq, y fue usado después como lengua diplomática internacional hasta que lo sustituyó el arameo bajo el imperio persa. En Ras Shamra (Ugarit) fue modificada de manera especial para escribir en la lengua local, convirtiéndola en un alfabeto en forma de cuñas. El cuneiforme se escribía presionando tabletas aún húmedas de arcilla con el extremo de un estilo o palo plano. Esto producía una impresión en forma de cuña, puesto que el escritor tendía a presionar su estilo con mayor fuerza en uno de los lados.

CURSIVA: Forma rápida de escribir a mano.

DAGÓN: El dios semítico de los cereales: en Ugarit, el padre de Baal; en Filistea, el dios de Asdod.

DECÁPOLIS: Confederación de diez ciudades helenizadas y orientadas hacia el comercio en el norte de la Transjordania, el norte de Palestina y el sur de Siria, siglo segundo a.c.

DEIR: Palabra árabe que significa "monasterio".

DENDROCRONOLOGÍA: El estudio de las pautas de crecimiento de los anillos anuales en los árboles para determinar los cambios climatológicos y asociarlos con los sucesos históricos.

DEPENDENCIA LITERARIA: El uso de un texto como fuente primaria para unas declaraciones con respecto a la historia o a los hechos.

DETECTOR DE RESISTENCIA: Instrumento usado en la detección bajo el suelo. Mide las pequeñas variaciones en la forma en que los objetos situados bajo tierra conducen la corriente eléctrica.

EJEMPLAR: Un arquetipo del cual se ha copiado otro manuscrito.

EL: Jefe del panteón cananeo, llamado "Rey Padre Shunem" y "Toro El" en Ugarit.

ENLIL: En Babilonia, el dios del viento y la tormenta, responsable del Diluvio.

EPIGRAFÍA: El estudio de escritos o inscripciones de la antigüedad.

EPIGRAFISTA: Alguien que por profesión o por adiestramiento se dedica a descifrar y analizar formas antiguas de escritura.

ESCARABEO: Sello con forma de escarabajo, usado mayormente en Egipto.

ESCRITURA DEMÓTICA: La forma más antigua de la escritura cursiva egipcia utilizada en los usos más comunes.

ESENIOS: Secta judía mencionada por Flavio Josefo, historiador judío del siglo primero, y por el escritor romano Plinio. Se dice de las comunidades esenias que se hallaban cerca de En-gadi, junto al mar Muerto, y de Jerusalén. Los esenios son los principales candidatos en cuanto a la identificación de la comunidad que produjo los rollos del mar Muerto.

ESTELA: Una losa vertical o columna de piedra usada para inscripciones, relieves y epitafios. Las estelas servían para diversos propósitos en el mundo antiguo: como monumentos funerarios, como monumentos para conmemorar las victorias de los reyes, y para la dedicación a los dioses.

ESTRATIFICACIÓN: Las capas de un montículo creadas por las destrucciones sucesivas; los niveles superimpuestos de ocupación, tal como los sacan a la luz las excavaciones.

ESTRATIGRAFÍA: El proceso de observar, interpretar y registrar los estratos de un montículo creados por destrucciones sucesivas. Éste es uno de los principios interpretativos más importante de la arqueología de campo, y ha sido tomado de la geología. Depende del hecho de que donde hay un depósito de escombros sobre otro, el superior se debe haber acumulado después del inferior, puesto que no es posible que se insertara algo posterior por debajo de él. En la práctica, esta regla tiene numerosas modificaciones, puesto que hay muchos actos de la naturaleza, desde los terremotos hasta los animales que hacen madrigueras, que perturban toda secuencia ordenada de depósitos, como lo hace la interferencia del hombre (huecos, tumbas, rellenos, zanjas para cimientos y demás). El propósito principal del arqueólogo moderno es distinguir los depósitos uno de otro por su textura, color o contenido (en cual, por supuesto, puede contener intrusiones procedentes de otros niveles) y dibujar diagramas (secciones) de la estratigrafía de un sitio, de manera que otros puedan comprobar la interpretación. Los diversos estratos de escombros reconocidos así se llaman convencionalmente *niveles* o *estratos*.

ESTRATO: Una capa de acumulaciones en un montículo *(vea también* "estratigrafía"). Capa de tierra que contiene artefactos y escombros procedentes de un momento y una cultura determinados dentro de un sitio; la combinación de todos los lugares que pertenecen a un mismo ciclo de construcción, habitación y destrucción, que representa un período histórico y cultural de habitación en un sitio determinado; por lo general se distinguen entre sí por diferencias en la composición del suelo, la arquitectura, los artefactos y otros detalles.

EVEN HA-SHETIYAH (EN HEBREO, "PIEDRA DEL FUNDAMENTO"): *vea* "Piedra del fundamento".

EXILIO BABILÓNICO: El traslado de los residentes de Judá a Babilonia, en la Mesopotamia, después de la conquista del rey Nabucodonosor y la destrucción del Primer Templo en Jerusalén en el año 586 a.C.

FACHADA: La cara vertical de un edificio que suele constituir su frente.

FARISEO: Miembro del partido tradicional de los judíos durante el período del Segundo Templo que se distinguía por su estricta observancia de la ley (compare con "saduceo").

FASE: Una etapa dentro de un nivel de ocupación definido por la excavación; un nuevo uso o reconstrucción de una estructura u otro aspecto menor, como una reparación hecha en una pared o en un muro.

FECHADO DEL POTASIO Y EL ARGÓN: Determinación de la edad de un objeto a partir de la vida media del isótopo radioactivo de potasio al descomponerse éste para formar argón.

FECHADO POR SEGUIMIENTO DE LA FISIÓN: Método para determinar edad a base de medir los restos de átomos divididos de uranio-238 presentes en la obsidiana y en otros minerales volcánicos vidriosos.

FECHADO CON EL CARBONO 14: Técnica en la cual se mide el grado de desintegración del contenido en carbono 14 (uno de los elementos esenciales de toda materia orgánica) para determinar la fecha de un artefacto.

FECHADO DEL CARBONO RADIOACTIVO: Método radiométrico de fechado en el que se determina la edad de los objetos orgánicos a base de la medición de la proporción predecible de descomposición del isótopo radioactivo del carbono 14 (C-14) en comparación con la proporción de un isótopo ordinario del carbono (C-12).

FILISTEA, ALFARERÍA: La alfarería característica de los sitios filisteos desde el siglo doce hasta principios del décimo a.C.; decorada principalmente con formas geométricas, peces y aves en blanco y rojo, con frecuencia sobre un fondo blanco. Presenta una mezcla de rasgos micenos, chipriotas, cananeos y egipcios.

FORO: En las ciudades romanas, una plaza abierta utilizada para asuntos públicos; plaza de mercado. En las ciudades griegas se le daba el nombre de *ágora*.

FOTOGRAMETRÍA: La ciencia de medir los sitios arqueológicos para hacer mapas o trazados por medio del uso de la fotografía aérea y de superficie.

FRESCO: Pintura decorativa hecha con pigmentos sobre yeso fresco y aún húmedo.

FRIGIDARIUM: El cuarto frío de un baño romano.

FRISO: el miembro medio de una entabladura, entre la cornisa y el arquitrabe. Era frecuente que estuvieran enriquecidos con relieves tallados.

GENIZA: En una sinagoga, el lugar donde se depositaban los libros sagrados y objetos que ya no se iban a utilizar más.

GLACIS: Declive, generalmente enyesado, situado en la parte externa de un muro de fortificación para poder construir y para hacer más difíciles los ataques; construido con piedra, tierra apisonada, ladrillos y otros materiales.

GRAN REVUELTA: La guerra de los judíos contra Roma, que comenzó en el año 66 d.C. y terminó al caer Masada en el año 73.

HABIRU: Gente nómada de la edad del Bronce tardía en Canaán, sin derecho a tener propiedades; se los menciona en las cartas de el-Amarna y algunos eruditos los identifican con los antiguos hebreos, pero también, a partir de textos escritos en cuneiforme, otros dicen que eran bandas de mercenarios.

HAGADÁ (EN HEBREO, FORMA DEL VERBO "CONTAR"): El término que designa a un escrito que contiene la historia del éxodo de Egipto, y también un orden de culto *(Seder)* para la Pascua.

HAR: La palabra hebrea que traducimos como "monte", como en *Har Ha-Bayit,* "el monte del Templo" *(vea* la palabra árabe *jebel).*

HARAM: Palabra árabe que se aplica a un recinto sagrado o santuario; por ejemplo, Haram es-Sharif ("Noble recinto"), aplicada al monte del Templo.

HELENÍSTICO: El período posterior a la conquista de Alejandro Magno.

HENOTEÍSMO (DEL GRIEGO HENO, "UNO" Y ZEÓS, "DIOS"): La adoración de un dios entre muchos. Había uno de los dioses, por lo general, el jefe de ellos, que recibía el primer lugar en la adoración.

HERODIANO: Término que describe todo período y toda estructura arquitectónica que tenga relación con Herodes el Grande o con la dinastía herodiana.

HERODOTO: Escritor griego nacido en el 484 a.C., conocido como el "padre de la historia". Hubo un tiempo en que se dudó de la precisión de sus escritos históricos relacionados con lugares bíblicos, como Babilonia, o con personajes como Darío, pero se ha demostrado a partir de las excavaciones arqueológicas que son más bien dignos de confianza.

HIERÁTICA, ESCRITURA: Forma de escribir cursiva aparecida en Egipto en época tardía y usada principalmente para los asuntos cotidianos. Generalmente escrita en papiro u óstraca.

HIERON: Término griego que define a un templo o recinto sagrado.

HILERA: Cada fila horizontal de ladrillos o piedras.

HIPÓTESIS DOCUMENTARIA: En su forma clásica, asociada particularmente con el erudito bíblico alemán Julius Wellhausen (1844-1918), esta hipótesis proponía que había cuatro fuentes literarias como elementos primarios del Pentateuco o Hexateuco, los cuales son, en orden cronológico, *J* (Jehovista o Yahwista)., *E* (Elohísta), *D* (Deuteronomista) y *P* (Código sacerdotal, por el alemán "Priester", sacerdote). El *J,* el más antiguo de todos, ha sido fechado en el siglo décimo o noveno a.c.

HORVAH (HORVAT): La palabra hebrea que define a unas ruinas antiguas; se usa de manera intercambiable con el término árabe *khirbeh (khirbet).*

ICONOGRAFÍA: Imaginería o simbolismo en el arte.

IMPRESIÓN: Facsímil de una inscripción o de alguna otra cosa tallada, hecha a base de presionar contra ella una sustancia plástica.

IN SITU (DEL LATÍN, LITERALMENTE "EN EL SITIO", "EN EL MISMO LUGAR"): Palabras usadas para designar la posición precisa en la cual se han hallado los artefactos y los fragmentos arquitectónicos.

INFRARROJOS, TÉCNICA DE RAYOS: Una técnica fotográfica por medio de la cual hasta la escritura más borrosa queda clara y legible.

JEBEL: Palabra árabe que significa "montaña", como en *Jebel Musa,* la "montaña de Moisés" (es decir, el monte Sinaí).

JEROGLÍFICA, ESCRITURA (EGIPCIA): Forma de escritura inventada alrededor del año 3000 a.C., formadas por fonogramas y semogramas, y usada principalmente en inscripciones monumentales y en decoraciones.

JESÚS, SEMINARIO SOBRE: Un grupo internacional de expertos de la alta crítica que se reúne para aplicar diversos métodos de la crítica de las formas a los evangelios a fin de distinguir entre las palabras originales de Jesús y las proclamaciones teológicas acerca de Él.

KHIRBEH (KHIRBET): Palabra árabe usada para describir un sitio antiguo que permanece visible sobre la superficie. Cuando se usa como parte del nombre de un lugar, la *h* final se cambia en *t,* como en Khirbet Qumrán.

KOINÉ: El dialecto griego en el cual fueron escritos la Septuaginta y el Nuevo Testamento, así como otros contratos comerciales y correspondencia escrita en papiro.

KOKH (-IM): Nichos cavados en la pared de la cueva para poner en ellos sarcófagos o huesos en una tumba del período romano antiguo.

LAGUNA: Un vacío en el texto de un manuscrito.

LAMELEKH, SELLOS: Impresiones de sellos; en hebreo, literalmente, "(pertenecientes) al rey", y se refiere a impresiones de sellos sobre las asas de las tinajas en el reino de Judá a fines del siglo octavo a.C. En ellas aparece un escarabajo con cuatro alas, o un objeto con dos alas, y uno de estos cuatro nombres de lugar: Hebrón, Socoh, Zif o Mmst: se sigue debatiendo cuál era su función administrativa exacta.

LAQUIS, CARTAS DE: Óstraca escritos en hebreo, hallados en Laquis y fechado en los últimos días de Judá. Los óstraca contienen importante información acerca de este período.

LEVANTE: Naciones situadas en el este del Mediterráneo: Israel, Jordania, Líbano y Siria.

LOCUS (LATÍN, PLURAL "LOCI"): Todo aspecto tridimensional de una plaza, como una capa de tierra, una pared, foso, cajón y otra cosa, usado principalmente para describir a la más pequeña de las unidades coherentes dentro de una excavación, pero usado en términos más amplios para hablar de una habitación, o de alguna otra unidad arquitectónica grande. Esta definición varía de una excavación a otra.

LOSA: Piedra plana y de formas regulares utilizada en la pavimentación.

LOZA: Material artificial formado básicamente por cuarzo molido o un cuerpo arenoso con cal y ceniza o natrón, cubierto por un vidriado alcalino variable en color. Se usaba mucho para la fabricación de cuentas, amuletos y pequeños recipientes, sobre todo en Egipto.

MADABA, MAPA DE: Pavimento en mosaico hallado en una iglesia bizantina de Madaba, Jordania, que representa un mapa de la Tierra Santa y está fechado en la segunda mitad del siglo sexto.

MAR, CAMINO DEL: Uno de los dos caminos más importantes que iban entre Egipto y Mesopotamia; cruzaba Canaán/Israel a lo largo de la costa del Mediterráneo y después se dividía en ramas norte y nordeste; la Vía Maris de períodos posteriores *(vea también* "calzada del rey").

MARDUC: Uno de los dioses de Babilonia, jefe del panteón durante la época del imperio babilónico.

MARI, DOCUMENTOS DE: artas y registros administrativos escritos en acadio con caracteres cuneiformes, que fueron hallados en

Mari, junto al Éufrates, y están fechados en el siglo dieciocho a.C.. Algunos de estos documentos mencionan ciudades de Canaán.

MASORÉTICO: El texto aceptado de la Biblia hebrea. También un sistema de vocales y de aparato crítico existentes en nuestro texto hebreo actual de la Biblia. Aunque escrito en el siglo séptimo d.C., el sistema sigue una tradición de pronunciación fijada por los escribas judíos en el siglo primero d.C.

MASSEBAH (MASSEBOTH): Una palabra hebrea usada por los arqueólogos para describir piedras verticales, por lo general monolitos, de las que se considera que han sido levantadas como memoriales u objetos de culto.

MASTABA: La forma más antigua de pirámide en Egipto. En ella, cada sección de la estructura se construía como una plataforma separada, en forma escalonada.

MAXIMISTA BÍBLICO: Un erudito bíblico que le da la máxima autoridad posible al texto bíblico como fuente de información sobre la historia y los hechos del pasado.

MENORA: Candelabro de siete brazos usado en los ritos judíos.

MINARETE: Torre desde la cual se hace el llamado musulmán a la oración.

MINIMISTA BÍBLICO: Un erudito bíblico que minimiza la autoridad del texto bíblico como fuente digna de confianza en cuanto a la información sobre la historia y los hechos del pasado.

MIQVEH (MIQVAOT) (EN HEBREO, "BAÑO RITUAL"): Lugar destinado a los baños rituales judíos, ya sea público o se halle en un hogar privado.

MISHNÁ: Colección de las leyes y tradiciones orales judías, recopilada alrededor del año 200 d.C. Forma la parte básica del Talmud.

MOMIFICACIÓN: El proceso de conservar los restos mortales de un difunto por medio de un complejo procedimiento que comprende la extracción de los líquidos del cuerpo y los órganos y la aplicación de diversas especies y envolturas. Se piensa que este proceso se originó en Egipto.

MONARQUÍA UNIDA: La unificación política de las tribus de Israel lograda por David en el siglo décimo a.C., y mantenida hasta la división entre el reino de Israel al norte y el de Judá al sur, después del reinado de Salomón, alrededor del 928 a.C.

MONOLITO: De los términos griegos *monos* (uno) y *lizos* (piedra). Un bloque de piedra, sobre todo si es grande, al que se le ha dado la forma de columna o monumento.

MONOTEÍSMO (DEL GRIEGO MONOS, "UNO" Y ZEÓS, "DIOS"): La creencia o adoración de un solo Dios.

MOSAICO: Una reproducción o inscripción hecha a base de reunir pequeñas piedras cortadas que tienen formas y colores diferentes.

MOTIVO: Un objeto (o grupo de objetos) que forma parte distintiva de un diseño.

NAOS (EN GRIEGO, "SANTUARIO"): En griego, la celda o santuario más interior de un templo.

NAVE: El pasillo central de un edificio, o los pasillos central y laterales de una iglesia cruciforme. La zona destinada a los laicos en los cultos.

NECRÓPOLIS ("CEMENTERIO" EN GRIEGO; LITERAL-MENTE, "CIUDAD DE LOS MUERTOS"): Se usa sobre todo para designar cementerios grandes e importantes.

NICHO: Lugar vaciado en una pared para sostener, por ejemplo, un arca con la Torá (en una sinagoga), una estatua, un sepulcro (en una tumba), o bien con propósitos decorativos.

NIVELES: Las diversas capas de escombros reconocidas en una excavación reciben el nombre convencional de *niveles* o *estratos (vea también* "estratigrafía").

NUMISMÁTICA: Colección, estudio y fechado de las monedas.

OBELISCO: Columna vertical con cuatro lados (generalmente monolítica) que termina en forma de pirámide en su extremo superior.

OMEYAS, DINASTÍA DE LOS: Califas que gobernaron el imperio musulmán entre el 661 y el 750.

ONOMASTICÓN: Lista alfabética de nombres de lugares mencionados en la Biblia e identificados por el autor con lugares de sus tiempos; el más utilizado es el escrito en griego por Eusebio, obispo de Cesarea, a principios del siglo cuarto, en el cual Jerónimo hizo anotaciones en latín a fines de ese mismo siglo.

ONOMASTICÓN DE EUSEBIO: *Vea* "Onomasticón".

ORTOSTATO: Losa vertical de piedra usada principalmente para cubrir paredes y pilastras; a veces tiene forma de animal o alguna otra forma.

OSARIO: Lugar de enterramiento sobre el suelo, compuesto por una pequeña casa construida con piedras del campo, tal como las que se usaron en el sitio de Babilonia-edh Dhra, de la edad de Bronce temprana./ *Vea* enterramiento secundario. La palabra designa también a una caja u otro receptáculo donde se ponen los huesos del difunto después de que la carne ha desaparecido (segundo enterramiento).

ÓSTRACA DE SAMARIA: Sesenta y tres óstraca del siglo noveno u octavo a.c. descubiertos en Samaria, en los cuales se registran despachos de vino y aceite. Contienen importantes datos lingüísticos, topográficos y económicos relacionados con el reino de Israel.

ÓSTRACON (ÓSTRACA): En griego, "casco"; palabra usada por los arqueólogos para describir todo fragmento de alfarería, hueso o madera que tenga algo escrito. Puesto que el papiro era caro, se acostumbraba usar óstraca en Egipto y Palestina para los escritos diarios, y se escribía en ellos en la cursiva del lugar; no en caracteres cuneiformes.

PALEOETNOBOTÁNICA: El estudio de la vida vegetal en las culturas antiguas.

PALEOGRAFÍA: El estudio de los alfabetos, estilos de escritura e inscripciones de la antigüedad *(vea también* "epigrafía").

PAPIRO: Un material de escritura o papel hecho con el junco llamado papiro que crecía en el río Nilo. Muy usado en los tiempos antiguos.

PASCUA: El nombre de la celebración hecha para recordar el éxodo de los judíos de Egipto, durante el cual la ira de Dios "pasó" por encima de los israelitas, pero cayó sobre sus opresores (Éxodo 12).

PATRÓN: La cara saliente y sin recortar de una piedra después de que se han cortado sus bordes o márgenes en ángulo recto al corte proyectado.

PENTATEUCO: El conjunto de los cinco primeros libros del Antiguo Testamento: Génesis, Éxodo, Levítico, Números y Deuteronomio.

PERGAMINO: Papel de escribir que en tiempos antiguos se hacía de la piel o vellón de los animales.

PERÍODO DEL PRIMER TEMPLO: Período que va desde la construcción del Templo en Jerusalén por el rey Salomón en el siglo décimo a.C., hasta su destrucción por el rey Nabucodonosor de Babilonia en el 586 a.C.

PIEDRA DEL FUNDAMENTO: El punto más alto del monte Moriah, del cual se dice que sobresalía dentro del Lugar santísimo de la plataforma que sostenía al Templo. De esta forma servía de fundamento para el Arca del pacto, que se considera que estaba colocada sobre ella.

PIEDRA DE SILLAR: Nombre de las piedras cortadas de forma cuadrada o rectangular, uniformes en tamaño y forma, y colocadas en filas horizontales; puestas de manera ordenada, ya sea como pared en sí, o como frente para una pared hecha de escombros.

PIEDRAS LARGAS: Piedras de sillería rectangulares puestas en la construcción de un muro de tal forma que el lado más largo sea el que quede hacia el exterior. Las piedras largas y las cortas se alternan en cada fila.

PILASTRA: Espigón o viga de apoyo vertical, generalmente de forma cuadrada o rectangular, construida en una pared de manera que sólo sobresalga un poco de su grosor. En arquitectura recibe el mismo trato que la columna.

PITHOS (PITHOI): Tinaja de almacenaje de gran tamaño.

POLITEÍSMO (DEL GRIEGO POLÝS, "MUCHOS, Y ZEÓS, "DIOS"): La creencia en diversos dioses y su adoración.

PRIMER PERÍODO INTERMEDIO: En Egipto, el período desde alrededor del 2180 hasta el 2133 a.C., entre el final del Reino Antiguo y comienzos del Reino Medio.

PRIMERA REVUELTA JUDÍA: Una gran revuelta de los judíos de Palestina (67-70 d.C.) Contra Roma, que culminó con la destrucción del Templo en Jerusalén, en el año 70 d.C.

PROTOEÓLICO, CAPITEL: Capitel de piedra decorado con volutas (palmas estilizadas), típico principalmente de la arquitectura monumental de Israel y de Judá.

QUEMOS (JEMOSH): El dios del pueblo de Moab, en la Transjordania.

RADAR DE CONTACTO BAJO LA SUPERFICIE: Instrumento usado para hallar tumbas y edificios a base de medir masas de densidad bajo la superficie de la tierra.

RAMPA: Banco o montículo de piedra levantado que se usa como fortificación o muro de fortificación.

RELLENO: Desechos, gravilla, arena o tierra echadas en un lugar para nivelar un terreno desigual o levantar un piso u otra estructura; acumulación natural.

REVESTIMIENTO: Capa superficial aplicada a una pared construida con otro material distinto.

REY, CALZADA DEL: Uno de los dos caminos más importantes que conectaban Egipto y Mesopotamia, cruzando la Transjordania de norte a sur, cerca del borde del desierto *(vea* también el camino del Mar).

ROSETA: Adorno que se asemeja a la rosa.

SADUCEO: Miembro de la aristocracia sacerdotal judía (siglos segundo a.C. a primero d.C.); se oponían a la interpretación literal de la Ley que defendían los fariseos.

SAKHRA: Nombre árabe de la roca situada dentro de la Cúpula musulmana de la Roca, donde, según el Corán, Abraham ofreció a Ismael *(vea* "roca del fundamento").

SANEDRÍN: Tribunal supremo de justicia y Consejo supremo del pueblo judío (del siglo primero a.C. al siglo sexto d.C.).

SANTÍSIMO, LUGAR: Recámara más interior de un santuario destinado al culto; recámara interna de un templo.

SARCÓFAGO: Ataúd de piedra.

SATÉLITES, TÉCNICA DE: Tecnología de detección remota por medio de la cual los satélites en órbita con radar que penetra en el suelo pueden captar imágenes de objetos enterrados bajo la superficie de la tierra hasta una profundidad de sesenta metros.

SCRIPTORIUM: Lugar donde se escribían o copiaban los libros.

SECCIÓN: Un corte vertical —normalmente el costado de una trinchera de excavación— que revela la estructura (o estratigrafía de un montículo). Se recoge en bosquejos debidamente hechos en el sitio mismo, a los que equivocadamente se llama también "secciones" (en realidad, bosquejos de secciones).

SECUNDARIO, ENTERRAMIENTO: El segundo enterramiento de los huesos, después de que se ha descompuesto la carne *(vea también* osario).

SEDER (EN HEBREO, "ORDEN"): El término que define el "orden" del culto de Pascua, durante el cual se hace el relato del éxodo de los israelitas de Egipto *(magid)* y se consume una cena ritual.

SEGUNDO TEMPLO, PERÍODO DEL: El período de Israel que comienza con el regreso de los exiliados de Babilonia en el año 536 a.C. y termina con la destrucción de Jerusalén y del Templo en el año 70 d.C.

SEIS DÍAS, GUERRA DE LOS: Una guerra librada entre los israelíes y los países árabes circundantes que duró desde el día 5 hasta el 10 de junio de 1967. Durante esta guerra, Israel tomó el este de Jerusalén y el monte del Templo como parte del territorio capturado.

SELLO CILÍNDRICO: Cilindro (generalmente de piedra) con figuras, diseños o escritos tallados; cuando se hace rodar el sello sobre una sustancia blanda, se imprime una banda continua de relieves; un objeto mesopotámico típico, generalmente perforado para poderlo suspender.

SEPTUAGINTA: Traducción precristiana del siglo tercero a.C. de la Biblia hebrea al griego. Escrita, según la leyenda, por setenta eruditos en setenta días. Es la primera versión en lengua vernácula.

SHEFELA: Literalmente, "tierras bajas": la región llena de colinas que se halla entre la llanura costera del sur de Israel y las estribaciones de las montañas de Judea.

SICLO: Una antigua unidad de peso usada por los babilonios, los fenicios, los judíos y otros pueblos del Oriente Medio antiguo. También, una moneda con este peso, sobre todo la principal moneda de plata de los judíos. Usado entre los siglos segundo a.C. y segundo d.C. en Siria y Palestina.

SINCRETISMO: El intento de adoptar y coordinar armoniosamente elementos procedentes de más de un sistema religioso.

STOA: Un paseo o salón largo y cubierto con columnas en el frente; una columnata o pórtico; un edificio aislado griego, generalmente de un solo piso, formado por una gran pared posterior y una hilera de columnas al frente, con un techo inclinado.

TALENTO: Antigua unidad de peso y de moneda; la unidad mayor dentro del sistema de pesos, y de mayor valor en el monetario.

TALMUD: Interpretación de la Mishná y la Gemara (entre el 200 y el 500 a.C.).

TARGUM: Cualquiera de las diversas traducciones o paráfrasis arameas de la Biblia hebrea.

TELL (TEL): La palabra árabe (con una sola *l* en hebreo) que se usa para referirse a unos montículos artificiales creados por la destrucción y reconstrucción repetida de ciudades y poblados antiguos en el mismo sitio. Actualmente se usa esta palabra en la mayoría de los idiomas para referirse a los montículos que existen en todo el Oriente Medio. Es la misma palabra que aparece en el texto hebreo de Josué 11:13: "las ciudades que estaban sobre colinas".

TEMENOS: Un recinto sagrado (santuario) en el cual hay uno o más templos rodeados por un muro.

TEOCRACIA (DEL GRIEGO ZEÓS, "DIOS" Y KRATOS, "GOBIERNO"): El período de la historia de Israel durante el cual había un gobierno divino mediado por los sacerdotes y profetas teniendo como base el Pacto mosaico.

TERRACOTA: Cerámica sin vidriar, típicamente rojiza en su aspecto.

TETRARCA: Gobernador de la cuarta parte de un país o provincia dentro del imperio romano (cargo instituido por Diocleciano en el año 292 a.C.).

TEXTO DE LA HÉXAPLA: Edición de la Biblia hebrea recopilada por Orígenes en el siglo tercero d.C. Formada por el texto hebreo, la traducción griega y cuatro versiones griegas, entre ellas la Septuaginta.

TEXTOS DE EXECRACIÓN: Textos egipcios (siglos veinte y diecinueve a.C.) Donde se escribían los nombres de gobernantes de ciudades y grupos étnicos de Palestina y de Siria, acompañados de execraciones y maldiciones; constituyen una importante fuente con respecto a la situación de estas regiones en la edad del Bronce medio II.

TINAJA CON BORDE DE ANILLO/PITHOS: Tinaja grande de la edad de Bronce tardía, y principalmente la edad de Hierro I (en algunos sitios también de la edad de Hierro temprana II) con un reborde debajo del cuello. En el pasado se creía que eran indicativo de asentamientos israelitas solamente.

TIPOLOGÍA: El estudio y agrupación/taxonomía/clasificación de objetos hechos por el hombre (entre los que puede haber textos) por medio de las características que comparten (forma, decoración, técnica en las superficies, técnica de fabricación y demás), para lograr diversas metas de la investigación, como el fechado y la localización de los centros de producción.

TIPOLOGÍA CERÁMICA: La observación de los cambios en los estilos o formas en la cerámica antigua, usada para establecer una secuencia cronológica en las fechas.

TRICLINIO: Un comedor. El nombre surgió de la práctica romana de instalar tres divanes para comer juntos alrededor de una mesa tomando forma de "U".

TRINCHERA DE FUNDAMENTO: Una trinchera larga y estrecha cavada para encontrar las hileras que hacen de fundamento a una pared.

TÚMULO: Pequeño montículo montón de piedras que suele cubrir una tumba.

UGARÍTICO: Idioma cananeo de la antigua ciudad de Ugarit, en Siria.

VACA ALAZANA: Se quemaba una vaca alazana pura, según el rito de purificación que aparece en Números 19, hasta que quedara reducida a cenizas, las cuales se mezclaban después con agua para rociarla sobre todo lo relacionado con el santuario y sus servicios. La ceremonia de la vaca alazana se llevaba a cabo en el monte de los Olivos, y se siguió celebrando hasta la destrucción del Templo en el año 70 d.C. Los judíos ortodoxos creen que la reanudación de esta ceremonia es esencial para que resurja un sacerdocio y se reconstruya el Templo.

VAJILLA BICROMA (EDAD DE HIERRO): Grupo de vasijas de barro fenicias en uso sobre todo entre los siglos once y nueve a.c.; en su mayoría frascos globulares, jarras y tazones decorados con círculos concéntricos negros, rojos y a veces blancos.

VAJILLA BICROMA (MB IIC/BT I): Grupo de vasijas de barro de la edad media del Bronce IIC y la tardía del Bronce I, caracterizados por diseños geométricos y de animales en negro y rojo, con rasgos y procedencia tanto chipriotas como sirocananeos.

VATICINIUM EX EVENTU: Expresión latina que presenta el concepto de que la profecía (bíblica) fue escrita después de los sucesos que describe, en contraste con la profecía predictiva, que lleva en sí el elemento sobrenatural de la determinación divina.

VELLÓN: Una piel de cordero o de ternero de grano fino y sin partir, preparada para copiar manuscritos (bíblicos).

VOTIVOS: Dícese de los objetos ofrecidos o consagrados con un propósito religioso concreto; con frecuencia eran enterrados cuidadosamente más tarde para evitar que se les dieran usos profanos.

VULGATA: Versión latina de la Biblia autorizada y usada por la Iglesia católica romana.

WADI: Término árabe que define un cauce o valle pedregoso por donde sólo corre el agua durante la estación de las luvias. El cauce permanece seco durante la mayor parte del año.

WAQF: Fondo de donaciones y consejo supervisor musulmán.

ZEÓTOKOS: "Madre de Dios", título dado a María, la madre de Jesús.

ZIGURAT: Templo escalonado mesopotámico.

ZOOMÓRFICO (DEL GRIEGO "CON FORMA DE ANIMAL"): Se refiere a las descripciones literarias o a las imágenes talladas o esculpidas de divinidades o de criaturas asociadas con divinidades, cuya forma, o aspectos de dicha forma, son presentados como semejantes a los de ciertos animales.

Notas

Prefacio

1. Benjamín Disraeli, *Cartas* (1832).

2. Entrevista con William Dever realizada por Hershel Shanks, "Al fin y al cabo, ¿tiene razón la Biblia?" Entrevista con William Dever (segunda parte), *Biblical Archaeology Review* 22:5 (septiembre-octubre de 1996): 74.

3. Por supuesto, las cosas no son exactamente así. Entre los ejemplos más conocidos de lugares que siguen teniendo departamentos de arqueología "bíblica" o que ofrecen cursos como parte normal de sus estudios, se halla el Colegio Universitario Wheaton, entre los centros de estudios cristianos. Hay algunas universidades históricamente seculares, como las de Chicago, Harvard, Princeton y la Universidad de Wisconsin (Madison) que siguen teniendo departamentos en los que se enseña arqueología bíblica. Como es de esperar, los centros de estudios judíos, como el Hebrew Union College y la Universidad Hebrea, mantienen institutos de arqueología y son centros primordiales de adiestramiento en esta disciplina.

4. Esta experiencia incluye una breve participación en plan de estudiante en las excavaciones de la Ciudad de David dirigidas por Yigael Shiloh (1979), trabajo en el Santuario del Libro, el museo de los rollos del mar Muerto (1979-1980); trabajo de campo y análisis de cerámicas con las excavaciones llevadas a cabo por la Universidad de Texas (Austin) en Tel-Yin'am, dirigidas por Harold Liebowitz (1990-1991), y como ayudante de James Strange, director de excavaciones en la meseta de Qumrán (1997). Sin embargo, la mayor parte de mi participación en esta labor ha tenido que ver conlos propios arqueólogos a través de mis propias investigaciones y escritos, aunque también he sido profesor de cursos sobre arqueología bíblica en diversos colegios bíblicos universitarios.

Prefacio: Una invitación a escuchar a las piedras

1. Citado en *Bible and Spade* ["La Biblia y la pala", 1972], © 1959, Rodeheaver Company.

Capítulo 1 — La aventura de la arqueología

1. Citadon en la bora de E. M. Blaiklock *Out of the Earth: The Witness of Archaeology to the New Testament* ["De la tierra: el testimonio de la arqueología con respecto al Nuevo Testamento"], Londres: Paternoster Press, 1957, p. 10.

2. John Daniszewski, "Undersea world of Cleopatra revealed: Submerged ancient Alexandria gradually is uncovered by archaeologists" ["Revelado mundo submarino de Cleopatra: Alejandría antigua sumergida descubierta gradualmente por arqueólogos"], *Austin American Statesman,* 16 de marzo de 1997, A25.

3. "Archaeologists find ruins of Cleopatra's palace" ["Arqueólogos hallan ruinas del palacio de Cleopatra"], reportaje de Prensa Asociada, *San Antoniio Express & News,* 3 de noviembre de 1996.

4. Hallará más detalles sobre estos hallazgos en "Alexander's Lighthouse Found, But Will Its Library Disappear?: Ancient Wonders of the World Rediscovered" ["Hallado faro de Alejandro, pero ¿desaparecerá su biblioteca? Redescubrimiento de las maravillas del mundo antiguo"], *Biblical Archaeological Review* 23:3 (mayo / junio 1997): 14.

5. "Tunip-Tessup of Tikunai: A 3,500 Year Old Cuneiform Inscription from a Syrian Kingdom May Tell Us Who the Habiru Were" ["Tunip-Tessup de Tikunai: una inscripción cuneiforme de 3.500 años procedente de un reino sirio nos podría decir quiénes eran los habiru"], *Biblical Archaeological Review* 22:6(noviembre / diciembre 1996): 22.

6. Correspondencia personal, marzo 1997.

7. "Snakes didn't always slither" ["Las serpientes no siempre se han arrastrado"], *U.S. News & World Report,* 28 de abril de 1997, p. 14.

8. Bonnie Rochman, The Missing Link?: Rare Tombs Could Provide Evidence of Jerusalem Essenes" ["¿El eslabón perdido? Tumbas extrañas podrían proporcionar evidencias sobre los esenios de Jerusalén"], *Biblical Archaeology Review* 23:4 (julio / agosto 1997): 20-21.

9. Citado por M. Larsen en "Orientalism and the Ancient Near East" ["El orientalismo y el Oriente Medio antiguo"], *Culture and History* 2 (1987), p. 96.

10. W. F. Albright, *The Archaeology of Palestine* ["La arqueología de Palestina"], ed. revelación. (Harmondsworth, Middlesex: Pelican Boocs, 1960), p. 128.

11. Donald J. Wiseman, *Illustrations from Biblical Archaeology* ["Ilustraciones procedentes de la arqueología bíblica"], Londres: The Tyndale Press, 1958, p. 5.

12. Hubo escritores del siglo dieciséis, como Zuallart, Footwyck y Rauwolf, que dejaron noticias sobre la topografía y los monumentos de la Tierra Santa. En el siglo diecisiete, Pietro della Valle conservó algo de información arqueología valiosa. En 1714, el erudito holandés Adrián Reland publicó la obra arqueología más importante escrita hasta ese momento: *Palestina ilustrada por monumentos antiguos;* y en 1743 el obispo Pocoke publicó por vez pirmera planos sistemáticos de sitios e inscripciones.

13. Entrevista con Bryant Wood, Nueva Orleans, Luisiana, 25 de noviembre de 1996.

Capítulo 2 — Cavar para hallar respuestas

1. *Benchmarks in Time and Culture: An Introduction to Palestinian Archaeology, Essays in Honor of Joseph A. Callaway* ["Puntos de referencia sobre tiempo y cultura: Una introducción a la arqueología palestina. Ensayos en honor de Joseph A. Callaway"] (Atlanta, Georgia: 1988), p. 3.

2. Este concepto se conservó en el judaísmo místico y continúa en el movimiento hasídico de la actualidad. En el momento en que escribo estas líneas (1997), ha aparecido una frase mística ideada por una división del hasidismo bratislavo en letreros de automóviles, paredes de edificios o letreros en las carreteras; casi por todas partes. Esta frase que aparece por todas partes es "Na-Nah-Nahma-Nahman me Uman", que no tiene traducción, pero los miembros de este

grupo consideran que se trata de un "mantra de origen divino... dotado de gran poder espiritual". Jeremy Shere, "A Rebbe Nahman Story" ["Una historia del rabino Nahman"], edición internacional del *Jerusalem Post* (22 de febrero de 1997), p. 18.

3. Entrevista con Amihai Mazar, Instituto de arqueología, Jerusalén, octubre de 1996.

4. Entrevista con Amihai Mazar, octubre de 1996.

5. Entrevista con Bryant Wood, Nueva Orleans, noviembre de 1996.

6. Entrevista con Bryant Wood, noviembre de 1996.

7. Gonzalo Báez Camargo, *Comentario arqueológico de la Biblia* [versión en inglés, Nueva York: Doubleday & Company, Inc., 1984], p. xxii.

8. Entrevista con Amihai Mazar, Instituto de arqueología, Jerusalén, octubre de 1996.

9. Hallará un estudio completo de esta práctica y de los pasajes de los evangelios en el artículo de Bryon McCane "'Let the Dead Bury Their Own Dead': Second Burial and Matthew 8:21-22" ["Dejad que los muertos entierren a sus muertos': El segundo enterramiento y Mateo 8:21-22"], *Harvard Theological Review* 83 (1990): 31-43.

10. Hallará una explicación completa de este concepto y su práctica en la obra de Eric Meyers *Jewish Ossuaries: Reburial and Rebirth* ["Los osarios judíos: nuevo enterramiento y nuevo nacimiento", Roma: Instituto bíblico pontificio, 1971] y en el artículo "The Theological Implications of Ancient Jewish Burial Customs" ["Las implicaciones teológicas de las costumbres de enterramiento antiguas de los judíos"], *Jewish Quarterly Review* 62 (1971-1972): 95-119.

11. Se trata de una versión modificada de la que presenta Gordon Franz en "Let the Dead Bury Their Own Dead" (Matthew 8:22; Luke 9:60) ["Dejad que los muertos entierren a sus muertos", Mateo 8:22; Lucas 9:60], *Archaeology and Biblical Research* 5:2 (primavera de 1992): 57.

12. A. Momigliano, "Bblical Studies and Classical Studies: Simple Reflections about Historical Methods" ["Estudios bíblicos y estudios clásicos: Unas sencillas reflexiones acerca de los métodos históricos"], *Biblical Archaeologist* 45 (1982): 224.

13. Entrevista con Amihai Mazar, Instituto de arqueología, Jerusalén, octubre de 1996.

14. Edwin Yamauchi, *The Stones and the Scriptures* ["Las piedras y las Escrituras", Grand Rapids: Baker Books, 1981].

Capítulo 3 — Excavaciones que cambiaron las cosas

1. Nelson Glueck, *Rivers in the Desert: A History of the Negev* ["Ríos en el desierto: Una historia del Néguev", Nueva York: Farrar, Straus and Cudahy, 1959), p. ix.

2. Citado por E. M. Blaiklock en *The Archaeology of the New Testament* ["La arqueología del Nuevo Testamento", Grand Rapids: Zondervan Publishing House, 1970), p. vi.

3. Hay dos fuentes que son excelentes para un estudio más profundo de los jeroglíficos: W. Vivian Davies, *Egyptian Hieroglyphics* ["Los jeroglíficos egipcios"], Serie "Reading the Past", volumen 6 (Berkeley: University of California Press, 1987), y Karl-Theodor Zauzich, *Hieroglyphics Without Mystery* ["Jeroglíficos sin misterio"], traducida y adaptada por Ann Macy Roth (Austin: University of Texas Press, 1992).

4. Encontrará más información sobre la Piedra de Rosetta en el folleto *The Rosetta Stone* ["La Piedra de Rosetta", Londres: Departamento de Antiguedades Asirias y Egipcias del Museo Británico) y P. Kyle McCarter, Jr., *Ancient Inscriptions* ["Inscripciones antiguas", Washington: Biblical Archaeology Society, 1997), pp. 35-39.

5. Encontrará más información sobre el monumento de Behistún en el artículo de George G. Cameron "Darius Carved History on Ageless Rock" ["Darío grabó historia en una roca eterna"], *National Geographic* 98:6 9dic de 1950), pp. 825-844.

6. Hallará más detalles sobre el descubrimiento y su contenido en las obras de W. G. Lambert y A. R. Millard, *Altra-Hasis: The Babylonian Story of the Flood* ["Altra-Hasis: El relato babilónico del diluvio", Oxford University Press, 1969) y de A. R. Millard, "A New Babylonian 'Genesis' Story" ["Un nuevo relato babilónico del 'Génesis'", *Tyndale Bulletin* 18 (1967): 3-18. En cuanto a la traducción con cometario del Enuma Elish, vea la obra de Alexander Heidel *The Babylonian Genesis: The Story of Creation* ["El Génesis babilónico: El relato de la creación", Chicago: the University of Chicago Press, 1951).

7. Encontrará un estudio completo de los paralelos del antiguo Oriente Medio desde una perspectiva evangélica en la obra de John H. Walton, *Ancient Israelite Literature in Its Cultural Setting: A Survey of Parallels Between Biblical and Ancient Near Eastern Texts* ["La literatura israelita antigua en su escenario cultural: Un estudio de los paralelos entre los textos bíblicos y otros textos del antiguo Oriente Medio", Grand Rapids: Zondervan Publishing House, 1989).

8. *Vea* Tikva Frymer-Kensy, "What the Babylonian Flood Stories Can and Cannot Teach Us About the Genesis Flood" ["Lo que los relatos babilónicos sobre el diluvio nos pueden enseñar y lo que no, acerca del diluvio del Génesis"], *Biblical Archaeology Review* (noviembre / diciembre 1978).

9. Aunque la estructura de estos relatos mesopotámicos sea similar a la que aparece en Génesis 1—11, esto podría ser resultado del uso de un estilo literario aceptado en aquellos tiempos.

10. A. R. Millard, "A New Babylonian 'Genesis' Story", *Tyndale Bulletin* 18 (1967): 17-18.

11. *Vea* P. J. Wiseman, *Clues to Creation in Genesis* ["Pistas sobre la creación en el Génesis"], ed. D. J. Wiseman (Londres: Marshall, Morgan & Scott, 1977), pp. 143-152.

Capítulo 4 — Más excavaciones que cambiaron las cosas

1. *Archaeology and Old Testament Study* ["La arqueología y el estudio del Antiguo Testamento"], ed. por Winton Thomas (Oxford: Clarendon Press, 1967), p. xxiii.

2. Como ejemplos tenemos un mural que representa una delegación presentando su tributo en una tumba tebea que data del reinado de Amenhotep III (siglo quince a.C.). En el mural hay cananeos ricos y de alto rango que llevan unas vestiduras diversas, con lo general con mangas largas *(vea también* 2 Samuel 13:18). Es posible que, al darle esta túnica a José, Jacob lo estuviera identificando con los grandes reyes de la tierra sobre la cual el sueño de José le había dicho que un día iba a gobernar.

3. Aquí a Jehú se le llama "el hijo de Omri". ¿Quién está equivocado? ¿El relato asirio o la Biblia? Hay dos soluciones posibles: 1) Debido a la preeminencia de Omri, los asirios usaron su epónimo dinástico para referirse a Israel y a sus gobernantes. Algunos textos asirios indican que la expresión "hijo de Omri" sólo sería una forma abreviada de escribir "hijo de la casa de Omri" o "israelita". 2) Jehú era en realidad descendiente de la "casa de Omri" por una rama distinta a la de Acab. La Biblia hace observar con cuidado que Jehú es llamado a destruir "la casa de Acab", y no la "casa de Omri", de la cual él mismo era miembro. *Vea* Tammy Schneider, "Did King Jehu Kill His Own Family?: New Interpretation Reconciles Biblical Text with Famous Assyrian Inscription" ["¿Mató el rey Jehú a su propia familia?: Nueva interpretación reconcilia el texto bíblico con la famosa inscripción asiria"], *Biblical Archaeology Review* 21:1 (enero / febrero 1995): 26-33, 80, 82).

4. Debemos observar que algunos expertos sostienen que la figura es un emisario de Jehú, puesto que el texto asirio sólo habla del tributo de Jehú, y el propio rey no habría tenido que comparecer, a menos que hubiera una razón apremiante.

5. *Vea* David Ussishkin, "Answers at Lachish" ["Respuestas en Laquis"], *Biblical Archaeological Review* 5:6 (noviembre / diciembre 1979): 16:39.

6. Hallará más información sobre este hallazgo en la obra de Johannes Lehman llamada *The Hittites: People of a Thousand Gods* ["Los hititas: el pueblo de los mil dioses", Nueva York: The Viking Press, 1975) y en el artículo de A. Kempinski "Hittites in the Bible: What Does Archaeology Say?" ["Los hititas en la Biblia: ¿Qué dice la arqueología?"], *Biblical Review* 5 (1979): 21-45.

7. Para un estudio más amplio sobre la historia y la importancia de Ebla, vea la obra de Chaim Bermant y Michael Weitzman *Ebla: A Revelation in Archaeology* ["Ebla: Una revelación en arqueología", Nueva York: Times Books, 1979] y la de Giovanni Pettinato *The Archives of Ebla: An Empire Inscribed in Clay* ["Los archivos de Ebla: un imperio escrito en la arcilla", Nueva York: Doubleday & Col, 1981].

Capítulo 5 — Los patriarcas

1. G. Ernets Wright, *Biblical Archaeology*, ed. resumida (Filadelfia: Westminster Press, 1960), p. 21.

2. Aunque Albright había tratado de defender la historicidad de los patriarcas, dos expertos estadounidenses —Thomas L. Thompson y J. Van Seters—, quienes eran seguidores de la teoría de Wellhausen, dirigieron el ataque contra los métodos de Albright y la idea de la historicidad. No todos los expertos partidarios de la teoría crítica han rechazado toda historicidad. Hay algunos, como los arqueólogos ingleses Kathleen Kenyon y Ronald Hendel, que aceptan la conservación de recuerdos históricos en ciertos aspectos de los relatos patriarcales, al mismo tiempo que niegan que haya existido jamás un "período de los patriarcas". La mayoría de los eruditos críticos aceptan que en el texto bíblico se incluyen detalles auténticos procedentes del milenio segundo (1200-1000 A.C.), los cuales fueron transmitidos por vía oral y escritos mucho más tarde. (Vea Kathleen Kenyon, *The Bible and Recent Archaeology*, "La Biblia y la arqueología reciente", p. 20; Ronald S. Hendel, "Finding Historical Memories in the Patriarchal Narratives", "La búsqueda de recuerdos históricos en los relatos de los patriarcas", *Biblical Archaeology Review* [julio / agosto 1995]: 52-59, 70-71). En cambio, los expertos conservadores, y algunos entre los críticos, como Noel David Freedman y James Sauer, creen que es válido atribuirles a los patriarcas una fecha en el tercer milenio a.C.

3. Ronald F. Youngblood, *The Book of Genesis: An Introductory Commentary* ["El Génesis: Un comentario introductorio"], 2ª ed. (Grand Rapids: Baker Book House, 1991), pp. 285-286.

4. Nahum N. Sarna, "The Patriarchs" ["Los patriarcas"], *Genesis: World of Myths and Patriarchs* ["El Génesis, mundo de mitos y patriarcas"], ed. Ada Feyerick (Nueva York: University Press, 1996).

5. Las dos nuevas evaluaciones de la historicidad de los patriarcas, que fueron avanzada de la posición minimista fueron la de Thomas L. Thompson en *Historicity of the Patriarchal Narratives: The Quest for the Historical Abraham* ["La historicidad de los relatos de los patriarcas: La búsqueda del Abraham histórico", Berlín: de Gruyter, 1974] y la de John Van Seters, *Abraham in History and Tradition* ["Abraham en la historia y la tradición", New Haven, CT: Yale University Press, 1975].

6. Hallará un análisis del criticismo minimista de los materiales de Nuzi que apoya esta conclusión en la obra de Duane Garrett *Rethinking Genesis: The Sources and Authorship of the First Book of the Pentateuch* ["Repensando el Génesis: Las fuentes y los autores en el primer libro del Pentateuco", Grand Rapids: Baker Book House, 1991], pp. 70-79.

7. Por ejemplo, Kenneth Barker, al examinar los paralelos de Nuzi que tenía a su disposición, sólo halló uno completamente equivocado, estando de acuerdo con Thompson. Vea Kenneth Barker, "The Antiquity of the Patriarchal Narratives" *A Tribute to Gleason Archer: Essays on the Old Testament* ["La antigüedad de los relatos de los patriarcas" en "Un tributo a Gleason Archer: Ensayos sobre el Antiguo Testamento"], eds. W. C. Kaiser, R. F. Youngblood (Chicago: Moody Press, 1986, p. 135.

8. Hallará una defensa de esta posición en la obra de Duane Garrett *Rethinking Genesis: The Sources and Authorship of the First Book of the Pentateuch* (Grand Rapids: Baker Book House, 1991), pp. 83-86.

9. Kenneth A. Kitchen, "The Patriarchal Age: Myth or History?" ["La era de los patriarcas: ¿mito o historia?"], *Biblical Archaeology Review* 21:2 (marzo / abril 1995), 48-57, 88-95.

10. *Vea* James A. Sauer, "Holocene Climate Change and the Domestication of Beasts of Burden" ["Los cambios climáticos en el Holoceno y la domesticación de las bestias de carga"], *Quinta*

conferencia internacional sobre la historia y la arqueología de Jordania, Irbi, Jordania (primavera de 1992). John J. Davis, "The Camel in Biblical Narratives" ["El camello en los relatos bíblicos"], *A Tribute to Gleason Archer: Essays on the Old Testament* (Chicago: Moody Press, 1986), pp. 141-51: A. R. Millard, "Methods of Studying the Patriarchal Narratives as Ancient Texts" *Essays on the Patriarchal Narratives* ["Métodos para el estudio de los relatos sobre los patriarcas como textos antiguos", "Ensayos sobre los relatos de los patriarcas"], eds. A. R. Millard, D. J. Wiseman (Leichester: InterVarsity Press, 1980), pp. 49-50.

11. *Vea* James B. Pritchard, ed., *Ancient Near Eastern Texts* ["Textos del Oriente Medio antiguo", Chicago: University Press, 1976], p. 543; para un estudio, *vea* M. J. Selman, "Comparative Customs and the Patriarchal Age" ["La comparación entre costumbres y la época de los patriarcas"], *Essays on the Patriarchal Narratives,* eds. A. R. Millard, D. J. Wiseman (Leicester: InterVarsity Press, 1980), p. 107.

12. *Vea* James B. Prichard, ed., *Ancient Near Eastern Texts,* 3ª ed. (Chicago: University Press, 1976), p. 545; hallará un estudio en Kenneth A. Kitchen, *The Bible in Its World* ["La Biblia en su mundo", Downers Grove, IL: InterVarsity Press, 1977], p. 70.

13. *Vea* M. J. Selman, "The Social Environment of the Patriarchs" ["El ambiente social de los patriarcas"], *Tyndale Bulletin* 27 (1976): 114-136; "Comparative Customs and the Patriarchal Narratives", *Themelios* 3 (1962):239-248.

14. *Vea* Kenneth A. Kitchen, "The Patriarchal Age: Myth or History?" *Biblical Archaeology Review* 21:2 (marzo / Abraham 1995): 90, 92. Ronald Hedel alega contra Kitchen que este tipo de nombre es perfectamente normal a lo largo de todos los períodos del semítico del noroeste. *Vea* "Finding Historical Memories in the Patriarchal Narratives" ["El hallazgo de recuerdos históricos en los relatos de los patriarcas"], *Biblical Archaeology Review* 21:4 (julio / agosto 1995): 57.

15. Según Josué 19:47, también era conocida como Lesem.

16. Según Avraham Biran quien dirigió las excavaciones, la razón de que se conservara "no era nada que hiciéramos nosotros; tal parece que la gente de la antigüedad, por el motivo que fuera, la gente de Lais, los cananeos que vivían en Lais, habían decidido que la puerta no tenía uso alguno, así que la bloquearon y la llenaron con tierra, y después la cubrieron. Así fue como todos los escaloens que entraban a la ciudad quedaron cubiertos con el suelo natural de la zona, o sea, que todo lo que hicimos fue limitarnos a quitar la tierra y dejar al descubierto la construcción de los escalones, y había allí otra construcción en piedra que es probable que sirviera de embarcadero, protegiendo la puerta. Tal vez hubiera algo incorrecto en la estructura. Encontramos una grieta en la torre, y tal vez fuera ésa la razón de que se decidieran a anular la puerta y abrir otra en un lugar distinto" (Entrevista en el Museo Skirball del Hebrew Union College, Jerusalén, 12 de octubre de 1996).

17. Entrevista con Avraham Biran, Museo Skirball, Jerusalén (12 de octubre de 1996).

18. Roland Hendel, "Finding Historical Memories in the Patriarchal Narratives", *Biblical Archaeology Review* 21:4 (julio / agosto 1995): 58.

19. James A. Sauer, "A Climatic and Archaeological View of the Early Biblical Traditions", *Scripture an Other Artifacts: Essays on the Bible and Archaeology in Honor of Philip J. King* ["Una visión climática y arqueológica de las primeras tradiciones bíblicas", "Las Escrituras y otros artefactos: Ensayos sobre la Biblia y la arqueología en honor de Philip J. King"], eds, M. D. Coogan, J. C. Exum, L. Stage (Louisville, KY: Westminster John Knox Press, 1994, pp. 366-398.

20. Ibíd., p. 391.

21. *Vea* H. B. Huffmon, *Amorite Personal Names in the Mari Texts* ["Nombres personales amorreos en los textos de Mari", Chicago: University of Chicago Press, 1965], pp. 128-129.

22. Gerhard von Rad, *Genesis: A Commentary* ["Génesis: Un comentario"], trad. al inglés de John H. Marks (Filadelfia: Westminster Press, 1961), p. 171.

23. *Vea* Kenneth A. Kitchen, "The Patriarchal Age: Myth or History?" *Biblical Archaeology Review* 21:2 (marzo / abril 1995): 56.

24. *Vea The International Standard Bible Encyclopedia*, s.v. "Arioch" ["La enciclopedia de la Biblia Standard Internacional, artículo "Arioch"], por R. K. Harrison (Grand Rapids, Wm. B. Eerdmans Publishing Co., 1982): 290. Gerhard von Rad, *Genesis: A Commentary*, trad. al inglés de John H. Marks (Filadelfia: Westminster Press, 1961), p. 171, cree que se trata de la misma persona.

25. Kenneth A. Kitchen, *Ancient Orient and the Old Testament* (Chicago: InterVarsity Press, 1966), p. 44.

26. En cuanto a estos ejemplos, vea *Cambridge Ancient History* ["Historia antigua de Cambridge"], eds. J. Boardman, I. E. S. Edwards y otros, 3ª ed. (Cambridge University Press, 1973), pp. 272, 820-821; II/2 (1975), p. 1041 y III/2 (1991), p. 748.

27. Gerhard von Rad, *Genesis: A Commentary*, trad. al inglés de John H. Marks (Filadelfia: Westminster Press, 1961), p. 171.

28. *Vea* John C. Studenroth, "Archaeology and the Higher Criticism of Genesis 14", *Evidence for Faith: Deciding the God Question* ["La arqueología y la alta crítica de Génesis 14", "Evidencias de la fe: la decisión de la cuestión de Dios"], ed. John Warwick Montgomery (Dallas: Probe Boks, 1991), pp. 159, 162.

29. *Vea* Kitchen, *Ancient Orient and the Old Testament*, pp. 46, 73; "The Patriarchal Age: Myth or History?" *Biblical Archaeology Review* 21:2 (marzo / abril 1995): 57.

30. *Vea* Bruce Vawter, *On Genesis: A New Reading* ["Sobre el Génesis: Una lectura nueva", Garden City, NY: Doubleday, 1997), p. 188. A. E. Speiser, *Genesis, Anchor Bible* ["El Génesis, Biblia Anchor", Garden City, NY: Doubleday, 1983), pp. 107-108.

31. Hallará los detalles que apoyan estas conclusiones en el escrito de Gordon J. Wenham *Genesis 1-15, Word Biblical Commentary* ["Génesis 1-15, Comentario bíblico Word", Waco, Tx: Word Books, 1987), pp. 318-320.

32. El nombre antiguo indica que el poblado estaba dividido originalmente en cuatro (arba) cuartos o distritos, aunque Josué 14:15 indica que el nombre de Arba le fue impuesto a la ciudad debido a un famoso miembro de los anacim. También se llamaba Mamre. Varias de las diversas localidades identificadas con la ciudad eran conocidas como Elonei ("encinas de") Mamre, el Escol y la (cueva de) Macpela (frente a Mamre).

33. Desde tiempos medievales se hablaba de diversas ocasiones en que se había entrado a la cueva: Alí de Herat en 1192, Ishak al Khalil en 1351 y Mujir ad-Din en 1496, aunque su información es algo distinta a lo revelado por la exploración moderna.

34. *Vea* Nancy Miller, "Patriarchal Burial Site Explored for the First Time in 700 Years" ["Lugar de enterramiento de los patriarcas explorado por vez primera en setecientos años"], *Biblical Archaeology Review* 11:3 (mayo / junio 1985) 26-43.

35. Hillel Geva me explicó otra teoría sobre el origen de las estructuras; él las fecharía en época tan tardía como el período bizantino.

36. *Vea* Cleremont-Ganneau, *Archaeological Researches in Palestine* ["Exploraciones arqueológicas en Palestina"] 2 (1873-1874): 278

37. Nogah Hareuveni, *Desert and Shepherd in Our Biblical Heritage* ["El desierto y el pastor en nuestra herencia bíblica"], trad. al inglés de Helen Frenkley (Tel Aviv: Neot Kedumim — La reserva del panorama bíblico en Israel, 1991), pp. 64-73.

Capítulo 6 — Sodoma y Gomorra

1. G. Ernest Wright, *Biblical Archaeology* ["Arqueología bíblica"], ed. resumida (Filadelfia: Westminster Press, 1960), p. ix.

2. David Neev y K. O. Emery, *The Destruction of Sodom, Gomorrah, and Jericho: Geological, Climatological, and Archaeological Background* ["La destrucción de Sodoma, Gomorra y Jericó: Fondo geológico, climatológico y arqueológico", Nueva York: Oxford University Press, 1995).

3. Ronald s. Hendel, "Reviews" ["Reseñas"], *Biblical Archaeological Review* 23:1 (enero / febrero 1997): 70.

4. Flavio Josefo, historiador del siglo primero, escribió extensamente sobre Sodoma y Gomorra *(Ant.* 1:170-206), como lo hizo también Filón *(Somn.* 2:192; *Abr.* 227, 228; *Congr.* 92; 109). También hay literatura judía extrabíblica en la que se mencionan estas ciudades con frecuencia, como los rollos del mar Muerto *(1QapGen* 21:5ss; 21:23—22:25), *3 Mac.* 2:5; *Sir.* 16:7; *Abril.* 6:13; *Apoc. Esdras.* 2:19; 7:12; *T. Leví* 14:6; *T. Nef.* 3:4; 4:1; *T. As.* 7:1; *T. Benj.* 9:1; *Targ. Pseudo-Jonatán* sobre Génesis 18:20-21; TB *Sanh.*109a,b).

5. *Vea también* en cuanto a las alusiones geográficas: Estrabón, *Geografía* 16.2.44; *Onomasticón de Eusebio* 42.1-5; Josefo, *Antigüedades* 1:174; 4:85; 9:7; Diodoro, *Historia bíblica* 19:98; Tácito, *Historia* 5.7; Plinio, *HN* 5:71ss.

6. E. Meyer, *Die Israeliten und ihre Nachbarstämme* (Halle: Max Niemeyer, 1906).

7. Charles Pellegrino, *Return to Sodom and Gomorrah: Bible Stories from Archaeologists* ["El regreso a Sodoma y Gomorra: Historias bíblicas procedentes de los arqueólogos", Nueva York: Random House, 1994), p. 180.

8. *Vea* W. F. Albright, "The Jordan Valley in the Bronze Age" ["El valle del Jordán en la edad de Bronce"], *Annual of the American Schools of Oriental Research* 6:13-74.

9. *Vea* R. E. Baney, *The Search for Sodom and Gomorrah* ["La búsqueda de Sodoma y Gomorra", Kansas City, MO: CAM, 1962].

10. W. F. Albright, *The Archaeology of Palestine and the Bible* ["La arqueología de Palestina y la Biblia"], 3ª ed. (Nueva York: Fleming H. Revell, 1935): 135-136; D. Neev y K. O. Emery, "The Dead Sea: Depositional Processes and Environments of Evaporites" ["El mar Muerto: Procesos de las deposiciones y ambientes de los evaporitos"], *Ministerio de Desarrollo— Exploración geológica,* boletín 41 (Jerusalén: Exploración geológica de Israel, 1967): 30.

11. Hallará informes publicados sobre estas excavaciones en W. E. Rast y R. T. Schaub, "Survey of the Southeastern Plain of the Dead Sea" ["Exploración en la llanura sureste del mar Muerto"], *Anual del Departamento de Antigüedades de Jordania* (Reino Hashemita de Jordania, Departamento de Antigüedades, 1973), 19:5-54, 175-185. Hallará una presentación más popular en los artículos basados en este informe que aparecen en *Bible and Spade* (verano de 1974, invierno de 1977, verano/otoño de 1980, invierno/primavera de 1983 y otoño de 1988).

12. Entrevista con Bryant Wood, Nueva Orleans, noviembre de 1996.

13. F. G. Clapp, "The Site of Sodom and Gomorrah" ["La ubicación de Sodoma y Gomorra"], *American Journal of Archaeology* 40 (1936): 323-344.

14. *Vea* J. Donahue, "Geological Investigations at Early Bronze Sites" ["Investigaciones geológicas en sitios de la era temprana del Bronce"], *Annual of the American Schools of Oriental Research* 46 (1981): 140-141; y J. R. Harlan, "Natural Resources of the Southern Ghor" ["Recursos naturales del sur del Ghor"], *Annual of the American Schools of Oriental Research* 46 (1981): 155-159.

15. Como lo hace notar Willem C. Van Hattem en su artículo "Once Again Sodom and Gomorrah" ["De nuevo Sodoma y Gomorra"] *Biblical Archaeologist* 44:2 (primavera de 1981): 89.

16. Thomas L. Thompson, *The History of the Patriarcal Narratives* ["La historia de los relatos sobre los patriarcas"], Beihefte Zur Zeitschrift für die Alttestamentliche Wissenschaft 133 (Berlín: De Gruyer, 1974), p. 328.

17. *Vea* Alfonso Archi, "The Epigraphic Evidence from Ebla and the Old Testament" ["Las evidencias epigráficas procedentes de Ebla y del Antiguo Testamento"], *Biblica* 60 (1979): 555-566; "Further concerning Ebla and the Bible" ["Más detalles sobre Ebla y la Biblia"], *Biblical Archaeologist* 44:3 (verano de 1981): 151-152; Michael Dahood, "Ebla, Ugarit and the Bible", *The Archives of Ebla: An Enpire Inscribed in Clay* ["Ebla, Ugarit y la Biblia", "Los archivos de Ebla: Un imperio escrito en arcilla"], ed. G. Pettinato (Nueva York: Doubleday, 1981), pp. 271-303.

18. *Vea* Walter E. Rast, "Bab edh-Dhra and the Origin of the Sodom Saga", *Archaeology and Biblical Interpretation: Essays in Memory of D. Glenn Rose* ["Bab edh-Dhra y el origen de la saga de Sodoma", "Ensayos en memoria de D. Glenn Rose"], eds. L. G. Perdue, L. E. Toombs, G. L. Johnson (Atlanta, GA: John Knox Press, 1987), pp. 194-197.

19. En hebreo bíblico (donde sólo se escriben las consonantes), la palabra *Gomorra* se escribe como *'mr* (la marca ' representa a la consonante hebrea conocida como *'ayin*). En árabe, las consonantes son *nmr*. En el proceso de pasar del hebreo al árabe, la *'ayin* laríngea fue nasalizada, convirtiéndose en una *n*. Este fenómeno es común en las laríngeas iniciales dentro del desarrollo de una palabra, o cuando se la pasa a otro idioma o dialecto. Por consiguiente, es posible que el hebreo *'mr* se convirtiera en el árabe *nmr*.

20. Walter E. Rast y Thomas R. Shcaub, "Expedition to the Dead Sea" ["Expedición al mar Muerto"], *American Schools of Oriental Research Newsletter* 3-4 (octubre / noviembre 1975): 2-3.

21. Entrevista con Bryant Wood, Nueva Orleans, noviembre de 1996.

Capítulo 7 — El Éxodo

1. A. R. Millard, *The Bible B.C.: What Can Archaeology Prove?* ["La Biblia a.C.: ¿Qué puede demostrar la arqueología?", Phillipsburg, NJ: Presbyterian and Reformed, 1977), p. 21.

2. Citado por Charles E. Sellier y Brian Russell en *Ancient Secrets of the Bible* ["Secretos antiguos de la Biblia", Nueva York: Dell Publishing, 1994), pp. 179-180.

3. N. P. Lemche, *Early Israel* (Leiden: E. J. Brill, 1985), p. 409.

4. G. W. Åhlström, *Who Were the Israelites?* ["¿Quiénes eran los israelitas?", Winona Lake, IN: Eisenbrauns, 1986), p. 46.

5. Los intentos por relacionar el panteón egipcio con las plagas han tenido por consecuencia algunas de las relaciones siguientes: 1) los dioses del Nilo: Hapi (Apis), Khum, Isis; 2) diosa rana: Heqet; 3) piojos: Set, dios del desierto; 4) moscas: Ra, Uatchit; 50 ganado: Hathor, Apis; 6) úlceras: Sekhmet, Sunu, Isis; 7) granizo: Nut, Osiris, Set; 8) langostas: Nut, Osiris; 9) tinieblas: Ra, Horus, Nut, Hathor; 10) muerte de los primogénitos: Min, Heqet, Isis. *Vea* más sobre esto en Pierre Monet, *Egypt and the Bible* ["Egipto y la Biblia", Filadelfia: Fortress Press, 1968].

6. Esta relación estaba especialmente conectada con los faraones Tutmosis III y su hijo Amenhotep II (los faraones de las fechas más antiguas). Tanto la teología egipcia como sus logros militares les daban la categoría de "dios(es) soberano(s) del cielo y la tierra".

7. *Vea* H. Frankfort, *Kingship and the Gods* ["La realeza y los dioses", Chicago: University of Chicago Press, 1948], p. 5; *Ancient Egyptian Religion* ["La religión del Egipto antiguo", Nueva York: Columbia University Press, 1948], jp. 30; I. Engnell, *Studies in Divine Kingship in the Ancient Near East* ["Estudios sobre la divinidad de los reyes en el Oriente Medio antiguo", Oxford: Basil Blackwell, 1967], pp. 4-15.

8. *Vea* F. W. Read, *Egyptian Religion and Ethics* ["La religión y la ética egipcias", Londres: Watts & Co., 1925], p. 110-111.

9. Hallará una documentación completa sobre este ritual en A. Hermann, "Das steinhartes Hertz" ["El corazón de piedra"], *Jahrbuch für Antike und Christendum* 4 (Munster: Aschendorffsche Verlagsbuchhandlung, 1961), pp. 102-103.

10. *Vea* James E. Harris y Kent R. Weeks, *X-Raying the Pharaohs* ["Los faraones bajo los rayos X", Nueva York: Charles Scribner's Sons, 1973), p. 49 (fotografía).

11. *Vea* otros encantamientos en J. Zandee, *Death As an Enemy* ["La muerte como enemigo", Leiden: E. J. Brill, 1960], pp. 259-262.

12. *Vea* además E. A. W. Budge, *Egyptian Magic* ["La magia egipcia", Londres: K. Paul, Trench, Tribner & Col, 1899], pp. 35-37.

13. Hallará un análisis completo y una defensa d esta posición sobre el relato de las plagas del Éxodo en Gregory K. Beale, "The Exodus Hardening Motif of YHWH as a Polemic" ["El tema del endurecimiento causado por YHWH en el Éxodo como polémica"], tesis para la Maestría en teología, Seminario Teológico de Dallas (Dallas, Texas, 1976), sobre todo las páginas 46-52.

14. Leon T. Wood, "Date of the Exodus", *New Perspectives on the Old Testament* ["La fecha del Éxodo, Nuevas perspectivas sobre el Antiguo Testamento"; Waco, TX: Word Books, 1970), pp. 66-87; Walter Kaiser, "Exodus" ["El Éxodo"], *Expositor's Bible Commentary,* 2 (Grand Rapids: Zondervan Publishing Co., 1983), pp. 288-291.

15. Edwin R. Thiele, *The Mysterious Numbers of the Hebrew Kings* ["Los misteriosos números de los reyes hebreos", Grand Rapids: Zondervan Publishing House, 1983).

16. Esto ha sido revisado recientemente por E. W. Faulstich (basado en las investigaciones de Oliver R. Blosser) para aceptar la fecha más temprana del año 1461 a.C., a partir del uso de un nuevo programa de computadora para la conversión astronómica y de calendarios.*Vea* E. W. Faulstich, *History, Harmony and the Hebrew Kings* ["La historia, la armonía y los reyes hebreos", Spencer, IA: Chronology Books, 1986), pp. 196-200.

17. *Vea* R. A. Parker, "Once Again, the Coregency of Thutmose III and Amenhotep II", *Studies in Honor of John A. Wilson* ["De nuevo, la corregencia entre Tutmosis III y Amenhotep II, Estudios en honor de John A. Wilson", 1969].

18. *Vea* William H. Shea, "A New Reading for Gerster's Protosianitic Inscription No. 1 and the Identification of the Pharaohs of the Exodus" ["Una nueva lectura para la inscripción protosinaítica n° 1 de Gerster y la identificación de los faraones del Éxodo"], y "Findings from the Wadi Nasb in Sinai Which Illuminate Events of the Exodus" ["Hallazgos en el Wadi Nasb del Sinaí que iluminan sucesos del Éxodo"], trabajos sin publicar (Silver Spring, MD: The Biblical Research Institute, 1997).

19. *Vea* Cornelis Houtman, *Exodus,* Historical Commentary on the Old Testament ["Éxodo, Comentario histórico sobre el Antiguo Testamento", Kampen: Kok Publishing House, 1993], 1:175-179.

20. *Vea* Donovan Courville, *The Exodus Problem and Its Ramifications* ["El problema del Éxodo y sus ramificaciones"], 2 vols. (Loma Linda, CA: Challenge Books, 1971).

21. J. J. Bimson, "Redating the Exodus and Conquest" ["Cambio en las fechas para el Éxodo y la Conquista"], *Journal for the Study of the Old Testament Supplement Series* 5 (Sheffield: JSOT Press, 1978).

22.*Vea* E. W. Faulstich, *Bible Chronology and the Scientific Method: The Old Testament with Secular Synchronisms* ["La cronología de la Biblia y el método científico: El Antiguo Testamento con sincronismos seculares", Spencer, IA: Chronology Books, 1990), pp. 118-137. Según sus cálculos, Moisés vio la zarza ardiente el 27 de septiembre del año 1462 a.C., hizo caer la primera plaga el 24 de enero del 1461, cruzó el mar Rojo el 3 de abril del 1461 y recibió los Diez Mandamientos el 28 de mayo del 1461.

23. E. H. Merrill, *Kingdom of Priests* ["Reino de sacerdotes", Grand Rapids: Baker Book House, 1987], p. 57.

24. John I. Durham, *Exodus* ["El Éxodo"], Word Biblical Commentary (Waco, TX: Word Books, 1987), p. xxiii.

25. También hay inscripciones protosinaíticas fechadas aproximadamente en el año 1500 a.C, las cuales, según W. F. Albright, demuestran que los semitas no perdieron su idioma y cultura propios ni siquiera mientras estaban esclavizados en Egipto. Vea *Proto-Sinaitic Inscriptions and Their Development* ["Las inscripciones protosinaíticas y su desarrollo", Cambridge: Harvard University Press, 1969).

26. Charles F. Aling, *Egypt and Bible History from Earliest Times to 1000 B.C.* ["Egipto y la historia bíblica desde los primeros tiempos hasta el año 1000 a.C.", Grand Rapids: Baker Book House, 1981], p. 103.

27. Hallará las últimas investigaciones en *Exodus: The Egyptian Evidence* ["El Éxodo: Las evidencias egipcias"], eds. Ernest S. Frerichs y Leonard H. Lesko (Eisenbrauns, 1997).

28. En cuanto a esto, recuerdo lo que afirmó un maestro de egiptología en la Universidad Hebrea de Jerusalén; según él "quienquiera que haya escrito la Torá, tiene que haber sabido egipcio", porque hay muchas formas y expresiones poco corrientes en el texto hebreo que tienen mejor sentido cuando se da por supuesta una palabra egipcia original. Un ejemplo de esto es el relato de cuando la hija del faraón se "bañaba" en el Nilo. La palabra hebrea traducida como "bañarse" es extraña, y se compara mejor con la palabra egipcia que significa "lavarse". A la luz de esto, podemos decir que la hija del faraón se fue a lavar sus ropajes en el Nilo, y no a tomar un baño (Éxodo 2:5).

29. Por ejemplo, la pintura de la tumba de Khnumhotep (principios del siglo diecinueve a.C.) en Beni-Hasán, donde aparecen asiáticos entrando a Egipto, y el informe de un guarda fronterizo en el octavo año de Merenptah, de que se les permitía la entrada a los shasu para salvarlos a ellos y a su ganado. Vea James Prichard, ed., *Ancient Near Eastern Texts* ["Textos antiguos del Oriente Medio"], 3ª ed. (Nueva Jersey: Princeton University Press, 1977), 259, 416ss.

30. Hershel Shanks, "An Israelite House in Egypt?" ["¿Una casa israelita en Egipto?"], *Biblical Archaeology Review* 19:4 (julio / agosto de 1993): 44-45.

31. *Vea* "The Instruction of Merikare" ["La instrucción de Merikare"], "The Admonition of Ipuwer" ["La admonición de Ipuwer"] y "The Prophecy of Neferti" ["La profecía de Neferti"] en James Pritchard, ed., *Ancient Near Eastern Texts,* 3ª ed. (Nueva Jersey: Princeton University Press, 1977), 416ss., 444ss.

32. Por ejemplo, en el muro exterior occidental del Cour de la Cahette, en el templo de Karnak, en Luxor, Egipto, el egiptólogo Frank Yurco decugbrió un registro con inscripciones en jeroglíficos que representaba un pueblo cautivo llamado los shasu, los cuales se asemejan a los israelitas. *Vea* Frank Yurco, "3,200-Year Old Pictures of Israelites Found in Egypt" ["Imágenes de israelitas con 3.200 años de antigüedad halladas en Egipto"], *Biblical Archaeological Review* 16:5 (septiembre / octubre 1990): 20-38. Vea otros ejemplos en Kenneth A. Kitchen, "From the Brick-fields of Egypt" ["Desde los campos de ladrillos de Egipto"], *Bible and Spade* 10:2 (primavera de 1981): 43-50 [Reimpresión tomada del *Tyndale Bulletin* 27 (1976)]; K. A. Kitchen, *The Bible in Its World: The Bible & Archaeology Today* ["La Biblia en su mundo: La Biblia y la arqueología hoy", Downers Grove, IL: InterVarsity Press, 1977], pp. 75-78.

33. Además de la narración clásica de Sinhué, hay diversos textos que presentan en detalle la huida de esclavos y publican su descripción para que quienes los hayan visto ayuden a devolverlos.

34. *Vea,* por ejemplo, los textos de Tell-el-Amarna y los papiros de Ipuwer, donde aparecen relatos de plagas de sangre, enfermedades de ganados, fenómenos de incendios y extrañas tinieblas semejantes a las descritas en el texto del Éxodo.

35. *Vea* el informe de Doron Nof y Nathan Paldor en el *Bulletin of the American Meteorological Society* (marzo de 1992).

36. Esto se puede demostrar, tanto a partir de fuentes arqueológicas, como de las fotografías infrarrojas tomadas por satélites, que revelan los antiguos movimientos de pueblos desde Egipto hasta Canaán (vea cita a continuación).

37. *Vea* John Walton, *Ancient Israelite Literature in Its Cultural Context: A Survey of P.. ..llels Between Biblical and Ancient Near Eastern Texts* ["La antigua literatura israelita en su contexto cultural: Una revisión de los paralelos entre los textos bíblicos y otros del antiguo Oriente Medio", Grand Rapids: Zondervan Publishing Co., 1989), pp. 95-107; K. A. Kitchen, *The Bible in Its World: The Bible & Archaeology Today* ["La Biblia en su mundo: la Biblia y la arqueología hoy", Downers Grove, IL: InterVarsity Press, 1977), pp. 79-85.

38. *Vea* la cita bibliográfica sobre Kenyon, Wood y Waltke en el próximo capítulo.

39. Hallará un relato escrito sobre este hallazgo a nivel popular en Trude Dothan, "Lost Outpost of the Egyptian Empire" ["Una avanzada perdida del imperio egipcio"], *National Geographic* 162:6 (diciembre de 1982): 739-769.

40. Larry Williams, *The Mountain of Moses* ["La montaña de Moisés", Nueva York: Wynwood Press, 1990), Epílogo.

41. *Vea* Stephen A. Ascough, propuesta sobre un proyecto "Santorini — Exodo — Tell el-Dab'a" (1994). Es posible comunicarse con el autor de la propuesta en 26 Tiffany Street West, Guelph, Canadá NIH1Y1. En realidad, la propuesta es prometedora para todo el período que va desde los tiempos de José hasta el período de los Jueces.

42. La teoría de una conexión entre la erupción de Santorini y el Éxodo ha sido estudiada extensamente por el egiptólogo Hans Goedicke, presidente del departamento de Estudios del Oriente Medio en la Universidad John Hopkins, *Vea* Charles R. Krahmallov, "A Critique of Professor Goedicke's Exodus Theories" ["Un estudio crítico de las teorías del profesor Goedicke sobre el Éxodo"], *Biblical Archaeological Review* 7:5 (septiembre / octubre 1981): 51ss.; Hershel Shanks, "The Exodus and the Crossing of the Red Sea According to Hans Goedicke" ["El Éxodo y el paso del mar Rojo, según Hans Goedicke"], *Biblical Archaeology Review* 7:5 (septiembre / octubre 1981): 42ss; Eliezar Oren, "How Not to Create a History of the Exodus — A Critique of Professor Goedicke's Theories" ["Cómo hacer para no crear una historia sobre el Éxodo: Un estudio crítico de las teorías del profesor Goedicke"], *Biblical Archaeology Review* 8:3 (mayo / junio 1982): 48ss. Goedicke cree que se pueden documentar tres erupciones del volcán entre los siglos diecisiete y doce a.C.

43. La porción "A" de la dinastía decimoctava ha sido propuesta a partir de una correlación con el período Minoico 1A tardío.

44. *Vea Nature* 382 (18 de julio de 1996), pp. 213-214; *vea también* el artículo de la Prensa Asociada "Evidence backs Exodus story, maverick scholars contend" ["Las evidencias apoyan el relato del Éxodo, sostienen expertos disidentes", escrito por Matt Crenson, *San Antonio Express & News* (sávbado 27 de julio de 1996), B-9.

45. Bryant Wood, "Carbon 14 Testing and the Date of the Destruction of Jericho" ["La prueba del carbono 14 y la fecha de la destrucción de Jericó"], *Associates for Biblical Research Newsletter* 28:3 (mayo / junio 1997), p. 1.

Capítulo 8 — La conquista

1. Paul W. Lapp, *Biblical Archaeology and History* ["La arqueología bíblica y la historia", Nueva York: World Publishing, 1969], p. 107.

2. John Garstang y J. B. E. Garstang, *The Story of Jericho* ["El relato de Jericó", Londres: Hodder & Stoughton Ltd., 1940], p. 172.

3. Nadav Na'amán, "The 'Conquest of Canaan' in the Book of Joshua and History" *From Nomadism to Monarchy: Archaeological & Historical Aspects of Early Israel* ["La 'Conquista de Canaán' en el libro de Josué y en la historia; Del nomadismo a la monarquía: aspectos arqueológicos e históricos del Israel antiguo"], eds. Israel Finkelstein y Nadav Na'amán (Jerusalén: Sociedad Israelí de Exploración, 1994), pp. 222-223.

4. Entrevista con Amihai Mazar, Instituto de Arqueología, Universidad Hebrea de Jerusalén, 21 de octubre de 1996.

5. *Vea* J. Maxwell Miller y John H. Hayes, *A History of Ancient Israel and Judah* ["Una historia de Israel y Judá en la antigüedad", Filadelfia: Westminster Press, 1986), p. 83, y Bruce Halpern, *The Emergence of Israel in Canaan* ["El surgimiento de Israel en Canaán", Chico, CA: 1983), pp. 98-99.

6. Entrevista con Bob Mullins, Jerusalén, 20 de octubre de 1996.

7. Albrecht Alt, *Essays on Old Testament History and Religion* ["Ensayos sobre historia y religión del Antiguo Testamento"], trad. al inglés de R. A. Wilson (Sheffield: JSOT Press, 1989), y D. M. Noth, *The History of Israel* ["La historia de Israel"], trad. al inglés de P. R. Ackroyd (Nueva York: Harper & Row, 1960).

8. *Vea* G. E. Mendenhall, "Ancient Israel's Hyphenated History", *Palestine in Transition* ["La historia del antiguo Israel y sus diversos orígenes", Palestina en transición], eds., D. N

Freeman y D. F. Graf (Sheffield: Almond Press, 1983), y N. K. Gottwald, "The Israelite Settlement as a Social Revolutionary Movement", *Biblical Archaeology Today: Archaeology & Historical Aspects of Early Israel, Jerusalem 1984* ["El asentamiento israelita como movimiento social revolucionario", La arqueología bíblica hoy: La arqueología y los aspectos históricos del Israel antiguo", Jerusalén, 1984. Jerusalén: Sociedad Israelí de Exploración, 1985].

9. *Vea* I. Finkelstein, "The Emergence of Israel: A phase in the Cyclic History of Canaan in the Third and Second Millenia BCE" ["El surgimiento de Israel: Una fase en la historia cíclica de Caaán durante los milenios tercero y segundos a.C.], *From Nomadism to Monarchy: Archaeology & Historical Aspects of Early Israel,* eds., I. Finkelstein y Nadav Na'amán (Jerusalén: Sociedad Israelí de Exploración, 1994), pp. 150-178.

10. *Vea* William Dever, "Will the Real Israel Please Stand Up?: Archaeology and Israelite Historiography: Part I" ["El verdadero Israel, ¿se quiere poner de pie/: La arqueología y la historiografía israelita: Primera parte"], *Bulletin of the American Schools of Oriental Research* 297 (1995): 61-80 (sobre todo la p. 65).

11. Entrevista con Ammón Ben-Tor, realizada por Tom McCall en el Instituto de Arqueología de la Universidad Hebrea de Jerusalén en noviembre de 1996. Hay cierta incertidumbre en cuanto a cuál es la destrucción a la que se refiere Ben-Tor. La última gran destrucción por medio del fuego producida en el lugar la llevó a cabo Teglat-Pileser III en el 732 a.C. El estrato IV revela evidencias de la destrucción a manos de los asirios. Su última temporada de excavaciones, durante la cual encontró el palacio, la realizó en el período cananeo del Bronce tardío. Puesto que describe que también aquí hubo incendio, podemos deducir que está pensando en este período.

12. Bryant G.Wood, "Did the Israelites Conquer Jericho?" A New Look at the Archaeological Evidence ["¿Conquistaron los israelitas a Jericó?" Una nueva mirada a las evidencias arqueológicas] *Biblical Archaeological Review* 16:2 (marzo / abril de 1990): 44-59, y la refutación de las críticas en "Dating Jericho's Destruction: Bienkowski is Wrong on All Counts" ["El fechado de la destrucción de Jericó: Bienkowski se equivocó en todo"], *Biblical Archaeological Review* (septiembre / octubre de 1990): 45-69.

13. Tal como afirma en su entrevista del video "Jericho" ["Jericó"] en la serie *Ancient Secrets of the Bible* (Group Publications, 1996).

14. Por ejemplo, Tel el-Ful (Gabaa), Tel el-Jib (Gabaón) y Tel en-Nasbeh (Mizpa).

15. Esto no era lo que solían hacer los ocupantes romanos y bizantinos, quienes limpiaban los lugares hasta el manto de roca antes de edificar, con lo que eliminaban por competo toda señal de actividad arquitectónica anterior. *Vea* los detalles en David Livingston, "Khirbet Nisya Had Walls and Gates" ["Khirbet Nisyá tuvo muros y puertas"], trabajo sin publicar (10 de octubre de 1996), pp. 1-5.

16. Entrevista con Bryant Wood, Nueva Orleans, noviembre de 1996.

17. Adam Zertal, "Has Joshua's Altar Been Found on Mount Ebal?" ["¿Se habrá encontrado el altar de Josué en el monte Ebal?"] *Biblical Archaeological Review* 11:1 (enero / febrero de 1985): 26-43.

18. Milt Machlin, *Joshua's Altar: The Dig at Mount Ebal* ["El altar de Josué: La excavación del monte Ebal", Nueva York: William Morrow & Co., Inc., 1991).

19. Zertal sigue la teoría de "Infiltración pacífica" sostenida por Albrect Alt.

20. Aharon Kempinski, "Joshua's Altar—An Iron Age Watchtower" ["El altar de Josué: Una torre de vigía de la edad de Hierro"], *Biblical Archaeological Review* 12:1 (enero / febrero de 1986): 42-53.

21. El debate se centra en la comparación con una estructura cuadrada similar que hay en el sitio de Giló.

22. Tel es-Sultán (Jericó, et-Tell (¿Hai?), Tel es-Safi/Khirbet el-Qom (Maceda), Tel es-Safi/Tel Bornat/Tel Judeideh (Libna), Tel ed-Duweir (Laquis), Tel el-Hesi/ Tel 'Aitún (Eglón), Tel

Hebrón (Hbrón), Tel Beit Mirsim/Khirbet Rabud (Debir), Tel el-Qedah (Hazor), Tel el-Hittin (Madón), el Shimrón (Simrón), Tel Keisán (Acsaf).

23. Hazor y Tel Beit Mirsim.

24. Jericó, Tel ed-Duwir, Tel Beit Mirsim, Hazor, Tel Quarnei Hittin y Tel Keisán.

25. David Merling, Sr., "The Book of Joshua: Its Theme and Use in Discussions of the Israelite Conquest and Settlement and the Relationship of Archaeology and the Bible" ["El libro de Josué: Su tema central y su uso en los estudios sobre la conquista y el asentamiento de los israelitas y sobre la relación entre la arqueología y la Biblia", Disertación doctoral, Seminario Teológico de los adventistas del séptimo día en la Universidad Andrews, febrero de 1996], p 270.

26. Entrevista con Keith Schoville, Jackson, Mississippi, noviembre de 1996.

27. Eugene Merrill, "The Late Bronze/Early Iron Age Transition and the Emergence of Israel" ["La transición de la edad tardía del Bronce y la temprana del Hierro y el surgimiento de Israel"], *Bibliotheca Sacra* 152:806 (abril-junio de 1995): 153.

28. *Vea* William G. Dever, "How to Tell an Israelite from a Canaanite", *The Rise of Ancient Israel* ["Cómo distinguir a un israelita de un cananeo", El surgimiento del Israel antiguo, Washington, D.C.: Biblical Archaeology Society, 1992], pp. 26-56; Trude Dotham, "In the Days When the Judges Ruled—Research on the Period of the Settlement and the Judges", *Recent Archaeology in the Land of Israel* ["En los días en que gobernaban los Jueces: Investigación sobre el período del asentamiento y los Jueces"], ed., Hershel Shanks (Washington, D.C.: Biblical Archaeology Society, 1985), pp. 35-41.

29. Hallará un estudios de las evidencias que se pueden obtener de la cerámica hallada en estos sitios en Bruce K. Waltke, "Palestinian Artifact Evidence Supporting the Early Date for the Exodus" ["Evidencias sacadas de artefactos palestinos que apoyan la fecha temparana para el Éxodo"], *Bibliotheca Sacra* 129 (enero de 1972).

30. Ibíd., p. 47.

Capítulo 9 — El rey David

1. Jerry M. Landay, *The House of David* ["La casa de David", Nueva York: E. P. Dutton, 1973], p. 11.

2. Kathleen Kenyon, *The Bible and Recent Archaeology* ["La Biblia y la arqueología reciente"], ed. revisada por P. R. S. Moorey (Atlanta: John Knox Press, 1987), p. 85.

3. Vea *Biblical Archaeology Review* 11:5 (septiembre / octubre de 1985): 26-39.

4. Terence Kleven, "Up the Waterspout" ["Torbellino arriba"], *Biblical Archaeology Review* 20:4 (julio / agosto de 1994): 34-35.

5. Eilat Mazar, "Excavate King David's Palace" ["Excavación en el palacio del rey David"], *Biblical Archaeology Review* 23:1 (enero / febrero de 1997): 52-57, 74.

6. Entrevista con Avraham Biran en el Hebrew Union College — Instituto Judío de Religión, Jerusalén, 17 de octubre de 1996.

7. Thomas L. Thompson, "'House of David': An Eponymic Referent to Yahweh as Godfather" ["'Casa de David': Un epónimo que se refiere a Yahvé como Dios-Padre"], *Scandinavian Journal of the Old Testament* 9:1 (1995): 74.

8. En cuanto a otros expertos que tratan el asunto de la falta de división entre palabras, vea Baruch Halpern, "The Stele from Dan: Epigraphic and Historical Considerations" ["La estela de Dan: consideraciones epigráficas e históricas"], *Bulletion of the Schools of Oriental Research* 296 (1995): 67-68; E. Ben-Zvi, "On the Reading *'bytdwd* in the Aramaic Stele from Tel Dan" ["Sobre la lectura *'bytdwd* en la estela aramea de Tel Dan"], *Journal for the Study of the Old Testament* 64 (1994): 28.

9. Tenemos un ejemplo de esto en el óstracon de Tel Qasile en el que las letras *bythrn*, sin división, deben significar "Beit Horón". *Vea* Anson Rainey, "The 'House of David' and the House of the Deconstructionists" ["La 'Casa de David' y la casa de los desconstruccionistas"], *Biblical Archaeology Review* 20:6 (1994): 47, 68-69.

10. James K. Hoffmeier, "Current Issues in Archaeology: The Recently Discovered Tel Dan Inscription: Controversy & Confirmation" ["Cuestiones actuales de la arqueología: La inscripción hallada recientemente en Tel Dan; controversia y confirmación"], *Archaeology in the Biblical World* 3:1 (verano de 1995): 14.

11. E. Ben-Zvi, "On the Reading '*bytdwd* in the Aramaic Stele from Tel Dan" ["Sobre la lectura '*bytdwd* en la etela aramea de Tel Dan"], *Journal for the Study of the Old Testament* 64 (1994): 29-32. Este autor advierte que no se debe aceptar la conclusión de Le Maire sin una investigación más amplia.

12. *Vea* N. Na'amán, "Beth-David in the Aramaic Stele from Tel Dan" ["Beth-David en la estela areamea de Tel Dan"], *Biblische Notizen* 79 (1995): 19-20.

13. Hallará una discusión más amplia de este tipo en Gary N. Knoppers, "The Vanishing Solomon: The Disappearance of the United Monarchy from Recent Histories of Ancient Israel" ["El Salomón que se desvanece: La desaparición de la monarquía unida en las historias recientes del Israel antiguo"], *Journal of Biblical Literature* 116:1 (primavera de 1997): 36-41.

14. Citado en "News Briefs" en *Prophecy in the News* (septiembre de 1993), p. 12.

15. Entrevista con Bryant Wood, Nueva Orleans, 25 de noviembre de 1996.

Capítulo 10 — El Templo

1. Benjamín Mazar, *The Mountain of the Lord* ["La montaña del Señor", Nueva York: Doubleday, 1975), pp. 5-6.

2. Mary Curtis, "'Bones and Stones' War Puts a City in Trenches" ["Guerra sobre huesos y piedras lleva a una ciudad a las trincheras"], *New York Times,* marzo de 1996 (Sección cultural).

3. Randall Price, "New Tunnel Opening" ["Apertura de nuevo túnel"], *Messianic Times* (diciembre / enero 1996-1997).

4. Si desea una descripción más completa de la gloria del Templo herodiano y su efecto sobre los judíos que deducían equivocadamente que era inviolable e indestructible, *vea* Jacob Neusner, *First Century Judaism in Crisis* ["El judaísmo del siglo primero en crisis", Nashville/Nueva York: Abingdon Press, 1975), p. 21.

5. Para más información sobre la historia de estos templos, *vea* el libro escrito por mí junto con Thomas Ice, llamado *Ready to Rebuild* ["Listos para reconstruir", Harvest House Publishers, 1992], pp. 39-84, y mi disertación publicada *The Desecration and Restoration of the Temple as an Escathological Motif in the Tanakh, Jewish Apocalyptic Literature and the New Testament* ["La profanación y restauración del Templo como tema escatológico en el Tanakh, la literatura apocalíptica judía y el Nuevo Testamento", Michigan, UMI, 1993). En cuanto a una visión de conjunto sobre la historia y la teología del Templo, *vea* mis artículos sobre estos temas en *Premillenial Dictionary of Theology* ["Diccionario premilenario de teología"], ed. Mal Couch (Grand Rapids: Kregel Publications, 1997], p. 33.

6. *Vea* Benjamín Mazar, "Archaeological Excavations Near the Temple Mount", *Jerusalem Revealed* ["Excavaciones arqueológicas cerca del monte del Templo", Jerusalén revelada], ed. Yigael Yadín (Jerusalén: Sociedad Israelí de Exploración, 1975), p. 33.

7. Entrevista con Amihai Mazar, Instituto de Arqueología, Universidad Hebrea de Jerusalén, 19 de ctubre de 1996.

8. Hallará un amplio estudio de la arquitectura con apoyo arqueológico en Jean Quellette, "The Temple of Solomon: A Philological and Archaeological Study" ["El Templo de Salomón: Un estudio filológico y arqueológico"], disertación para el doctorado en Filosofía, Hebrew Union College, febrero de 1966, pp. 94-211.

9. *Vea* Volkmar Fritz, "Temple Architecture: What Can Archaeology Tell Us About Solomon's Temple?" ["La arquitectura del Templo: ¿Qué nos puede decir la arqueología acerca del Templo de Salomón?"] *Biblical Archaeology Review* 13:4 (julio / ago 1987): 38-49.

10. Sin embargo, hay quienes sostienen que se trata de un Templo con dos partes, o con una, según se cuenten la entrada y el Lugar santísimo como divisiones separadas, o no.

11. Yohannan Aharoni, "The Solomonic Temple, the Tabernacle and the Arad Sanctuary" ["El Templo salomónico, el Tabernáculo y el santuario de Arad"], H. A. Hoffner, ed., *Orient and Occident: The C. H. Gordon Festschrift* ["Oriente y occidente: Escritos para conmemorar a C. H. Gordon", Berlín: Neukirchen-Vluyn, 1973), pp. 1-8.

12. Encontrará un relato popular sobre la influencia fenicia en Clifford Wilson, "Solomon and Israel's Golden Age: Part 1 — Solomon's Temple" ["Salomón y la edad de oro de Israel: primera parte, el Templo de Salomón"], *Bible and Spade* 1:2 (primavera de 1972): 43-47.

13. En cuanto a detalles sobre este Templo, vea el excelente artículo de Sara Japhet titulado "The Temple in the Restoration Period: Reality and Ideology" ["El Templo en el período de la restauración: realidad e ideología"], *Union Seminary Quarterly Review* 44:3-4 (1991): 195-252, donde aparece la revisión más completa del material disponible hasta la fecha.

14. Esto se puede deducir también a partir de modelos hechos en arcilla que representan santuarios en forma te emplos, en los cuales hay un portal sostenido por dos columnas, y un ídolo dentro. Un buen ejemplo de esto es una maqueta de la edad de Hierro IIB procedente de Idalion, Chipre.

15. *Vea* G. Ernest Wright, "The Archaeology of Solomon's Temple", *Biblical Archaeology* ["La arqueología del Templo de Salomón", Arqueología bíblica, Westminster/John Knox Press, 1962), p. 137.

16. *Vea* Víctor Hurowitz, "Inside Solomon's Temple" ["Dentro del Templo de Salomón"], *Bible Review* 10:2 (abril de 1994): 24-37.

17. Mis cálculos se basan en el codo real, que tenía unos 53 centímetros.

18. *Vea* Alan Millard, *Treasures from Bible Times* ["Tesoros de los tiempos de la Biblia", Londres: Lion Publishing, 1985), pp. 105-106.

19. Reporte aparecido en *Dispatch from Jerusalem* (marzo / abril de 1995):3.

20. Citado en el artículo "Second Temple Replica Discovered" ["Descubierta réplica del Segundo Templo"], *Jerusalem Post*, 8 de abril de 1995.

21. Hallará detalles en Benjamín Mazar, *The Mountain of the Lord* ["La montaña del Señor", Garden City, NY: Doubleday & Co., 1975). El director de campo de la excavación fue Meir Ben-Dov, quien también ha publicado unos libros gráficos a nivel popular sobre los hallazgos; vea *In the Shadow of the Temple: The Discovery of Ancient Jerusalem* ["A la sombra del Templo: El descubrimiento de la antigua Jerusalén", Nueva York: Harper & Row Publishers, 1985).

22. Para un informe a nivel popular sobre estas excavaciones de Bahat, vea "Jerusalem Down Under: Tunneling Along Herod's Temple Mount Wall" ["Debajo de Jerusalén: La excavación de túneles a lo largo del muro junto al monte del Templo de Herodes"], *Biblical Archaeology Review* 21:6 (noviembre / diciembre de 1995): 30-47.

23. *Vea* mi obra *In Search of Temple Treasures* ["En busca de los tesoros del Templo", Eugene, OR: Harvest House Publishers, 1994), pp. 157-185, y mi video con ese mismo título.

24. En una conversación con Leen Ritmeyer, éste sugirió una fecha dentro del período del Primer Templo para el túnel.

25. Entrevista con Ronny Reich, excavaciones en el monte del Templo, Jerusalén, 27 de octubre de 1996.

26. Entrevista con Ronny Reich, Jerusalén, 27 de octubre de 1996.

27. *Vea* Benjamín Mazar, "The Temple Mount", *Biblical Archaeology Today: Proceedings of the International Congress on Biblical Archaeology* ["El monte del Templo", La arqueología bíblica hoy: Actas del Congreso Internacional sobre Arqueología bíblica], *Jerusalén, abril de 1984* (Jerusalén: Sociedad Israelí de Exploración, 1985), pp. 463-468.

28. Ritmeyer cree que esta plataforma cuadrada no puede haber existido en el tiempo en que Salomón construyó el Primer Templo, puesto que no habría podido albergar su palacio, construido junto a él. Conjetura que el rey Ezequías lo convirtió de rectángulo en cuadrado, puesto que el primer uso del término hebreo que define a la plataforma cuadrada en Isaías y en Reyes data de los tiempos de Manasés, el hijo de Ezequías. Manasés, quien fue un rey malvado, profanó el Templo, y no se habría dedicado a darle nueva forma al monte; por consiguiente, tiene que haber sido Ezequías. También tenemos la predicción en las fuentes antiguas de que cuando el monte del Templo fuera hecho cuadrado, el Templo sería destruido. Esta predicción acompañó también al reinado de Ezequías *(vea* Isaías 39:6).

29. Entrevista con León Ritmeyer en Jackson, Mississippi, 11 de noviembre de 1996.

30. Hallará la descripción más exacta del Segundo Templo en Leen y Kathleen Ritmeyer, *Reconstructing Herod's Temple Mount in Jerusalem* ["La reconstrucción del monte del Templo de Herodes en Jerusalén" , Washington, D.C.: Biblical Archaeology Society, 1991), y en *A Model of Herod's Temple* ["Un modelo del Templo de Herodes", Londres: Ritmeyer Archaeological Design, 1993).

Capítulo 11 — La arqueología y el Arca

1. E. M. Blaiklock, artículo "Ark of the Covenant" ["El arca del pacto"], *New International Dictionary of Biblical Archaeology* ["Nuevo diccionario internacional de arqueología bíblica"], eds. E. M. Blaiklock, R. K. Harrison (Grand Rapids: Zondervan, 1983), p. 68.

2. Si quiere unas medidas más exactas, basadas en un codo corriente, habría medido 1,14 × 0,69 × 0,69 metros. O bien, si el codo era de sólo cinco palmos (0,38 metros), serían 0,95 × 0,66 × 0,66 metros. Según el rabino Getz, quien midió las puertas interiores dentro de la Puerta de Warren, el codo tiene 57,8 centímetros. Si este codo, usado como medida para el Segundo Templo, es el mismo codo usado para el arca, entonces las medidas serían 1,09 × 0,66 × 0,66.

3. Esta palabra está relacionada con la acadia *aranu,* que también significa "cajón, baúl". La palabra hebrea se utiliza para designar al "arca del dinero" que había en el Templo (2 Reyes 12:9; 2 Crónicas 24:8-11).

4. Talmud de Jerusalén, tratado *Shekalin* 6:1. Otras fuentes dicen que esta "capa" sólo tenía el grueso de una moneda de oro de un *dinar (Eruvin* 19 a; *Mikdash Aharon; Kreiti u'Fleiti, Yoreh De'ah* 43), aunque hay otros que hablan de un palmo (7,6 centímetros), *Yoma* 72 b; el rabino Chananel; Abarbanel *(Maaseh Choshev* 8:2), medio palmo (3,8 centímetros), o un dedo (1,9 centímetros). *Babá Bathra* 14 a; *Bareitha Melekheth HaMishkan* 6. Aunque 7,6 centímetros requerirían demasiado oro para la cantidad que realmente se utilizó, esa cantidad debe haber sido la suficiente para asegurar la conservación del arca con el paso del tiempo.

5. *Compare Yoma* 72 b; Rashi; Ralbag.

6. *Vea* Alan Millard, "Tutankamen, the Tabernacle and the Ark of the Covenant" ["Tutankamen, el Tabernáculo y el arca del pacto"], *Bible and Sjpade* 7:2 (primavera de 1994): 49-51.

7. *Vea* Elie Borowski, "Cherubum: God's Throne?" ["Los querubines: ¿el trono de Dios?] *Biblical Archaeology Review* 21:4 (julio / agosto 1995): 36-41.

8. Josefo, el escritor judío del siglo primero que puso por escrito una descripción del Segundo Templo como testigo ocular, dice de los querubines: "Nadie puede decir cómo eran". Flavio Josefo, *Antigüedades de los judíos* 8:3, 3.

9. Hallará un estudio de estas evidencias en Roland de Vaux, "Les chérubins et l'arche d'alliance, les sphinx gardiens et les trônes divins dans l'Ancien Orient", *Mélanges de l'Université Saint-Joseph* ["Los querubines y el arca de la alianza, las esfinges guardianas y los

tronos divinos en el Oriente antiguo", Temas diversos de la Universidad de San José] 37 (1960-1961): 91-124, y en inglés, su obra *Ancient Israel* ["El Israel antiguo"] 1:298-301.

10. Hallará un ejemplo de este tipo en la ilustración del rey Hirán de Biblos sentado en su trono de querubines (siglo décimo a.C.), en W. F. Albright, "What Were the Cherubim?" ["¿Qué eran los querubines?"] en *The Biblical Archaeologist Reader*, 1 (Scholars Press, 1975), p. 95-97.

11. El Antiguo Testamento, Josefo y Filón están de acuerdo en el verdeicto de que lo único que había en el arca eran las tablas. En cuanto a los otros dos artículos de los que se habla —el tazón con maná y la vara de Aarón—, se dice que se mantenían frente al arca (Éxodo 16:33-34; Números 17:10; 1 Reyes 8:9; 2 Crónicas 5:10; compare con Filón, *De Vita Mosis* ["La vida de Moisés"] 2.97; Josefo, *Antigüedades* 3.6.5 #138; 8.4.1 #104.

12. Compare con Alan R. Millard, "Re-Creating the Tables of the Law" ["La reconstrucción de las tablas de la Ley"], *Bible Review* 10:1 (febrero de 1994): 49-53.

13. Consulte el *Baba Batra* 14 a acerca de este debate.

14. El que Israel haya adoptado prácticas idénticas a otras culturas que eran paganas no significa problema alguno en cuanto a lo única que era la revelación especial de Dios hacia ellos como pueblo escogido. Algunos explican esto razonable que fue Dios al permitir que su pueblo se adaptara a las costumbres regionales, aunque dándoles un significado teológico distinto que lo engrandeciera por contraste a Él como Dios de Israel. Yo sostengo la opinión de que el sistema cúltico (ritual) le fue revelado al hombre desde el huerto del Edén, de manera que formaba parte de las prácticas de todas las culturas distintas que se desarrollaron después de la división de las naciones en Babel. De esta forma, incluso las culturas paganas retuvieron algo de la estructura divina original, aunque pervertido y alterado con la intrusión de falsas deidades. El propósito de Dios para Israel era que regresara a la adoración pura original comenzada en el Edén; por consiguiente, sus mandatos con respecto al establecimiento de un santuario y de los lugares santos concuerdan con estos planes originales.

15. Henton Davies, "The Ark of the Covenant" ["El arca del pacto"], *Annual of the Swedish Theological Institute* 5 (1966-1967), p. 39.

16. Extracto de una presentación grabada dada por Leen Ritmeyer en la reunión anual de la Sociedad Arqueológica del Oriente Medio, 20 de noviembre de 1996, en Jacksonville, Mississippi.

17. Leen Ritmeyer, *The Temple and the Rock* ["El Templo y la roca", Harrogate, Inglaterra: Ritmeyer Archaeological Design, 1996], pp. 24, 25, 41.

18. *Vea* más detalles sobre las ideas de Ritmeyer en "The Ark of the Covenant, Where It Stood in Solomon's Temple" ["El arca del pacto; el lugar donde estaba en el Templo de Salomón"], *Biblical Archaeology Review* (enero / febrero 1996) y "Locating the Original Temple Mount" ["La localización del monte original del Templo"], *Biblical Archaeoloy Review* (marzo / abril 1992).

Capítulo 12 — Reyes y profetas

1. Amihai Mazar, *Archaeology of the Land of the Bible* ["La arqueología de la Tierra de la Biblia"], *The Anchor Bible: 10,000-586 B.C.E.* (Nueva York: Doubleday, 1990), p. 416.

2. Philip J. King, *Jeremiah: An Archaeological Companion* ["Jeremías, un compañero en la arqueología", KY: Westminster/John Knox Press, 1993), p. xxi.

3. Entrevista con Seymour Gittin, Instituto Albright, Jerusalén, 25 de octubre de 1996.

4. Ibíd..

5. Ibíd..

6. *Vea Biblical Archaeology Review* 20:1 (enero / febrero de 1994), y en cuanto a la campaña de Sishak, Kenneth A. Kitche n, "Shishak's Military Campaign in Israel Confirmed" ["Ha

quedado confirmada la campaña militar de Shishak en Israel"], *Biblical Archaeology Review* 15:3 (mayo / junio 1989): 32ss.

7. Enrevista con Amihai Mazar en la Universidad Hebrea de Arqueología, 26 de octubre de 1996.

8. Entrevista con Avraham Biran en el Hebrew Union College, Jerusalén, 21 de octubre de 1996.

9. Hallará más detalles sobre estos restos en Avraham Biran, *Temples and High Places in Biblical Times* ["Templos y lugares altos en los tiempos bíblicos", Jerusalén: Sociedad Israelí de Exploración, 1977), y en cuanto a otros hallazgos de las excavaciones, *vea* Avraham Biran, *Biblical Dan* ["El Dan de la Biblia", Jerusalén: Sociedad Israelí de Exploración, 1994], pp. 159-234.

10. Entrevista con Avraham Biran, Hebrew Union College, Jerusalén, 21 de octubre de 1996.

11. Entrevista con Amihai Mazar, Instituto de Arqueología de la Universidad Hebrea, 26 de octubre de 1996.

12. Este sello del siglo octavo a.C. fue vendido en una subasta de Sotheby por $80.000 y actualmente forma parte de la Colección Shlomo Moussaief de Londres. Para más detalles, vea André Lemaire, "Royal Signature: Name of Israel's Last King Surfaces in a Private Collection" ["El sello real: Aparece el nombre del último rey de Israel en una colección privada"], *Biblical Archaeology Review* (septiembre / octubre 1996): 48-52.

13. Tal como se reportó en "Archaeology in Review", *Dispatch from Jerusalem* 20:6 (noviembre / diciembre de 1995): 3.

14. *Vea* Jane M. Cahill y David Tarler, "Excavations Directed by Yigael Shiloh at the City of David, 1978-1985", *Ancient Jerusalem Revealed* ["Excavaciones dirigidas por Yigael Shiloh en la Ciudad de David entre 1978 y 1985", Se revela la Jerusalén antigua], ed. Hillel Geva (Jerusalén: Sociedad Israelí de Exploración, 1994), pp. 39-40.

15. Hallará detalles completos sobre estas bulas en Nahman Avigad, *Hebrew Bullae from the Time of Jeremiah* ["Bulas hebreas de los tiempos de Jeremías", Washington, D.C.: Biblical Archaeology Society, 1987].

16. *Vea* Gabriel Barkay, "A Bulla of Ishmael, the King's Son" ["Una bula de Ismael, el hijo del rey"], *Bulletin of the American School of Oriental Research* 290-291 (1993): 109-114.

17. *Vea* Hershel Shanks, "Jeremiah's Scribe and Confidant Speaks from a Hoard of Clay Bullae" ["El escriba y confidente de Jeremías habla desde un montón de bulas"], *Biblical Archaeology Review* 13:5 (septiembre / octubre 1987): 58-65.

18. Reportado por vez primera en un catálogo de impresión privada con inscripciones para coleccionistas, llamado *Forty New West Semitic Inscriptions* ["Cuarenta inscripciones nuevas de los semitas occidentales"], ed. Robert Deutsch (Tel Aviv: The Archaeological Center, 1996).

19. Para más detalles acerca de este descubrimiento y de otros mencionados en el catálogo anterior, vea Hershel Shanks, "Fingerprint of Jeremiah's Scribe" ["La huella dactilar del escriba de Jeremías"], *Biblical Archaeology Review* 22:2 (marzo / abril 1996): 36-38.

20. Entrevista con Gabriel Barkay en Ketef Hinnom, Jerusalén, 26 de octubre de 1996.

21. Ibíd.

22. Ibíd.

23. Ibíd.

Capítulo 13 — Arqueología y profecía

1. Thomas Urquhart, *The Wonders of Prophecy* ["Las maravillas de las profecías", Nueva York: C. C. Cook, sin fecha), p. 93.

2. Tal como se afirma en el artículo de Hershel Shanks, "Is he Bible Right After All? BAR Interviews William Dever" (Part 2) ["¿A fin de cuentas, tendrá razón la Biblia? BAR entrevista a William Dever", segunda parte], *Biblical Archaeology Review* 22:5 (septiembre / octubre 1996): 35.

3. Las estadísticas de probabilidad profética han calculado que la posibilidad de que once profecías se cumplan son de una en 5,76 × 10. Peter W. Stoner ha puesto en términos prácticos esta cifra astronómica en *Science Speaks: An Evaluation of Certain Christian Evidences* ["Habla la ciencia: Una evaluación de ciertas evidencias cristianas", Chicago: Moody Press, 1963], pp. 95-98. En cuanto a las probabilidades proféticas de algunas de las profecías mencionadas en este capítulo, *vea* Josh McDowell, *Evidence That Demands a Verdict: Historical Evidences for the Christian Faith* ["Evidencias que exigen un veredicto: Evidencias históricas a favor de la fe cristiana"], ed. revelación. (San Bernardino, CA: Here's Life Publishers, Inc., 1986) 1:318-320.

4. Al aparecer de esta manera, la referencia sirve como instrumento estructural que relaciona los temas de los dos capítulos. Por consiguiente, no se puede considerar como una inserción posterior.

5. Por supuesto, todo el tono de Isaías es de profecía predictiva. Estaría totalmente fuera de contexto y de carácter considerar estas profecías como algo distinto; vea J. Alec Motyer, *The Prophecy of Isaiah: An Introduction & Commentary* ["La profecía de Isaías: Una introducción y comentario", Downers Grove, IL: InterVarsity Press, 1993], pp. 355-356.

6. Sin embargo, el que se cumplan las profecías no es la única prueba. Las profecías de los profetas falsos también se podían cumplir, como prueba a la fidelidad de Israel a la revelación recibida anteriormente. Por tanto, si la profecía no estaba en armonía con el mensaje de los profetas, o en línea con la Torá, entonces, a pesar de su aparente autenticación, se debía rechazar (vea Deuteronomio 13:1-5; Jeremías 23:16-27).

7. *The History of Herodotus' Book* ["El libro de historia de Herodoto"] 1:95-216; vea la edición de Manuel Komroff, trad. al inglés de George Rawlinson (Nueva York: Tudor Publishing Co., 1956), pp. 16-80.

8. *Cyropaedia* ["La Ciropedia"] 8.5:1-36; y otros en la *Loeb Classical Library* (Oxford: University Press, 1957).

9. *Ancient Near Eastern Texts* ["Textos antiguos el Oriente Medio"], ed. James Pritchard (Chicago: University of Chicago Press, 1978), pp. 305-306.

10. Ibíd., pp. 313-315.

11. Tampoco se mencionaba este hecho en las fuentes griegas, o bien porque tal vez no conocieran el nombre de Belsasar, o sencillamente porque prefirieron mencionar sólo al primer gobernante, su padre Nabonides. En cambio, Daniel estaba al tanto de esta corregencia; por eso observa que Belsasar sólo le pudo otorgar el rango de "tercer gobernante del reino" (Daniel 5:29), por debajo de su padre y de él mismo.

12. Alan Millard, *Treasures from Bible Times* ["Tesoros de los tiempos bíblicos", Hertz, Inglaterra: Lion Publishing Company, 1985), p. 146.

13. *Ancient Near Eastern Texts,* p. 315.

14. Ibíd., p. 316

15. Ibíd.

16. Sin embargo, no hay predicción alguna de que volviera a vivir gente allí otra vez, como la hay concretamente con respecto a la destrucción de Babilonia. Hoy en día, el sitio de Nínive está habitado, pero, tal como se predijo, los asirios desaparecieron y la ciudad nunca se volvió a reconstruir.

17. La conclusión a la que ha llegado la forma en que trata en la mayoría de los casos la historia actual a la ciudad, es que Tiro "nunca volvió a resurgir como un poder verdadero". *Vea* H. J. Ktzenstein, *The History of Tyre: From the Biginning of the Second Millenium B.C.E. Until the Fall of the Neo-Babylonian Empire in 539 B.C.E.* ["La historia de Tiro: Desde principios del

segundo milenio a.C. hsa la caída del imperio neobabilónico en el años 539 a.C."], ed. revela-ción. (Beer Sheva: Ben-Gurion University of the Negev Press, 1997), p. 347.

18. En el caso de Babilonia, su destrucción final aún no ha ocurrido, si tomamos como literal la mención de la ciudad de Babilonia en Apocalipsis 17 y 18. *Vea* una defensa de esta posición en Charles Dyer, *The Identity of Babylon in Revelation 17 and 18* ["La identidad de Babilonia en Apocalipsis 17 y 18", tesis de Maestría en Teología por el Seminario Teológico de Dallas, 1979], y también su popular libro *The Rise of Babylon* ["El surgimiento de Babilonia", Tyndale Publishing Co., 1990].

19. B. B. Warfield, *The Spiritual Life of Theological Students* ["La vida espiritual de los estudian-tes de teología", Phillipsburg, NJ: Presbyterian & Reformed, 1983].

Capítulo 14 — La arqueología y un milagro

1. Citado en Howard Vos, *Can I Trust My Bible?* ["¿Puedo confiar en mi Biblia?", Chicago: Moody Press, 1963), p. 176.

2. W. F. Albright, *The Archaeology of Palestine* ["La arqueología de Palestina", Londres: Pelican Books, edición de 1954], p. 255.

3. *Vea* John Phillips, "Miracles: Not for Today" ["Milagros: No para hoy"], *Moody Monthly* (julio / agosto de 1982): 72-74.

4. Al parecer, se había estado utilizando esta reliquia en prácticas rituales paganas que solían uti-lizar serpientes. En Timna se han descubierto varios ejemplos arqueológicos de serprientes en objetos rituales madianitas que datan de los siglos trece o doce a.C.

5. Para más detalles, *vea* Jack P. Lewis, *Historical Backgrounds of Bible History* ["Fondos históri-cos de la historia bíblica", Grand Rapids: Baker Book House, 1971], pp. 44-48.

6. Esta palabra aparece en una etiqueta bilingüe (asiria y aramea) en arcilla, fechada alrededor del año 645 a.C. Para más detalles, *vea* el documento 30 en T. C. Mitchell, *The Bible in the Bri-tish Museum: Interpreting the Evidence* ["La Biblia en el Museo Británico: Interpretación de las evidencias", Londres: British Museum Publications, 1990], p. 67.

7. Recientemente, Rogerson y Davies pusieron en duda la fecha de la inscripción y afirmaron que era de los tiempos hasmoneos (período del Segundo Templo). *Vea* "Was the Siloam Tunnel Built by Hezekiah?" ["¿Fue construido por Ezequías el túnel de Siloé?"], *Biblical Archaeologist* 59:3 (1996): 138-149. Su desafío fue contestado con éxito por Ronald S. Hendel, "The Date of the Siloam Inscription: A Rejoinder to Rogerson and Davies" ["La fecha de la inscripción de Siloé: Una réplica a Rogerson y Davies"], *Biblical Archaeologist* 59:4 (1996): 233-237.

8. Una de las proposiciones mejor sostenidas fue la de que los cavadores siguieron una fisura o línea de falla natural en la colina de piedra caliza. *Vea* Zvi Abels y Asher Arbit, "The Digging of Hezekiah's Tunnel" ["La excavación del túnel de Ezequías"], en "Some New Thoughts on Jerusalem's Ancient Water Systems" ["Algunos pensamientos nuevos sobre los antiguos siste-mas de agua de Jerusalén"], *Palestine Exploration Quarterly* 127 (1995): 4-6. Sin embargo, aún no se han descubierto evidencias de que existiera una grieta suficiente para explicar la hazaña. Hallará una teoría diferente, aunque no sea concluyente, en Dan Gill, "How They Met — Geology Solves Long-Standing Mystery of Hezekiah's Tunnelers" ["Cómo se encontraron: La geología resuelve el misterio de tanto tiempo sobre los que cavaron el túnel de Ezequías"], *Biblical Archaeology Review* 20 (julio / ago 1994).

9. Hallará un relato detallado en Yigael Shiloh, "Jerusalem: Eighth to Sixth Centuries B.C.E." ["Jerusalén: siglos octavo a sexto a.C."], en *The New Encyclopedia of Archaeological Excava-tions in the Holy Land* ["La nueva enciclopedia de excavaciones arqueológicas en la Tierra Santa", Jerusalén: Sociedad Israelí de Exploración, 1993], 2:704-712.

10. Las afirmaciones de Flavio Josefo, historiador del siglo primero, sobre los muros de Jerusa-lén, sobre todo el primer muro, ayudaron a llegar a esta determinación. (*Vea las Guerras de los Judíos* 5:143).

11. Segundo libro de Reyes 19:35-37; Isaías 37:36-38.

12. *The History of Herodotus* ["La historia de Herodoto"], ed. George Rawlinson, trad. al inglés de Manuel Komroff (Nueva York: Tudor Publishing Co., 1956), Libro II, p. 131.

13. *Vea* un comentario en Siegfried H. Horn, "Did Sennacherib Campaign Once or Twice Against Hezekiah?" ["¿Hizo Senaquerib una o dos campañas contra Ezequías?"], *Andrews University Seminary Studies* 4 (1966): 1-28.

14. Hallará la traducción completa en De Witt Thomas, *Documents from Old Testament Times* ["Documentos de los tiempos del Antiguo Testamento", Londres: Nelson, 1958], pp. 66-67.

15. Estas copias se hallan en el Museo Británico de Londres, el Museo de Grollenburg y el Museo del Instituto Oriental en la Universidad de Chicago.

16. Hershel Shanks, *Jerusalem: An Archaeological Biography* ["Jerusalén: Una biografía arqueológica", Nueva York: Random House, 1995], p. 84 (parte superior).

17. Gabriel Barkay compara estos túmulos con los bien conocidos de la zona del Egeo, sobre todo en Salamina, en Chipre. Para un estudio de estos sitios, *vea* V. Karageorghis, *Salamis in Cyprus* ["Salamina, en Chipre", Londres: Thames and Hudson, 1969], pp. 151-164 y *Excavations in the Necropolis of Salamis* ["Excavaciones en la necrópolis de Salamina"] III [texto] (Nicosia: Departamento de Antigüedades, Chipre, 1973), pp. 128-202.

18. Las excavaciones iniciales fueron comenzadas por W. F. Albright, como se explica en "Interesting Finds in Tumuli Near Jerusalem" ["Hallazgos interesantes en túmulos cercanos a Jerusalén"], *Bulletin of the American Schools of Oriental Research* 10 (1923): 2-4, y continuadas por Ruth Amirán, "The Tumuli West of Jerusalem: Survey and Excavations" ["Los túmulos al oeste de Jerusalén: Exploración y excavaciones"], *Israel Exploration Journal* 8 (1958): 205-227.

19. Entrevista con Gabriel Barkay, Jerusalén, 29 de octubre de 1996.

20. Más bien deberíamos decir que *había* veinte túmulos. Lamentablemente, la construcción de asentamientos en esta zona ha destruido muchos de ellos.

21. Entrevista con Gabriel Barkay, 29 de octubre de 1996.

22. Gordon Franz, "News from the Pits" ["Noticias desde los hoyos"], Instituto de Estudios sobre la Tierra Santa, Jerusalén (22 de febrero de 1983), p. 2.

Capítulo 15 — Los rollos del mar Muerto

1. Yadín Román, "Scroll Work" ["Trabajo con los rollos"], *Eretz* (julio / agosto de 1997): 16.

2. Yigael Yadín, *The Message of the Scrolls* ["El mensaje de los rollos", Nueva York: Simon and Schuster, Inc., 1957], p. 14.

3. *Vea* Shemaryahu Talmon, "Was the Book of Esther Known at Qumran?" ["¿Era conocido el libro de Ester en Qumrán?], *Dead Sea Discoveries* 2:3 (noviembre de 1995): 1-11. Talmon comenta dieciocho frases de los textos de Qumrán que son similares, o incluso idénticas a textos paralelos del libro de Ester. Ocho de ellas se basan en *hapax legómena* (expresiones únicas que sólo aparecen una vez) de Ester. Esto indica que los autores de estos textos conocían por lo menos la historia de Ester, y también que algunos estaban realmente familiarizados con este libro de la Biblia. Hay apoyo adicional también en los numerosos fragmentos arameos de la cueva 4 llamados *Proto-Ester (4Q550)*. Talmon propone que la razón por la que no se incluyó Ester es porque aún no había alcanzado la categoría de canónico en la comunidad de Qumrán. Halla algún apoyo para esto en el relato que aparece en el Talmud sobre un debate del siglo tercero d.C. sobre su categoría (b. Meg. 7ª) y la ausencia de mención alguna de la fiesta de Purim en los rollos.

4. *Vea* Yigael Yadín, *Tefillin from Qumrán (XQPhyl 1-4)* ["Tefilim de Qumrán" (XQPhyl 1-4, Jerusalén: La sociedad Israelí de Exploración y el Santuario del Libro, 1969].

5. *Vea* Lawrence Schiffman, "The Significance of the Scrolls" ["La importancia de los rollos"], *Bible Review* 6:5 (octubre de 1990), p. 23.

6. *Vea* este estudio en Shemaryahu Talmon, "The 'Desert Motif' in the Bible and in Qumran Literature", *Biblical Motifs: Origins and Transformations, Studies and Texts 3* ["El tema del desierto en la Biblia y en la literatura de Qumrán", Temas bíblicos: Orígenes y transformaciones, estudios y textos 3], ed. Alexander Altmann (Cambridge: Harvard University Press, 1966), pp. 56-57. Tal vez sea precisamente por esta razón negativa por la que aparece pocas veces el tema del desierto en la literatura de Qumrán, a pesar de haber tenido una importancia estratégica.

7. Ibíd., pp. 57-58.

8. Algunos relatos hacen a Jum'a Muhammed (el primo mayor de Muhammed edh-Dhib) el responsable del hallazgo inicial; *vea* Harry Thomas Frank, "How the Dead Sea Scrolls Were Found" ["Cómo se hallaron los rollos del mar Muerto"], *Biblical Archaeology Review* 1:4 (diciembre de 1975), p. 1.

9. Disponible en Harvest House Publishers (1996), pp. 536. También se puede obtener en la misma fuente u;n video acompañante de sesenta minutos en el que aparecen las excavaciones en el sitio y entrevistas con arqueólogos y traductores de los rollos.

10. Sacado de una transcripción de un informe grabado que dio Hanan Eshel en la Sección de Qumrán de la reunión anual sostenida por la Academia estadounidense de religión/ Sociedad de literatura bíblica, noviembre de 1996, Nueva Orleans, Luisiana.

11. Sacado del informe "New Ostracon Found at Qumran" ["Nuevo óstracon hallado en Qumrán"], presentado por Esther Eshel ante la reunión anual sostenida por la Academia estadounidense de religión/ Sociedad de literatura bíblica, noviembre de 1996, Nueva Orleans, Luisiana.

12. Extraído de una transcripción hecha de una entrevista grabada de Thomas McCall con Stephen Pfann en Qumrán, noviembre de 1996. Usado con autorización.

13. Entrevista con Stephen Pfann, Jerusalén, 18 de junio de 1997.

Capítulo 16 — La arqueología y Jesús

1. James M. Charlesworth, *Jesus Within Judaism: New Light from Excitin Archaeological Discoveries* ["Jesús dentro del judaísmo: Nueva luz procedente de emocionantes descubrimientos arqueológicos"]. The Anchor Bible Reference Library (Nueva York: Doubleday, 1988), p. 104.

2. Rudolph Bultmann, *Theology of the New Testament* ["Teología del Nuevo Testamento"], trad. al inglés de K. Grobel (Nueva York: 1951), 1:12.

3. En cuanto a los conceptos de este grupo y las respuestas evangélicas a ellos, *vea* Michael Wilkins & J. P. Moreland, eds., *Jesus Under Fire: Modern Scholarship Reinvents the Historical Jesus* ["Jesús bajo fuego: Eruditos modernos reinventan al Jesús histórico", Grand Rapids: Zondervan Publishing Co., 1995]. *Vea también* Dale Allison, "The Contemporary Quest for the Historical Jesus" ["La búsqueda contemporánea del Jesús histórico"], *Irish Biblical Studies* 18 (octubre de 1996): 174-193.

4. *Vea* por ejemplo, las obras de James H. Charlesworth, profesor de Lengua y Literatura del Nuevo Testamento y jefe del Departamento de Estudios Bíblicos en el Seminario Teológico Princeton, quien es líder en diálogos interdenominacionales en la búsqueda contemporánea por establecer el contexto judío histórico de Jesús. Vea su *Jesus Within Judaism: New Light from Exciting Archaeological Discoveries* ["Jesús dentro del judaísmo: Nueva luz procedente de emocionantes descubrimientos arqueológicos", Nueva York: Doubleday & Co., 1988) y *Jesus' Jewishness* ["La condición de judío de Jesús", Nueva York: Crossroad Publishing Co., 1991].

5. L. Goppelt, *Theology of the New Testament* ["Teología del Nuevo Testamento"], trad. al inglés de J. Alsup, ed. J. Roloff (Grand Rapids: William B. Eerdmans Publishing Co., 1981), 1:6-7.

6. *Vea* Jerry Varadaman, "The Year of the Nativity: Was Jesus Born in 12 B.C.? A New Examination of Quirinius (Luke 2:2) and Related Problems of New Testament Chronology" ["El

año de la Natividad: ¿Nació Jesús en el año 12 a.C.? Un nuevo examen sobre Cirenio (Lucas 2:2) y otros problemas relacionados de la cronología del Nuevo Testamento"], citado en el libro de John McRay, *Archaeology and the New Testament* ["La arqueología y el Nuevo Testamento", Grand Rapids: Baker Book House, 1991], pp. 154, 385 (nota 9).

7. *Vea* Jerónimo, Carta 58: *A Paulino.*

8. *Vea* Paulino de Nola, *Epístola* 31.3.

9. *Vea* Bellarmino Bagatti, *The Church from the Circumcision* ["La Iglesia de la circuncisión", Jerusalén: Franciscan Printing Press, 1971], p. 126.

10. Josefo, *Antigüedades de los judíos.*

11. Entrevista con Ehud Netzer, Instituto de Arqueología de la Universidad Hebrea, Jerusalén, 21 de octubre de 1996.

12. *Vea* "In the Name of the King" ["En nombre del Rey"], *Eretz* 48 (septiembre / octubre 1996), p. 66.

13. Ibíd.

14. *Vea* James F. Strange y Hershel Shanks, "Synagogue Where Jesus Preached Found at Capernaum" ["Hallada en Capernaum la sinagoga donde predicó Jesús"], *Biblical Archaeology Review* 9:6 (noviembre / diciembre de 1983): 24-32.

15. *Vea* Stanislao Loffreda, "Ceramica ellenistico-romana nel sottosuolo della sinagoga di Cafarnao" ["Cerámica helenístico-romana en el subsuelo de la sinagoga de Capernaum"], *Studia Hierosolymitana* 3 (1982): 313-357.

16. *Vea* Vasillios Tzaferis, "New Archaeological Evidence on Ancient Capernaum" ["Nuevas evidencias arqueológicas en el antiguo Capernaum"], *Biblical Archaeologist* 46 (diciembre de 1983): 201.

17. *Vea* James F. Strange y Hershel Shanks, "Has the House Where Jesus Stayed in Capernaum Been Found?" ["¿Se ha hallado la casa donde Jesús paraba en Capernaum?"] *Biblical Archaeology Review* 8:6 (noviembre / diciembre de 1982): 26-37.

18. *Vea* John C. H. Lauglin, "Capernaum: From Jesus' Time and After" ["Capernaum: De los tiempos de Jesús y después"], *Biblical Archaeology Review* 19:5 (septiembre / octubre 1993): 54-63, 90.

19. Hallará más detalles en el primer volumen del informe sobre la excavación, llamado *Bethsaida: A City by the North Shore of the Sea of Galilee* ["Betsaida: Una ciudad junto a la orilla norte del mar de Galilea"], eds. Rami Arav y Richard A. Freund (Missouri: Thomas Jefferson University Press, 1995). El segundo volumen del informe sobre esta excavación debe aparecer en noviembre de 1997.

20. Estos hallazgos fueron hechos unos pocos días antes de mi visita al sitio en junio de 1997, y durante la misma.

21. Para detalles sobre el hallazgo, *vea* Zvi Greenhut, "Burial Cave of the Caiaphas Family" ["Cueva funeraria de la familia de Caifás"], *Biblical Archaeology Review* 18:5 (septiembre / octubre de 1992): 28-44, 76.

22. *Vea* Zvi Greenhut, "Caiaphas' Final Resting Place" ["El lugar de descanso definitivo para Caifás"], *Israel Hilton Magazine* (primavera de 1993), p. 16.

23. *Vea* "Ossuary of Caiaphas" ["El osario de Caifás"], en P. Kyle McCarter, Jr., *Ancient Inscriptions: Voices from the Biblical World* ["Inscripciones antiguas: Voces del mundo de la Biblia", Washington, D.C.: Biblical Archaeology Society, 1996), p. 133.

24. Citado por David Briggs, "The High Priest: Archaeologists Find Evidence of Caiaphas" ["El sumo sacerdote: los arqueólogos hallan evidencias sobre Caifás"], informe de la Prensa Asociada del 22 de agosto de 1992.

25. *Vea* 4QpNah 3-4 i 7; 11Q19 64:6-13.

26. *Vea Antigüedades* 12:256' 13:379-383; *Guerras* 1.4.6: 96-98; 2:306-308.

27. Por ejemplo, el tratado Sanedrín 43 a exige la pena de muerte para los rebeldes, castigo comprendido después del apedreamiento como "colgar de un árbol".

28. *Vea Life* 420-421.

29. *Vea* V. Tzaferis, "Jewish Tombs at and Near Giv'at ha-Mivtar, Jerusalem" ["Tumbas judías en Giv'at ha-Mivtar, Jerusalén y las cercanías"], *Israel Exploration Journal* 20:1-2 (1970): 18-32.

30. Tal como lo descifró el epigrafista Joseph Naveh, "The Ossuary Inscriptions from Giv'at ha-Mivtar" ["Las inscripciones de los osario de Giv'at ha-Mivtar"], *Israel Exploration Journal* 20:1 (1970): 33-37.

31. Hallará detalles más completos en V.Tzaferis, "Crucifixion — The Archaeological Evidence" ["La crucifixión: Las evidencias arqueológicas"], *Biblical Archaeology Review* 11:1 (enero / febrero de 1985): 44-53; Joe Zias y E. Sekeles, "The Crucified Man from Giv'at ha-Mivtar: A Reappraisal" ["El hombre crucificado de Giv'at ha-Mivtar: Una nueva evaluación"], *Israel Exploration Journal* 35:1 (1985): 22-27.

32. *Vea* J. W. Hewitt, "The Use of Nails in the Crucifixion" ["El uso de clavos en la crucifixión"], *Harvard Theological Review* 25 (1932): 29-45.

33. James H. Charlesworth, *Jesus Within Judaism: New Light from Exciting Archaeological Discoveries* ["Jesús dentro del judaísmo: Nueva luz a partir de emocionantes hallazgos arqueológicos", Nueva York: Doubleday & Co., 1988], p. 123.

34. *Vea* C. Cohasnon, *The Church of the Holy Sepulchre in Jerusalem* ["La iglesia del Santo Sepulcro en Jerusalén"], trad. al inglés de J. P. B. Ross y C. Ross (Londres, 1974), p. 29.

35. *Vea* Kathleen Kenyon, *Jerusalem, Excavating 3000 Years of History* ["Jerusalén: excavación de tres mil años de historia", Londres: Thames and Hudson, 1967], pp. 153-154, y Bruce Schein, "The Second Wall of Jerusalem" ["El segundo muro de Jerusalén"], *Biblical Archaeologist* 44:1 (invierno de 1981): 21-26.

36. *Vea* Gordon Franz, "An Archaeologist Looks at the Life of Christ" ["Un arqueólogo mira la vida de Cristo", notas preparadas para viajes de campo con el Instituto Estadounidense de Estudios en la Tierra Santa, actualmente Jerusalem University College, monte Sión, Jerusalén, ed. revisada del 3 de mayo de 1996], p. 21.

37. Gabriel Barkay y Amós Kooner, "Burial Caves North of Damascus Gate, Jerusalem" ["Cuevas funerarias al norte de la puerta de Damasco, en Jerusalén"], *Israel Exploration Journal* 26 (1976): 55-57, y L.Y. Rahmani, "Ancient Jerusalem's Funerary Customs and Tombs" ["Costumbres funerarias y tumbas de la antigua Jerusalén"], *Biblical Archaeologist* 44 (1981): 229-235.

38. Gabriel Barkay y Amós Kloner, "Jerusalem Tombs from the Days of the First Temple" ["Tumbas en Jerusalén de los días del Primer Templo"], *Biblical Archaeology Review* 12:2 (marzo / abril de 1986): 22-39.

39. *Vea* James H. Charlesworth, *Jesus Within Judaism: New Light from Exciting Archaeological Discoveries* (Nueva York: Doubleday & Co., 1988), p. 124.

40. En cuanto a estos requisitos, *vea* M. Hengel, *Crucifixion In the Ancient World and the Folly of the Message of the Cross* ["La crucifixión en el mundo antiguo y la locura del mensaje de la cruz"], trad. al inglés de J. Bowden (Filadelfia: Fortress Press, 1977).

41. *Vea* John McRay, "Tomb Typology and the Tomb of Jesus" ["La tipología de la tumba y la tumba de Jesús"], *Archaeology and the Biblical World* 2:2 (primavera de 1994): 39.

42. *Vea* Dan Bahat, "Does the Holy Sepulchre Church Mark the Burial of Jesus?" ["¿Señala la iglesia del Santo Sepulcro el lugar donde fue sepultado Jesús?"], *Biblical Archaeology Review* 12:3 (mayo / junio de 1986): 30.

43. Bargil Pixner, *With Jesus Through Galilee According to the Fifth Gospel* ["Con Jesús por Galilea, según el quinto evangelio"], trad. al inglés de Christo Botha y Dom David Foster (Rosh Pina, Galilea: Corazin Publishing, 1992), tapa posterior.

Capítulo 17 — ¿Qué puede demostrar la Arqueología?

1. De la "Introducción del editor", *Biblical Archaeology* ["Arqueología bíblica"], eds. Shalom M. Paul y William G. Dever (Jerusalén: Keter Publishing House, 1973), pp. ix-x.

2. Thomas W. Davis, "Faith and Archaeology: A Brief History to the Present" ["Fe y arqueología: Una breve historia hasta el presente"], *Biblical Archaeology Review* 19:2 (marzo / abril de 1993): 54.

3. Citado por Jeffery L. Sheler, "Mysteries of the Bible" ["Misterios de la Biblia"], *U. S. News % World Report* (17 de abril de 1995), p. 61.

4. Nelson Glueck, *Rivers in the Desert: A History of the Negev* ["Ríos en el desierto: Una historia del Néguev", Nueva York: Farrar, Straus and Cudahy, 1959), p. 31.

5. Ibíd., pp. 31-32.

6. W. F. Albright, *The Archaeology of Palestine* ["La arqueología de Palestina", Londres: Penguin Books, ed. de 1954], p. 128.

7. Ibíd.

8. El arqueólogo australiano Clifford Wilson recibió de Albright durante una visita que le hizo a éste en su casa lo que podría significar una confesión personal de fe. Informa que Albright le dijo, como respuesta a su propia relación personal con Cristo y con la Biblia: "Yo no quería morir... sin creer en nada". Afirma después que Albright le confirmó su "compromiso con el Cristo de los evangelios". Clifford Wilson, *Visual Highlights of the Bible* ["Visualización de los momentos culminantes de la Biblia", Australia: Pacific Christian Ministries, 1993], 1:126.

9. Kathleen Kenyon, *The Bible and Recent Archaeology* ["La Biblia y la arqueología reciente"], revisado por P. R. S. Moorey (Atlanta: John Knox Press, 1987), p. 20.

10. Leslie J. Hoppe, *What Are They Saying About Biblical Archaeology?* ["¿Qué se dice acerca de la arqueología bíblica?", Nueva York: Paulist Press, 1984], pp. 96-97.

11. Están también las preocupaciones prácticas con respecto al tiempo, la mano de obra y el dinero, además del deseo de publicar con rapidez los resultados; todas estas cosas les dictan limitaciones a las excavaciones que se hagan.

12. Jacob M. Myers, *I Chronicles* ["El Primer libro de Crónicas"], *Anchor Bible* 12 (Garden City: Doubleday, 1965), p. xv.

13. Compare con Robert North, "Does Archaeology Prove Chronicles Sources?" *A Light Unto My Path: Old Testament Studies in Honor of Jacob M. Myers* ["¿Confirma la arqueología las fuentes de Crónicas?" Una luz a mi camino: Estudios del Antiguo Testamento en honor de Jacob M. Myers, Filadelfia: Temple University Press, 1974], pp. 375-401.

14. Citado por Jeffery L. Sheler, "Mysteries of the Bible", pp. 60-61.

15. Roland de Vaux en *Near Eastern Archaeology in the Twentieth Century* ["La arqueología del Oriente Medio en el siglo veinte"], ed. James A. Sanders (Garden City, NY: Doubleday & Co., 1970), p. 68.

16. Eilat Mazar, "Excavate King David's Palace" ["La excavación del palacio del rey David"], *Biblical Archaeology Review* 23:1 (enero / febrero de 1997): 52.

17. Entrevista con Keith Schoville, Jackson, Mississippi, 19 de noviembre de 1996.

Capítulo 18 — ¿Dónde nos llevan las piedras?

1. W. F. Albright, *The Archaeology of Palestine* ["La arqueología de Palestina", Londres: Pelican Books, edición de 1954], p. 256.

2. *Sun*, 4 de mayo de 1993, pp. 20-21.

3. *V ea The New Encyclopedia Britannica,* artículo "The Theory of Evolution" ["La teoría de la evolución"] 18 (1986): 996.

4. *The Tennessean,* 3 de marzo de 1996.

5. William A. Dembski, "The Problem of Error in Scripture" ["El problema de los errores en las Escrituras"], *The Princeton Theological Review* 3:1 (marzo de 1996): 22-28.

6. Entrevista con Keith Schoville, Jackson, Mississippi, 19 de noviembre de 1996.

7. James H. Charlesworth, "Archaeology, Jesus, and Christian Faith", *What Has Archaeology to do with Faith?* ["La arqueología, Jesús y la fe cristiana", ¿Qué tienen que ver la arqueología y la fe?"], eds. J. H. Charlesworth y Walter P. Weaver (Filadelfia: Trinity Press International, 1992), p. 19.

8. Entrevista con Bryant Wood, Nueva Orleans, 21 de noviembre de 1996.

9. Entrevista telefónica con Gordan Franz, 7 de marzo de 1997.

10. Robert J. Morgan, *On This Day* ["En este día", Nashville: Thomas Nelson Publishers, 1997), prefacio.

11. Citado por Walter B. Knight, *Three Thousand Illustrations for Christian Service* ["Tres mil ilustraciones para el servicio cristiano", Grand Rapids: Baker Book House, 1961], p. 31.

Índice de personas

Índice de temas

Créditos

La composición literaria "Las piedras claman", de Anne Moore, que se halla en el capítulo 1, fue utilizada con autorización.

Gráficas, diagramas y mapas

Páginas 00-00: "Principales inscripciones del Antiguo Testamento" fue adaptado de gráficas de John Walton, *Old Testament Charts* ["Gráficas del Antiguo Testamento", Zondervan] y del DR. Clifford Wilson en colaboración con Gary Stone, de *Archaeology, the Bible and Christ* ["La arqueología, la Biblia y Cristo", Pacific Christian Ministries].

Página 000: El mapa sobre "La Jerusalén del Segundo Templo" fue adaptado de un mapa preparado por el Dr. Dan Bahat para *The Carta Atlas of Jerusalem* ["El Atlas Carta de Jerusalén"].

Páginas 000-000: Dibujo en corte del Templo y la ubicación del Lugar santísimo en él, obra del Dr. Leen Ritmeyer, usado con permiso de Ritmeyer Archaeological Design.

Fotografías

Los siguientes créditos fotográficos indican propiedad de la impresión original y (o) uso con autorización. Los números se refieren a los números de las fotografías en el libro.

Cubierta: Diseño fotográfico de Koechel Peterson & Associates; los artefactos pertenecen a la colección privada del autor.

1. Autor, foto de Bill Dupont.
2. Autor, foto de Bill Dupont.
3. Cortesía del Museo Egipcio, foto del autor.
4. Cortesía del Museo Asmoleo, foto de Obe Hokanson.
5. Cortesía del Museo Británico, foto del autor.
6. Cortesía del Santuario del Libro, Museo de Israel, foto del autor.
7. Cortesía de Gordon Franz.
8. Foto del autor.

9. Cortesía del Museo Británico, Londres, foto del autor.
10. Georgina Hermann.
11. Cortesía del Museo Británico, foto del autor.
12. Reproducción, cortesía del Museo Egipcio, foto del autor.
13. Cortesía del Museo Británico, foto del autor.
14. Cortesía del Museo Británico, foto del autor.
15. Cortesía del Museo Británico, foto del autor
16. Jürgen Liepe.
17. Foto del autor.
18. Cortesía del Museo Skirball, Jerusalén, foto de Paul Streber.
19. Foto de Paul Streber.
20. Foto de Paul Streber.
21. Cortesía de Associates for Biblical Research, foto de Bryant Wood.
22. Foto de Paul Streber.
23. Cortesía del Museo Smithsoniano, foto de Clifford Wilson.
24. Cortesía de Associates for Biblical Research, foto de Bryant Wood.
25. Reproducción, cortesía del Insituto del Papiro de Ragab, futo del autor.
26. Cortesía de Trude Dothan y el Insituto de Arqueología de la Universidad Hebrea, foto de Paul Streber.
27. Foto del autor.
28. Cortesía del Museo Egipcio, foto del autor.
29. Foto de Paul Streber.
30. Reproducción, cortesía de Avraham Birán y del Museo Skirball, Jerusalén, foto de Paul Streber.
31. Reproducción, cortesía de Avraham Birán y del Museo Skirball, Jerusalén, foto de Paul Streber.
32. Reproducción, cortesía del Museo Británico, foto del autor.
33. Foto del autor.
34. Foto de Zev Radovan.
35. Foto del autor.
36. Cortesía del Museo de Israel, foto del autor.
37. Foto de Paul Streber.
38. Foto de Paul Streber.
39. Cortesía de Dan Bahat.
40. Foto de Paul Streber.
41. Foto de Paul Streber.
42. Foto del autor.
43. Cortesía del Hotel Holyland, foto del autor.
44. Cortesía de Israel Goldberb, Israel Publications, Ltd., foto del autor.
45. Cortesía del Museo Atara Leyoshna de la Maqueta del Templo, foto de Paul Streber.
46. Cortesía del Museo Británico, foto del autor.
47. Cortesía del Museo de Israel.
48. World of the Bible Ministries, Inc. Foto de Paul Streber.
49. Cortesía de Seymour Gittin, Instituto Albright, Jerusalén.
50. Cortesía del Museo Skirball, Jerusalén, foto de Paul Streber.
51. Foto de Paul Streber.
52. Foto de Paul Streber.
53. Cortesía del Centro para el Estudio de Jerusalén en el Período del Primer Templo, foto de Paul Streber.
54. Foto de Zev Radovan.
55. Cortesía de Gordon Franz.
56. Cortesía del Museo Británico, foto del autor.
57. Foto de Paul Streber.
58. Foto de Paul Streber.
59. Foto del autor.
60. Foto de Paul Streber.
61. Cortesía del Museo Británico, foto del autor.
62. Cortesía del Museo Británico, foto del autor.
(Nota: Se sospecha que este códice incompleto del siglo noveno procede de Alepo, pero no hay seguridad al respecto).
63. Foto de Paul Streber.
64. Cortesía de West Semitic Research, foto de Bruce y Ken Zuckerman.

65. Foto de Paul Streber.
66. Foto de Zev Radovan.
67. Reproducción, cortesía de Stephen Pfann y del Santuario del Libro, foto de Paul Streber.
68. Foto de Paul Streber.
69. Cortesía del Museo el Hombre en la Galilea, foto de Paul Streber.
70. Foto de Paul Streber.
71. Foto de Paul Streber.
72. Cortesía de Ehud Netzer y del Instituto de Arqueología de la Universidad Hebrea; foto de Paul Streber.
73. Cortesía del Museo de Israel, foto del autor.
74. Foto de Paul Streber.
75. Cortesía del Museo de Israel, foto del autor.
76. Foto de Zev Radovan.
77. Foto de Paul Streber.
78. Cortesía del Museo de Hazor, Kibbutz Ayelet Hashahar, foto de Paul Streber.